纠音定调

——普通话实训教程

主　编　王增智
副主编　白　洁
顾　问　何大庆
参　编　彭　瑞
　　　　宁　宇
　　　　何大庆
音视频制作　王哲安淑

南京大学出版社

图书在版编目(CIP)数据

纠音定调:普通话实训教程 / 王增智主编. —南
京:南京大学出版社,2021.6
ISBN 978 - 7 - 305 - 24548 - 0

Ⅰ.①纠… Ⅱ.①王… Ⅲ.①普通话－教材 Ⅳ.
①H1032

中国版本图书馆 CIP 数据核字(2021)第 108593 号

出版发行 南京大学出版社
社　　址 南京市汉口路 22 号　　邮　　编 210093
出 版 人 金鑫荣

书　　名 **纠音定调——普通话实训教程**
主　　编 王增智
责任编辑 刘　飞　　　　　　　编辑热线 025 - 83592146

照　　排 南京开卷文化传媒有限公司
印　　刷 江苏扬中印刷有限公司
开　　本 787×1092 1/16 印张 14.75 字数 400 千
版　　次 2021 年 6 月第 1 版 2021 年 6 月第 1 次印刷
ISBN 978 - 7 - 305 - 24548 - 0
定　　价 39.00 元

网　　址:http://www.njupco.com
官方微博:http://weibo.com/njupco
微信服务号:njuyuexue
销售咨询热线:025 - 83594756

前　言

普通话是联合国六种工作语言之一，是世界上使用人口最多的语言。伴随着《中华人民共和国国家通用语言文字法》的颁布，普通话作为我国通用语言获得了明确的法律地位，成为我国行政公务用语、教育教学用语、媒体传播用语的法定语言。为了更好地贯彻落实《国家语言文字事业"十三五"发展规划》，提升农村地区普通话水平，加强对少数民族语言文字的科学保护，我们编写了这本《纠音定调——普通话实训教程》。

本教材于2020年春季通过西安培华学院教材建设委员会评审，同意立项为校级自编教材。本教材在编写的过程中，广泛征求了教师、学生的意见，结合普通话水平测试的特点和学生的实际学习需求情况，吸收了普通话水平测试的最新科研成果，同时，根据国家语委对普通话水平测试的具体要求，专门设置了有关普通话水平测试的重要内容，期望以此提高学生普通话水平测试的通过率。本教材共分五章，分别是普通话水平测试、普通话语音基础知识、常见语音错误与缺陷、普通话水平测试分项训练、普通话水平测试模拟试题。

本教材突出了以下特点：

1. 内容简洁实用

全书阐述普通话基础理论的篇幅约占三分之一，其中包括介绍普通话的声母、韵母、声调、语流音变、准备发音、基础发音、容易混淆的声韵母辨正等方面的知识；关于普通话水平测试的内容占三分之二，其中突出普通话水平测试分项训练和模拟试题的内容，让学生能够学以致用，既明确了普通话水平测试的要求，又兼顾了提升普通话水平的需要。

2. 注重实践训练

本教材以提高学生普通话水平为目的，从实际能力训练的要求出发，对普通话全部音节做了详细描述，并且设计了大量的富有针对性的训练题和普通话水平测试样卷，这对提高学生的普通话水平有很大帮助。

3. 音/视频示范

本教材配有音/视频示范，扫描书中二维码即可获得音/视频的发音示范，方便学生进行自学，从而能在短期内有效提高学生的普通话水平，有利于学生获得良好的学习效果。

　　本教材由西安培华学院副教授王增智、讲师白洁主编，何大庆、宁宇、彭瑞参编。其中王增智编写第二章，第四章第一、二、三节，共计284千字；白洁编写第三章，第四章第四节，共计105千字；彭瑞编写第五章，共计11千字；宁宇拣选并分析了方音辨正的研究样本；何大庆老师审阅了全稿，提出了意见和修改方案，最终由王增智统稿。

　　本教材编写得到了各级领导和专家的关心与支持，尤其是得到了教育部语言文字应用研究所王晖老师的指导，在此表示感谢；本教材的音视频制作由西安工程大学广播电视编导专业2018级王哲安淑完成，在此表示感谢。

　　由于时间仓促，水平有限，书中难免存在疏漏不当之处，敬请专家、读者批评指正。

编　者

2021年2月

目　录

第一章
普通话水平测试

　　国家推广全国通用语言文字，即推广普通话和规范汉字。掌握和使用一定水平的普通话，是进行现代化建设的各行各业人员，特别是教师、播音员、节目主持人、演员和国家公务员等专业人员必备的职业素养之一。

　　普通话水平测试是推广普通话工作的重要组成部分，是使推广普通话工作逐步走向科学化、规范化、制度化的重要举措，普通话水平测试不是普通话系统知识的考试，不是文化水平的考核，也不是口才的评估，而是对应试人运用普通话所达到的标准流利程度的检测和评定。

　　那么，什么是普通话，它的由来是怎样的？普通话水平测试的等级评定标准是怎样的？利用计算机辅助普通话水平测试又是怎样的？这一章，我们一起来学习。

第一节　普通话概述

一、"普通话"的由来

　　"普通话"这个词早在 20 世纪初就出现了。1902 年，吴汝纶去日本考察，与学者们讨论"统一语言"的问题时，有人曾提到"普通话"这一名称。1904 年，秋瑾留学日本时，曾与留日学生组织了一个"演说联系会"，拟定了一份简章，简章中使用了"普通话"这个词。1906 年，研究切音字的学者朱文熊在《江苏新字母》一书中把汉语分为"国文"（文言文）、"普通话"、"俗语"（方言），他不仅提出了"普通话"的名称，而且明确地给"普通话"下了定义："各省通行之话。"后来瞿秋白、茅盾、胡适等人也曾提出过"普通话"的说法，并就普通话的实际所指展开过争论。经 20 世纪以来的切音字运动、白话文运动和国语运动，北京语音的地位得到确立并巩固下来。中华人民共和国成立后，1955 年 10 月召开了"全国文字改革会议"和"现代汉语规范问题学术会议"，确定以"普通话"作为汉民族共同语的正式名称，对有关内容进行了具体讨论。

二、"普通话"的定义

　　1956 年 2 月，国务院发布《关于推广普通话的指示》，正式规定普通话的内容是"以北京语音为标准音，以北方话为基础方言，以典范的现代白话文著作作为语法规范"，除了

语音标准之外,增加了词汇、语法两项内容,对普通话做出了全面、周严、明确的解释:

① 以北京语音为标准音。即把北京话的语音系统(包括声母、韵母、声调及其配合关系)作为普通话的语音标准,但不包括北京土语的语音成分。

② 以北方话为基础方言。北方话使用人数最多、使用范围最广。历史上,中原地区方言一直是"雅言"和"通语"的基础方言。普通话既要不断吸收外来词和方言词充实自己,也要舍弃北方话中过于土俗的词语。

③ 以典范的现代白话文著作为语法规范。"典范的现代白话文著作"是指现代名家的著作和政府公告以及重要政论文章等,这类书面语在写作过程中经过了反复的推敲锤炼,用词造句严谨精致,是对口语形式的加工完善,可以作为普通话的语法标准。

三、普通话与方言的关系

普通话是以北京语音为标准音,以北方话为基础方言,以典范的现代白话文著作为语法规范的现代汉民族共同语。汉族早在先秦时期就存在民族共同语。在春秋时期,这种共同语称为"雅言",从汉代起称为"通语",明代改称为"官话",辛亥革命后,称为"国语"。中华人民共和国成立以后称为"普通话",也就是现代汉民族共同语。

民族共同语往往是在一种方言的基础上形成的,作为民族共同语基础的方言就叫作基础方言。方言能否成为民族共同语的基础方言,取决于这种方言在社会中所处的地位,取决于这个方言区的政治、经济、文化以至人口等条件。在汉民族共同语的形成过程中,北方方言成了现代汉民族共同语的基础方言。

汉语方言是汉语的地域变体,俗称地方话。方言本身也都具有完整的语音、词汇、语法等结构系统,能够满足本地区社会交际的需要。普通话与方言的差异性表现在语音、词汇、语法等各个方面。其中,语音的差异最为明显,词汇次之,而语法的差异相对较小。汉语方言比较复杂,通常根据其分布地域和主要特征,概括地分为七大方言区,即北方方言(官话方言)、吴方言、湘方言、赣方言、客家方言、闽方言和粤方言。复杂的方言区内,可以再分列若干次方言(方言片、方言小片),直到一个个方言点。

四、滦平采音

普通话作为全国的规范性语言,需要音节口型顺畅,声调简明,易于分辨,还要求语速适中,气流连贯,韵味充足,适于广播、演讲和日常交流,如此才适合作为推向全国的民族共同语。通过田野调查,语言专家们发现河北省承德市滦平县的语音面貌更符合普通话语音样本取音的要求。

滦平话属于北京官话怀承片,音准分明,字正腔圆,语调比当时的北京话要"硬"一些、清脆一点,显得直接、清晰、明确,尤其是没有北京胡同音那种儿化、省字、尾音等发音习惯,易于学习推广。

1953 年,我国政府派出语言专家在滦平的金沟屯镇、巴克什营镇、火斗山镇三地进行了语音采集。

五、普通话的地位

《中华人民共和国国家通用语言文字法》(2000 年 10 月 31 日第九届全国人民代表大会常务委员会第十八次会议修订通过,2001 年 1 月 1 日起施行),是为了推动国家通用语言文字的规范化、标准化及其健康发展,使国家通用语言文字在社会生活中更好地发挥作用,促进各民族、各地区经济文化交流,根据宪法制定的法规。此法确立了普通话和规范汉字的"国家通用语言文字"的法定地位。

普通话作为"国家通用语言",依法具有的地位表现为:普通话是国家机关的公务用语;学校及其他教育机构的教育教学用语;广播电台、电视台的播音用语;公共服务行业的服务用语;广播、电影、电视用语;对外汉语教学应当教授普通话。另外,《中华人民共和国国家通用语言文字法》还规定:以普通话作为工作语言的播音员、节目主持人和影视话剧演员、教师、国家机关工作人员的普通话水平,应当分别达到国家规定的等级标准;对尚未达到国家规定的普通话等级标准的,分别情况进行培训。

普通话的国际地位主要体现在它作为联合国的工作语言之一,早已成为中外文化交流的重要桥梁和外国人学习中文的首选语言。国家汉办的统计数据显示,截至 2016 年 12 月 31 日,全球共有 140 个国家(地区)512 所孔子学院和 1 073 个孔子课堂,组织开展汉语普通话和汉文化的教学工作,空前提高了汉语普通话的国际地位。

第二节 普通话水平测试概述

一、什么是普通话水平测试

普通话水平测试于 1994 年正式实施,截至 2017 年 9 月,已累计测试超过 6 500 万人次,测试人群涵盖境内所有省份,普通话水平测试已经成为国家推广普通话的一项基本措施和卓有成效的一个重要手段。

普通话水平测试(PSC:PUTONGHUA SHUIPING CESHI)是我国一项大规模国家级通用语口语测试,是对应试人运用普通话的规范程度、熟练程度的口语考试。

普通话水平测试不是口才的评定,而是对应试人掌握和运用普通话所达到的规范程度的测查和评定,是应试人的汉语标准语测试。应试人在运用普通话口语进行表达过程中所表现的语音、词汇、语法规范程度,是评定其所达到的水平等级的重要依据。

2000 年《中华人民共和国国家通用语言文字法》颁布,对普通话水平测试等级标准的制定、测试对象以及相关行业的资格准入要求进行了明确规定,普通话水平测试成为一个有国家专门法律保障的语言测试,在国家语言规划中具有特殊的重要地位。

二、普通话水平测试等级评定

普通话水平测试的考试形式为口试,按照考试成绩评定应试人的普通话水平等级。普通话水平等级分为三级六等,即一、二、三级,每个级别再分出甲乙两个等次;一级甲等为最高,三级乙等为最低。具体情况如下:

一级（标准的普通话）

一级甲等(考试成绩:97～100分)朗读和自由交谈时,语音标准,词语、语法正确无误,语调自然,表达流畅。

一级乙等(考试成绩:92～96.99分)朗读和自由交谈时,语音标准,词语、语法正确无误,语调自然,表达流畅。偶然有字音、字调失误。

二级（比较标准的普通话）

二级甲等(考试成绩:87～91.99分)朗读和自由交谈时,声韵调发音基本标准,语调自然,表达流畅。少数语音偶尔出现失误。词语、语法极少有误。

二级乙等(考试成绩:80～86.99分)朗读和自由交谈时,个别调值不准,声韵母发音有不到位现象。语音失误较多。方言语调明显。有使用方言词、方言语法的情况。

三级（一般水平的普通话）

三级甲等(考试成绩:70～79.99分)朗读和自由交谈时,声韵母发音失误较多,语音错误较多,声调调值不准。方言语调较明显。词语、语法有失误。

三级乙等(考试成绩:60～69.99分)朗读和自由交谈时,声韵调发音失误多,方音特征突出。方言语调明显。词语、语法失误较多。外地人听其谈话有听不懂的情况。

普通话水平测试等级证书是证明应试人普通话水平的有效凭证,全国通用,证书由国家语言文字工作委员会统一印制。普通话一级乙等(含一级乙等)以下成绩的证书由省(直辖市)级语言文字工作委员会加盖印章后颁发,一级甲等的证书须经国家普通话水平测试中心审核并加盖国家普通话水平测试中心印章后方为有效。

三、普通话水平测试评分原则

普通话水平测试评分系统在设计上体现了定量、定性相结合的原则。例如占评分系统主体的语音评定,无论是单音节字词、多(双)音节词语还是选择判断和朗读测试项的语音部分,多是以音节为单位,逐个量化;而命题说话测试项"语音标准程度"的评定,则划分为六档,档次的设定充分体现出定量与定性相结合的特点,如2004年10月1日起施行的《普通话水平测试实施纲要》对命题说话部分语音标准程度三档这样表述:"语音错误在10次以下,但方音比较明显;或语音错误在10次～15次之间,有方音但不明显。扣3分、4分。"普通话水平测试定性评价的部分,以定量为基础并划分了细致的扣分档次,操作性强,所占比重也少于40%,因而可以比较好地确保试卷的效度和信度。

目前,我国北方地区的普通话水平测试评分系统如下表:

表1-1　北方地区的普通话水平测试评分系统

测试项			评分要素	评分规则
题型	题量	分值		
单音节字词	100个音节	10分	语音错误	0.1分/音节
			语音缺陷	0.05分/音节
			超时	0.5分(1分钟以内);1分(1分钟以上,含1分钟)
多音节词语	100个音节	20分	语音错误	0.2分/音节
			语音缺陷	0.1分/音节
			超时	0.5分(1分钟以内);1分(1分钟以上,含1分钟)
朗读短文	1篇(400音节)	30分	音节错误(错、漏、增)	0.1分/音节
			声母或韵母系统性缺陷	视程度扣0.5分、1分
			语调偏误	视程度扣0.5分、1分、2分
			停连不当	视程度扣0.5分、1分、2分
			朗读不流畅	视程度扣0.5分、1分、2分
			超时	扣1分
命题说话	1个话题(3分钟)	40分 / 25分	语音标准程度	一档扣0分、1分、2分
				二档扣3分、4分
				三档扣5分、6分
				四档扣7分、8分
				五档扣9分、10分、11分
				六档扣12分、13分、14分
		10分	词汇语法规范程度	一档扣0分
				二档扣1分、2分
				三档扣3分、4分
		5分	自然流畅程度	一档扣0分
				二档扣0.5分、1分
				三档扣2分、3分

第三节　计算机辅助普通话水平测试概述

一、什么是计算机辅助普通话水平测试

计算机辅助普通话水平测试(以下简称"机测")是以计算机语音识别系统,部分代替人工测评,对普通话水平测试中应试人朗读的1～3题的语音标准程度进行辨识的测评工作。

普通话水平测试工作一直以来都是靠人工测评应试人的语音标准程度来完成测试任务的,一般一组测试都有2～3名普通话测试员同时测评一名应试人员。测试员劳动强度高、工作效率低。计算机辅助普通话水平测试是国家语言文字应用"十五"重点课题项目,2006年1月该项目通过了国家语委科研规划领导小组的鉴定,2006年国家语用司批准13个省市开展机测试点工作,2009年国家语委开始在全国推广施行机测。

2010年国家语言文字测试中心出台了《计算机辅助普通话水平测试评分试行办法》,对普通话水平测试试题中计算机无法进行比较辨识、需要通过人工进行测评的第四题出现的问题进行了规范。

二、国家普通话水平智能测试系统

为了保证普通话测试的公平、公正、科学,国家语言文字培训测试中心与安徽科大讯飞股份有限公司(以下简称"科大讯飞")合作,授权科大讯飞研发用于计算机辅助普通话水平测试的软件。

国家普通话水平智能测试系统就是科大讯飞研发的,用于普通话测试的考试应用软件。在机测过程中,考生可以按照测试程序的提示逐步完成相关操作、回答考试内容,完成考试过程。完整的机测考试流程如下:

首先,考生在考试当天携带身份证、准考证,在老师的安排下进入候测室。老师会在候测室采集学生的身份证信息、指纹信息和照片,作为本次考试的基本信息。同时,采集的照片也会用在普通话水平测试等级证书上。

第一步,请考生将身份证贴到采集信息的终端设备相应位置上进行身份信息验证。

第二步,指纹采集。考生需要把右手拇指放在指纹采集器上连续采集三次。

第三步,照片采集。请考生坐到老师指定的位置上采集照片。

第四步,系统抽签。系统会自动分配机器号给考生,请记住机器号,然后进入备测室,按照老师指定的座位坐好,并做好考前准备和预习。

其次,进入正式考试流程。

第一步,进入测试机房后,先按照屏幕提示戴上耳机,并将麦克风调整到距嘴边大约2～3厘米处,然后用您采集时所用的手指在指纹机上验证,验证通过后进入正式考试界面,如果多次验证不通过请告知老师。

第二步，指纹验证通过后，电脑上会弹出考生的个人信息，请认真核对，确认无误后点击确认按钮。

第三步，点击确认按钮后，页面会弹出提示框，请等待考场指令准备试音。当进入试音页面后，考生会听到系统的提示语"现在开始试音，请务必在听到'嘟'的一声后朗读文本框中的个人信息"，提示语结束后请以适中的音量和语速朗读文本框中的试音文字，试音结束后，系统会提示考生试音成功与否。若试音失败，页面会弹出提示框"请点击确认按钮重新试音"，若试音成功，页面同样会弹出提示框"试音成功，请等待考场指令"。

接下来，考生应根据系统的提示语完成四道测试题。考试完成后，考生摘下耳机安静离开考场即可。

Flash 文件

三、机测注意事项

机测最大的好处是考生比较放松，不容易紧张，有利于发挥出自己的实际水平。但很多人对机测流程比较生疏，担心操作失误，担心考试中出现问题没人提醒。其实，只要提前了解机测的特点和一些常见问题，略加注意，就能保证考试的顺利完成。为了能够取得更好的测试效果，我们就几个应该注意的情况做些说明：

1. 关于准备时间

计算机测试同人工测试一样，会安排 10 分钟左右的时间让考生在备测室做测前准备。

2. 关于音量

测试时应该采用中等音量，即 2～3 人之间正常交谈的音量。从试音到整个考试过程音量应保持基本一致。常见的问题是第四题说话声音太小，请注意提高音量，当然也不要声音太大，让页面右侧的音量显示柱始终在红色区域爆灯也是不可取的。

3. 关于语速

考试时应保持适当的语速，逐字逐句朗读清楚。常见的问题是读得太快，字与字都粘在一起，导致每个音节的声调动程都不完整、咬不住字头、吐字归音不到位，形成很多缺陷，频频扣分。当然，也不要读得太慢太拖沓，前三题超时也会被扣分。

4. 关于漏读

测试过程中，前三道题如果有"漏读"现象是要按字扣分的，所以要注意避免漏读，即使有不认识的字，也应揣摩着读一下。要注意的是，看着电脑屏幕考试同看着纸质试题的感觉会有些差异，换行时有可能发生漏行的现象。建议朗读第一题和第二题时，换行处稍稍放慢速度，看清后再读，也可以采取"手指点读"的办法帮助考生做到不漏行；第三题朗读短文则要注意语义连贯，也不要漏行。

5. 关于重复读/回读

第一题和第二题如果有个别字词因读错后回读一遍的情况，计算机系统会自动进行识别，不会因为一个字的重读而影响整体评分。当然，考试过程中尽量不要出现重复/回读现象。第三题朗读短文，如果出现重复读/回读现象，系统会按照普通话水平测试纲要的评分要求扣分。第四题命题说话,如果出现多次重复读/回读现象,会在"流畅程度"项扣分。

6. 关于"命题说话"的要求

第四题是"命题说话",系统会在 30 个话题中选取 2 个供考生挑选,考生挑选其中 1 个话题进行答题。对这道题的要求,参见《计算机辅助普通话水平测试评分试行办法》部分条款。具体情况如下:

(1) 语音标准程度,共 25 分。分六档:

一档:语音标准,或极少有失误。扣 0 分、1 分、2 分。

二档:语音错误在 10 次以下,有方音但不明显。扣 3 分、4 分。

三档:语音错误在 10 次以下,但方音比较明显;或语音错误在 10 次~15 次之间,有方音但不明显。扣 5 分、6 分。

四档:语音错误在 10 次~15 次之间,方音比较明显。扣 7 分、8 分。

五档:语音错误超过 15 次,方音明显。扣 9 分、10 分、11 分。

六档:语音错误多,方音重。扣 12 分、13 分、14 分。

(2) 词汇语法规范程度,共 10 分。分三档:

一档:词汇、语法规范。扣 0 分。

二档:词汇、语法偶有不规范的情况。扣 1 分、2 分。

三档:词汇、语法屡有不规范的情况。扣 3 分、4 分。

(3) 自然流畅程度,共 5 分。分三档:

一档:语言自然流畅,扣 0 分。

二档:语言基本流畅,口语化较差,有背稿子的表现。扣 0.5 分、1 分。

三档:语言不连贯,语调生硬。扣 2 分、3 分。

(4) 说话不足 3 分钟,酌情扣分:缺时 1 分钟以内(含 1 分钟),扣 1 分、2 分、3 分;缺时 1 分钟以上,扣 4 分、5 分、6 分;说话不满 30 秒(含 30 秒),本测试项成绩计为 0 分。

(5) 离题、内容雷同,视程度扣 4 分、5 分、6 分。

(6) 无效话语,按累计占时酌情扣分:累计占时 1 分钟以内(含 1 分钟),扣 1 分、2 分、3 分;累计占时 1 分钟以上,扣 4 分、5 分、6 分;有效话语不满 30 秒(含 30 秒),本测试项成绩计为 0 分。

7. 关于对象感

部分应试人担心对着计算机测试,会因为没有具体的交流对象而找不到感觉,尤其是"命题说话"项。这确实是机测无法避免的问题。但是,面对问题我们要积极寻求解决方法,调整心态和测试状态,努力创造思想中的"交流对象",想象自己是面对着朋友、室友在说话。有了积极的心理准备和假想的情景设置,感觉就会好多了。

8. 关于时间把握

每道题目的页面下方都有蓝色的时间滚动条,不用特别注意,就能清晰地把握每道题的用时。

通常情况下,前三题的时间很充裕,每道题答完都会有多余时间。这时,考生可以及时点击右下方的"下一题"按钮,系统便会进入下一题测试。只有"命题说话"这道题,考生必须说满3分钟,否则可能会在"缺时"项扣分。

9. 关于机测系统的操作流程

通常情况下,候考室会有工作人员做类似"应试指南"的考前辅导工作,请注意学习。进入机测隔间入座后,遇到问题不要慌张,及时跟工作人员沟通解决。考试用的计算机已设定好程序,操作十分简便,测试时按提示操作即可。不要随意按动其他按钮,也不要拉扯各种连接线,以防出现影响录音的情况。

10. 关于意外情况处理

测试前应解决所有操作上的疑问,测试时一定要沉着冷静,不要说同测试内容无关的话。测试时如遇突发情况,应及时示意工作人员前来处理。

11. 关于准考证

录入准考证号并核对个人信息后,请将准考证置于靠走道的考试桌桌上角,以便考务人员检查。

四、普通话考试网上学习卡

目前,市面上性价比最高的普通话网上学习卡就是畅言网学习卡,即 isay365 畅言学习卡。

图 1-1　普通话网上学习卡

畅言网是科大讯飞公司开发的在线普通话水平智能模拟测试与学习平台。该平台集成的普通话智能测评技术是迄今唯一获得国家语委鉴定的技术。经过国家语委批准,我国各省市已正式采用该技术进行普通话水平测试。

学习卡的使用方法:

(1) 登录网址 www.isay365.com 进行在线注册,获得登录用户名和密码;

(2) 以用户名和密码登录网址主页—我的账号—账户充值,进入充值页面;

(3) 轻轻刮开学习卡背面封条,获得充值卡号,将卡号输入充值页面中充值卡号框内;

(4) 点击"充值"按钮;

(5) 充值成功后,即可开始进行在线学习与模拟测试;

(6) 客户服务电话:0551-5397811。

通过登录与使用该网站,考生可以实现如下目的:

（1）在线模拟测试。

花费 10 分钟左右的时间，即可体验"国家普通话水平智能测试系统"下的模拟机测，了解自己目前的普通话水平。

（2）针对性普通话指导练习。

系统可以根据考生的模拟测试结果，为考生量身定制由单字、词语、文章、绕口令、诗歌等学习语料构成的训练课程。考生可以进行针对性学习与训练，快速提高自己的普通话口语水平。在学习的过程中，系统将自动对学习者的发音进行测评，以便学习者及时掌握自己的学习效果。

那么，如何才能获得最好的学习卡使用体验呢？首先，需要在噪音干扰小的环境中进行测试，以此保证测评语音的质量。其次，在测试过程中，音量要适中，不要有过多的停顿，尽量避免漏读、错读、重复和说无关的话等情况。再次，电脑的配置应该能够满足运行"国家普通话水平智能测试系统"的最低要求，最好能达到使用畅言网学习卡的推荐配置。

第二章

普通话语音基础知识

语音是人类发音器官发出的用以交际的声音,是具有一定意义的声音。语音是语言的物质外壳,语言要通过语音来传递信息进行交流。语音具有物理属性、生理属性和社会属性,其中语音的社会属性是它的本质属性。

第一节　普通话语音基本概念

学习普通话语音知识,首先要了解普通话语音基本单位及其概念。

一、音素

音素是从音色的角度划分出来的最小的语音单位。例如,普通话中的"八 bā"和"逼 bī"都各是一个音节,两者声母和声调相同,但是韵母 a、i 不同,发音就不一样,a、i 不能再往下分了,它们就是最小的语音单位,就是音素。音节就是由音素构成的。普通话的一个音节,最少的由一个音素构成,如"啊 ā";最多的由四个音素构成,如"状 zhuàng"就包括 zh、u、a、ng 四个音素。在《汉语拼音方案》中,大多数情况是一个字母表示一个音素,如 a、o、e、b、p、d、t;有五个音素是用两个字母表示的:zh、ch、sh、ng、er。

音素分元音、辅音两类。

元音,也叫母音。指的是发音时气流振动声带,不受发音器官阻碍而形成的音。普通话中常见的元音有:a、o、e、i、u、ü、er。

辅音,也叫子音。指的是发音时气流在发音部位受到一定程度的阻碍,并且克服阻碍而形成的音。普通话总共有 22 个辅音:b、p、m、f、d、t、n、l、g、k、h、j、q、x、zh、ch、sh、r、z、c、s、ng。

元音和辅音的主要区别有:

(1) 发元音时,气流在咽头、口腔不受阻碍;发辅音时,气流通过口腔、鼻腔时要受到发音部位的阻碍。这是元音和辅音最主要的区别。

(2) 发元音时,发音器官各部位保持均衡的紧张状态;发辅音时,形成阻碍的部位比较紧张,其他部位相对比较松弛。

(3) 发元音时,气流较弱;发辅音时,气流较强。

(4) 发元音时,声带要颤动,发出的声音响亮;发辅音时,有的声带颤动,这样的辅音叫浊音,声音有响声,如 m、n、l、r;有的声带不颤动,声音微弱,如 b、t、z、c、zh、ch,这样的叫作清音。

二、音节

音节是语音结构的基本单位,也是听感上能够自然感知到的最小语音片段,由一个或几个音素组成。如"飘"(piāo),是一个音节,而"皮袄"(pí'ǎo),虽然两个音节的音素完全相同,但"皮袄"发音时中间有短暂间隔,因而是两个音节。

普通话除儿化韵的词"花儿""球儿"等是两个汉字表示一个音节外,一般是一个汉字一个音节,这也是汉语普通话区别于其他语言的一个显著特点。

三、声母 韵母 声调

按照汉语传统的分析方法,总是把一个音节分解为声母、韵母、声调三个部分。

1. 声母

指汉语音节中开头的辅音。"普通话"三个音节的声母分别是:p、t、h。普通话语音22 个辅音中,"ng"不能充当普通话声母(只能用在韵尾,如:zhang、chuang)。可以做声母的辅音共有 21 个,分别是 b、p、m、f、d、t、n、l、g、k、h、j、q、x、zh、ch、sh、r、z、c、s。

此外,有的音节以元音开头,语音学上称这样的音节为"零声母"音节,如"偶 ǒu""昂 áng""翁 wēng"等。有了零声母音节的概念,我们可以说普通话里所有音节都可以分为声母、韵母两个部分。汉语拼音里的 w 和 y 两个字母,只出现在零声母音节的开头,如"依 yī""王 wáng"等,但 w 和 y 不是声母,它们的主要作用是使音节界限清楚。

2. 韵母

指汉语音节中声母后面的部分。韵母大多由元音组成,比如:"普"的韵母是元音u,"话"的韵母是元音 u 和 a 的组合;有的韵母中也有辅音成分,n 和 ng 两个鼻辅音常在韵尾中出现,如:"通"的韵母 ong 就是元音 o 与鼻辅音 ng 的组合。

普通话韵母共有 39 个。其中单韵母有 10 个:a、o、e、i、u、ü、- i[ɿ]、-i[ʅ]、ê、er;复韵母有 13 个,前响复韵母 4 个:ai、ei、ao、ou;后响复韵母 5 个:ia、ie、ua、uo、üe;中响复韵母 4 个:iao、iou、uai、uei;鼻韵母有 16 个,其中前鼻音韵母 8 个:an、en、ian、uan、üan、in、uen、ün;后鼻音韵母 8 个:ang、iang、uang、eng、ing、ueng、ong、iong。

韵母内部按传统的分析方法,又可以分为韵头、韵腹、韵尾三部分。韵母中开口度最大、声音最响亮的元音为韵腹,韵腹前面的元音为韵头,后面的音素为韵尾。汉语并非每一个音节中的韵母都有头、腹、尾三部分。有的音节没韵头,有的音节没韵尾,但是绝不能没有韵腹。韵腹是音节中的主干,是不可缺少的主要组成部分。

3. 声调

声调是音节中具有区别意义作用的音高变化。由于一个音节就是一个汉字,所以也可称为"字调"。例如"老"(lǎo),读起来先降低然后又上升,这种先降后升的音高变化形式和升降幅度就是音节"老"的声调。普通话有四种基本声调:阴平、阳平、上声、去声。声调在词语和语流中会发生一些变化,也就是有"音变"现象。

需要特别指出的是,音节、音素、元音、辅音是各种语言都有的语音概念,而声母、韵母、声调则是汉语特有的概念。

第二节　普通话声母

普通话声母除了零声母外都是由辅音充当的,普通话共有 21 个辅音声母。辅音声母的不同取决于发音部位和发音方法。发音部位指发音时形成阻碍的部位;发音方法是发音器官阻碍气流和解除阻碍的方法。

表 2-1　普通话声母总表

发音方法			发音部位													
			唇音				舌尖音						舌面音			
			双唇音		唇齿音		舌尖前音		舌尖中音		舌尖后音		舌面前音		舌面后音		
			上唇	下唇	上齿	下唇	舌尖	齿背	舌尖	上齿龈	舌尖	硬腭前	舌面前	硬腭前	舌面后	软腭
塞音	清音	不送气音	b[p]						d[t]						g[k]	
		送气音	p[pʰ]						t[tʰ]						k[kʰ]	
塞擦音	清音	不送气音					z[ts]				zh[tʂ]		j[tɕ]			
		送气音					c[tsʰ]				ch[tʂʰ]		q[tɕʰ]			
擦音		清音			f[f]		s[s]				sh[ʂ]		x[ɕ]		h[x]	
		浊音									r[ʐ]					
鼻音		浊音	m[m]						n[n]							
边音		浊音							l[l]							

一、声母的发音部位

发音时,气流形成阻碍的部位叫作发音部位。按发音部位分,普通话声母可以分为七类:

(1)双唇音(b、p、m)　由上唇和下唇阻塞气流而形成。

(2)唇齿音(f)　由上齿和下唇接近阻碍气流而形成。

(3)舌尖前音(z、c、s)　由舌尖前部抵住或接近上齿背阻碍气流而形成。

(4)舌尖中音(d、t、n、l)　由舌尖中部抵住上齿龈阻碍气流而形成。

(5)舌尖后音(zh、ch、sh、r)　由舌尖卷曲上翘,但仍然用舌尖上面(不是背面)后部抵住或接近硬腭前部阻碍气流而形成。

(6)舌面音(j、q、x)　由舌面前部抵住或接近硬腭前部阻碍气流而形成,又叫作"舌面前音"。

(7) 舌根音(g、k、h) 由舌面后部抵住或接近软腭阻碍气流而形成。又叫作"舌面后音"。

二、声母的发音方法

声母的发音方法可从阻碍的方式、声带是否振动、气流的强弱三方面来观察。

1. 阻碍的方式

辅音声母发音是一个从形成阻碍到解除阻碍的过程,可以分出三个阶段:成阻(形成阻碍)——持阻(保持阻碍)——除阻(解除阻碍)。根据成阻和除阻方式的不同,普通话的辅音声母可以分成五类,其中塞音、擦音、塞擦音和边音在发音部位形成阻碍的同时,软腭是上升的,堵塞鼻腔通路,发出来的都是口音。

(1) 塞(sè)音(b、p、d、t、g、k) 上下发音部位形成闭塞,气流骤然冲破阻碍,爆发成声。

(2) 擦音(f、h、x、sh、r、s) 上下发音部位靠近,形成窄缝,气流从窄缝中挤出,摩擦成声。

(3) 塞擦音(j、q、zh、ch、z、c) 上下发音部位先形成闭塞,然后气流把阻塞部位冲开一条窄缝,从窄缝中挤出,摩擦成声。

(4) 鼻音(m、n、ng) 口腔中的某一部位完全闭塞,同时软腭下降,打开鼻腔的通路,声带振动,气流从鼻腔流出,共鸣成声。注意:ng在普通话里不做声母,只做韵尾。

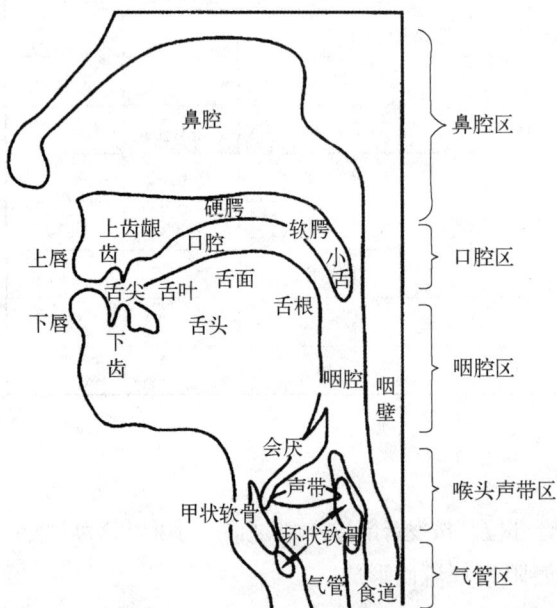

(5) 边音(l) 舌尖与上齿龈接触,堵塞气流,但舌头的两边留有空隙,声带振动,气流从舌头两边通过,摩擦成声。

2. 声带是否振动

发音时声带不振动,这种辅音叫清音。

发音时声带振动,这种辅音叫浊音。普通话的浊音声母只有四个:m、n、l、r,其余辅音声母都是清音。辅音韵尾ng也是浊音。

3. 气流的强弱

塞音和塞擦音有送气强弱的区别。肺部呼出的气流较强时形成的音叫送气音,如p、t、k、q、ch、c;肺部呼出的气流较弱时形成的音叫不送气音,如b、d、g、j、zh、z。擦音不区分气流强弱。

图 2-1 发音器官纵切面示意图

三、辅音声母的发音情况

普通话共21个辅音声母,基本上是一个拼音字母表示一个辅音,双字母辅音声母只有3个:zh、ch、sh,另外,辅音韵尾ng也是双字母表示一个

21 个声母的
示范发音

辅音。《汉语拼音方案》的声母表是按发音部位分组排列的。下面方括号内所列的是国际音标。

b[p]双唇、不送气、清、塞音(即双唇音、不送气音、清音、塞音的简称,以下类推)。双唇闭合,软腭上升堵塞鼻腔通路,声带不振动,然后微弱的气流冲破双唇的阻碍,爆发成声,如"白板"(báibǎn)。

p[pʰ]双唇、送气、清、塞音。发音状况与 b 大致相同,只是从肺部呼出的气流较强,如"评判"(píngpàn)。

m[m]双唇、浊、鼻音。双唇紧闭,软腭下垂打开鼻腔通路,声带振动,气流从鼻腔通过,如"麦芒"(màimáng)。

f[f]唇齿、清、擦音。下唇轻触上齿,软腭上升堵塞鼻腔通路,声带不振动,气流从唇齿之间的窄缝中挤出,摩擦成声,如"发放"(fāfàng)。

d[t]舌尖中、不送气、清、塞音。舌尖抵住上齿龈,软腭上升堵塞鼻腔通路,声带不振动,微弱的气流冲破舌尖的阻碍,爆发成声,如"达到"(dádào)。

t[tʰ]舌尖中、送气、清、塞音。发音状况与 d 大致相同,只是呼出的气流较强,如"探讨"(tàntǎo)。

n[n]舌尖中、浊、鼻音。舌尖抵住上齿龈阻塞口腔气流,软腭下降打开鼻腔通路,声带振动,气流从鼻腔通过,如"恼怒"(nǎonù)。

l[l]舌尖中、浊、边音。舌尖抵住上齿龈,软腭上升堵塞鼻腔通路,声带振动,气流从舌头两边通过,如"流利"(liúlì)。

g[k]舌面后、不送气、清、塞音。舌面后部抵住软腭,软腭上升堵塞鼻腔通路,声带不振动,微弱的气流冲破舌面后的阻碍,爆发成声,如"光顾"(guānggù)。

k[kʰ]舌面后、送气、清、塞音。发音的状况与 g 大致相同,只是呼出的气流较强,如"慷慨"(kāngkǎi)。

h[x]舌面后、清、擦音。舌面后部靠近软腭,软腭上升堵塞鼻腔通路,声带不振动,气流从舌面后部和软腭之间的窄缝中挤出,摩擦成声,如"呵护"(hēhù)。

j[tɕ]舌面前、不送气、清、塞擦音。舌面前部抵住硬腭前部,软腭上升堵塞鼻腔通路,声带不振动,微弱的气流在舌面和硬腭之间冲开一条窄缝,摩擦成声,如"艰巨"(jiānjù)。

q[tɕʰ]舌面前、送气、清、塞擦音。发音状况与 j 大致相同,只是呼出的气流较强。例如"牵强"(qiānqiáng)。

x[ɕ]舌面前、清、擦音。舌面前部靠近硬腭,软腭上升堵塞鼻腔通路,声带不振动,气流从舌面前部和硬腭之间的窄缝中挤出,摩擦成声,如"选修"(xuǎnxiū)。

zh[tʂ]舌尖后、不送气、清、塞擦音。舌尖翘起抵住硬腭前部,软腭上升堵塞鼻腔通路,声带不振动,微弱的气流在舌尖和硬腭之间冲开一条窄缝,摩擦成声,如"珍重"(zhēnzhòng)。

ch[tʂʰ]舌尖后、送气、清、塞擦音。发音状况与 zh 大致相同,只是呼出的气流较强,如"拆除"(chāichú)。

sh[ʂ]舌尖后、清、擦音。舌尖翘起靠近硬腭前部,软腭上升堵塞鼻腔通路,声带不振动,气流从舌尖和硬腭之间的窄缝中挤出,摩擦成声,如"绅士"(shēnshì)。

r[ʐ]舌尖后、浊、擦音。发音状况与 sh 大致相同,只是声带要振动,如"仍然"(réngrán)。

z[ts]舌尖前、不送气、清、塞擦音。舌尖轻触齿背,软腭上升堵塞鼻腔通路,声带不振动,微弱的气流在舌尖和齿背之间冲开一条窄缝,摩擦成声,如"自尊"(zìzūn)。

c[tsʰ]舌尖前、送气、清、塞擦音。发音状况与 z 大致相同,只是呼出的气流较强,如"猜测"(cāicè)。

s[s]舌尖前、清、擦音。舌尖靠近齿背,软腭上升堵塞鼻腔通路,声带不振动,气流从舌尖和齿背之间的窄缝中挤出,摩擦成声,如"随俗"(suísú)。

四、声母的本音和呼读音

练习普通话声母时,要注意区分声母的本音和呼读音:声母的本音是按照声母本来的辅音发出的音(可以对照辅音国际音标练习发音),后面不带元音;声母的呼读音是为了教学方便,在声母后面带上一个元音而形成的音节音。如:bo、po、mo、fo、de、te、ne、le、ge、ke、he、ji、qi、xi、zhi、chi、shi、ri、zi、ci、si。

学生在练习拼读时,要使用声母的本音进行拼读。如"攀登",要拼读成"pāndēng"[p^han^{55}tə$ŋ^{55}$],不能拼读成"poāndeēng"。

第三节　普通话韵母

韵母是普通话音节中声母后面的部分、不包括声调。

韵母由韵头(介音)、韵腹(主要元音)、韵尾三部分组成。如"墙"(qiáng)的韵母是iang,其中 i 是韵头,a 是韵腹,ng 是韵尾。每个韵母一定有韵腹,韵头和韵尾则可有可无。如"怕"(pà)的韵母是 a,a 是韵腹,没有韵头、韵尾;"抓"(zhuā)的韵母是 ua,其中 u 是韵头,a 是韵腹,没有韵尾;"包"(bāo)的韵母是 ao,其中 a 是韵腹,o 是韵尾,没有韵头。

一、韵母的分类和发音

普通话一共有 39 个韵母,按照韵母中的音素个数和性质,可分为单韵母、复韵母和鼻韵母三类。

(一) 单韵母

由单个元音充当的韵母叫单韵母,也叫单元音韵母。普通话里有 10 个单韵母,分别是 a、o、e、ê、i、u、ü、-i[ɿ]、-i[ʅ]、er。

单元音发音时,口型和发音器官的位置始终保持不变,发音器官不产生位移。根据发音时舌头紧张的部位,单韵母分为三类:舌面元音、舌尖元音、卷舌元音。

1. 舌面元音

舌面元音是由舌面与硬腭调节口腔形状而形成的元音。舌头的升降伸缩、唇形的圆展使得口腔形成不同形状的共鸣腔,声音通过口腔时便形成了不同的音色。可以根据以下三方面来观察舌面元音的形成过程。

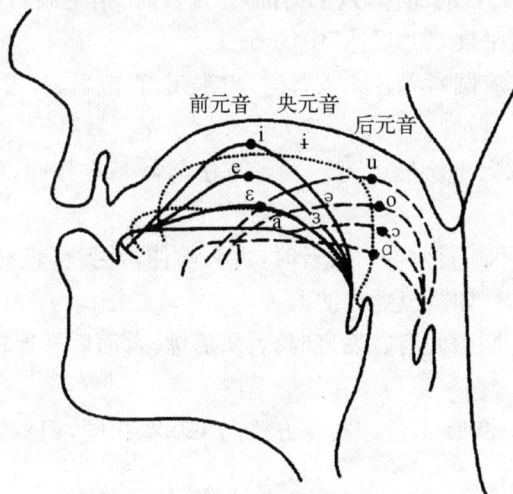

图 2-2 舌面元音舌位示意图

(1) 舌位的高低:舌位是指发音时舌头最高点所在的位置。舌位的高低与口腔的开口度关系密切,舌位越高,开口度越小;舌位越低,开口度越大。根据舌位的高低可以把元音分为高元音(如 i、u、ü)、半高元音(如 e、o)、半低元音(如 ê)、低元音(如 a)。

(2) 舌位的前后:根据舌位前伸后缩的不同,把元音分为前元音(如 i、ü)、央元音(如 a[ʌ])、后元音(如 u、o)。

(3) 唇形的圆展:根据发音时嘴唇是否拢圆,把元音分为圆唇元音(如 u、ü、o)和不圆唇元音(也叫“展唇元音”,如 i、a、e)。

舌面元音可用下面的舌位图表示:

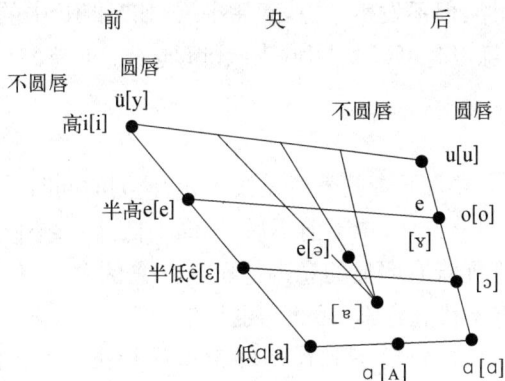

图 2-3 舌面元音舌位唇形图

10 个单韵母的示范发音

普通话可以充当单韵母的舌面元音有 7 个：a、o、e、ê、i、u、ü，其中既能单独成音节，也能前加声母的有 6 个：a、o、e、i、u、ü。它们的发音情况如下（方括号内是国际音标）：

a[A]舌面、央、低、不圆唇元音（即舌面元音、央元音、低元音、不圆唇元音的简称，以下类推）。发音时，抬上颌口形大开，舌位低，舌头自然平放居中央，双唇平展，如"发达"中的 a。

o[o]舌面、后、半高、圆唇元音。发音时，口半闭，舌位半高，舌头后缩，双唇拢圆，如"泼墨"中的 o。

e[ɤ]舌面、后、半高、不圆唇元音。发音方法与 o 基本相同，但双唇要平展，如"色泽"中的 e。

i[i]舌面、前、高、不圆唇元音。发音时，舌头前伸，舌尖可轻触下齿背，舌面向硬腭隆起，口微开，双唇平展，如"气息"中的 i。

u[u]舌面、后、高、圆唇元音。发音时，舌头后缩，舌面后靠近软腭双唇拢圆，留一小孔，如"古都"中的 u。

ü[y]舌面、前、高、圆唇元音。发音方法与 i 基本相同，但双唇要前伸拢圆，如"聚居"中的 ü。

ê[ɛ]舌面、前、半低、不圆唇元音。发音时，口半开，舌头前伸，舌尖轻触下齿背，舌位半低，双唇展开。ê 作为单元音韵母只出现在叹词"欸"中。

2. 舌尖元音

舌尖元音是一种特殊的元音，主要靠舌尖的前后活动和唇形的圆展来调节气流。普通话有 2 个舌尖元音，都不能单独成音节。

-i[ɿ]舌尖前、高、不圆唇元音，又称为舌尖前元音。发音时，舌尖前伸靠近上齿背，气流经过狭窄的通路，但不发生摩擦，双唇平展，如"字词"中的-i。-i[ɿ]只能与声母 z、c、s 相拼。练习时可以念"zi(资)、ci(疵)、si(思)"并拉长，后面部分的音就是-i[ɿ]。

-i[ʅ]舌尖后、高、不圆唇元音，又称为舌尖后元音。发音时，舌尖上翘，靠近硬腭前部，气流经过狭窄的通路，但不发生摩擦，双唇平展，如"知识"中的-i[ʅ]。-i[ʅ]只能和声母 zh、ch、sh、r 相拼。练习时可以念"zhi(支)、chi(吃)、shi(诗)、ri(日)"并拉长，后面部分的音就是-i[ʅ]。

3. 卷舌元音

er[ɚ]（或记作[ɚ]）卷舌元音的发音是发央元音[ə]的同时舌尖向接近硬腭的方向卷起，发央元音[ə]时，口略开，舌位不前不后，不高不低，唇形不圆。在做这一发音动作的同时，舌尖上卷，整个元音有明显的卷舌色彩。er 是两个字母代表一个音素，其中的"r"表示卷舌的动作，并不代表音素，因此它也是单元音。

卷舌元音 er 只能自成音节，不和任何辅音声母相拼，读 er 的字有限，如"耳、而、二、儿、尔、饵、迩、贰"等。

（二）复韵母

由复元音充当的韵母叫复韵母，又叫复元音韵母。复韵母的发音是从一个元音快速滑到另一个元音，舌位的前后、口腔的开闭、唇形的圆展都有渐变的过程，中间有一串过渡音，如复元音"ai"是从"a"开始，向"i"滑动，中间会经过[æ]→[ɛ]→[e]等一串过渡音。

普通话的复韵母一共有 13 个，根据响度较大的韵腹的所在位置，可分为三类：

1. 前响复韵母：韵腹＋韵尾

发音时，前音清晰，后音相对轻短模糊。普通话共有四个前响复韵母：

ai[ai]白菜（báicài）   ei[ei]北非（běifēi）

ao[ɑu]考号（kǎohào）   ou[ou]叩头（kòutóu）

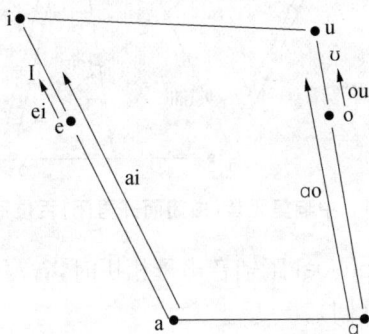

图 2－4　前响复元音（由开而闭）舌位活动图

ao[ɑu]是从 ɑ 滑向 u。《汉语拼音方案》规定将[ɑu]写作"ao"，是为了避免手写体的"u"和"n"相混。"iao"也是同样处理的结果。

2. 后响复韵母：韵头＋韵腹

发音时，前音相对轻短，标明发音的起始位置，后音清晰响亮。普通话共有五个后响复韵母：

ia[iA]下架（xiàjià）   ie[iɛ]结业（jiéyè）   ua[uA]刮花（guāhuā）

uo[uo]陀螺（tuóluó）   üe[yɛ]绝学（juéxué）

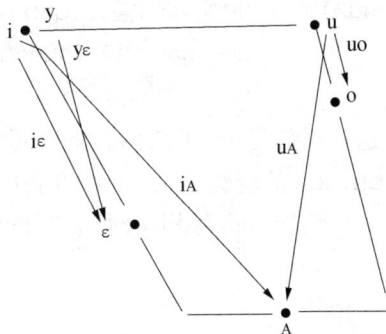

图 2－5　后响复元音（由闭而开）舌位活动图

ie 和 üe 中,主要元音的发音跟单韵母"ê"的发音相同。

3. 中响复韵母:韵头＋韵腹＋韵尾

发音时,首音相对轻短,标明发音的起始位置,过渡到中间的元音时发音清晰响亮,尾音轻短模糊,表示声音滑动方向。普通话共有四个中响复韵母:

iao[iɑu]飘摇(piāoyáo)   uai[uai]摔坏(shuāihuài)

iou[iou]优秀(yōuxiù)   uei[uei]垂危(chuíwēi)

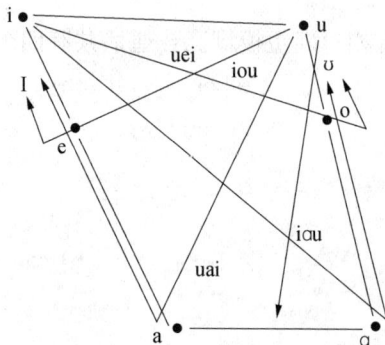

图 2-6　中响复元音(由闭而开再闭)舌位活动图

《汉语拼音方案》规定,iou、uei 跟辅音声母相拼时,省写韵腹,声调符号统一标在元音韵尾上,如"jiǔ"(久)"huí"(回)。

(三) 鼻韵母

由元音跟鼻辅音韵尾构成的韵母叫鼻韵母,又叫带鼻音韵母。普通话鼻韵母的辅音韵尾只有"n、ng"两个。

普通话的鼻韵母共有 16 个,根据鼻韵尾的不同可以分为两类:

1. 前鼻音韵母:元音 ＋ n

前鼻音韵母有 8 个。发音时,先发单元音或复元音,然后舌尖抵住上齿龈,紧接着软腭下降,气流从口腔和鼻腔呼出,鼻腔形成共鸣。

an[an]斑斓(bānlán)   ian[iɛn]前线(qiánxiàn)

uan[uan]传唤(chuánhuàn)   üan[yan]全员(quányuán)

en[ən]愤懑(fènmèn)   uen[uən]混沌(hùndùn)

in[in]辛勤(xīnqín)   ün[yn]均匀(jūnyún)

在 an、uan、ian 和 üan 这一组韵母中,虽然韵腹的字母都写作"a",但在普通话中的实际发音是不同的,an、uan、üan 的韵腹读[a],ian 的主要元音读[ɛ]。

《汉语拼音方案》规定,uen 跟辅音声母相拼时,省写韵腹,声调符号标在 u 上,如"zūn(尊)"。

2. 后鼻音韵母:元音 ＋ ng

后鼻音韵母也有 8 个。发音时先发元音,紧接着舌面后部向软腭移动,轻触软腭,控制气流大部分从鼻腔呼出,在鼻腔形成较强共鸣。

ang[ɑŋ]钢厂(gāngchǎng)　　　iang[iɑŋ]想象(xiǎngxiàng)

uang[uɑŋ]窗框(chuāngkuàng)　　ing[iŋ]行营(xíngyíng)

eng[əŋ]省城(shěngchéng)　　　ueng[uəŋ]嗡嗡(wēngwēng)

ong[uŋ]隆重(lóngzhòng)　　　iong[yŋ]炯炯(jiǒngjiǒng)

需要注意的是韵母 ong 的元音是[u]，为了避免书写混淆而写作 o；韵母 iong 的元音是[y]，为了避免书写混淆而写作 io。

韵母 ueng[uəŋ]只能自成音节，不和任何辅音声母相拼。

二、韵母的"四呼"

根据韵母开头元音发音的口形，可以把韵母分为四类，传统音韵学称之为"四呼"。它们分别是：

开口呼：没有韵头，韵腹不是 i、u、ü 的韵母。舌尖元音单韵母-i[ɿ]、-i[ʅ]属于开口呼。

齐齿呼：韵头或韵腹为 i 的韵母。

合口呼：韵头或韵腹为 u 的韵母。韵母 ong 的实际读音是[uŋ]，也属于合口呼。

撮口呼：韵头或韵腹为 ü 的韵母。韵母 iong 的实际读音是[yŋ]，也属于撮口呼。

表 2-2　普通话韵母总表

音素数量和性质	口形			
	开口呼	齐齿呼	合口呼	撮口呼
单韵母（单元音韵母）	-i[ɿ][ʅ]	i[i]	u[u]	ü[y]
	ɑ[A]			
	o[o]			
	e[ɤ]			
	ê[ɛ]			
	er[ɚ]			
复韵母（复元音韵母）		iɑ[iA]	uɑ[uA]	
			uo[uo]	
		ie[iɛ]		üe[yɛ]
	ɑi[ai]		uɑi[uai]	
	ei[ei]		uei[uei]	
	ɑo[ɑu]	iɑo[iɑu]		
	ou[ou]	iou[iou]		

续表

音素 数量和性质	口　　形			
	开口呼	齐齿呼	合口呼	撮口呼
鼻韵母 （带鼻音韵母）	an[an]	ian[iɛn]	uan[uan]	üan[yan]
	en[ən]	in[in]	uen[uən]	ün[yn]
	ang[ɑŋ]	iang[iɑŋ]	uang[uɑŋ]	
	eng[əŋ]	ing[iŋ]	ueng[uəŋ]	
			ong[uŋ]	iong[yŋ]

第四节　普通话声调

声调是普通话音节不可缺少的要素,它是依附在音节上能够区别意义的音高变化格式。

一、调值和调类

普通话音节有平(高平)、升(中升)、曲(先降后升)、降(高降)四种音高变化格式,不同的音高变化往往表示不同的意思。如音节 ma 的四种音高变化格式,可以有"妈、麻、马、骂"等不同的意思与之相对应,这四种音高变化格式就是四个声调。

声调的音高是相对的,但是音高变化的走势和格局都是基本相同的。汉语的声调包括调值和调类两个方面:

调值是声调的实际音值或读法。"五度标记法"是现在最通行的记录调值的方法,它把声调高低程度大致划分为 5 度,5 度最高,1 度最低。五度标记法的数值展示了声调的起点、终点和中间的拐点。普通话的四个声调用五度标记法表示分别为 55、35、214 和 51。

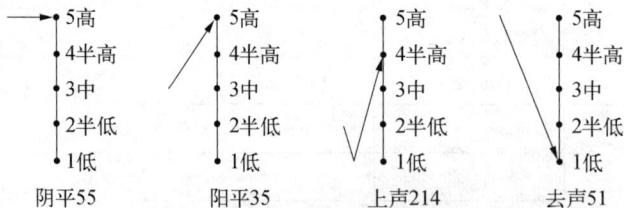

图 2-7　普通话调值五度标记图

调类是声调的种类,也就是把全部字音按不同的调值加以分类后,得到的类别。有几种基本调值就可以归纳出几种调类。

普通话的声调可以归纳为四个调类,即阴平、阳平、上声、去声。

阴平,调值 55,不升也不降,是高平调。

阳平,调值 35,从中起音往上升,是中升调。

上声,调值 214,先降再扬起,是降升调。

去声,调值 51,从高到最低,是全降调。

二、普通话声调的发音要领

1. 阴平

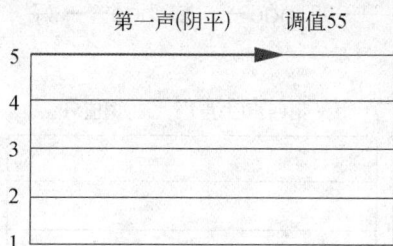

第一声(阴平) 调值55

图2-8 第一声(阴平)发音示意图

高平调(55)音高最高,且音高而平,由5度到5度,没有升降变化。实际发音时,起音后略有升高趋势,末尾稍有下降趋势收音,首尾差别不易察觉。发音时气息压力较大,要注意气息的平稳。

例如:bā——八、dā——搭、cā——擦、mā——妈。

2. 阳平

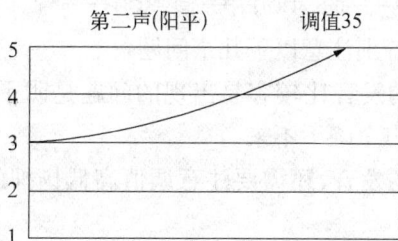

第二声(阳平) 调值35

图2-9 第二声(阳平)发音示意图

中升调(35)声音从中音起,升到高音,由3度到5度。阳平发音起调略高,气息开始较弱,发音后声随气扬,压力逐渐增强,音高达到阴平的高度收音。阳平发音要注意弱起调平稳升高调值,直接上升不要拐弯。

例如:bá——拔、má——麻、ké——壳、hé——禾。

3. 上声

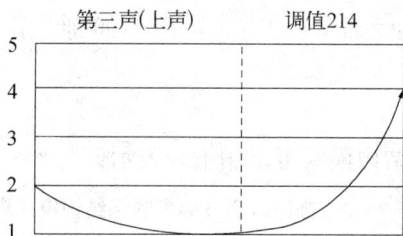

第三声(上声) 调值214

图2-10 第三声(上声)发音示意图

降升调(214)发音时由半低起,先降后升,由2度降到1度再升到4度。起音比阳平低1度,注意声音下降时气息要稳定,喉要放松,上声调的降升变化是平滑的弯曲变化,不能有顿挫硬拐的感觉,收音时更不能有甩音的感觉。上声是普通话四个声调中时值最长的,也是唯一有弯曲变化的声调,在语流中变化较多,较难掌握。

例如:bǎo——宝、mǎo——卯、nǎo——脑、hǎo——好。

4. 去声

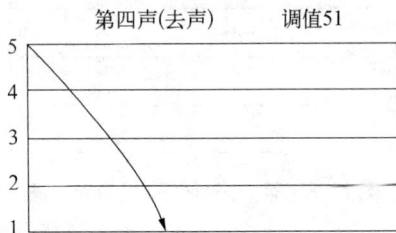

图2-11 第四声(去声)发音示意图

全降调(51)起音高度与阴平一样,发音后直降到最低,发音时注意控制气息稳降,不要让收音有坠落感,去声是普通话四个声调中时值最短的。发好去声的关键是起调要高,下降要迅速且稳定,不能拖沓也不能失控。

例如:bàn——办、pàn——盼、màn——慢、kàn——看。

普通话声调发音需要特别注意以下几个问题:

(1)普通话四个声调的发音比较容易出现的问题是阴平调值不够高;阳平拐弯上不去;上声硬拐不平滑;去声全降下不来。

(2)普通话四个声调的发音,还需要注意调值高低扬抑的变化和气息控制结合起来。应做到:

起音高平莫低昂,气势平均不紧张。从中起音向上扬,用气弱起逐渐强。

上声先降转上挑,降时气稳扬时强。高扬直送向低唱,强起到弱气通畅。

第五节　普通话音节

普通话音节是听感上能够感知到的最小的语音单位,它由音素构成,音节上必须附有声调才能够表达意义,所以普通话音节也叫作带调音节,如"推广普通话"就是5个带调音节。

一、普通话的音节结构

普通话音节的声韵调结构模式可以用下表表示:

表2-3 普通话音节的声韵调结构模式表

声调			
声母	韵母		
	韵头	韵腹	韵尾

普通话音节之间界限分明,与每个音节有一个独立的声调贯穿其中有关。普通话音节并不一定是声母、韵头、韵腹和韵尾四者都具备,可以没有辅音声母,也可以没有韵头和韵尾,但必须有韵腹。普通话的音节一共有 12 种结构类型,见下表。

表 2-4　普通话音节结构类型表

序号	例字	声母	韵母			声调		类型
			韵头	韵腹	韵尾	调类	调值	
1	鹅	ø		e		阳平	35	韵腹
2	奥	ø		a	o[u]	去声	51	韵腹+元音韵尾
3	恩	ø		e	n	阴平	55	韵腹+辅音韵尾
4	月	ø	ü	ê		去声	51	韵头+韵腹
5	有	ø	i	o	u	上声	214	韵头+韵腹+元音韵尾
6	翁	ø	u	e	ng	阴平	55	韵头+韵腹+辅音韵尾
7	直	zh		-i[ʅ]		阳平	35	声母+韵腹
8	美	m		e	i	上声	214	声母+韵腹+元音韵尾
9	进	j		i	n	去声	51	声母+韵腹+辅音韵尾
10	夸	k	u	a		阴平	55	声母+韵头+韵腹
11	退	t	u	e	i	去声	51	声母+韵头+韵腹+元音韵尾
12	船	ch	u	a	n	阳平	35	声母+韵头+韵腹+辅音韵尾

普通话音节结构特点鲜明:
(1) 一个音节最多有四个音素,如上表中的例 11 和 12;最少有 1 个音素,如例 1。
(2) 在音节的组成音素中,元音占优势。辅音出现在音节的开头或末尾。
(3) 韵头只由 i、u、ü 三个高元音充当。
(4) 普通话音节的元音韵尾由 i 或 u 充当,辅音韵尾由 n 或 ng 充当。

二、普通话的声韵配合规律

普通话有 22 个声母(包括零声母)和 39 个韵母,理论上可以有 858 个声韵组合的音节,但事实上普通话音节只有约 400 个。这说明普通话音节的形成,存在着声韵调配合的规律。

表 2-5　普通话声韵配合简表

序号	声母	开口呼	齐齿呼	合口呼	撮口呼
1	双唇音 b p m	+	+	+(只与 u 相拼)	−
2	唇齿音 f	+	−	+(只与 u 相拼)	−
3	舌尖前音 z c s	+	−	+	−

序号	声母	开口呼	齐齿呼	合口呼	撮口呼
4	舌尖中音(清) d t	＋	＋	＋	－
5	舌尖中音(浊) n l	＋	＋	＋	＋
6	舌尖后音 zh ch sh r	＋	－	＋	－
7	舌面前音 j q x	－	＋	－	＋
8	舌面后音 g k h	＋	－	＋	－
9	零声母 ø	＋	＋	＋	＋

常用音节的
示范发音

《普通话声韵配合简表》中声母按发音部位分类,韵母按四呼分类,"＋"表示声母和韵母可以相拼,"－"表示不可以相拼。如果不算声调,普通话常用音节有400多个,每个音节的发音要领都不一样。这400多个音节的发音情况具体如下:

1. 零声母音节

a 发音时硬腭高抬,颧肌上提,下颌放松,舌头不前伸、不后缩,自然平置口腔底部,发音动作过程接近打哈欠。声带振动,响亮发音,出声后发音器官保持稳定,不产生位移。

o 发音时唇形呈大圆状(参照 e 的开口程度拢圆唇型),两腮放松使口腔尽量空阔,舌头后缩向小舌方向(口腔后上)靠近,喉口肌肉略紧张。声带振动,响亮发音。出声后发音器官保持稳定,不产生位移。

e 发音时硬腭上抬,颧肌上提,下颌放松,舌头后缩向小舌方向(口腔后上)靠近,双唇和两腮放松使口腔空阔,喉口肌肉略紧张。声带振动,响亮发音。出声后发音器官保持稳定,不产生位移。

ê 发音时硬腭上抬,参照 e 的开口程度,颧肌上提,下颌放松,舌头略向前伸,舌尖轻触下齿尖。声带振动,响亮发音。出声后发音器官保持稳定,不产生位移。

er 发音时舌面自然上卷,舌尖尽量指向软腭、小舌,卷后舌尖放松,卷动过程可持续出声,开口程度起时参照 a,归音参照 e。发音过程中颧肌上提,下颌放松,声带振动,响亮发音。

ai 发音时硬腭上抬,颧肌上提,下颌放松,舌尖轻触下齿尖,双唇上下开口度约与 a 音同,出 a[a]音后快速向 i 音过渡,即舌面向上齿背靠近,双唇上下开口度快速闭至略小于小指宽度。发音时注意声音自然连贯、快速平滑过渡。

ei 发音时硬腭上抬,颧肌上提,下颌放松,舌尖轻触下齿尖,双唇上下开口度约与 e 音同,出 e[e]音后快速向 i 音过渡,即舌面向上齿背靠近,双唇上下开口度略有渐小变化。发音时注意声音自然连贯、快速平滑过渡。

ao 发音时硬腭高抬,颧肌上提,下颌放松,舌面后缩靠近喉口起 a[ɑ]音后,略抬起向小舌方向找 u 音收束。双唇上下开口度起始与 a 音同,出声后快速拢圆唇向 u 音过渡。发音时注意声音自然连贯、快速平滑过渡,过程中收音,归音不到 u。

　　ou　发音时提颧肌,下颌放松,双唇拢成大圆状,舌面后缩靠近小舌起 o 音后,略抬起向软腭方向找 u 音收束,归音时双唇拢成小圆状。注意:发 ou 音节,大圆唇 o 起音时,常常在听感上略有展唇 e 的音,需要特别注意。归音向 u 去,但不到 u。

　　an　发音时提颧肌,放松下颌,唇形向两腮咧开,开口度略小于 a 韵母,发出 a[a]音后感受部分气流从鼻腔通过并产生共鸣出 an[an]音,归音时双唇保持咧开状,上下颌由开渐闭,但不完全闭合。

　　en　发音时提颧肌,放松下颌,唇形向两腮咧开,开口度与 e 音开口度相近,发出 e[ə]音后感受部分气流从鼻腔通过并产生共鸣出 en[ən]音,归音时双唇保持咧开状,上下颌由开渐闭,但不完全闭合。

　　ang　发音时提颧肌,放松下颌,唇形聚拢、上下打开,开口度略大于 a 韵母,发出 a[a]音后感受舌根后移阻塞气流口腔通道,同时打开气流的鼻腔通道呼出,强烈共鸣发出 ang[aŋ]音,归音时双唇保持上下打开。

　　eng　发音时提颧肌,放松下颌,唇形聚拢、上下打开,开口度略大于 e 韵母,发出 e[ə]音后感受舌根后移阻塞气流的口腔通道,同时打开气流的鼻腔通道呼出,强烈共鸣发出 eng[əŋ]音,归音时双唇保持上下打开。

　　yi\i　发音时提颧肌,放松下颌,唇形向两腮微展,开口度是汉语拼音韵母中最小的,有缝即可。舌面前向上齿龈高高拱起,在口腔内呈前高凸起状,但要与齿龈、齿背、硬腭等其他发音部位保持距离。发 i 音时,所有发音部位保持发音状态至声音消失,不产生任何位移。

　　ya\ia　发 i 音起,迅速微抬硬腭,增大开口度,舌面下沉,归在 a 音。发音全程由 i→a,迅速平滑过渡,i 轻短 a 响亮。

　　ye\ie　发 i 音起,迅速微抬硬腭,增大开口度,舌面下沉,归在 ê 音。发音全程由 i→ê,迅速平滑过渡,i 轻短 ê 厚重。注意:归音在 ê[ɛ],不在 e[ɤ]。

　　yao\iao　发 i 音起,迅速微抬硬腭,增大开口度,舌面下沉后撤发 a[a]音,再后缩高抬向[u]去,全程发音不断。归音在接近 u 的位置,不到 u。注意:发音全程由 i→a[a]→[u],迅速平滑过渡,i 轻短 a[a]响亮,归音在接近[u]处。

　　you\iou　发 i 音起,舌面迅速后撤略下移发 o 音,唇形拢圆扩大再迅速缩小呈孔状,舌面后缩高抬向 u 去,全程发音不断。归音在接近 u 的位置,不到 u。注意:全程发音由 i→o→u,迅速平滑过渡,i 轻短 o 响亮,归音在接近 u 处。发音全过程务必两腮放松,保持口腔空间,不可两腮紧张、挤压口腔空间。

　　yan\ian　发音时提颧肌,放松下颌,发 i 音后唇形迅速向两腮咧开发 an[an]音。注意:由 i 转 an[an]后感受部分气流从鼻腔通过并产生共鸣,归 n 音时双唇保持咧开状,上下颌由开渐闭,但不完全闭合。

　　yin\in　发音时提颧肌,放松下颌,唇形向两腮咧开,开口度与 i 音同,有缝即可。发出[i]音后,舌位高点迅速后撤做阻塞气流的动作,感受大部分气流从鼻腔分流产生共鸣[in]音,归音时双唇保持咧开状,上下颌由开渐闭,但不完全闭合。

　　yang\iang　发音时从 i 起,放松下颌提颧肌,唇形向两腮咧开后迅速聚拢上下打开,舌面后移发出[ɑ]音,感受舌根阻塞气流并迫使气流从鼻腔经过,发出强烈共鸣 ang[ɑŋ]。注意:发音全程由 i→ang[ɑŋ],i 轻短 ang 响亮,归音时双唇保持上下打开。

ying\ing 发音时提颧肌,放松下颌,唇形开口度小,发出 i 音后,感受舌面向软腭后移,阻塞气流的口腔通道,打开鼻腔通道强烈共鸣发出[iŋ]音,归音时双唇保持展唇小口型。注意:舌面后缩时不要下沉后缩,要保持高位平移后缩,下沉后缩会出现错误音 ieng[iəŋ]。

wu\u 发音时放松下颌,保持小圆唇口型,两腮微鼓,声带振动,舌面向软腭后缩拱起,在口腔内呈后高凸起状,但要与软腭、小舌等其他发音部位保持距离。发 u 音时,所有发音部位保持发音状态至声音消失,不产生任何位移。

wa\ua 发 u 音起,迅速变圆唇为展唇,开口度增大向 ɑ 音平滑过渡,舌面下沉,归在 ɑ 音。发音全程由 u→ɑ,u 轻短 ɑ 响亮。

wo\uo 发 u 音起,迅速变小圆唇为大圆唇,由 u 向 o 音平滑过渡,舌面略下沉,归在 o 音。发音全程由 u→o,u 轻短 o 响亮。注意:全程保持圆唇状态,小圆唇向大圆唇过渡要自然、迅速、流畅。

wai\uai 发 u 音起,迅速变圆唇为展唇,开口度增大向 ɑ[a]音平滑过渡,颧肌上提,下颌放松,舌尖轻触下齿背,出 ɑ[a]音后快速向 i 音过渡,即舌面向上齿背靠近,舌尖不离开下齿背,双唇上下开口度快速闭至略小于小指宽度。发音全程由 u→ɑ[a]→i,自然连贯、快速平滑过渡。注意:从 u 音起,ɑ[a]音最响亮,向 i 音平滑过渡,但归音不到 i。

wei\uei 发 u 音起,迅速变圆唇为展唇,开口度增大向 e[e]音平滑过渡,颧肌上提,下颌放松,舌尖轻触下齿尖,出 e[e]音后快速向 i 音过渡,即舌面向上齿背靠近,舌尖不离开下齿尖,双唇上下开口度快速闭至缝隙状。发音全程由 u→e[e]→i,自然连贯、快速平滑过渡。注意:从 u 音起,e[e]音最响亮,向 i 音平滑过渡,但归音不到 i。

wan\uan 发 u 音起,迅速变圆唇为展唇,开口度增大向 ɑ[a]音平滑过渡,颧肌上提,下颌放松,发出 ɑ[a]音后感受部分气流从鼻腔通过并产生共鸣出 an[an]音,归音时双唇保持咧开状,上下颌由开渐闭,但不完全闭合。注意:发音全程由 u→an[an],快速平滑过渡,鼻腔共鸣,归音在前鼻音 n 上。

wen\uen 发 u 音起,迅速变圆唇为展唇,开口度增大向 e[e]音平滑过渡,颧肌上提,下颌放松,发出 e[e]音后感受部分气流从鼻腔通过并产生共鸣出 en[en]音,归音时双唇保持咧开状,上下颌由开渐闭,但不完全闭合。注意:u→en[en]快速平滑过渡,鼻腔共鸣较弱,归音在前鼻音 n 上,归音时舌尖不离开下齿尖,切忌舌位后缩口型聚拢出 ueng 音。

wang\uang 发 u 音起,迅速变圆唇为展唇,开口度增大向 ɑ[ɑ]音平滑过渡,颧肌紧张抬硬颚,下颌放松,发出 ɑ[ɑ]音后感受舌根后移阻塞气流的口腔通道,同时打开气流的鼻腔通道呼出,强烈共鸣发出[ɑŋ]音,归音时双唇保持上下打开。注意:发音全程由 u→ang[ɑŋ],快速平滑过渡,鼻腔共鸣强烈,归音在后鼻音[ŋ]上。

weng\ueng 发 u 音起,迅速变小圆唇为展唇,平滑过渡发出 e[ə]音,颧肌紧张抬硬腭,下颌放松,发出 e[ə]音后感受舌根后移阻塞气流的口腔通道,同时打开气流的鼻腔通道呼出,强烈共鸣发出[əŋ]音,归音时双唇保持上下打开。注意:发音全程由 u→eng[əŋ],快速平滑过渡,舌位从口腔内后高位置向中部位置移动,鼻腔共鸣强烈,归音在后鼻音[ŋ]上。

yu\ü 发音时提颧肌,放松下颌,唇形聚拢呈现小口圆唇。舌面前向上齿龈高高拱起,在口腔内呈前高凸起状,但要与齿龈、齿背、硬腭等其他发音部位保持距离。发ü[y]音时,所有发音部位保持发音状态至声音消失,不产生任何位移。注意:ü 韵母和 i 韵母的区别仅是圆唇与否,可以用带音法考查 ü 韵母是否正确,即先发 i 拖长音时聚拢口型成小圆唇,ü 韵母即出现。

yue\üe 发 ü 音起,迅速变圆唇为展唇,开口度增大向 ê[ɛ]音平滑过渡,颧肌上提,下颌放松,舌尖轻触下齿背。发音全程由 ü→ê[ɛ],自然连贯、快速平滑过渡。注意:从 ü 音起,平滑过渡归音到 ê[ɛ],ê[ɛ]音响亮。

yuan\üan 发 ü 音起,迅速变小圆唇为展唇,开口度增大向 a[a]音平滑过渡,颧肌上提,下颌放松,发出 a[a]音后感受部分气流从鼻腔通过并产生共鸣出 an[an]音,归音时双唇保持咧开状,上下颌由开渐闭,但不完全闭合。注意:发音全程由 ü→an[an],快速平滑过渡,鼻腔共鸣弱,归音在前鼻音 n 上。

yun\ün 发 ü 音起,迅速变小圆唇为展唇,口型尽量向两腮咧开,颧肌上提,下颌放松,舌位略后缩感受部分气流从鼻腔通过并产生共鸣出 n 音,归音时口型保持咧开状。注意:发音全程由 ü→n,快速平滑过渡,鼻腔共鸣弱,归音在前鼻音 n 上。

yong\iong 发 ü 音起,小圆唇口型不变化,下颌放松,舌面向软腭后缩,但不触碰任何发音部位,感受气流全部从鼻腔通过并产生强烈共鸣出 ng[ŋ]音,归音时口型保持小圆唇状。注意:发音全程由 ü→ng[ŋ],快速平滑过渡,鼻腔共鸣强,归音在后鼻音 ng[ŋ]上。

2. b 声母音节

ba 发音前双唇紧闭,发音时双唇紧闭后快速打开,b[p]声母融合 a 韵母发出。出 a 音后硬腭略高抬,颧肌上提,下颌放松,舌头不前伸、不后缩自然平置口腔底部,发音动作过程接近打哈欠。注意:口型从双唇紧闭到上下打开,完成 b→a 的拼合(两音融合)。

bo 发音前双唇紧闭,发音时双唇紧闭后快速打开,b[p]声母融合 o 韵母发出。出 o 音后口型呈大圆唇状,两腮放松使口腔尽量空阔,舌头后缩向小舌方向(口腔后上)靠近,喉口肌肉略紧张。声带振动,响亮发音。注意:口型从双唇紧闭到大圆唇状,完成b→o 的拼合(两音融合),听感上有 b→u→o 的过渡,属于正常现象。

bai 发音前双唇紧闭,发音时双唇紧闭后快速打开,b[p]声母融合 ai[ai]韵母发出。出 a[a]音后快速向 i 音过渡,舌面向上齿背靠近,双唇上下开口度快速闭至略小于小指宽度。发音时注意声音自然连贯、快速平滑过渡。注意:bai[pai]音节要表现出韵母是二合元音韵母,发音时不要简化为 ba[pæ],口型从双唇紧闭到上下打开,完成 b→a[a]→i 的拼合。b→a[a]拼合时听感上要融合,然后向 i 迅速平滑过渡。发音时硬腭上抬,颧肌上提,下颌放松,归音时舌尖轻触下齿尖。

bei 发音前双唇紧闭,发音时双唇紧闭后快速打开,b[p]声母融合 ei[ei]韵母发出。发音时硬腭上抬,颧肌上提,下颌放松,出 e[e]音后快速向 i 音过渡,舌面向上齿背靠近,双唇向脸颊咧开,上下开口度渐小成缝,舌尖轻触下齿尖,归音向 i 去,但不到 i。注意:bei[pei]音节要表现出韵母是二合元音韵母,发音时不要简化为 be[pɪ]。

bao 发音前双唇紧闭,发音时双唇紧闭后快速打开,b[p]声母融合 ao[ɑu]韵母发出。发音时硬腭上抬,颧肌上提,下颌放松,舌位后缩出 a[ɑ]音后快速向软腭拱起高抬,向 u 音过渡,但归音不到 u。注意:bao[pɑu]音节要表现出韵母是二合元音韵母,发音时不要简化为 bo[pʊ],发音时注意声音自然连贯、快速平滑过渡,过程中收音,归音不到[u]。

ban 发音前双唇紧闭,发音时双唇紧闭后快速打开,b[p]声母融合 an[an]韵母发出。硬腭上抬,颧肌上提,下颌放松,出 a[a]音后唇形向两腮咧开,舌尖轻触上齿背向 n 音过渡,感受部分气流从鼻腔通过并产生共鸣出[an]音,归音时双唇保持咧开状,上下颌由开渐闭,但不完全闭合。注意:发音时舌位不要后缩,归音时保持舌尖轻触上齿背。

ben 发音前双唇紧闭,发音时双唇紧闭后快速打开,b[p]声母融合 en[ən]韵母发出。嘴角尽量向两侧咧开,双唇上下开口度略小于小指宽度,舌头自然平置口腔底部,舌尖可轻触下齿尖。发出 e[ə]音后感受部分气流从鼻腔通过并产生共鸣出 en[ən]音,归音时双唇保持咧开状,上下颌由开渐闭,但不完全闭合。

bang 发音前双唇紧闭,发音时双唇紧闭后快速打开,b[p]声母融合 ang[ɑŋ]韵母发出。发音时硬腭上抬,颧肌上提,下颌放松,唇形聚拢、上下打开,开口度略大于 a 韵母,发出[ɑ]音后感受舌根后移阻塞气流的口腔通道,同时打开气流的鼻腔通道呼出,强烈共鸣发出[ɑŋ]音。注意:归音时双唇保持上下打开,舌根向后高拱起。

beng 发音前双唇紧闭,发音时双唇紧闭后快速打开,b[p]声母融合 eng[əŋ]韵母发出。出 e 音时双唇上下开口度可参照无名指宽度,舌头自然缩向 e[ə]位置时发音,发音过程中气流通过鼻腔强烈共鸣,尽量全部从鼻腔呼出。

bi 发音前双唇紧闭,发音时双唇紧闭后快速打开小缝隙,b[p]声母融合 i[i]韵母发出。发音时颧肌上提,放松下颌,唇形向两腮微展。舌面前向上齿龈高高拱起,在口腔内呈前高凸起状,但要与齿龈、齿背、硬腭等其他发音部位保持距离。注意:发 bi[pi]音节,归音时舌位可以比 i 音略低,保持自然流畅即可。

bie 发音前双唇紧闭,发音时双唇紧闭后快速打开小缝隙,b[p]声母融合 ie[iɛ]韵母发出。发出 i 音后,迅速微抬上颌,增大开口度,舌面下沉,归在 ê 音。发音全程由 i→ê,迅速平滑过渡,i 轻短 ê 厚重。注意:归音在 ê[ɛ],不在 e[ɤ]。

biao 发音前双唇紧闭,发音时双唇紧闭后快速打开小缝隙,b[p]声母融合 iao[iɑu]韵母发出。发出 i 音后,迅速微抬硬腭,增大开口度,舌面下沉后撤发 a[ɑ]音,再后缩高抬向[u]去,全程发音不断。归音在接近 u 的位置,不到 u。注意:发音全程由 i→a[ɑ]→[u],迅速平滑过渡,i 轻短 a[ɑ]响亮,归音在接近[u]处。

bian 发音前双唇紧闭,发音时双唇紧闭后快速打开小缝隙,b[p]声母融合 ian

[ien]韵母发出。出 i 音时颧肌上提,放松下颌,唇形迅速向两腮咧开发[en]音。注意:由 i 转[en]后感受部分气流从鼻腔通过并产生共鸣,bia 音节归音在 n,要保持双唇咧开状,上下颌不完全闭合。

bin　发音前双唇紧闭,发音时双唇紧闭后快速打开小缝隙,b[p]声母融合 in [in]韵母发出。出 i 时颧肌上提,放松下颌,唇形向两腮咧开,开口度与 i 音同,有缝即可。发出[i]音后,舌位高点迅速后撤做阻塞气流的动作,感受大部分气流从鼻腔分流产生共鸣[in]音。注意:bin 音节归音在 n,双唇保持咧开状,上下颌不完全闭合。

bing　发音前双唇紧闭,发音时双唇紧闭后快速打开,b[p]声母融合 ing [iŋ]韵母发出。发音时提颧肌,放松下颌,唇形开口度小,发出 i 音后,感受舌面向软腭后移,阻塞气流的口腔通道,打开鼻腔通道强烈共鸣发出[iŋ]音。注意:bing 音节归音在[ŋ],双唇保持展唇小口型。舌面后缩但不要下沉,保持高位平移后缩,下沉后缩会出现错误音 bieng[piəŋ]。

bu　发音前双唇紧闭,发音时双唇紧闭后快速聚拢呈小圆唇口型,b[p]声母融合 u 韵母发出。出 u 音后放松下颌,保持小圆唇口型,两腮微鼓,声带振动,舌面向软腭后缩拱起,在口腔内呈后高凸起状,但要与软腭、小舌等其他发音部位保持距离。注意:bu 音节归音在 u。

3. p 声母音节

pa　发音前双唇紧闭,发音时双唇由紧闭状到快速打开,气流猛烈呼出,p 声母融合 a 韵母发出。出 a 音后硬腭略高抬,颧肌上提,下颌放松,舌头不前伸、不后缩自然平置口腔底部,发音动作过程接近打哈欠。注意:口型从双唇紧闭到上下打开,完成 p→a 的拼合(两音融合)。

po　发音前双唇紧闭,发音时双唇由紧闭状到快速打开,气流猛烈呼出,p 声母融合 o 韵母发出。出 o 音后口型呈大圆唇状,两腮放松使口腔尽量空阔,舌头后缩向小舌方向(口腔后上)靠近,喉口肌肉略紧张。声带振动,响亮发音。注意:口型从双唇紧闭到大圆唇状,完成 p→o 的拼合(两音融合),听感上有 p→u→o 的过渡,属于正常现象。

pai　发音前双唇紧闭,发音时双唇由紧闭状到快速打开,气流猛烈呼出,p 声母融合 ai 韵母发出。出 a[a]音后快速向 i 音过渡,舌面向上齿背靠近,双唇上下开口度快速闭至略小于小指宽度。发音时注意声音自然连贯、快速平滑过渡。注意:pai 音节要表现出韵母是二合元音韵母,发音时不要简化,口型从双唇紧闭到上下打开,完成 p→a[a]→i 的拼合。p→a[a]拼合时听感上要融合,然后向 i 迅速平滑过渡。发音时硬腭上抬,颧肌上提,下颌放松,归音时舌尖轻触下齿尖。

pei　发音前双唇紧闭,发音时双唇由紧闭状到快速打开,气流猛烈呼出,p 声母融合 ei 韵母发出。发音时硬腭上抬,颧肌上提,下颌放松,出 e[e]音后快速向 i 音过渡,舌面向上齿背靠近,双唇向脸颊咧开,上下开口度渐小成缝,舌尖轻触下齿尖,归音向 i 去,但不到 i。注意:pei 音节要表现出韵母是二合元音韵母,拼读时 p→ei 不要简化为 pe[pʰ ɪ]。

pao 发音前双唇紧闭，发音时双唇由紧闭状到快速打开，气流猛烈呼出，p声母融合ao[au]韵母发出。发音时硬腭上抬，颧肌上提，下颌放松，舌位后缩出a[A]音后快速向软腭拱起高抬，向u音过渡，但归音不到u。注意：pao音节要表现出韵母是二合元音韵母，发音时不要简化为po[pʰʊ]，发音时注意声音自然连贯、快速平滑过渡，过程中收音，归音向u不到u。

pou 发音前双唇紧闭，发音时双唇由紧闭状到快速打开呈大圆唇口型，气流猛烈呼出，p声母融合ou韵母发出。颧肌上提，下颌放松，双唇呈大圆状，舌面后缩靠近小舌起[o]音后略抬起向软腭方向找[u]音收束，归音时双唇拢成小圆停在[u]上。发音时注意声音自然连贯、快速平滑过渡，过程中收音，归音[u]。注意：pou音节要表现出韵母是二合元音韵母，拼读时p→ou不要简化为po[pʰʊ]。

pan 发音前双唇紧闭，发音时双唇由紧闭状到快速打开，气流猛烈呼出，p声母融合an[an]韵母发出。硬腭上抬，颧肌上提，下颌放松，出[a]音后唇形向两腮咧开，舌尖轻触上齿背向[n]音过渡，感受部分气流从鼻腔通过并产生共鸣出[an]音，归音时双唇保持咧开状，上下颌由开渐闭，但不完全闭合。注意：发音时舌位不要后缩，归音时保持舌尖轻触上齿背。

pen 发音前双唇紧闭，发音时双唇由紧闭状到快速打开，气流猛烈呼出，p声母融合en[ən]韵母发出。嘴角尽量向两侧咧开，双唇上下开口度略小于小指宽度，舌头自然平置口腔底部，舌尖可轻触下齿尖。发出[ə]音后感受部分气流从鼻腔通过并产生共鸣出en[ən]音，归音时双唇保持咧开状，上下颌由开渐闭，但不完全闭合。

pang 发音前双唇紧闭，发音时双唇由紧闭状到快速打开，气流猛烈呼出，p声母融合ang[ɑŋ]韵母发出。发音时硬腭上抬，颧肌上提，下颌放松，唇形聚拢、上下打开，开口度略大于a韵母，发出[ɑ]音后感受舌根后移阻塞气流的口腔通道，同时打开气流的鼻腔通道呼出，强烈共鸣发出[ɑŋ]音。注意：归音时双唇保持上下打开，舌根向后高拱起。

peng 发音前双唇紧闭，发音时双唇由紧闭状到快速打开，气流猛烈呼出，p声母融合eng[əŋ]韵母发出。出e音时双唇上下开口度可参照无名指宽度，舌头自然缩向e[ə]位置时发音，发音过程中气流通过鼻腔强烈共鸣，尽量全部从鼻腔呼出。

pi 发音前双唇紧闭，发音时双唇由紧闭状到快速打开，气流猛烈呼出，p声母融合i[i]韵母发出。发音时颧肌上提，放松下颌，唇形向两腮微展。舌面前向上齿龈高高拱起，在口腔内呈前高凸起状，但要与齿龈、齿背、硬腭等其他发音部位保持距离。注意：发pi音节，归音时舌位可以比i音略低，保持自然流畅即可。

pie 发音前双唇紧闭，发音时双唇由紧闭状到快速打开，气流猛烈呼出，p声母融合ie[iɛ]韵母发出。发出i[i]音后，迅速微抬上颌，增大开口度，舌面下沉，归在ê[ɛ]音。发音全程由i→ê，迅速平滑过渡，i轻短ê厚重。注意：归音在ê[ɛ]，不在e[ɤ]。

piao 发音前双唇紧闭，发音时双唇由紧闭状到快速打开，气流猛烈呼出，p声母融合iao[iɑu]韵母发出。发出i[i]音后，迅速微抬上颌，增大开口度，舌面下沉后撤发a[A]音，再后缩高抬向[u]去，全程发音不断。归音在接近u的位置，不到u。注意：发音全程由 i→a[a]→[u]，迅速平滑过渡，i 轻短 a[a]响亮，归音在接近[u]处。

pian 发音前双唇紧闭，发音时双唇由紧闭状到快速打开，气流猛烈呼出，p 声母融合 ian [iɛn]韵母发出。出 i[i]音时颧肌上提，放松下颌，唇形迅速向两腮咧开发[ɛn]音。注意：由 i[i]转[ɛn]后感受部分气流从鼻腔通过并产生共鸣，pian 音节归音在 n，要保持双唇咧开状，上下颌不完全闭合。

pin 发音前双唇紧闭，发音时双唇由紧闭状到快速打开，气流猛烈呼出，p 声母融合 in [in]韵母发出。出 i 音时颧肌上提，放松下颌，唇形向两腮咧开，开口度与 i 音同，有缝即可。发出[i]音后舌位高点迅速后撤做阻塞气流的动作，感受大部分气流从鼻腔分流产生共鸣[in]音。注意：bin 音节归音在 n，双唇保持咧开状，上下颌不完全闭合。

ping 发音前双唇紧闭，发音时双唇由紧闭状到快速打开，气流猛烈呼出，p 声母融合 ing [iŋ]韵母发出。发音时提颧肌，放松下颌，唇形开口度小，发出 i[i]音后，感受舌面向软腭后移，阻塞气流的口腔通道，打开鼻腔通道强烈共鸣发出[iŋ]音。注意：bing 音节归音在[ŋ]，双唇保持展唇小口型。舌面后缩但不要下沉，保持高位平移后缩，下沉后缩会出现错误音 pieng[pʰiəŋ]。

pu 发音前双唇紧闭，发音时双唇由紧闭状到快速打开，气流猛烈呼出，p 声母融合 u 韵母发出。出 u 音后放松下颌，保持小圆唇口型，两腮微鼓，声带振动，舌面向软腭后缩拱起，在口腔内呈后高凸起状，但要与软腭、小舌等其他发音部位保持距离。注意：pu 音节归音在 u。

4. m 声母音节

ma 发音前双唇紧闭，发音时感受气流先从鼻腔呼出，起 m 音，双唇快速打开后气流再从口腔呼出，此时 m 声母融合 a 韵母发出。出 a 音后硬腭略高抬，颧肌上提，下颌放松，舌头不前伸、不后缩自然平置口腔底部，发音动作过程接近打哈欠。注意：口型从双唇紧闭到上下打开之前要有鼻腔共鸣，出 m 音，再继续完成 m→a 的拼合（两音融合）。

mo 发音前双唇紧闭，发音时感受气流先从鼻腔呼出，起 m 音，双唇快速打开后气流再从口腔呼出，此时 m 声母融合 o 韵母发出。出 o 音后口型呈大圆唇状，两腮放松使口腔尽量空阔，舌头后缩向小舌方向（口腔后上）靠近，喉口肌肉略紧张。声带振动，响亮发音。注意：口型从双唇紧闭到上下打开之前要有鼻腔共鸣，完成 m→o 的拼合（两音融合），听感上有 m→u→o 的过渡，属于正常现象。

me 发音前双唇紧闭，发音时感受气流先从鼻腔呼出，起 m 音，双唇快速打开后气流再从口腔呼出，此时 m 声母融合 e 韵母发出，但 e 音通常弱化，me 音节是轻声音节。

mai 发音前双唇紧闭，发音时感受气流先从鼻腔呼出，起 m 音，双唇快速打开后气流再从口腔呼出，此时 m 声母融合 ai 韵母发出。出 a[a]音后快速向 i 音过渡，舌面向上齿背靠近，双唇上下开口度快速闭至略小于小指宽度。发音时注意声音自然连贯、快速平滑过渡。注意：发 mai 音节时，口型从双唇紧闭到上下打开之前要有鼻腔共鸣，要表现出韵母 ai 是二合元音韵母，不能简化为 ma[mæ]音。m→a[a]拼合时听感上要融合，然后向 i 迅速平滑过渡。发音时硬腭上抬，颧肌上提，下颌放松，归音时舌尖轻触下齿尖。

mei　发音前双唇紧闭，发音时感受气流先从鼻腔呼出，起 m 音，双唇快速打开后气流再从口腔呼出，此时 m 声母融合 ei 韵母发出。出 e[e]音后快速向 i 音过渡，舌面向上齿背靠近，双唇向脸颊咧开，上下开口度渐小成缝，舌尖轻触下齿尖，归音向 i 去，但不到 i。注意：发 mei 音节时，口型从双唇紧闭到上下打开之前要有鼻腔共鸣，要表现出韵母 ei 是二合元音韵母，不能简化为 me[mɪ]，发音时硬腭上抬，颧肌上提，下颌放松。

mao　发音前双唇紧闭，发音时感受气流先从鼻腔呼出，起 m 音，双唇快速打开后气流再从口腔呼出，此时 m 声母融合 ao 韵母发出。舌位后缩出 a[ɑ]音后，快速向软腭拱起高抬，向 u 音过渡，但归音不到 u。注意：口型从双唇紧闭到上下打开之前要有鼻腔共鸣，mao 音节要表现出 ao 韵母是二合元音韵母，发音时不要简化为 mo[mʊ]，发音时注意声音自然连贯、快速平滑过渡，过程中收音，归音不到[u]。发音时硬腭上抬，颧肌上提，下颌放松。

mou　发音前双唇紧闭，发音时感受气流先从鼻腔呼出，起 m 音，双唇快速打开后气流再从口腔呼出，此时 m 声母融合 ou 韵母发出。起 m 音后，颧肌上提，下颌放松，双唇呈大圆状，舌面后缩靠近小舌起[o]音后略抬起向软腭方向找[u]音收束，归音时双唇拢成小圆停在[u]上。发音时注意声音自然连贯、快速平滑过渡，过程中收音，归音[u]。注意：口型从双唇紧闭到上下打开之前要有鼻腔共鸣，mou 音节要表现出 ou 韵母是二合元音韵母，拼读时 m→ou 不要简化为 mo[mʊ]。

man　发音前双唇紧闭，发音时感受气流先从鼻腔呼出，起 m 音，双唇快速打开后气流再从口腔呼出，此时 m 声母融合 an 韵母发出。出[a]音后唇形向两腮咧开，舌尖轻触上齿背向[n]音过渡，感受部分气流再次从鼻腔通过并产生共鸣出[an]音，归音时双唇保持咧开状，上下颌由开渐闭，但不完全闭合。注意：口型从双唇紧闭到上下打开之前要有鼻腔共鸣，发音时舌位不要后缩，归音时保持舌尖轻触上齿背。硬腭上抬，颧肌上提，下颌放松。

men　发音前双唇紧闭，发音时感受气流先从鼻腔呼出，起 m 音，双唇快速打开后气流再从口腔呼出，此时 m 声母融合 en 韵母发出。嘴角尽量向面颊两侧咧开，双唇上下开口度略小于小指宽度，舌头自然平置口腔底部，舌尖可轻触下齿尖。注意：口型从双唇紧闭到上下打开之前要有鼻腔共鸣，发出[ə]音后感受部分气流再次从鼻腔通过并产生共鸣出 en[ən]音，归音时双唇保持咧开状，上下颌由开渐闭，但不完全闭合。

mang　发音前双唇紧闭，发音时感受气流先从鼻腔呼出，起 m 音，双唇快速打开后气流再从口腔呼出，此时 m 声母融合 ang 韵母发出。发音时硬腭上抬，颧肌上提，下颌放松，唇形聚拢、上下打开，开口度略大于 a 韵母，发出[ɑ]音后感受舌根后移阻塞气流的口腔通道，同时再次打开鼻腔通道呼出，强烈共鸣发出[ɑŋ]音。注意：口型从双唇紧闭到上下打开之前要有鼻腔共鸣，归音时双唇保持上下打开，舌根向后高拱起。

meng　发音前双唇紧闭，发音时感受气流先从鼻腔呼出，起 m 音，双唇快速打开后气流再从口腔呼出,此时 m 声母融合 eng 韵母发出。出 e 音时双唇上下开口度可参照无名指宽度,舌头自然缩向 e[ə]位置时发音,发音过程中气流再次通过鼻腔强烈共鸣,尽量全部从鼻腔呼出。注意:口型从双唇紧闭到上下打开之前要有鼻腔共鸣,归音时双唇保持上下打开,舌根向后高拱起。

mi 发音前双唇紧闭,发音时感受气流先从鼻腔呼出,起 m 音,双唇快速打开后气流再从口腔呼出,此时 m 声母融合 i 韵母发出。发音时颧肌上提,放松下颌,唇形向两腮微展。舌面前向上齿龈高高拱起,在口腔内呈前高凸起状,但要与齿龈、齿背、硬腭等其他发音部位保持距离。注意:发 mi 音节时,口型从双唇紧闭到上下打开之前要有鼻腔共鸣,归音时舌位可以比 i 音略低,保持自然流畅即可。

mie 发音前双唇紧闭,发音时感受气流先从鼻腔呼出,起 m 音,双唇快速打开后气流再从口腔呼出,此时 m 声母融合 ie 韵母发出。发出 i[i]音后,迅速微抬上颌,增大开口度,舌面下沉,归音在 ê[ɛ]。发音全程由 i→ê,迅速平滑过渡,i 轻短 ê 厚重。注意:发 mie 音节时,口型从双唇紧闭到上下打开之前要有鼻腔共鸣,归音在 ê[ɛ],不在 e[ɤ]。

miao 发音前双唇紧闭,发音时感受气流先从鼻腔呼出,起 m 音,双唇快速打开后气流再从口腔呼出,此时 m 声母融合 iao 韵母发出。发出 i[i]音后,迅速微抬上颌,增大开口度,舌面下沉后撤发 a[ɑ]音,再后缩高抬向[u]去,全程发音不断。归音在接近 u 的位置,不到 u。注意:发 miao 音节时,口型从双唇紧闭到上下打开之前要有鼻腔共鸣,发音全程由 i→a[ɑ]→[u],迅速平滑过渡,i 轻短 a[ɑ]响亮,归音在接近[u]处。

miu 发音前双唇紧闭,发音时感受气流先从鼻腔呼出,起 m 音,双唇快速打开后气流再从口腔呼出,此时 m 声母融合 iu 韵母发出。起 i 音后,舌面迅速后撤略下移发 o 音,唇形拢圆扩大再迅速缩小呈孔状,舌面后缩高抬向 u 去,全程发音不断。归音在接近 u 的位置,不到 u。注意:发 miu 音节时,口型从双唇紧闭到上下打开之前要有鼻腔共鸣,韵母由 i→o→u,迅速平滑过渡,i 轻短 o 响亮,归音在接近 u 处。发音全过程务必两腮放松,保持口腔空间,不可两腮紧张、挤压口腔空间。

mian 发音前双唇紧闭,发音时感受气流先从鼻腔呼出,起 m 音,双唇快速打开后气流再从口腔呼出,此时 m 声母融合 ian 韵母发出。出 i[i]音时颧肌上提,放松下颌,唇形迅速向两腮咧开发[ɛn]音。注意:发 mian 音节时,口型从双唇紧闭到上下打开之前要有鼻腔共鸣,韵母由 i[i]转[ɛn]后再次感受部分气流从鼻腔通过并产生共鸣,mian 音节归音在 n,要保持双唇咧开状,上下颌不完全闭合。

min 发音前双唇紧闭,发音时感受气流先从鼻腔呼出,起 m 音,双唇快速打开后气流再从口腔呼出,此时 m 声母融合 in 韵母发出。出 i 音时颧肌上提,放松下颌,唇形向两腮咧开,开口度与 i 音同,有缝即可。发出[i]音后,舌位高点迅速后撤做阻塞气流的动作,感受气流再次从鼻腔分流而出产生共鸣[in]音。注意:发 min 音节时,口型从双唇紧闭到上下打开之前要有鼻腔共鸣,归音在 n,双唇保持咧开状,上下颌不完全闭合。

ming 发音前双唇紧闭,发音时感受气流先从鼻腔呼出,起 m 音,双唇快速打开后气流再从口腔呼出,此时 m 声母融合 ing 韵母发出。发音时提颧肌,放松下颌,唇形开口度小,发出 i[i]音后,感受舌面向软腭后移,阻塞气流的口腔通道,再次打开鼻腔通道强烈共鸣发出[iŋ]音。注意:发 ming 音节时,口型从双唇紧闭到上下打开之前要有鼻腔共鸣,归音在[ŋ],双唇保持展唇小口型。舌面后缩但不要下沉,保持高位平移后缩,下沉后缩会出现错误音 mieng[mieŋ]。

mu 发音前双唇紧闭,发音时感受气流先从鼻腔呼出,起 m 音,双唇快速打开后气流再从口腔呼出,此时 m 声母融合 u 韵母发出。出 u 音后放松下颌,保持小圆唇口型,两腮微鼓,声带振动,舌面向软腭后缩拱起,在口腔内呈后高凸起状,但要与软腭、小舌等其他发音部位保持距离。注意:发 mu 音节时,口型从双唇紧闭到上下打开之前要有鼻腔共鸣,归音在 u。

5. f 声母音节

fa 发音前上齿轻触下唇内侧,发音时感受气流摩擦唇齿呼出,起 f 音,唇齿快速打开后气流再从口腔呼出,此时 f 声母融合 a 韵母发出。出 a 音后硬腭略高抬,颧肌上提,下颌放松,舌头不前伸、不后缩自然平置口腔底部,发音动作过程接近打哈欠。注意:口型从双唇紧闭到上下打开,完成 f→a 的拼合(两音融合)。

fo 发音前上齿轻触下唇内侧,发音时感受气流摩擦唇齿呼出,起 f 音,唇齿快速打开后气流再从口腔呼出,此时 f 声母融合 o 韵母发出。出 o 音后口型呈大圆唇状,两腮放松使口腔尽量空阔,舌头后缩向小舌方向(口腔后上)靠近,喉口肌肉略紧张。声带振动,响亮发音。注意:口型从双唇紧闭到大圆唇状,完成 f→o 的拼合(两音融合),听感上有 f→u→o 的过渡,属于正常现象。

fei 发音前上齿轻触下唇内侧,发音时感受气流摩擦唇齿呼出,起 f 音,唇齿快速打开后气流再从口腔呼出,此时 f 声母融合 ei 韵母发出。出 e[e]音后快速向 i 音过渡,舌面向上齿背靠近,双唇向脸颊咧开,上下开口度渐小成缝,舌尖轻触下齿尖,归音向 i 去,但不到 i。注意:发音时硬腭上抬,颧肌上提,下颌放松,fei 音节要表现出韵母是二合元音韵母,发音时不要简化为 fe[fi]。

fou 发音前上齿轻触下唇内侧,发音时感受气流摩擦唇齿呼出,起 f 音,唇齿快速打开后气流再从口腔呼出,此时 f 声母融合 ou 韵母发出。起 f 音后,舌面后缩靠近小舌起[o]音后略抬起向软腭方向找[u]音收束,归音时双唇拢成小圆停在[u]上。发音时注意声音自然连贯、快速平滑过渡,归音到[u]。注意:发 fou 音节时颧肌上提,下颌放松,双唇先呈大圆状再收拢呈小圆状,口腔要留有足够空间。fou 音节要表现出韵母 ou 是二合元音韵母,拼读时 f→ou 不要简化为 fo[fʊ]。

fan 发音前上齿轻触下唇内侧,发音时感受气流摩擦唇齿呼出,起 f 音,唇齿快速打开后气流再从口腔呼出,此时 f 声母融合 an 韵母发出。出[a]音后唇形向两腮咧开,舌尖轻触上齿背向[n]音过渡,感受部分气流从鼻腔通过并产生共鸣出[an]音,归音时双唇保持咧开状,上下颌由开渐闭,但不完全闭合。注意:发音时硬腭上抬,颧肌上提,下颌放松,舌位不要后缩,归音时保持舌尖轻触上齿背。

fen 发音前上齿轻触下唇内侧,发音时感受气流摩擦唇齿呼出,起 f 音,唇齿快速打开后气流再从口腔呼出，此时 f 声母融合 en 韵母发出。嘴角尽量向两侧咧开，出[ə]音后感受部分气流从鼻腔通过并产生共鸣出 en[ən]音，归音时双唇保持咧开状，上下颌由开渐闭，但不完全闭合。注意：发 fen 音节时双唇上下开口度略小于小指宽度，舌头自然平置口腔底部，舌尖可轻触下齿尖。

fang 发音前上齿轻触下唇内侧，发音时感受气流摩擦唇齿呼出，起 f 音，唇齿快速打开后气流再从口腔呼出，此时 f 声母融合 ang 韵母发出。唇形聚拢且上下打开，发出[ɑ]音后感受舌根后移阻塞气流的口腔通道，同时打开气流的鼻腔通道呼出，强烈共鸣发出[ɑŋ]音，开口度略大于 a 韵母。注意：发 fang 音节时，硬腭上抬，颧肌上提，下颌放松，归音时双唇保持上下打开，舌根向小舌略缩。

feng 发音前上齿轻触下唇内侧，发音时感受气流摩擦唇齿呼出，起 f 音，唇齿快速打开后气流再从口腔呼出，此时 f 声母融合 eng 韵母发出。出 e 音时双唇上下开口度可参照无名指宽度，舌头自然缩向 e[ə]位置时发音，发音过程中气流通过鼻腔强烈共鸣，尽量全部从鼻腔呼出。注意：发 feng 音节时，硬腭上抬，颧肌上提，下颌放松，归音时双唇保持上下打开。

fu 发音前上齿轻触下唇内侧，发音时感受气流摩擦唇齿呼出，起 f 音，唇齿快速打开后气流再从口腔呼出，此时 f 声母融合 u 韵母发出。出 u 音后放松下颌，保持小圆唇口型，声带振动，舌面向软腭略缩，在口腔内略呈后高凸起状，但要与软腭、小舌等其他发音部位保持距离。注意：fu 音节归音在 u。

6. d 声母音节

da 发音前舌尖轻触上齿背，发音时感受舌尖阻碍气流后向下弹开，起 d 音后融合 a 韵母发出。出 a 音后硬腭略高抬，颧肌上提，下颌放松，舌头不前伸、不后缩自然平置口腔底部，发音动作过程接近打哈欠。注意：口型从双唇紧闭到上下打开，完成 d→a 的拼合（两音融合）。

de 发音前舌尖轻触上齿背，发音时感受舌尖阻碍气流后向下弹开，起 d 音后融合 e 韵母发出。出 e 音后硬腭上抬，颧肌上提，下颌放松，舌头后缩向小舌方向（口腔后上）靠近，双唇和两腮放松使口腔空阔，喉口肌肉略紧张。注意：de 的轻声音节舌头不后缩。

dai 发音前舌尖轻触上齿背，发音时感受舌尖阻碍气流后向下弹开，起 d 音后融合 ai 韵母发出。韵母 ai 出 a[a]音后快速向 i 音过渡，即舌面向上齿背靠近，双唇上下开口度快速闭至略小于小指宽度。发音时注意声音自然连贯、快速平滑过渡。注意：发 dai 音节，a[a]部分发音较响亮，归音向 i 去，不到 i。

dei 发音前舌尖轻触上齿背，发音时感受舌尖阻碍气流后向下弹开，起 d 音后融合 ei 韵母发出。韵母 ei 出 e[e]音后快速向 i 音过渡，即舌面向上齿背靠近，双唇上下开口度略有渐小变化。注意：发音时声音自然连贯、快速平滑过渡。e[e]部分发音较响亮，归音向 i 去，不到 i。

dao 发音前舌尖轻触上齿背，发音时感受舌尖阻碍气流起 d 音后，立刻快速后缩下沉，融合 ao 韵母发出。韵母 ao 出 a[a]音后快速向 o[u]音过渡，注意：发 dao 音节，

a[ɑ]部分发音较响亮,归音向 u 去。

dou　发音前舌尖轻触上齿背,发音时感受舌尖阻碍气流起 d 音后,立刻快速后缩,融合 ou 韵母发出。韵母 ou 出 o 音后快速向 u 音过渡,双唇拢成大圆,舌面后缩靠近小舌起 o 音后略抬起向软腭方向找 u 音收束,归音时双唇拢成小圆。注意:发 dou 音节,o 部分发音较响亮,归音向 u 去。

dan　发音前舌尖轻触上齿背,发音时感受舌尖阻碍气流起 d 音后,立刻向下弹开,融合 an 韵母发出。韵母 an 出 a[ɑ]音后感受部分气流从鼻腔通过并产生共鸣出 an[an]音,归音时双唇保持咧开状,上下颌由开渐闭,但不完全闭合。注意:发 dan 音节,da[tɑ]部分融合较紧密,归音在 n 上。

den　发音前舌尖轻触上齿背,发音时感受舌尖阻碍气流起 d 音后,立刻向下弹开,融合 en 韵母发出。韵母 en 出 e[ə]音后感受部分气流从鼻腔通过并产生共鸣出 en[ən]音,归音时双唇保持咧开状,上下颌由开渐闭,但不完全闭合。注意:发 den 音节,de[tə]部分融合较紧密,归音在 n 上。

dang　发音前舌尖轻触上齿背,发音时感受舌尖阻碍气流起 d 音后,立刻向下向后弹开,融合 ang 韵母发出。韵母 ang 出[ɑ]音后感受舌根后移阻塞气流的口腔通道,同时打开气流的鼻腔通道呼出,强烈共鸣发出[ɑŋ]音,归音时双唇保持上下打开。注意:发 dang 音节,da[tɑ]部分融合较紧密,归音在 ng[ŋ]上,鼻腔强烈共鸣。

deng　发音前舌尖轻触上齿背,发音时感受舌尖阻碍气流起 d 音后,立刻向后弹开,融合 eng 韵母发出。韵母 eng 出[ə]音后感受舌根后移阻塞气流的口腔通道,同时打开气流的鼻腔通道呼出,强烈共鸣发出[əŋ]音,归音时双唇保持上下打开。注意:发 deng 音节,de[tə]部分融合较紧密,归音在 ng[ŋ]上,鼻腔强烈共鸣。

dong　发音前舌尖轻触上齿背,双唇拢成小圆口型,发音时感受舌尖阻碍气流起 d 音后,立刻向后弹开,融合 ong 韵母发出。韵母 ong 发音唇形聚拢,拢圆呈孔状同 u 韵母。发出[u]音后感受舌根阻塞气流的口腔通道,打开鼻腔通道强烈共鸣发出[uŋ]音,注意:归音时双唇保持小圆唇形状不变。

di　发音前舌尖轻触上齿背,发音时感受舌尖阻碍气流起 d 音后,立刻向下弹开,舌面前向上齿龈高高拱起,融合 i 韵母发出。出 i 韵母后提颧肌,放松下颌,唇形向两腮微展,开口度是汉语拼音韵母中最小的,有缝即可。

dia　发音前舌尖轻触上齿背,舌面前向上齿龈拱起出 di 音后,迅速微抬上颌,增大开口度,舌面下沉,归在 a 音。发音全程由 di→a,迅速平滑过渡,i 轻短 a 响亮,归音到 a。

die　发音前舌尖轻触上齿背,舌面前向上齿龈拱起出 di 音后迅速微抬上颌,增大开口度,舌面下沉,归在 ê 音。发音全程由 di→ê,迅速平滑过渡,i 轻短 ê 厚重。注意:归音在 ê[ɛ],不在 e[ɤ]。

diao　发音前舌尖轻触上齿背,舌面前向上齿龈拱起出 di 音后,迅速微抬上颌,增大开口度,舌面下沉后撒发 a[ɑ]音,再后缩高抬向[u]去,全程发音不断。归音在接近 u 的位置,不到 u。注意:发音全程由 di→a[ɑ]→o[u],迅速平滑过渡,i 轻短 a[ɑ]响亮,归音在接近[u]处。d→i 融合较紧密,a[a]→o[u]融合较紧密。

diu 发音前舌尖轻触上齿背,舌面前向上齿龈拱起出 di 音后,舌面迅速后撤略下移发 o 音,唇形拢圆扩大再迅速缩小呈孔状,舌面后缩高抬向 u 去,全程发音不断。归音在接近 u 的位置,不到 u。注意:全程发音由 di→o→u,迅速平滑过渡,i 轻短 o 响亮,归音在接近 u 处。d→i 融合较紧密,o→u 融合较紧密,发音全过程务必两腮放松,保持口腔空间,不可两腮紧张、挤压口腔空间。

dian 发音前舌尖轻触上齿背,舌面前向上齿龈拱起出 di 音后,唇形迅速向两腮咧开发 an[ɛn]音,出 an[ɛn]音时感受部分气流从鼻腔通过并产生共鸣,归 n 音时双唇保持咧开状,上下颌由开渐闭,但不完全闭合。

ding 发音前舌尖轻触上齿背,舌面前向上齿龈拱起出 di 音后,感受舌面向软腭后移,阻塞气流的口腔通道,打开鼻腔通道强烈共鸣发出 ing[iŋ]音,归音时双唇保持展唇小口型。注意:舌面后缩时不要下沉后缩,要保持高位平移后缩,下沉后缩会出现错误音节 dieng[tiəŋ]。

du 发音前舌尖轻触上齿背,口型拢成小圆唇,发音时感受舌尖阻碍气流起 d 音后立刻后缩起弹开,融合 u 韵母发出。发 du 音节时放松下颌,保持小圆唇口型,两腮微鼓,声带振动。注意:到 u 韵母部分,舌面向软腭后缩拱起,在口腔内呈后高凸起状,但要与软腭、小舌等其他发音部位保持距离。

duo 发音前舌尖轻触上齿背,口型拢成小圆唇,起 du 音节后立刻扩大口型呈大圆唇形状,出 o 音。du 融合较紧密,归音到 o。注意:发音全程由 du→o,o 响亮。全程保持圆唇状态,小圆唇向大圆唇过渡要自然、迅速、流畅。

dui 发音前舌尖轻触上齿背,口型拢成小圆唇,起 du 音节后立刻扩大口型向 e[e]音平滑过渡,颧肌上提,下颌放松,舌尖轻触下齿尖,出 e[e]音后快速向 i 音过渡,即舌面向上齿背靠近,舌尖不离开下齿尖,双唇上下开口度快速闭至缝隙状。du→e[e]→i 全程自然连贯、快速平滑过渡。注意:从 du 音起,e[e]音较响亮,向 i 音平滑过渡,但归音不到 i。

duan 发音前舌尖轻触上齿背,口型拢成小圆唇,起 du 音节后立刻扩大口型向 a[a]音平滑过渡,颧肌上提,下颌放松,发出 a[a]音后感受部分气流从鼻腔通过并产生共鸣出 an[an]音,归音时双唇保持咧开状,上下颌由开渐闭,但不完全闭合。注意:发音全程由 du→an[an],快速平滑过渡,鼻腔共鸣,归音在前鼻音 n 上。

dun 发音前舌尖轻触上齿背,口型拢成小圆唇,起 du 音节后立刻扩大口型向 e[ə]音平滑过渡,颧肌上提,下颌放松,发出 e[ə]音后感受部分气流从鼻腔通过并产生共鸣出 en[ən]音,归音时双唇保持咧开状,上下颌由开渐闭,但不完全闭合。注意:发音全程由 du→en[ən],快速平滑过渡,鼻腔共鸣较弱,归音在前鼻音 n 上,归音时舌尖不离开下齿尖,切忌舌位后缩口型聚拢出 dueng 音。

7. t 声母音节

ta 发音前舌尖轻触上齿背,发音时感受强气流冲破舌尖阻碍,让舌尖向下弹开,起 t 音后融合 a 韵母发出。发 a 韵母时硬腭高抬,颧肌上提,下颌放松,舌头不前伸、不后缩自然平置口腔底部,发音动作过程接近打哈欠。

te　发音前舌尖轻触上齿背,发音时感受强气流冲破舌尖阻碍,让舌尖向下弹开,起 t 音后融合 e 韵母发出。发 e 韵母时硬腭上抬,颧肌上提,下颌放松,舌头后缩向小舌方向(口腔后上)靠近,双唇和两腮放松使口腔空阔,喉口肌肉略紧张。声带振动,响亮发音。

tai　发音前舌尖轻触上齿背,发音时感受强气流冲破舌尖阻碍,让舌尖向下弹开,起 t 音后融合 ai 韵母发出。韵母 ai 出 a[a]音后快速向 i 音过渡,即舌面向上齿背靠近,双唇上下开口度快速闭至略小于小指宽度。发音时注意声音自然连贯、快速平滑过渡。注意:发 tai 音节,ta 部分融合较紧密,归音向 i 去,不到 i。

tao　发音前舌尖轻触上齿背,发音时感受强气流冲破舌尖阻碍,让舌尖向下弹开,起 t 音后融合 ao 韵母发出。韵母 ao 出 a[ɑ]音后快速向 o[u]音过渡,注意:发 tao 音节,ta 部分融合较紧密,归音向 u 去。

tou　发音前舌尖轻触上齿背,发音时感受强气流冲破舌尖阻碍,让舌尖向下弹开,起 t 音后融合 ou 韵母发出。韵母 ou 出 o 音后快速向 u 音过渡,双唇拢成大圆,舌面后缩靠近小舌起 o 音后略抬起向软腭方向找 u 音收束,归音时双唇拢成小圆。注意:发 tou 音节,to 部分融合较紧密,归音向 u 去。

tan　发音前舌尖轻触上齿背,发音时感受强气流冲破舌尖阻碍,让舌尖向下弹开,起 t 音后融合 an 韵母发出。韵母 an 出 a[a]音后感受部分气流从鼻腔通过并产生共鸣出 an[an]音,归音时双唇保持咧开状,上下颌由开渐闭,但不完全闭合。注意:发 tan 音节,ta[tʰa]部分融合较紧密,归音在 n 上。

tang　发音前舌尖轻触上齿背,发音时感受强气流冲破舌尖阻碍,让舌尖向下弹开,起 t 音后融合 ang 韵母发出。韵母 ang 出 a[ɑ]音后感受舌根后移阻塞气流的口腔通道,同时打开气流的鼻腔通道呼出,强烈共鸣发出 ang[ɑŋ]音,归音时双唇保持上下打开。注意:发 dang 音节,ta[tʰɑ]部分融合较紧密,归音在 ng[ŋ]上,鼻腔强烈共鸣。

teng　发音前舌尖轻触上齿背,发音时感受强气流冲破舌尖阻碍,让舌尖向下弹开,起 t 音后融合 eng 韵母发出。韵母 eng 出[ə]音后感受舌根后移阻塞气流的口腔通道,同时打开气流的鼻腔通道呼出,强烈共鸣发出 eng[əŋ]音,归音时双唇保持上下打开。注意:发 teng 音节,te[tʰə]部分融合较紧密,归音在 ng[ŋ]上,鼻腔强烈共鸣。

tong　发音前舌尖轻触上齿背,双唇拢成小圆口型,发音时感受强气流冲破舌尖阻碍,让舌尖向下弹开,起 t 音后融合 ong 韵母发出。韵母 ong 发音唇形聚拢,拢圆呈孔状同 u 韵母。发出[u]音后感受舌根阻塞气流的口腔通道,打开鼻腔通道强烈共鸣发出[uŋ]音,注意:归音时双唇保持小圆唇形状不变。

ti　发音前舌尖轻触上齿背,发音时感受强气流冲破舌尖阻碍,让舌尖向下弹开起 t 音,舌面前向上齿龈拱起,融合 i 韵母发出。出 i 韵母后提颧肌,放松下颌,唇形向两腮微展,开口度是汉语拼音韵母中最小的,有缝即可。

tie　发音前舌尖轻触上齿背,发音时感受强气流冲破舌尖阻碍,让舌尖向下弹开,舌面前向上齿龈拱起后下降至口腔较低位置,起 ti 音后,迅速微抬上颌,增大开口度,舌面下沉,归在 ê 音。发音全程由 ti→ê,迅速平滑过渡,i 轻短 ê 厚重。注意:归音在ê[ɛ],不在 e[ɤ]。

tiao　发音前舌尖轻触上齿背,发音时感受强气流冲破舌尖阻碍,让舌尖向下弹开,舌面前向上齿龈拱起后下降至口腔较低位置,起 ti 音后,迅速微抬上颌,增大开口度,舌面下沉后撒发 a[ɑ]音,再后缩高抬向[u]去,全程发音不断。归音在接近 u 的位置,不到 u。注意:发音全程由 ti→a[ɑ]→o[u],迅速平滑过渡,i 轻短 a[ɑ]响亮,归音在接近[u]处。t→i 融合较紧密,a[ɑ]→o[u]融合较紧密。

tian　发音前舌尖轻触上齿背,发音时感受强气流冲破舌尖阻碍,让舌尖向下弹开,舌面前向上齿龈拱起后下降至口腔较低位置,起 ti 音后,唇形迅速向两腮咧开发an[ɛn]音。注意:由 i 转 an[ɛn]后感受部分气流从鼻腔通过并产生共鸣,归 n 音时双唇保持咧开状,上下颌由开渐闭,但不完全闭合。

ting　发音前舌尖轻触上齿背,发音时感受强气流冲破舌尖阻碍,让舌尖向下弹开,舌面前向上齿龈拱起后下降至口腔较低位置,起 ti 音后,感受舌面向软腭后移,阻塞气流的口腔通道,打开鼻腔通道强烈共鸣发出 ing[iŋ]音,归音时双唇保持展唇小口型。注意:舌面后缩时不要下沉后缩,要保持高位平移后缩,下沉后缩会出现错误音节tieng[tʰiəŋ]。

tu　发音前舌尖轻触上齿背,发音时感受强气流冲破舌尖阻碍,让舌尖向后缩起弹开,融合 u 韵母发出。发 tu 音节时放松下颌,保持小圆唇口型,两腮微鼓,声带振动。注意:到 u 韵母部分,舌面向软腭后缩拱起,在口腔内呈后高凸起状,但要与软腭、小舌等其他发音部位保持距离。

tuo　发音前舌尖轻触上齿背,口型拢成小圆唇,发音时感受强气流冲破舌尖阻碍,起 tu 音节后立刻扩大口型呈大圆唇形状,出 o 音。tu 融合较紧密,归音到 o。注意:发音全程由 tu→o,o 响亮。全程保持圆唇状态,小圆唇向大圆唇过渡要自然、迅速、流畅。

tui　发音前舌尖轻触上齿背,口型拢成小圆唇,发音时感受强气流冲破舌尖阻碍,起 tu 音节后立刻扩大口型向 e[e]音平滑过渡,颧肌上提,下颌放松,舌尖轻触下齿尖,出 e[e]音后快速向 i 音过渡,即舌面向上齿背靠近,舌尖不离开下齿尖,双唇上下开口度快速闭至缝隙状。发音全程由 tu→e[e]→i,自然连贯、快速平滑过渡。注意:从 tu音起,e[e]音较响亮,向 i 音平滑过渡,但归音不到 i。

tuan　发音前舌尖轻触上齿背,口型拢成小圆唇,发音时感受强气流冲破舌尖阻碍,起 tu 音节后立刻扩大口型向 a[a]音平滑过渡,颧肌上提,下颌放松,发出 a[a]音后感受部分气流从鼻腔通过并产生共鸣出 an[an]音,归音时双唇保持咧开状,上下颌由开渐闭,但不完全闭合。注意:发音全程由 tu→an[an],快速平滑过渡,鼻腔共鸣,归音在前鼻音 n 上。

tun　发音前舌尖轻触上齿背,口型拢成小圆唇,发音时感受强气流冲破舌尖阻碍,起 tu 音节后立刻扩大口型向 e[ə]音平滑过渡,颧肌上提,下颌放松,发出 e[ə]音后感受部分气流从鼻腔通过并产生共鸣出 en[ən]音,归音时双唇保持咧开状,上下颌由开渐闭,但不完全闭合。注意:发音全程由 tu→en[ən],快速平滑过渡,鼻腔共鸣较弱,归音在前鼻音 n 上,归音时舌尖不离开下齿尖,切忌舌位后缩口型聚拢出 tueng 音。

8. n 声母音节

na　发音前舌尖抵触上齿背和齿龈交界处,双唇上下微开,发音时感受部分气流从鼻腔呼出,共鸣起 n 音后融合 a 韵母发出。出 a 音后硬腭略高抬,颧肌上提,下颌放松,舌头不前伸、不后缩自然平置口腔底部,发音动作过程接近打哈欠。注意:用鼻音 n 去共鸣韵母 a 发出 na 音节,然后共鸣渐逝。

ne　发音前舌尖抵触上齿背和齿龈交界处,双唇上下微开,发音时感受部分气流从鼻腔呼出,共鸣起 n 音后融合 e 韵母发出。出 e 音后硬腭上抬,颧肌上提,下颌放松,舌头后缩向小舌方向(口腔后上)靠近,双唇和两腮放松使口腔空阔,喉口肌肉略紧张。注意:用鼻音 n 去共鸣韵母 e 发出 ne 音节,然后共鸣渐逝。

nai　发音前舌尖抵触上齿背和齿龈交界处,双唇上下微开,发音时感受部分气流从鼻腔呼出,共鸣起 n 音后融合 ai 韵母发出。ai 韵母出 a[a]音后快速向 i 音过渡,即舌面向上齿背靠近,双唇上下开口度快速闭至略小于小指宽度。发音时注意声音自然连贯、快速平滑过渡。注意:用鼻音 n 去共鸣韵母 ai 发出 nai 音节,然后共鸣渐逝。

nei　发音前舌尖抵触上齿背和齿龈交界处,双唇上下微开,发音时感受部分气流从鼻腔呼出,共鸣起 n 音后融合 ei 韵母发出。韵母 ei 出 e[e]音后快速向 i 音过渡,即舌面向上齿背靠近,双唇上下开口度略有渐小变化。发音时注意声音自然连贯、快速平滑过渡。注意:用鼻音 n 去共鸣韵母 ei 发出 nei 音节,然后共鸣渐逝。

nao　发音前舌尖抵触上齿背和齿龈交界处,双唇上下微开,发音时感受部分气流从鼻腔呼出,共鸣起 n 音后融合 ao 韵母发出。韵母 ao 起 a[ɑ]音后略抬起向小舌方向找 u 音收束。双唇上下开口度起始与 a 音同,出声后快速拢圆唇向 u 音过渡。发音时注意声音自然连贯、快速平滑过渡,过程中收音,归音不到 u。注意:用鼻音 n 去共鸣韵母 ao 发出 nao 音节,然后共鸣渐逝。

nou　发音前舌尖抵触上齿背和齿龈交界处,双唇上下微开,发音时感受部分气流从鼻腔呼出,共鸣起 n 音后融合 ou 韵母发出。出韵母 ou 音时先将双唇拢成大圆,舌面后缩靠近小舌起 o 音后略抬起向软腭方向找 u 音收束,归音时双唇拢成小圆状。归音向 u 去,但不到 u。注意:用鼻音 n 去共鸣韵母 ou 发出 nou 音节,然后共鸣渐逝。韵母 ou 音节部分,大圆唇 o 如果口型控制不好,常常会有展唇 e 的音质,需要特别注意。

nan　发音前舌尖抵触上齿背和齿龈交界处,双唇上下微开,发音时感受部分气流从鼻腔呼出,共鸣起 n 音后融合 an 韵母发出。韵母 an 发音时提颧肌,放松下颌,唇形向两腮咧开,开口度略小于 a 韵母,出 a[a]音后感受部分气流从鼻腔通过并产生共鸣出 an[an]音,归音时双唇保持咧开状,上下颌由开渐闭,但不完全闭合。注意:用鼻音 n 去共鸣韵母 an 发出 nan 音节,体会鼻腔共鸣过程,有→弱化→有。

nen 发音前舌尖抵触上齿背和齿龈交界处，双唇上下微开，发音时感受部分气流从鼻腔呼出，共鸣起 n 音后融合 en 韵母发出。韵母 en 发音时提颧肌，放松下颌，唇形向两腮咧开，开口度与 e 音开口度相近，发出 e[ə]音后感受部分气流从鼻腔通过并产生共鸣出 en[ən]音，归音时双唇保持咧开状，上下颌由开渐闭，但不完全闭合。注意：用鼻音 n 去共鸣韵母 en 发出 nen 音节，体会鼻腔共鸣过程，有→弱化→有。

nang 发音前舌尖抵触上齿背和齿龈交界处，双唇上下微开，发音时感受部分气流从鼻腔呼出，共鸣起 n 音后融合 ang 韵母发出。韵母 ang 发音时提颧肌，放松下颌，唇形聚拢、上下打开，开口度略大于 a 韵母，发出 a[ɑ]音后感受舌根后移阻塞气流口腔通道，同时打开气流的鼻腔通道呼出，强烈共鸣发出 ang[ɑŋ]音，归音时双唇保持上下打开。注意：用鼻音 n 去共鸣韵母 ang 发出 nang 音节，体会鼻腔共鸣过程，有→弱化→强。

neng 发音前舌尖抵触上齿背和齿龈交界处，双唇上下微开，发音时感受部分气流从鼻腔呼出，共鸣起 n 音后融合 eng 韵母发出。韵母 eng 发音时提颧肌，放松下颌，唇形聚拢、上下打开，开口度略大于 e 韵母，发出 e[ə]音后感受舌根后移阻塞气流的口腔通道，同时打开气流的鼻腔通道呼出，强烈共鸣发出 eng[əŋ]音，归音时双唇保持上下打开。注意：用鼻音 n 去共鸣韵母 eng 发出 neng 音节，体会鼻腔共鸣过程，有→弱化→强。

nong 发音前舌尖抵触上齿背和齿龈交界处，双唇拢成小圆唇口型，发音时舌面后缩，感受部分气流从鼻腔呼出，共鸣起 n 音后融合 ong 韵母发出。韵母 ong 发音时唇形拢圆呈孔状同 u 韵母，出 u 音后感受舌根阻塞气流的口腔通道，打开鼻腔通道强烈共鸣发出 ong[uŋ]音。注意：nong 音节归音时双唇保持小圆唇形状不变。用鼻音 n 去共鸣韵母 ong 发出 nong 音节，体会鼻腔共鸣过程，有→弱化→强。

ni 发音前舌尖抵触上齿背和齿龈交界处，舌面前向上齿龈拱起，双唇上下微开，发音时感受部分气流从鼻腔呼出，共鸣起 n 音后融合 i 韵母发出。发 i 韵母时提颧肌，放松下颌，唇形向两腮微展，开口度是汉语拼音韵母中最小的，有缝即可。舌尖在口腔内呈前高凸起状，但要与齿龈、齿背、硬腭等其他发音部位保持距离。注意：用鼻音 n 去共鸣韵母 i 发出 ni 音节，然后共鸣渐逝。

nie 发音前舌尖抵触上齿背和齿龈交界处，舌面前向上齿龈拱起，双唇上下微开，发音时感受部分气流从鼻腔呼出，共鸣发 ni 音后向 ê[ɛ]过渡。韵母 ie 出 i 音后，迅速微抬上颌，增大开口度，舌面下沉，归在 ê 音。发音全程由 ni→ê，迅速平滑过渡，i 轻短 ê 厚重。注意：用鼻音 n 去共鸣韵母 ie 发出 nie 音节，然后共鸣渐逝。归音在 ê[ɛ]，不在 e[ɤ]。

niao 发音前舌尖抵触上齿背和齿龈交界处，舌面前向上齿龈拱起，双唇上下微开，发音时感受部分气流从鼻腔呼出，共鸣发 ni 音后向 ao[ɑu]过渡。韵母出 i 音后迅速微抬上颌，增大开口度，舌面下沉后撒发 a[ɑ]音，再后缩高抬向 o[u]去，全程发音不断。归音在接近 u 的位置，不到 u。注意：用鼻音 n 去共鸣韵母 iao 发出 niao 音节，然后共鸣渐逝。发音全程由 ni→a[ɑ]→o[u]，迅速平滑过渡，i 轻短 a[ɑ]响亮，归音在接近 u 处。

  niu 发音前舌尖抵触上齿背和齿龈交界处,舌面前向上齿龈拱起,双唇上下微开,发音时感受部分气流从鼻腔呼出,共鸣发 ni 音后向 ou[ou]过渡。韵母出 i 音后舌面迅速后撤略下移,唇形拢大圆口型发 o 音再迅速缩小呈孔状,舌面后缩高抬向 u 去,全程发音不断。归音在接近 u 的位置,不到 u。注意:用鼻音 n 去共鸣韵母 iou 发出 niu 音节,然后共鸣渐逝。全程发音由 ni→o→u,迅速平滑过渡,i 轻短 o 响亮,归音在接近 u 处。发音全过程务必两腮放松,保持口腔空间,不可两腮紧张、挤压口腔空间。

  nian 发音前舌尖抵触上齿背和齿龈交界处,舌面前向上齿龈拱起,双唇上下微开,发音时感受部分气流从鼻腔呼出,共鸣发 ni 音后向 an[ɛn]过渡。韵母出 i 音后唇形迅速向两腮咧开出 a[ɛ]音,感受舌面微抬使部分气流经鼻腔共鸣出 n[n]音。注意:用鼻音 n 去共鸣韵母 ian 发出 nian 音节,体会鼻腔共鸣过程,有→弱化→有。全程发音由 ni→an[ɛn],迅速平滑过渡,i 轻短 a[ɛ]响亮,归音 n 处。

  nin 发音前舌尖抵触上齿背和齿龈交界处,舌面前向上齿龈拱起,双唇上下微开,发音时感受部分气流从鼻腔呼出,共鸣起 n 音后提颧肌,放松下颌,唇形向两腮咧开,出 i 音后舌面微抬使部分气流经鼻腔共鸣出 n[n]音。注意:用鼻音 n 去共鸣韵母 in 发出 nin 音节,体会鼻腔共鸣过程,有→弱化→有。发音全程由 n→in,迅速平滑过渡。

  niang 发音前舌尖抵触上齿背和齿龈交界处,舌面前向上齿龈拱起,双唇上下微开,发音时感受部分气流从鼻腔呼出,共鸣发 ni 音后向 ang[aŋ]过渡。韵母出 i 音后放松下颌提颧肌,唇形向两腮咧开后再迅速聚拢上下打开,舌面后移发出[a]音,感受舌根阻塞气流并迫使气流从鼻腔经过,发出强烈共鸣[aŋ]。注意:用鼻音 n 去共鸣韵母 iang 发出 niang 音节,体会鼻腔共鸣过程,有→弱化→强。

  ning 发音前舌尖抵触上齿背和齿龈交界处,舌面前向上齿龈拱起,双唇上下微开,发音时感受部分气流从鼻腔呼出,共鸣起 n 音后提颧肌,放松下颌,唇形向两腮咧开,出 i 音后舌面后缩使气流经鼻腔强烈共鸣出 ng[ŋ]音。注意:用鼻音 n 去共鸣韵母 ing 发出 ning 音节,体会鼻腔共鸣过程,有→弱化→强。发音全程由 n→ing,迅速平滑过渡。舌面后缩时舌位不要下降,否则会有错音 nieng 现象。

  nu 发音前舌尖抵触上齿背和齿龈交界处,双唇拢成小圆口型,发音时感受部分气流从鼻腔呼出,共鸣起 n 音后融合 u 韵母发出。发 u 韵母时放松下颌,保持小圆唇口型,两腮微鼓,声带振动,舌面向软腭后缩拱起,在口腔内呈后高凸起状,但要与软腭、小舌等其他发音部位保持距离。注意:用鼻音 n 去共鸣韵母 u 发出 nu 音节,然后共鸣渐逝。

  nuo 发音前舌尖抵触上齿背和齿龈交界处,双唇拢成小圆口型,发音时感受部分气流从鼻腔呼出,共鸣发 nu 音后向 o 过渡。韵母出 u 音后迅速变小圆唇为大圆唇,由 u 向 o 音平滑过渡,舌面略下沉,归在 o 音。发音全程由 nu→o,u 轻短 o 响亮。注意:用鼻音 n 去共鸣韵母 uo 发出 nuo 音节,然后共鸣渐逝。

  nuan 发音前舌尖抵触上齿背和齿龈交界处,双唇拢成小圆口型,发音时感受部分气流从鼻腔呼出,共鸣发 nu 音后向 an 过渡。韵母出 u 音后迅速变圆唇为展唇,开口度增大向 a[a]音平滑过渡,颧肌上提,下颌放松,发出 a[a]音后感受部分气流从鼻腔通过并产生共鸣出 an[an]音,归音时双唇保持咧开状,上下颌由开渐闭,但不完全闭合。注意:发 nuan 音节,nu→an[an]快速平滑过渡,归音在前鼻音 n 上。用鼻音 n 去共鸣韵母 uan 发出 nuan 音节,感受鼻腔共鸣过程,有→弱化→有。

nü　发音前舌尖抵触上齿背和齿龈交界处,双唇拢成小圆口型,舌面前向上齿龈拱起,发音时感受部分气流从鼻腔呼出,共鸣起 n 音后融合 ü 韵母发出。出 ü[y]音时,舌尖在口腔内呈前高凸起状。注意:用鼻音 n 去共鸣韵母 ü 发出 nü 音节,然后共鸣渐逝。

nüe　发音前舌尖抵触上齿背和齿龈交界处,双唇拢成小圆口型,舌面前向上齿龈拱起,发音时感受部分气流从鼻腔呼出,共鸣发 nü 音后向 ê[ɛ]过渡。韵母 üe 音起,迅速变圆唇为展唇,开口度增大向 ê[ɛ]音平滑过渡,颧肌上提,下颌放松,舌尖轻触下齿背。发音全程由 nü→ê[ɛ],自然连贯、快速平滑过渡。注意:用鼻音 n 去共鸣韵母 üe 发出 nüe 音节,然后共鸣渐逝。

9. l 声母音节

la　发音前舌尖抵触上齿龈后,发音时感受气流从舌尖两侧顺畅呼出,起 l 音后感受舌尖向下轻轻拍打,融合 a 韵母发出。出 a 音后硬腭略高抬,颧肌上提,下颌放松,舌头不前伸、不后缩自然平置口腔底部,发音动作过程接近打哈欠。注意:感受用声母 l 轻轻拍打韵母 a 发出 la 音节。

le　发音前舌尖抵触上齿龈后,发音时感受气流从舌尖两侧顺畅呼出,起 l 音后感受舌尖向下轻轻拍打,融合 e 韵母发出。出 e 音后硬腭上抬,颧肌上提,下颌放松,舌头后缩向小舌方向(口腔后上)靠近,双唇和两腮放松使口腔空阔,喉口肌肉略紧张。注意:感受用声母 l 轻轻拍打韵母 e 发出 le 音节。

lai　发音前舌尖抵触上齿龈后,发音时感受气流从舌尖两侧顺畅呼出,起 l 音后感受舌尖向下轻轻拍打,融合 ai 韵母发出。ai 韵母出 a[a]音后快速向 i 音过渡,即舌面向上齿背靠近,双唇上下开口度快速闭至略小于小指宽度。发音时注意声音自然连贯、快速平滑过渡。注意:感受用声母 l 轻轻拍打韵母 ai 发出 lai 音节。

lei　发音前舌尖抵触上齿龈后,发音时感受气流从舌尖两侧顺畅呼出,起 l 音后感受舌尖向下轻轻拍打,融合 ei 韵母发出。韵母 ei 出 e[e]音后快速向 i 音过渡,即舌面向上齿背靠近,双唇上下开口度略有渐小变化。发音时注意声音自然连贯、快速平滑过渡。注意:感受用声母 l 轻轻拍打韵母 ei 发出 lei 音节。

lao　发音前舌尖抵触上齿龈后,发音时感受气流从舌尖两侧顺畅呼出,起 l 音后感受舌尖向下轻轻拍打,融合 ao 韵母发出。韵母 ao 起 a[ɑ]音后略抬起向小舌方向找 u 音收束。双唇上下开口度起始与 a 音同,出声后快速拢圆唇向 u 音过渡。发音时注意声音自然连贯、快速平滑过渡,过程中收音,归音不到 u。注意:感受用声母 l 轻轻拍打韵母 ao 发出 lao 音节。

lou　发音前舌尖抵触上齿龈后,发音时感受气流从舌尖两侧顺畅呼出,起 l 音后感受舌尖向下轻轻拍打,融合 ou 韵母发出。出韵母 ou 音时先将双唇拢成大圆,舌面后缩靠近小舌起 o 音后略抬起向软腭方向找 u 音收束,归音时双唇拢成小圆状。归音向 u 去,但不到 u。注意:感受用声母 l 轻轻拍打韵母 ou 发出 lou 音节。韵母 ou 部分,大圆唇 o 如果口型控制不好,常常会有展唇 e 的音质,需要特别注意。

lan　发音前舌尖抵触上齿龈后,发音时感受气流从舌尖两侧顺畅呼出,起 l 音后感受舌尖向下轻轻拍打,融合 an 韵母发出。韵母 an 发音时提颧肌,放松下颌,唇形向两腮咧开,开口度略小于 a 韵母,出 a[a]音后感受部分气流从鼻腔通过并产生共鸣出 an[an]音,归音时双唇保持咧开状,上下颌由开渐闭,但不完全闭合。注意:感受用声母 l 轻轻拍打韵母 an 发出 lan 音节。鼻腔共鸣在韵尾,切不可提前准备共鸣动作,否则容易出现 l 有 n 音的现象。

lang　发音前舌尖抵触上齿龈后,发音时感受气流从舌尖两侧顺畅呼出,起 l 音后感受舌尖向下轻轻拍打,融合 ang 韵母发出。韵母 ang 发音时提颧肌,放松下颌,唇形聚拢、上下打开,开口度略大于 a 韵母,发出 a[a]音后感受舌根后移阻塞气流口腔通道,同时打开气流的鼻腔通道呼出,强烈共鸣发出 ang[ɑŋ]音,归音时双唇保持上下打开。注意:感受用声母 l 轻轻拍打韵母 ang 发出 lang 音节。鼻腔共鸣在韵尾,切不可提前准备共鸣动作,否则容易出现 l 有 n 音的现象。

leng　发音前舌尖抵触上齿龈后,发音时感受气流从舌尖两侧顺畅呼出,起 l 音后感受舌尖向下轻轻拍打,融合 eng 韵母发出。韵母 eng 发音时提颧肌,放松下颌,唇形聚拢、上下打开,开口度略大于 e 韵母,发出 e[ə]音后感受舌根后移阻塞气流的口腔通道,同时打开气流的鼻腔通道呼出,强烈共鸣发出 eng[əŋ]音,归音时双唇保持上下打开。注意:感受用声母 l 轻轻拍打韵母 eng 发出 leng 音节。鼻腔共鸣在韵尾,切不可提前准备共鸣动作,否则容易出现 l 有 n 音的现象。

long　发音前舌尖抵触上齿龈后,双唇拢成小圆口型,发音时感受气流从舌尖两侧顺畅呼出,起 l 音后感受舌尖向下轻轻拍打,融合 ong 韵母发出。韵母 ong 发音时唇形拢圆呈孔状同 u 韵母,出 u 音后感受舌根阻塞气流的口腔通道,打开鼻腔通道强烈共鸣发出 ong[uŋ]音。注意:感受用声母 l 轻轻拍打韵母 ong 发出 long 音节。鼻腔共鸣在韵尾,切不可提前准备共鸣动作,否则容易出现 l 有 n 音的现象。

li　发音前舌尖抵触上齿龈后,发音时感受气流从舌尖两侧顺畅呼出,起 l 音后感受舌尖向下轻轻拍打,舌面前向上齿龈拱起出 li 音,l→i 融合发出 li 音节。发 i 韵母时提颧肌,放松下颌,唇形向两腮微展,开口度是汉语拼音韵母中最小的,有缝即可。舌尖在口腔内呈前高凸起状,但要与齿龈、齿背、硬腭等其他发音部位保持距离。注意:感受用声母 l 轻轻拍打韵母 i 发出 li 音节。

lia　发音前舌尖抵触上齿龈后,发音时感受气流从舌尖两侧顺畅呼出,起 l 音后感受舌尖向下轻轻拍打,舌面前向上齿龈拱起出 li 音后向 a 过渡。发音全程由 li→a,迅速平滑过渡,i 轻短 a 响亮,归音到 a。注意:感受用声母 l 轻轻拍打韵母 i 发出 lia 音节。

lie　发音前舌尖抵触上齿龈后,发音时感受气流从舌尖两侧顺畅呼出,起 l 音后感受舌尖向下轻轻拍打,舌面前向上齿龈拱起出 li 音后向 ê[ɛ]过渡。韵母 ie 出 i 音后,迅速微抬上颌,增大开口度,舌面下沉,归在 ê 音。发音全程由 li→ê,迅速平滑过渡,i 轻短 ê 厚重。注意:感受用声母 l 轻轻拍打韵母 i 发出 lie 音节。

　　liao　发音前舌尖抵触上齿龈后,发音时感受气流从舌尖两侧顺畅呼出,起 l 音后感受舌尖向下轻轻拍打,舌面前向上齿龈拱起出 li 音后向 ao[ɑu]过渡。韵母出 i 音后迅速微抬上颌,增大开口度,舌面下沉后撤发 a[ɑ]音,再后缩高抬向 o[u]去,全程发音不断。归音在接近 u 的位置,不到 u。注意:感受用声母 l 轻轻拍打韵母 iao 发出 liao 音节。

　　liu　发音前舌尖抵触上齿龈后,发音时感受气流从舌尖两侧顺畅呼出,起 l 音后感受舌尖向下轻轻拍打,舌面前向上齿龈拱起出 li 音后向 ou[ou]过渡。韵母出 i 音后舌面迅速后撤略下移,唇形拢大圆口型发 o 音再迅速缩小呈孔状,舌面后缩高抬向 u 去,全程发音不断。归音在接近 u 的位置,不到 u。注意:感受用声母 l 轻轻拍打韵母 iou 发出 liu 音节。发音全程由 li→o→u,迅速平滑过渡,i 轻短 o 响亮,归音在接近 u 处。发音全过程务必两腮放松,保持口腔空间,不可两腮紧张、挤压口腔空间。

　　lian　发音前舌尖抵触上齿龈后,发音时感受气流从舌尖两侧顺畅呼出,起 l 音后感受舌尖向下轻轻拍打,舌面前向上齿龈拱起出 li 音后向 an[ɛn]过渡。韵母出 i 音后唇形迅速向两腮咧开出 a[ɛ]音,感受舌面微抬使部分气流经鼻腔共鸣出 n[n]音。注意:感受用声母 l 轻轻拍打韵母 ian 发出 lian 音节。发音全程由 li→an[ɛn],迅速平滑过渡,i 轻短 a[ɛ]响亮,归音 n 处。鼻腔共鸣在韵尾,切不可提前准备共鸣动作,否则容易出现 l 有 n 音的现象。

　　lin　发音前舌尖抵触上齿龈后,双唇上下微开,发音时感受气流从舌尖两侧顺畅呼出,起 l 音后提颧肌,放松下颌,唇形向两腮咧开,出 i 音后舌面微抬使部分气流经鼻腔共鸣出 n[n]音。注意:感受用声母 l 轻轻拍打韵母 in 发出 lin 音节。发音全程由 l→in,迅速平滑过渡。鼻腔共鸣在韵尾,切不可提前准备共鸣动作,否则容易出现 l 有 n 音的现象。

　　liang　发音前舌尖抵触上齿龈后,发音时感受气流从舌尖两侧顺畅呼出,起 l 音后感受舌尖向下轻轻拍打,舌面前向上齿龈拱起出 li 音后向 ang[ɑŋ]过渡。韵母出 i 音后放松下颌提颧肌,唇形向两腮咧开后迅速聚拢上下打开,舌面后移发出[ɑ]音,感受舌根阻塞气流并迫使气流从鼻腔经过,发出强烈共鸣[ɑŋ]。注意:感受用声母 l 轻轻拍打韵母 iang 发出 liang 音节。鼻腔共鸣在韵尾,切不可提前准备共鸣动作,否则容易出现 l 有 n 音的现象。

　　ling　发音前舌尖抵触上齿龈后,双唇上下微开,发音时感受气流从舌尖两侧顺畅呼出,起 l 音后提颧肌,放松下颌,唇形向两腮咧开,出 i 音后舌面后缩使气流经鼻腔强烈共鸣出 ng[ŋ]音。注意:感受用声母 l 轻轻拍打韵母 ing 发出 ling 音节。发音全程由 l→ing,迅速平滑过渡。鼻腔共鸣在韵尾,切不可提前准备共鸣动作,否则容易出现 l 有 n 音的现象。舌面收缩时不可下降,否则会有错音 lieng 现象。

　　lu　发音前舌尖抵触上齿龈后,双唇拢成小圆口型,发音时感受气流从舌尖两侧顺畅呼出,起 l 音后放松下颌,保持圆唇,融合 u 韵母发出。发 u 韵母时放松下颌,保持小圆唇口型,两腮微鼓,声带振动,舌面向软腭后缩拱起,在口腔内呈后高凸起状,但要与软腭、小舌等其他发音部位保持距离。注意:感受用声母 l 轻轻拍打韵母 u 发出 lu 音节。

luo 发音前舌尖抵触上齿龈后,双唇拢成小圆口型,发音时感受气流从舌尖两侧顺畅呼出,起 lu 音后向 o 音过渡。韵母出 u 音后迅速变小圆唇为大圆唇,由 u 向 o 音平滑过渡,舌面略下沉,归在 o 音。发音全程由 lu→o,u 轻短 o 响亮。注意:感受用声母 l 轻轻拍打韵母 uo 发出 luo 音节。

luan 发音前舌尖抵触上齿龈后,双唇拢成小圆口型,发音时感受气流从舌尖两侧顺畅呼出,起 lu 音后向 an 音过渡。韵母出 u 音后迅速变圆唇为展唇,开口度增大向 a[a]音平滑过渡,颧肌上提,下颌放松,发出 a[a]音后感受部分气流从鼻腔通过并产生共鸣出 an[an]音,归音时双唇保持咧开状,上下颌由开渐闭,但不完全闭合。注意:感受用声母 l 轻轻拍打韵母 uan 发出 luan 音节。鼻腔共鸣在韵尾,切不可提前准备共鸣动作,否则容易出现 l 有 n 音的现象。

lun 发音前舌尖抵触上齿龈后,双唇拢成小圆口型,发音时感受气流从舌尖两侧顺畅呼出,起 lu 音后向 en 音过渡,即颧肌上提,下颌放松,扩大口型向 e[ə]音平滑过渡,舌面微抬感受部分气流经鼻腔共鸣出 en[ən]音,归音时双唇保持咧开状,上下颌由开渐闭,但不完全闭合。注意:感受用声母 l 轻轻拍打韵母 uen 发出 lun 音节。发音全程由 lu→en[ən],快速平滑过渡,鼻腔共鸣较弱,归音在前鼻音 n 上,归音时舌尖不离开下齿尖,切忌舌位后缩口型聚拢出 lueng 音。

lü 发音前舌尖抵触上齿龈后,双唇拢成小圆口型,舌面前向上齿龈拱起,发音时感受气流从舌尖两侧顺畅呼出,起 l 音后放松下颌,保持圆唇,融合 ü 韵母发出。出 ü[y]音时,舌尖在口腔内呈前高凸起状。注意:感受用声母 l 轻轻拍打韵母 ü 发出 lü 音节。

lüe 发音前舌尖抵触上齿龈后,双唇拢成小圆口型,舌面前向上齿龈拱起,发音时感受气流从舌尖两侧顺畅呼出,起 lü 音后向 ê[ɛ]过渡。韵母 üe 音起,迅速变圆唇为展唇,开口度增大向 ê[ɛ]音平滑过渡,颧肌上提,下颌放松,舌尖轻触下齿背。发音全程由 lü→ê[ɛ],自然连贯、快速平滑过渡。注意:感受用声母 l 轻轻拍打韵母 üe 发出 lüe 音节。

10. g 声母音节

ga 发音前舌根后缩抵触软腭,发音时感受舌根快速前移消除阻碍出 g 音,然后 g 声母融合 a 韵母发出。发韵母 a 时硬腭高抬,颧肌上提,下颌放松,舌头不前伸、不后缩自然平置口腔底部,发音动作过程接近打哈欠。声带振动,响亮发音,出声后发音器官保持稳定不产生位移。

ge 发音前舌根后缩抵触软腭,发音时感受舌根快速前移消除阻碍出 g 音,然后 g 声母融合 e 韵母发出。发韵母 e 时硬腭上抬,颧肌上提,下颌放松,舌头后缩向小舌方向(口腔上后)靠近,双唇和两腮放松使口腔空阔,喉口肌肉略紧张。声带振动,响亮发音,出声后发音器官保持稳定不产生位移。

gai 发音前舌根后缩抵触软腭,发音时感受舌根快速前移消除阻碍出 g 音,然后

g声母融合 ai 韵母发出。发韵母 ai[ai]时硬腭上抬，颧肌上提，下颌放松，舌尖轻触下齿尖，双唇上下开口度约与 a 音同，出 a[a]音后快速向 i 音过渡，即舌面向上齿背靠近，双唇上下开口度快速闭至略小于小指宽度。注意：发音时 g→a[a]→i 声音自然连贯、快速平滑过渡，a[a]音最响亮。

gei　发音前舌根后缩抵触软腭，发音时感受舌根快速前移消除阻碍出 g 音，然后 g声母融合 ei 韵母发出。发韵母 ei 时硬腭上抬，颧肌上提，下颌放松，舌尖轻触下齿尖，双唇上下开口度约与 e 音同，出 e[e]音后快速向 i 音过渡，即舌面向上齿背靠近，双唇上下开口度略有渐小变化。注意：发音时 g→e→i 声音自然连贯、快速平滑过渡，e音最响亮。

gao　发音前舌根后缩抵触软腭，发音时感受舌根快速前移消除阻碍出 g 音，然后 g声母融合 ao[au]韵母发出。发韵母 ao 时硬腭高抬，颧肌上提，下颌放松，舌面后缩靠近喉口起 a[ɑ]音后略抬起向小舌方向找 o[u]音收束。双唇上下开口度起始与 a 音同，出声后快速拢圆唇向 u 音过渡。注意：发音时 g→a[ɑ]→o[u]声音自然连贯、快速平滑过渡，a[ɑ]音最响亮。

gou　发音前舌根后缩抵触软腭，发音时感受舌根快速前移消除阻碍出 g 音，然后 g声母融合 ou 韵母发出。发韵母 ou 时提颧肌，下颌放松，双唇拢成大圆，舌面后缩靠近小舌起 o 音后略抬起向软腭方向找 u 音收束，归音时双唇拢成小圆状。注意：发 ou 韵母时，大圆唇 o 音常常在听感上略有展唇 e 的音，需要特别注意。归音向 u 去，但不到 u，发音时 g→o→u 声音自然连贯、快速平滑过渡，o 音最响亮。

gan　发音前舌根后缩抵触软腭，发音时感受舌根快速前移消除阻碍出 g 音，然后 g声母融合 an 韵母发出。韵母 an 出 a[a]音后感受部分气流从鼻腔通过并产生共鸣出 an[an]音，归音时双唇保持咧开状，上下颌由开渐闭，但不完全闭合。

gen　发音前舌根后缩抵触软腭，发音时感受舌根快速前移消除阻碍出 g 音，然后 g声母融合 en[ən]韵母发出。韵母 en 出 e[ə]音后感受部分气流从鼻腔通过并产生共鸣出 en[ən]音，归音时双唇保持咧开状，上下颌由开渐闭，但不完全闭合。

gang　发音前舌根后缩抵触软腭，发音时感受舌根快速前移消除阻碍出 g 音，然后 g声母融合 ang 韵母发出。韵母 ang 出[ɑ]音后感受舌根后移阻塞气流的口腔通道，同时打开气流的鼻腔通道呼出，强烈共鸣发出[ɑŋ]音，归音时双唇保持上下打开。注意：发 gang 音节，归音在 ng[ŋ]上，鼻腔共鸣强烈。

geng　发音前舌根后缩抵触软腭，发音时感受舌根快速前移消除阻碍出 g 音，然后 g声母融合 eng 韵母发出。韵母 eng 出 e[ə]音后感受舌根后移阻塞气流的口腔通道，同时打开气流的鼻腔通道呼出，强烈共鸣发出 eng[əŋ]音，归音时双唇保持上下打开。注意：发 geng 音节，音在 ng[ŋ]上，鼻腔共鸣强烈。

gong　发音前舌根后缩抵触软腭，双唇拢成小圆口型，发音时感受舌根快速前移消除阻碍出 g 音，融合 o[u]出 gu 音后感受舌根后缩阻塞气流的口腔通道，打开鼻腔通道强烈共鸣发出 ong[uŋ]音。注意：归音时双唇保持小圆唇形状不变，归音在 ng[ŋ]上。

gu　发音前舌根后缩抵触软腭，双唇拢成小圆口型，发音时感受舌根快速前移消除阻碍出 g 音,然后 g 声母融合 u 韵母发出。注意:到 u 韵母部分,舌面向软腭后缩拱起,在口腔内呈后高凸起状,但要与软腭、小舌等其他发音部位保持距离。

gua 发音前舌根后缩抵触软腭,双唇拢成小圆口型,发音时感受舌根快速前移消除阻碍出 gu 音,然后快速向 a 音过渡。韵母起 u 音后,迅速变圆唇为展唇,开口度增大向 a 音平滑过渡,舌面下沉。注意:发音全程由 gu→a,u 轻短 a 响亮,归音在 a 上。

guo 发音前舌根后缩抵触软腭,双唇拢成小圆口型,发音时感受舌根快速前移消除阻碍出 gu 音,然后快速向 o 过渡。韵母起 u 音后,迅速变小圆唇为大圆唇,由 u 向 o 音平滑过渡,舌面略下沉。注意:发音全程由 gu→o,u 轻短 o 响亮,归音在 o 上。全程保持圆唇状态,小圆唇向大圆唇过渡要自然、迅速、流畅。

guai 发音前舌根后缩抵触软腭,双唇拢成小圆口型,发音时感受舌根快速前移消除阻碍出 gu 音,然后快速向 ai[ai]音过渡。韵母出 a[a]音后快速向 i 过渡,即舌面向上齿背靠近,舌尖不离开下齿背,双唇上下开口度快速闭至略小于小指宽度。注意:发音全程由 gu→a[a]→i,自然连贯、快速平滑过渡。a[a]音最响亮,归音接近 i。

gui 发音前舌根后缩抵触软腭,双唇拢成小圆口型,发音时感受舌根快速前移消除阻碍出 gu 音,然后快速向 ei[ei]音过渡。韵母出 e[e]音后快速向 i 音过渡,即舌面向上齿背靠近,舌尖不离开下齿尖,双唇上下开口度快速闭至缝隙状。注意:发音全程由 gu→e[e]→i,自然连贯、快速平滑过渡。e[e]音最响亮,归音接近 i。

guan 发音前舌根后缩抵触软腭,双唇拢成小圆口型,发音时感受舌根快速前移消除阻碍出 gu 音,然后快速向 an[an]音过渡。韵母出 a[a]音后感受部分气流从鼻腔通过并产生共鸣出 an[an]音,归音时双唇保持咧开状,上下颌由开渐闭,但不完全闭合。注意:发音全程由 gu→an[an],快速平滑过渡,鼻腔共鸣,归音在前鼻音 n 上。

gun 发音前舌根后缩抵触软腭,双唇拢成小圆口型,发音时感受舌根快速前移消除阻碍出 gu 音,然后快速向 en[ən]音过渡。韵母出 e[ə]音后感受部分气流从鼻腔通过并产生共鸣出 en[ən]音,归音时双唇保持咧开状,上下颌由开渐闭,但不完全闭合。注意:发音全程由 gu→en[ən],快速平滑过渡,鼻腔共鸣较弱,归音在前鼻音 n 上,归音时舌尖不要离开下齿尖,切忌舌位后缩口型聚拢出错音 gueng。

guang 发音前舌根后缩抵触软腭,双唇拢成小圆口型,发音时感受舌根快速前移消除阻碍出 gu 音,然后快速向 ang[ɑŋ]音过渡。韵母出 a[ɑ]音后感受舌根后移阻塞气流的口腔通道,同时打开气流的鼻腔通道呼出,强烈共鸣发出 ang[ɑŋ]音,归音时双唇保持上下打开。注意:发音全程由 gu→ang[ɑŋ],快速平滑过渡,鼻腔共鸣强烈,归音在后鼻音[ŋ]上。

11. k 声母音节

ka 发音前舌根后缩抵触软腭,发音时感受强气流迫使舌根前移消除阻碍起 k 音,然后融合 a 韵母发出。发韵母 a 时硬腭高抬,颧肌上提,下颌放松,舌头不前伸、不后缩自然平置口腔底部,发音动作过程接近打哈欠。声带振动,响亮发音,出声后发音器官保持稳定不产生位移。

ke 发音前舌根后缩抵触软腭,发音时感受强气流迫使舌根前移消除阻碍起 k 音,然后融合 e 韵母发出。发韵母 e 时硬腭上抬,颧肌上提,下颌放松,舌头后缩向小舌方向(口腔后上)靠近,双唇和两腮放松使口腔空阔,喉口肌肉略紧张。声带振动,响亮发音,出声后发音器官保持稳定不产生位移。

　　kai　发音前舌根后缩抵触软腭,发音时感受强气流迫使舌根前移消除阻碍起 k 音,然后融合 ai[ai]韵母发出。发韵母 ai[ai]时硬腭上抬,颧肌上提,下颌放松,舌尖轻触下齿尖,双唇上下开口度约与 a 音同,出 a[a]音后快速向 i 音过渡,即舌面向上齿背靠近,双唇上下开口度快速闭至略小于小指宽度。注意:发音时 k→a[a]→i 声音自然连贯、快速平滑过渡,a[a]音最响亮。

　　kao　发音前舌根后缩抵触软腭,发音时感受强气流迫使舌根前移消除阻碍起 k 音,然后融合 ao[au]韵母发出。发韵母 ao 时硬腭高抬,颧肌上提,下颌放松,舌面后缩靠近喉口起 a[a]音后略抬起向小舌方向找 o[u]音收束。双唇上下开口度起始与 a 音同,出声后快速拢圆唇向 u 音过渡。注意:发音时 k→a[a]→o[u]声音自然连贯、快速平滑过渡,a[a]音最响亮。

　　kou　发音前舌根后缩抵触软腭,发音时感受强气流迫使舌根前移消除阻碍起 k 音,然后融合 ou 韵母发出。发韵母 ou 时提颧肌,下颌放松,双唇拢成大圆,舌面后缩靠近小舌起 o 音后略抬起向软腭方向找 u 音收束,归音时双唇拢成小圆状。注意:发 ou 韵母时,大圆唇 o 音常常在听感上略有展唇 e 的音,需要特别注意。归音向 u 去,但不到 u,发音时 k→o→u 声音自然连贯、快速平滑过渡,o 音最响亮。

　　kan　发音前舌根后缩抵触软腭,发音时感受强气流迫使舌根前移消除阻碍起 k 音,然后融合 an[an]韵母发出。韵母 an 出 a[a]音后感受部分气流从鼻腔通过并产生共鸣出 an[an]音,归音时双唇保持咧开状,上下颌由开渐闭,但不完全闭合。

　　ken　发音前舌根后缩抵触软腭,发音时感受强气流迫使舌根前移消除阻碍起 k 音,然后融合 en[ən]韵母发出。韵母 en 出 e[ə]音后感受部分气流从鼻腔通过并产生共鸣出 en[ən]音,归音时双唇保持咧开状,上下颌由开渐闭,但不完全闭合。

　　kang　发音前舌根后缩抵触软腭,发音时感受强气流迫使舌根前移消除阻碍起 k 音,然后融合 ang[aŋ]韵母发出。韵母 ang 出 a[a]音后感受舌根后移阻塞气流的口腔通道,同时打开气流的鼻腔通道呼出,强烈共鸣发出 ang[aŋ]音,归音时双唇保持上下打开。注意:发 gang 音节,归音在 ng[ŋ]上,鼻腔共鸣强烈。

　　keng　发音前舌根后缩抵触软腭,发音时感受强气流迫使舌根前移消除阻碍起 k 音,然后融合 eng[əŋ]韵母发出。韵母 eng 出 e[ə]音后感受舌根后移阻塞气流的口腔通道,同时打开气流的鼻腔通道呼出,强烈共鸣发出 eng[əŋ]音,归音时双唇保持上下打开。注意:发 geng 音节,音在 ng[ŋ]上,鼻腔共鸣强烈。

　　kong　发音前舌根后缩抵触软腭,双唇拢成小圆口型,发音时感受强气流迫使舌根前移消除阻碍起 k 音,融合 o[u]出 ku 音后感受舌根后缩阻塞气流的口腔通道,打开鼻腔通道强烈共鸣发出 ong[uŋ]韵母,注意:归音时双唇保持小圆唇形状不变,归音在 ng[ŋ]上。

　　ku　发音前舌根后缩抵触软腭,双唇拢成小圆口型,发音时感受强气流迫使舌根前移消除阻碍起 k 音,此时 k 声母融合 u 韵母发出。注意:到 u 韵母部分,舌面向软腭后缩拱起,在口腔内呈后高凸起状,但要与软腭、小舌等其他发音部位保持距离。

kua 发音前舌根后缩抵触软腭,双唇拢成小圆口型,发音时感受强气流迫使舌根前移消除阻碍起 ku 音,然后快速向 a 音过渡。韵母起 u 音后,迅速变圆唇为展唇,开口度增大向 a 音平滑过渡,舌面下沉。注意:发音全程由 ku→a,u 轻短 a 响亮,归音在 a 上。

kuo 发音前舌根后缩抵触软腭,双唇拢成小圆口型,发音时感受强气流迫使舌根前移消除阻碍起 ku 音,然后快速向 o 音过渡。韵母起 u 音后,迅速变小圆唇为大圆唇,由 u 向 o 音平滑过渡,舌面略下沉。注意:发音全程由 ku→o,u 轻短 o 响亮,归音在 o 上。全程保持圆唇状态,小圆唇向大圆唇过渡要自然、迅速、流畅。

kuai 发音前舌根后缩抵触软腭,双唇拢成小圆口型,发音时感受强气流迫使舌根前移消除阻碍起 ku 音,然后快速向 ai[ai]音过渡。韵母出 a[a]音后快速向 i 过渡,即舌面向上齿背靠近,舌尖不离开下齿背,双唇上下开口度快速闭至略小于小指宽度。注意:发音全程由 ku→a[a]→i,自然连贯、快速平滑过渡。a[a]音最响亮,归音接近 i。

kui 发音前舌根后缩抵触软腭,双唇拢成小圆口型,发音时感受强气流迫使舌根前移消除阻碍起 ku 音,然后快速向 ei[ei]音过渡。韵母出 e[e]音后快速向 i 音过渡,即舌面向上齿背靠近,舌尖不离开下齿尖,双唇上下开口度快速闭至缝隙状。注意:发音全程由 ku→e[e]→i,自然连贯、快速平滑过渡。e[e]音最响亮,归音接近 i。

kuan 发音前舌根后缩抵触软腭,双唇拢成小圆口型,发音时感受强气流迫使舌根前移消除阻碍起 ku 音,然后快速向 an[an]音过渡。韵母出 a[a]音后感受部分气流从鼻腔通过并产生共鸣出 an[an]音,归音时双唇保持咧开状,上下颌由开渐闭,但不完全闭合。注意:发音全程由 ku→an[an],快速平滑过渡,鼻腔共鸣,归音在前鼻音 n 上。

kun 发音前舌根后缩抵触软腭,双唇拢成小圆口型,发音时感受强气流迫使舌根前移消除阻碍起 ku 音,然后快速向 en[ən]音过渡。韵母出 e[ə]音后感受部分气流从鼻腔通过并产生共鸣出 en[ən]音,归音时双唇保持咧开状,上下颌由开渐闭,但不完全闭合。注意:发音全程由 ku→en[ən],快速平滑过渡,鼻腔共鸣较弱,归音在前鼻音 n 上,归音时舌尖不要离开下齿尖,切忌舌位后缩口型聚拢出错音 gueng。

kuang 发音前舌根后缩抵触软腭,双唇拢成小圆口型,发音时感受强气流迫使舌根前移消除阻碍起 ku 音,然后快速向 ang[aŋ]音过渡。韵母出 a[a]音后感受舌根后移阻塞气流的口腔通道,同时打开气流的鼻腔通道呼出,强烈共鸣发出 ang[aŋ]音,归音时双唇保持上下打开。注意:发音全程由 ku→ang[aŋ],快速平滑过渡,鼻腔共鸣强烈,归音在后鼻音[ŋ]上。

12. h 声母音节

ha 发音前舌根后缩接近软腭形成狭小缝隙,发音时感受气流摩擦舌根和软腭起 h 音,然后舌根前移融合 a 韵母发出。发韵母 a 时硬腭高抬,颧肌上提,下颌放松,舌头不前伸、不后缩自然平置口腔底部,发音动作过程接近打哈欠。声带振动,响亮发音,出声后发音器官保持稳定不产生位移。

he 发音前舌根后缩接近软腭形成狭小缝隙,发音时感受气流摩擦舌根和软腭起 h 音,然后融合 e 韵母发出。发韵母 e 时硬腭上抬,颧肌上提,下颌放松,舌头后缩向小舌方向(口腔后上)靠近,双唇和两腮放松使口腔空阔,喉口肌肉略紧张。声带振动,响亮发音,出声后发音器官保持稳定不产生位移。

hai 发音前舌根后缩接近软腭形成狭小缝隙,发音时感受气流摩擦舌根和软腭起 h 音,然后融合 ai[ai]韵母发出。发韵母 ai[ai]时硬腭上抬,颧肌上提,下颌放松,舌尖轻触下齿尖,双唇上下开口度约与 a 音同,出 a[a]音后快速向 i 音过渡,即舌面向上齿背靠近,双唇上下开口度快速闭至略小于小指宽度。注意:发音时 h→a[a]→i 声音自然连贯、快速平滑过渡,a[a]音最响亮。

hei 发音前舌根后缩接近软腭形成狭小缝隙,发音时感受气流摩擦舌根和软腭起 h 音,然后融合 ei 韵母发出。发韵母 ei 时硬腭上抬,颧肌上提,下颌放松,舌尖轻触下齿尖,双唇上下开口度约与 e 音同,出 e[e]音后快速向 i 音过渡,即舌面向上齿背靠近,双唇上下开口度略有渐小变化。注意:发音时 h→e→i 声音自然连贯、快速平滑过渡,e 音最响亮。

hao 发音前舌根后缩接近软腭形成狭小缝隙,发音时感受气流摩擦舌根和软腭起 h 音,然后融合 ao[au]韵母发出。发韵母 ao 时硬腭高抬,颧肌上提,下颌放松,舌面后缩靠近喉口起 a[ɑ]音后略抬起向小舌方向找 o[u]音收束。双唇上下开口度起始与 a 音同,出声后快速拢圆唇向 u 音过渡。注意:发音时 h→a[ɑ]→o[u]声音自然连贯、快速平滑过渡,a[ɑ]音最响亮。

hou 发音前舌根后缩接近软腭形成狭小缝隙,发音时感受气流摩擦舌根和软腭起 h 音,然后融合 ou 韵母发出。发韵母 ou 时提颧肌,下颌放松,双唇拢成大圆,舌面后缩靠近小舌起 o 音后略抬起向软腭方向找 u 音收束,归音时双唇拢成小圆状。注意:发 ou 韵母时,大圆唇 o 音常常在听感上略有展唇 e 的音,需要特别注意。归音向 u 去,但不到 u,发音时 h→o→u 声音自然连贯、快速平滑过渡,o 音最响亮。

han 发音前舌根后缩接近软腭形成狭小缝隙,发音时感受气流摩擦舌根和软腭起 h 音,然后融合 an[an]韵母发出。韵母 an 出 a[a]音后感受部分气流从鼻腔通过并产生共鸣出 an[an]音,归音时双唇保持咧开状,上下颌由开渐闭,但不完全闭合。

hen 发音前舌根后缩接近软腭形成狭小缝隙,发音时感受气流摩擦舌根和软腭起 h 音,然后融合 en[ən]韵母发出。韵母 en 出 e[ə]音后感受部分气流从鼻腔通过并产生共鸣出 en[ən]音,归音时双唇保持咧开状,上下颌由开渐闭,但不完全闭合。

hang 发音前舌根后缩接近软腭形成狭小缝隙,发音时感受气流摩擦舌根和软腭起 h 音,然后融合 ang[ɑŋ]韵母发出。韵母 ang 出 a[ɑ]音后感受舌根后移阻塞气流的口腔通道,同时打开气流的鼻腔通道呼出,强烈共鸣发出 ang[ɑŋ]音,归音时双唇保持上下打开。注意:hang 音节,归音在 ng[ŋ]上,鼻腔共鸣强烈。

heng 发音前舌根后缩接近软腭形成狭小缝隙,发音时感受气流摩擦舌根和软腭起 h 音,然后融合 eng[əŋ]韵母发出。韵母 eng 出 e[ə]音后感受舌根后移阻塞气流的口腔通道,同时打开气流的鼻腔通道呼出,强烈共鸣发出 eng[əŋ]音,归音时双唇保持上下打开。注意:发 heng 音节,音在 ng[ŋ]上,鼻腔共鸣强烈。

hong 发音前舌根后缩接近软腭形成狭小缝隙,双唇拢成小圆口型,发音时感受气流摩擦舌根和软腭起 h 音,融合 o[u]出 hu 音后感受舌根后缩阻塞气流的口腔通道,打开鼻腔通道强烈共鸣发出 ong[uŋ]韵母,注意:归音时双唇保持小圆唇形状不变,归音在 ng[ŋ]上。

hu 发音前舌根后缩接近软腭形成狭小缝隙,双唇拢成小圆口型,发音时感受气流摩擦舌根和软腭起 h 音,此时 h 声母融合 u 韵母发出。注意:到 u 韵母部分,舌面向软腭后缩拱起,在口腔内呈后高凸起状,但要与软腭、小舌等其他发音部位保持距离。

hua 发音前舌根后缩接近软腭形成狭小缝隙,双唇拢成小圆口型,发音时感受气流摩擦舌根和软腭起 hu 音,然后快速向 a 音过渡。韵母起 u 音后,迅速变圆唇为展唇,开口度增大向 a 音平滑过渡,舌面下沉。注意:发音全程由 hu→a,u 轻短 a 响亮,归音在 a 上。

huo 发音前舌根后缩接近软腭形成狭小缝隙,双唇拢成小圆口型,发音时感受气流摩擦舌根和软腭起 hu 音,然后快速向 o 音过渡。韵母起 u 音后,迅速变小圆唇为大圆唇,由 u 向 o 音平滑过渡,舌面略下沉。注意:发音全程由 hu→o,u 轻短 o 响亮,归音在 o 上。全程保持圆唇状态,小圆唇向大圆唇过渡要自然、迅速、流畅。

huai 发音前舌根后缩接近软腭形成狭小缝隙,双唇拢成小圆口型,发音时感受气流摩擦舌根和软腭起 hu 音,然后快速向 ai[ai]音过渡。韵母出 a[a]音后快速向 i 过渡,即舌面向上齿背靠近,舌尖不离开下齿背,双唇上下开口度快速闭至略小于小指宽度。注意:发音全程由 hu→a[a]→i,自然连贯、快速平滑过渡。a[a]音最响亮,归音接近 i。

hui 发音前舌根后缩接近软腭形成狭小缝隙,双唇拢成小圆口型,发音时感受气流摩擦舌根和软腭起 hu 音,然后快速向 ei[ei]音过渡。韵母出 e[e]音后快速向 i 音过渡,即舌面向上齿背靠近,舌尖不离开下齿尖,双唇上下开口度快速闭至缝隙状。注意:发音全程由 hu→e[e]→i,自然连贯、快速平滑过渡。e[e]音最响亮,归音接近 i。

huan 发音前舌根后缩接近软腭形成狭小缝隙,双唇拢成小圆口型,发音时感受气流摩擦舌根和软腭起 hu 音,然后快速向 an[an]音过渡。韵母出 a[a]音后感受部分气流从鼻腔通过并产生共鸣出 an[an]音,归音时双唇保持咧开状,上下颌由开渐闭,但不完全闭合。注意:发音时 hu→an[an]快速平滑过渡,鼻腔共鸣,归音在前鼻音 n 上。

hun 发音前舌根后缩接近软腭形成狭小缝隙,双唇拢成小圆口型,发音时感受气流摩擦舌根和软腭起 hu 音,然后快速向 en[ən]音过渡。韵母出 e[ə]音后感受部分气流从鼻腔通过并产生共鸣出 en[ən]音,归音时双唇保持咧开状,上下颌由开渐闭,但不完全闭合。注意:发音时 hu→en[ən]快速平滑过渡,鼻腔共鸣较弱,归音在前鼻音 n 上,归音时舌尖不要离开下齿尖,切忌舌位后缩口型聚拢出错音 hueng。

huang　发音前舌根后缩接近软腭形成狭小缝隙,双唇拢成小圆口型,发音时感受气流摩擦舌根和软腭起 hu 音,然后快速向 ang[ɑŋ]音过渡。韵母出 ɑ[ɑ]音后感受舌根后移阻塞气流的口腔通道,同时打开气流的鼻腔通道呼出,强烈共鸣发出 ang[ɑŋ]音,归音时双唇保持上下打开。注意:发音全程由 hu→ang[ɑŋ],快速平滑过渡,鼻腔共鸣强烈,归音在后鼻音[ŋ]上。

13. j 声母音节

ji　发音前舌面高抬与硬腭接触,发音时舌面略降形成缝隙,气流摩擦舌面和硬腭出 j 音,融合 i 韵母发出 ji 音节。发 i 韵母时提颧肌,放松下颌,唇形向两腮微展,开口度是汉语拼音韵母中最小的,有缝即可。舌面前向上齿龈高高拱起,在口腔内呈前高凸起状,但要与齿龈、齿背、硬腭等其他发音部位保持距离。注意:发 ji 音节时,要求舌面努力高抬,保持舌尖和上下齿的距离,发音时触碰上下齿会产生尖音或齿间音。

jia　发音前舌面高抬与硬腭接触,发音时舌面略降形成缝隙,气流摩擦舌面和硬腭出 ji 音后,迅速微抬上颌,增大开口度,舌面下沉,归在 ɑ 音。发音全程由 ji→ɑ,迅速平滑过渡,i 轻短 ɑ 响亮,归音到 ɑ。

jie　发音前舌面高抬与硬腭接触,发音时舌面略降形成缝隙,气流摩擦舌面和硬腭出 ji 音,迅速微抬上颌,增大开口度,舌面下沉,归在 ê 音。发音全程由 ji→ê,迅速平滑过渡,i 轻短 ê 厚重。注意:归音在 ê[ɛ],不在 e[ɤ]。

jiao　发音前舌面高抬与硬腭接触,发音时舌面略降形成缝隙,气流摩擦舌面和硬腭出 ji 音后,迅速微抬上颌,增大开口度,舌面下沉后撤发 ɑ[ɑ]音,再后缩高抬向 o[u]去,全程发音不断。归音在接近 u 的位置,不到 u。注意:发音全程由 ji→ɑ[ɑ]→o[u],迅速平滑过渡,i 轻短 ɑ[ɑ]响亮,归音在接近[u]处。j→i 融合较紧密,ɑ[ɑ]→o[u]融合较紧密。

jiu　发音前舌面高抬与硬腭接触,发音时舌面略降形成缝隙,气流摩擦舌面和硬腭出 ji 音后,舌面迅速后撤略下移发 o 音,唇形拢圆扩大再迅速缩小呈孔状,舌面后缩高抬向 u 去,全程发音不断。归音在接近 u 的位置,不到 u。注意:发音全程由 ji→o→u,迅速平滑过渡,i 轻短 o 响亮,归音在接近 u 处。j→i 融合较紧密,o→u 融合较紧密,发音全过程务必两腮放松,保持口腔空间,不可两腮紧张、挤压口腔空间。

jian　发音前舌面高抬与硬腭接触,发音时舌面略降形成缝隙,气流摩擦舌面和硬腭出 ji 音后,唇形迅速向两腮咧开发 an[an]音,出 an[an]音时感受部分气流从鼻腔通过并产生共鸣,归 n 音时双唇保持咧开状,上下颌由开渐闭,但不完全闭合。

jin　发音前舌面高抬与硬腭接触,发音时舌面略降形成缝隙,气流摩擦舌面和硬腭出 j 音,融合 in[in]韵母发出。出 i 音时颧肌上提,放松下颌,唇形向两腮咧开,开口度与 i 音同,有缝即可。发出 i[i]音后,舌位高点迅速后撤做阻塞气流的动作,感受大部分气流从鼻腔分流产生共鸣 in[in]音。注意:jin 音节归音在 n,双唇保持咧开状,上下颌不完全闭合。

jiang　发音前舌面高抬与硬腭接触,发音时舌面略降形成缝隙,气流摩擦舌面和硬腭出 ji 音后向 ang[ɑŋ]过渡。韵母出 i 音后放松下颌提颧肌,唇形向两腮咧开后迅速聚拢上下打开，舌面后移发出 a[ɑ]音，感受舌根阻塞气流并迫使气流从鼻腔经过，发出强烈共鸣 ang[ɑŋ]。

jing 发音前舌面高抬与硬腭接触，发音时舌面略降形成缝隙，气流摩擦舌面和硬腭出 j 音后提颧肌，放松下颌，唇形向两腮咧开，出 i 音后舌面后缩使气流经鼻腔强烈共鸣出 ng[ŋ]音。注意：舌面收缩时不可下降，否则会有错音 jieng 现象。发音全程由 j→ing，迅速平滑过渡。

ju 发音前舌面高抬与硬腭接触，双唇拢成小圆口型，发音时舌面略降形成缝隙，气流摩擦舌面和硬腭出 j 音，融合 ü 韵母发出。出 ü[y]音时，舌尖在口腔内呈前高凸起状。注意：拢圆双唇不要用力过度，口腔内尽量留出空间，避免唇化现象。

jue 发音前舌面高抬与硬腭接触，双唇拢成小圆口型，发音时舌面略降形成缝隙，气流摩擦舌面和硬腭出 ju 音后向 ê[ɛ]过渡。韵母 üe 音起，迅速变圆唇为展唇，开口度增大向 ê[ɛ]音平滑过渡，颧肌上提，下颌放松，舌尖轻触下齿背。发音全程由 ju→ê[ɛ]，自然连贯、快速平滑过渡。

juan 发音前舌面高抬与硬腭接触，双唇拢成小圆口型，发音时舌面略降形成缝隙，气流摩擦舌面和硬腭出 ju 音后向 an 音过渡。韵母出 u 音后迅速变圆唇为展唇，开口度增大向 a[a]音平滑过渡，颧肌上提，下颌放松，发出 a[a]音后感受部分气流从鼻腔通过并产生共鸣出 an[an]音，归音时双唇保持咧开状，上下颌由开渐闭，但不完全闭合。发音全程由 ju→an[an]，自然连贯、快速平滑过渡。

jun 发音前舌面高抬与硬腭接触，双唇拢成小圆口型，发音时舌面略降形成缝隙，气流摩擦舌面和硬腭出 ju 音后，迅速变小圆唇口型为展唇口型，双唇尽量向两腮咧开，颧肌上提，下颌放松，舌位略后缩感受部分气流从鼻腔通过并产生共鸣出 n 音。注意：发音全程由 ju→n，快速平滑过渡，归音时口型保持双唇咧开状，鼻腔共鸣弱，归音在前鼻音 n 上。双唇咧开程度不够时容易与 jiong 混淆。

jiong 发音前舌面高抬与硬腭接触，双唇拢成小圆口型，发音时舌面略降形成缝隙，气流摩擦舌面和硬腭出 ju 音后，下颌放松，舌面向软腭后缩，但不触碰任何发音部位，感受气流全部从鼻腔通过并产生强烈共鸣出 ng[ŋ]音，归音时口型保持小圆唇状。注意：发音时 j→io(ü)[y]→ng[ŋ]快速平滑过渡，鼻腔共鸣强，归音在前鼻音 ng[ŋ]上。

14. q 声母音节

qi 发音前舌面高抬与硬腭接触，发音时感受强气流冲出舌面与硬腭的缝隙，摩擦出 q 音，融合 i 韵母发出 qi 音节。发 i 韵母时提颧肌，放松下颌，唇形向两腮微展，开口度是汉语拼音韵母中最小的，有缝即可。舌面前向上齿龈高高拱起，在口腔内呈前高凸起状，但要与齿龈、齿背、硬腭等其他发音部位保持距离。注意：发 qi 音节时，要求舌面努力高抬，保持舌尖和上下齿的距离，发音时触碰上下齿会产生尖音或齿间音。

qia 发音前舌面高抬与硬腭接触，发音时感受强气流冲出舌面与硬腭的缝隙，摩擦出 qi 音后，迅速微抬上颌，增大开口度，舌面下沉，归在 a 音。发音全程由 qi→a，迅速平滑过渡，i 轻短 a 响亮，归音到 a。

qie 发音前舌面高抬与硬腭接触，发音时感受强气流冲出舌面与硬腭的缝隙，摩擦出 qi 音后,迅速微抬上颌,增大开口度,舌面下沉,归在 ê 音。发音全程由 qi→ê,迅速平滑过渡,i 轻短 ê 厚重。注意:归音在 ê[ɛ],不在 e[ɤ]。

　　qiao　发音前舌面高抬与硬腭接触,发音时感受强气流冲出舌面与硬腭的缝隙,摩擦出 qi 音后,迅速微抬上颌,增大开口度,舌面下沉后撮发 a[ɑ]音,再后缩高抬向 o[u]去,全程发音不断。归音在接近 u 的位置,不到 u。注意:发音全程由 qi→a[ɑ]→o[u],迅速平滑过渡,i 轻短 a[ɑ]响亮,归音在接近[u]处。q→i 融合较紧密,a[ɑ]→o[u]融合较紧密。

　　qiu　发音前舌面高抬与硬腭接触,发音时感受强气流冲出舌面与硬腭的缝隙,摩擦出 qi 音后,舌面迅速后撤略下移发 o 音,唇形拢圆扩大再迅速缩小呈孔状,舌面后缩高抬向 u 去,全程发音不断。归音在接近 u 的位置,不到 u。注意:发音全程由 qi→o→u,迅速平滑过渡,i 轻短 o 响亮,归音在接近 u 处。q→i 融合较紧密,o→u 融合较紧密,发音全过程务必两腮放松,保持口腔空间,不可两腮紧张、挤压口腔空间。

　　qian　发音前舌面高抬与硬腭接触,发音时感受强气流冲出舌面与硬腭的缝隙,摩擦出 qi 音后,唇形迅速向两腮咧开发 an[ɛn]音,出 an[ɛn]音时感受部分气流从鼻腔通过并产生共鸣,归 n 音时双唇保持咧开状,上下颌由开渐闭,但不完全闭合。

　　qin　发音前舌面高抬与硬腭接触,发音时感受强气流冲出舌面与硬腭的缝隙,摩擦出 q 音,融合 in[in]韵母发出。出 i 音时颧肌上提,放松下颌,唇形向两腮咧开,开口度与 i 音同,有缝即可。发出 i[i]音后,舌位高点迅速后撤做阻塞气流的动作,感受大部分气流从鼻腔分流产生共鸣 in[in]音。注意:qin 音节归音在 n,双唇保持咧开状,上下颌不完全闭合。

　　qiang　发音前舌面高抬与硬腭接触,发音时感受强气流冲出舌面与硬腭的缝隙,摩擦出 qi 音后向 ang[ɑŋ]过渡。韵母出 i 音后放松下颌提颧肌,唇形向两腮咧开后迅速聚拢上下打开,舌面后移发出 a[ɑ]音,感受舌根阻塞气流并迫使气流从鼻腔经过,发出强烈共鸣 ang[ɑŋ]。

　　qing　发音前舌面高抬与硬腭接触,发音时感受强气流冲出舌面与硬腭的缝隙,摩擦出 q 音后提颧肌,放松下颌,唇形向两腮咧开,出 i 音后舌面后缩使气流经鼻腔强烈共鸣出 ng[ŋ]音。注意:舌面收缩时不可下降,否则会有错音 qieng 现象。全程发音由 q→ing,迅速平滑过渡。

　　qu　发音前舌面高抬与硬腭接触,双唇拢成小圆口型,发音时感受强气流冲出舌面与硬腭的缝隙,摩擦出 q 音,融合 ü 韵母发出。出 ü[y]音时,舌尖在口腔内呈前高凸起状。注意:拢圆双唇不要用力过度,口腔内尽量留出空间,避免唇化现象。

　　que　发音前舌面高抬与硬腭接触,双唇拢成小圆口型,发音时感受强气流冲出舌面与硬腭的缝隙,摩擦出 qu 音后向 ê[ɛ]过渡。韵母 üe 音起,迅速变圆唇为展唇,开口度增大向 ê[ɛ]音平滑过渡,颧肌上提,下颌放松,舌尖轻触下齿背。发音全程由 qu→ê[ɛ],自然连贯、快速平滑过渡。

　　quan　发音前舌面高抬与硬腭接触,双唇拢成小圆口型,发音时感受强气流冲出舌面与硬腭的缝隙,摩擦出 qu 音后向 an 音过渡。韵母出 u 音后迅速变圆唇为展唇,开口度增大向 a[a]音平滑过渡,颧肌上提,下颌放松,发出 a[a]音后感受部分气流从鼻腔通过并产生共鸣出 an[an]音,归音时双唇保持咧开状,上下颌由开渐闭,但不完全闭合。发音全程由 qu→an[an],自然连贯、快速平滑过渡。

qun 发音前舌面高抬与硬腭接触,双唇拢成小圆口型,发音时感受强气流冲出舌面与硬腭的缝隙,摩擦出 qu 音后,迅速变小圆唇口型为展唇口型,双唇尽量向两腮咧开,颧肌上提,下颌放松,舌位略后缩感受部分气流从鼻腔通过并产生共鸣出 n 音。注意:发音全程由 qu→n,快速平滑过渡,归音时口型保持双唇咧开状,鼻腔共鸣弱,归音在前鼻音 n 上。双唇咧开程度不够时容易与 qiong 混淆。

qiong 发音前舌面高抬与硬腭接触,双唇拢成小圆口型,发音时感受强气流冲出舌面与硬腭的缝隙,摩擦出 qu 音后,下颌放松,舌面向软腭后缩,但不触碰任何发音部位,感受气流从鼻腔通过并产生强烈共鸣出 ng[ŋ]音,归音时口型保持小圆唇状。发音全程由 q→io(ü)[y]→ng[ŋ],快速平滑过渡,鼻腔共鸣强,归音在前鼻音 ng[ŋ]上。

15. x 声母音节

xi 发音前舌面向硬腭靠近形成缝隙,发音时气流摩擦舌面和硬腭前出 x 音,然后融合 i 韵母发出 xi 音节。发 i 韵母时提颧肌,放松下颌,唇形向两腮微展,开口度是汉语拼音韵母中最小的,有缝即可。舌面前向上齿龈高高拱起,在口腔内呈前高凸起状,但要与齿龈、齿背、硬腭等其他发音部位保持距离。注意:发 xi 音节时,要求舌面努力高抬,保持舌尖和上下齿的距离,发音时触碰上下齿会产生尖音或齿间音。

xia 发音前舌面向硬腭靠近形成缝隙,发音时气流摩擦舌面和硬腭前出 xi 音后,迅速微抬上颌,增大开口度,舌面下沉,归在 a 音。发音全程由 xi→a,迅速平滑过渡,i 轻短 a 响亮,归音到 a。

xie 发音前舌面向硬腭靠近形成缝隙,发音时气流摩擦舌面和硬腭前出 xi 音后,迅速微抬上颌,增大开口度,舌面下沉,归在 ê 音。发音全程由 xi→ê,迅速平滑过渡,i 轻短 ê 厚重。注意:归音在 ê[ɛ],不在 e[ɤ]。

xiao 发音前舌面向硬腭靠近形成缝隙,发音时气流摩擦舌面和硬腭前出 xi 音后,迅速微抬上颌,增大开口度,舌面下沉后撒发 a[ɑ]音,再后缩高抬向 o[u]去,全程发音不断。归音在接近 u 的位置,不到 u。注意:发音全程由 xi→a[ɑ]→o[u],迅速平滑过渡,i 轻短 a[ɑ]响亮,归音在接近[u]处。x→i 融合较紧密,a[ɑ]→o[u]融合较紧密。

xiu 发音前舌面向硬腭靠近形成缝隙,发音时气流摩擦舌面和硬腭前出 xi 音后,舌面迅速后撒略下移发 o 音,唇形拢圆扩大再迅速缩小呈孔状,舌面后缩高抬向 u 去,全程发音不断。归音在接近 u 的位置,不到 u。注意:全程发音由 xi→o→u,迅速平滑过渡,i 轻短 o 响亮,归音在接近 u 处。x→i 融合较紧密,o→u 融合较紧密,发音全过程务必两腮放松,保持口腔空间,不可两腮紧张、挤压口腔空间。

xian 发音前舌面向硬腭靠近形成缝隙,发音时气流摩擦舌面和硬腭前出 xi 音后,唇形迅速向两腮咧开发 an[an]音,出 an[an]音时感受部分气流从鼻腔通过并产生共鸣,归 n 音时双唇保持咧开状,上下颌由开渐闭,但不完全闭合。

xin　发音前舌面向硬腭靠近形成缝隙,发音时气流摩擦舌面和硬腭前出 x 音,融合 in[in]韵母发出。出 i 音时颧肌上提,放松下颌,唇形向两腮咧开,开口度与 i 音同,有缝即可。发出 i[i]音后,舌位高点迅速后撤做阻塞气流的动作,感受大部分气流从鼻腔分流产生共鸣 in[in]音。注意:xin 音节归音在 n,双唇保持咧开状,上下颌不完全闭合。

xiang　发音前舌面向硬腭靠近形成缝隙,发音时气流摩擦舌面和硬腭前出 xi 音后向 ang[ɑŋ]过渡。韵母出 i 音后放松下颌提颧肌,唇形向两腮咧开后迅速聚拢上下打开,舌面后移发出 ɑ[ɑ]音,感受舌根阻塞气流并迫使气流从鼻腔经过,发出强烈共鸣 ang[ɑŋ]。

xing　发音前舌面向硬腭靠近形成缝隙,发音时气流摩擦舌面和硬腭前出 x 音后提颧肌,放松下颌,唇形向两腮咧开,出 i 音后舌面后缩使气流经鼻腔强烈共鸣出ng[ŋ]音。注意:舌面收缩时不可下降,否则会有错音 xieng 现象。发音全程由 x→ing,迅速平滑过渡。

xu　发音前舌面向硬腭靠近形成缝隙,双唇拢成小圆口型,发音时气流摩擦舌面和硬腭前出 x 音,融合 ü 韵母发出。出 ü[y]音时,舌尖在口腔内呈前高凸起状。注意:拢圆双唇不要过度用力,口腔内尽量留出空间,避免唇化现象。

xue　发音前舌面向硬腭靠近形成缝隙,双唇拢成小圆口型,发音时气流摩擦舌面和硬腭前出 xu 音后向 ê[ɛ]过渡。韵母 üe 音起,迅速变圆唇为展唇,开口度增大向 ê[ɛ]音平滑过渡,颧肌上提,下颌放松,舌尖轻触下齿背。发音全程由 xu→ê[ɛ],自然连贯、快速平滑过渡。

xuan　发音前舌面向硬腭靠近形成缝隙,双唇拢成小圆口型,发音时气流摩擦舌面和硬腭前出 x 音后向 an 音过渡。韵母出 u 音后迅速变圆唇为展唇,开口度增大向 ɑ[a]音平滑过渡,颧肌上提,下颌放松,发出 ɑ[a]音后感受部分气流从鼻腔通过并产生共鸣出 an[an]音,归音时双唇保持咧开状,上下颌由开渐闭,但不完全闭合。发音全程由 xu→an[an],自然连贯、快速平滑过渡。

xun　发音前舌面向硬腭靠近形成缝隙,双唇拢成小圆口型,发音时气流摩擦舌面和硬腭前出 xu 音后,迅速变小圆唇口型为展唇口型,双唇尽量向两腮咧开,颧肌上提,下颌放松,舌位略后缩感受部分气流从鼻腔通过并产生共鸣出 n 音。注意:xu→n 快速平滑过渡,归音时口型保持双唇咧开状,鼻腔共鸣弱,归音在前鼻音 n 上。双唇咧开程度不够时容易与 xiong 混淆。

xiong　发音前舌面向硬腭靠近形成缝隙,双唇拢成小圆口型,发音时气流摩擦舌面和硬腭前出 xu 音后,下颌放松,舌面向软腭后缩,但不触碰任何发音部位,感受气流全部从鼻腔通过并产生强烈共鸣出 ng[ŋ]音,归音时口型保持小圆唇状。注意:发音时 x→io(ü)[y]→ng[ŋ]快速平滑过渡,鼻腔共鸣强,归音在前鼻音 ng[ŋ]上。

16. zh 声母音节

zhi　发音前舌尖翘起微卷抵触上齿龈后阻塞气流,发音时口型不变,舌尖继续微微内卷打开缝隙,气流摩擦舌尖和上齿龈起 zh 音,融合 i[ʅ]韵母发出整体音节 zhi 音。

注意:舌尖翘起(卷曲)程度要足够。

zha 发音前舌尖翘起微卷抵触上齿龈后阻塞气流,发音时硬腭略高抬打开缝隙,气流摩擦舌尖和上齿龈起 zh 音,融合 a 韵母发出 zha 音节。出 a 音后硬腭略高抬,颧肌上提,下颌放松,舌头不前伸、不后缩自然平置口腔底部,发音动作过程接近打哈欠。

zhe 发音前舌尖翘起微卷抵触上齿龈后阻塞气流,发音时硬腭略高抬打开缝隙,气流摩擦舌尖和上齿龈起 zh 音后融合 e 韵母发出。出 e 音后硬腭上抬,颧肌上提,下颌放松,舌头后缩向小舌方向(口腔后上)靠近,双唇和两腮放松使口腔空阔,喉口肌肉略紧张。

zhai 发音前舌尖翘起微卷抵触上齿龈后阻塞气流,发音时硬腭略高抬打开缝隙,气流摩擦舌尖和上齿龈起 zh 音后融合 ai 韵母发出。韵母 ai 出 a[a]音后快速向 i 音过渡,即舌面向上齿背靠近,双唇上下开口度快速闭至略小于小指宽度。发音时注意声音自然连贯、快速平滑过渡。注意:发 zhai 音节,a[a]发音较响亮,归音向 i 去,不到 i。

zhei 发音前舌尖翘起微卷抵触上齿龈后阻塞气流,发音时硬腭略高抬打开缝隙,气流摩擦舌尖和上齿龈起 zh 音后融合 ei 韵母发出。韵母 ei 出 e[e]音后快速向 i 音过渡,即舌面向上齿背靠近,双唇上下开口度略有渐小变化。注意:发 zhei 音节,e[e]音较响亮,归音向 i 去,不到 i。

zhao 发音前舌尖翘起微卷抵触上齿龈后阻塞气流,发音时硬腭略高抬打开缝隙,气流摩擦舌尖和上齿龈起 zh 音后融合 ao 韵母发出。韵母 ao 出[a]音后快速向 o[u]音过渡,注意:发 zhao 音节,a[a]发音较响亮,归音向 u 去。

zhou 发音前舌尖翘起微卷抵触上齿龈后阻塞气流,发音时硬腭略高抬打开缝隙,气流摩擦舌尖和上齿龈起 zh 音后融合 ou 韵母发出。韵母 ou 出 o 音后快速向 u 音过渡,双唇拢成大圆,舌面后缩靠近小舌起 o 音后略抬起向软腭方向找 u 音收束,归音时双唇拢成小圆。注意:发 zhou 音节,o 部分发音较响亮,归音向 u 去。

zhan 发音前舌尖翘起微卷抵触上齿龈后阻塞气流,发音时硬腭略高抬打开缝隙,气流摩擦舌尖和上齿龈起 zh 音后融合 an 韵母发出。韵母 an 出 a[a]音后感受部分气流从鼻腔通过并产生共鸣出 an[an]音,归音时双唇保持咧开状,上下颌由开渐闭,但不完全闭合。注意:发 zhan 音节,a[a]部分发音较响亮,归音在 n 上。

zhen 发音前舌尖翘起微卷抵触上齿龈后阻塞气流,发音时硬腭略高抬打开缝隙,气流摩擦舌尖和上齿龈起 zh 音后融合 en 韵母发出。韵母 en 出 e[ə]音后感受部分气流从鼻腔通过并产生共鸣出 en[ən]音,归音时双唇保持咧开状,上下颌由开渐闭,但不完全闭合。注意:发 zhen 音节,e[e]部分发音较响亮,归音在 n 上。

zhang 发音前舌尖翘起微卷抵触上齿龈后阻塞气流,发音时硬腭略高抬打开缝隙,气流摩擦舌尖和上齿龈起 zh 音后融合 ang 韵母发出。韵母 ang 出[a]音后感受舌根后移阻塞气流的口腔通道,同时打开气流的鼻腔通道呼出,强烈共鸣发出 ang[aŋ]音,归音时双唇保持上下打开。注意:发 zhang 音节,a[a]部分发音较响亮,归音在

ng[ŋ]上,鼻腔强烈共鸣。

　　zheng　发音前舌尖翘起微卷抵触上齿龈后阻塞气流,发音时硬腭略高抬打开缝隙,气流摩擦舌尖和上齿龈起 zh 音后融合 eng 韵母发出。韵母 eng 出[ə]音后感受舌根后移阻塞气流的口腔通道,同时打开气流的鼻腔通道呼出,强烈共鸣发出 eng[əŋ]音,归音时双唇保持上下打开。注意:发 zheng 音节,e[ə]部分发音较响亮,归音在 ng[ŋ]上,鼻腔强烈共鸣。

　　zhong　发音前舌尖翘起微卷抵触上齿龈后阻塞气流,双唇拢成小圆口型,发音时硬腭略高抬打开缝隙,气流摩擦舌尖和上齿龈起 zh 音后融合 ong 韵母发出。韵母 ong[uŋ]发音唇形聚拢,拢圆呈孔状同 u 韵母。发出 o[u]音后感受舌根阻塞气流的口腔通道,打开鼻腔通道强烈共鸣发出 ong[uŋ]音。注意:归音时双唇保持小圆唇形状不变。

　　zhu　发音前舌尖翘起微卷抵触上齿龈后阻塞气流,双唇拢成小圆口型,发音时硬腭略高抬打开缝隙,气流摩擦舌尖和上齿龈起 zh 音后融合 u 韵母发出。注意:到 u 韵母部分,舌面向软腭后缩拱起,在口腔内呈后高凸起状,但要与软腭、小舌等其他发音部位保持距离。

　　zhua　发音前舌尖翘起微卷抵触上齿龈后阻塞气流,双唇拢成小圆口型,发音时硬腭略高抬打开缝隙,气流摩擦舌尖和上齿龈起 zhu 音,然后快速向 a 音过渡。韵母起 u 音后,迅速变圆唇为展唇,开口度增大向 a 音平滑过渡,舌面下沉。注意:发音全程由 zhu→a,u 轻短 a 响亮,归音在 a 上。

　　zhuo　发音前舌尖翘起微卷抵触上齿龈后阻塞气流,双唇拢成小圆口型,发音时硬腭略高抬打开缝隙,气流摩擦舌尖和上齿龈起 zhu 音,然后快速向 o 音过渡。韵母起 u 音后,迅速变小圆唇为大圆唇,由 u 向 o 音平滑过渡,舌面略下沉。注意:发音全程由 zhu→o,u 轻短 o 响亮,归音在 o 上。全程保持圆唇状态,小圆唇向大圆唇过渡要自然、迅速、流畅。

　　zhuai　发音前舌尖翘起微卷抵触上齿龈后阻塞气流,双唇拢成小圆口型,发音时硬腭略高抬打开缝隙,气流摩擦舌尖和上齿龈起 zhu 音,然后快速向 ai[ai]音过渡。韵母出 a[a]音后快速向 i 过渡,即舌面向上齿背靠近,舌尖不离开下齿背,双唇上下开口度快速闭至略小于小指宽度。注意:发音全程由 zhu→a[a]→i,自然连贯、快速平滑过渡。a[a]音最响亮,归音接近 i。

　　zhui　发音前舌尖翘起微卷抵触上齿龈后阻塞气流,双唇拢成小圆口型,发音时硬腭略高抬打开缝隙,气流摩擦舌尖和上齿龈起 zhu 音,然后快速向 ei[ei]音过渡。韵母出 e[e]音后快速向 i 音过渡,即舌面向上齿背靠近,舌尖不离开下齿尖,双唇上下开口度快速闭至缝隙状。注意:发音全程由 zhu→e[e]→i,自然连贯、快速平滑过渡。e[e]音最响亮,归音接近 i。

　　zhuan　发音前舌尖翘起微卷抵触上齿龈后阻塞气流,双唇拢成小圆口型,发音时硬腭略高抬打开缝隙,气流摩擦舌尖和上齿龈起 zhu 音后立刻扩大口型向 a[a]音平滑过渡,颧肌上提,下颌放松,发出 a[a]音后感受部分气流从鼻腔通过并产生共鸣出

an[an]音,归音时双唇保持咧开状,上下颌由开渐闭,但不完全闭合。注意:发音全程由 zhu→an[an],快速平滑过渡,鼻腔共鸣,归音在前鼻音 n 上。

　　zhun　发音前舌尖翘起微卷抵触上齿龈后阻塞气流,双唇拢成小圆口型,发音时硬腭略高抬打开缝隙,气流摩擦舌尖和上齿龈起 zhu 音,然后快速向 en[ə]音过渡。韵母出 e[ə]音后感受部分气流从鼻腔通过并产生共鸣出 en[ən]音,归音时双唇保持咧开状,上下颌由开渐闭,但不完全闭合。注意:发音全程由 zhu→en[ən],快速平滑过渡,鼻腔共鸣较弱,归音在前鼻音 n 上,归音时舌尖不要离开下齿尖,切忌舌位后缩口型聚拢出错音 zhueng。

　　zhuang　发音前舌尖翘起微卷抵触上齿龈后阻塞气流,双唇拢成小圆口型,发音时硬腭略高抬打开缝隙,气流摩擦舌尖和上齿龈起 zhu 音,然后快速向 ang[aŋ]音过渡。韵母出 a[a]音后感受舌根后移阻塞气流的口腔通道,同时打开气流的鼻腔通道呼出,强烈共鸣发出 ang[aŋ]音,归音时双唇保持上下打开。注意:发音全程由 zhu→ang[aŋ],快速平滑过渡,鼻腔共鸣强烈,归音在后鼻音[ŋ]上。

　　17. ch 声母音节

　　chi　发音前舌尖翘起微卷抵触上齿龈后阻塞气流,发音时口型不变,感受强气流冲向舌尖和上齿龈,然后舌尖微微内卷打开缝隙,强气流猛烈摩擦舌尖和上齿龈起 ch 音,融合-i[ʅ]韵母发出整体音节 chi 音。

　　cha　发音前舌尖翘起微卷抵触上齿龈后阻塞气流,发音时感受强气流冲向舌尖和上齿龈,硬腭略高抬打开缝隙,强气流猛烈摩擦舌尖和上齿龈起 ch 音,然后舌尖突然向下移动,颧肌上提,开口度增大,下颌放松,融合 a 韵母发出 cha 音节。出 a 音后硬腭略高抬,颧肌上提,下颌放松,舌头不前伸、不后缩自然平置口腔底部,发音动作过程接近打哈欠。

　　che　发音前舌尖翘起微卷抵触上齿龈后阻塞气流,发音时感受强气流冲向舌尖和上齿龈,硬腭略高抬打开缝隙,强气流猛烈摩擦舌尖和上齿龈起 ch 音后融合 e 韵母发出。出 e 音后硬腭上抬,颧肌上提,下颌放松,舌头后缩向小舌方向(口腔后上)靠近,双唇和两腮放松使口腔空阔,喉口肌肉略紧张。

　　chai　发音前舌尖翘起微卷抵触上齿龈后阻塞气流,发音时感受强气流冲向舌尖和上齿龈,硬腭略高抬打开缝隙,强气流猛烈摩擦舌尖和上齿龈起 ch 音后融合 ai 韵母发出。韵母 ai 出 a[a]音后快速向 i 音过渡,即舌面向上齿背靠近,双唇上下开口度快速闭至略小于小指宽度。发音时注意声音自然连贯、快速平滑过渡。注意:发 chai 音节,a[a]发音较响亮,归音向 i 去,不到 i。

　　chao　发音前舌尖翘起微卷抵触上齿龈后阻塞气流,发音时感受强气流冲向舌尖和上齿龈,硬腭略高抬打开缝隙,强气流猛烈摩擦舌尖和上齿龈起 ch 音后融合 ao 韵母发出。韵母 ao 出[a]音后快速向 o[u]音过渡,注意:发 chao 音节,a[a]发音较响亮,归音向 u 去。

　　chou　发音前舌尖翘起微卷抵触上齿龈后阻塞气流,发音时感受强气流冲向舌尖和上齿龈,硬腭略高抬打开缝隙,强气流猛烈摩擦舌尖和上齿龈起 ch 音后融合 ou 韵母发出。韵母 ou 出 o 音后快速向 u 音过渡,双唇拢成大圆,舌面后缩靠近小舌起 o 音后略抬起向软腭方向找 u 音收束,归音时双唇拢成小圆。注意:发 chou 音节,o 部分发音较响亮,归音向 u 去。

chan 发音前舌尖翘起微卷抵触上齿龈后阻塞气流,发音时感受强气流冲向舌尖和上齿龈,硬腭略高抬打开缝隙,强气流猛烈摩擦舌尖和上齿龈起 ch 音后融合 an 韵母发出。韵母 an 出 a[a]音后感受部分气流从鼻腔通过并产生共鸣出 an[an]音,归音时双唇保持咧开状,上下颌由开渐闭,但不完全闭合。注意:发 chan 音节,a[a]部分发音较响亮,归音在 n 上。

chen 发音前舌尖翘起微卷抵触上齿龈后阻塞气流,发音时感受强气流冲向舌尖和上齿龈,硬腭略高抬打开缝隙,强气流猛烈摩擦舌尖和上齿龈起 ch 音后融合 en 韵母发出。韵母 en 出 e[ə]音后感受部分气流从鼻腔通过并产生共鸣出 en[ən]音,归音时双唇保持咧开状,上下颌由开渐闭,但不完全闭合。注意:发 chen 音节,e[ə]部分发音较响亮,归音在 n 上。

chang 发音前舌尖翘起微卷抵触上齿龈后阻塞气流,发音时感受强气流冲向舌尖和上齿龈,硬腭略高抬打开缝隙,强气流猛烈摩擦舌尖和上齿龈起 ch 音后融合 ang 韵母发出。韵母 ang 出[ɑ]音后感受舌根后移阻塞气流的口腔通道,同时打开气流的鼻腔通道呼出,强烈共鸣发出 ang[ɑŋ]音,归音时双唇保持上下打开。注意:发 chang 音节,a[ɑ]部分发音较响亮,归音在 ng[ŋ]上,鼻腔强烈共鸣。

cheng 发音前舌尖翘起微卷抵触上齿龈后阻塞气流,发音时感受强气流冲向舌尖和上齿龈,硬腭略高抬打开缝隙,强气流猛烈摩擦舌尖和上齿龈起 ch 音后融合 eng 韵母发出。韵母 eng 出[ə]音后感受舌根后移阻塞气流的口腔通道,同时打开气流的鼻腔通道呼出,强烈共鸣发出 eng[əŋ]音,归音时双唇保持上下打开。注意:发 cheng 音节,e[ə]部分发音较响亮,归音在 ng[ŋ]上,鼻腔强烈共鸣。

chong 发音前舌尖翘起微卷抵触上齿龈后阻塞气流,双唇拢成小圆口型,发音时感受强气流冲向舌尖和上齿龈,硬腭略高抬打开缝隙,强气流猛烈摩擦舌尖和上齿龈起 ch 音后融合 ong 韵母发出。韵母 ong[uŋ]发音唇形聚拢,拢圆呈孔状同 u 韵母。发出 o[u]音后感受舌根阻塞气流的口腔通道,打开鼻腔通道强烈共鸣发出 ong[uŋ]音,注意:归音时双唇保持小圆唇形状不变。

chu 发音前舌尖翘起微卷抵触上齿龈后阻塞气流,双唇拢成小圆口型,发音时感受强气流冲向舌尖和上齿龈,硬腭略高抬打开缝隙,强气流猛烈摩擦舌尖和上齿龈起 ch 音后融合 u 韵母发出。注意:到 u 韵母部分,舌面向软腭后缩拱起,在口腔内呈后高凸起状,但要与软腭、小舌等其他发音部位保持距离。

chua 发音前舌尖翘起微卷抵触上齿龈后阻塞气流,双唇拢成小圆口型,发音时感受强气流冲向舌尖和上齿龈,硬腭略高抬打开缝隙,强气流猛烈摩擦舌尖和上齿龈起 chu 音,然后快速向 a 音过渡。韵母起 u 音后,迅速变圆唇为展唇,开口度增大向 a 音平滑过渡,舌面下沉。注意:发音全程由 chu→a,u 轻短 a 响亮,归音在 a 上。

chuo 发音前舌尖翘起微卷抵触上齿龈后阻塞气流,双唇拢成小圆口型,发音时感受强气流冲向舌尖和上齿龈,硬腭略高抬打开缝隙,强气流猛烈摩擦舌尖和上齿龈起chu音,然后快速向o音过渡。韵母起u音后,迅速变小圆唇为大圆唇,由u向o音平滑过渡,舌面略下沉。注意:发音全程由chu→o,u轻短o响亮,归音在o上。全程保持圆唇状态,小圆唇向大圆唇过渡要自然、迅速、流畅。

chuai 发音前舌尖翘起微卷抵触上齿龈后阻塞气流,双唇拢成小圆口型,发音时感受强气流冲向舌尖和上齿龈,硬腭略高抬打开缝隙,强气流猛烈摩擦舌尖和上齿龈起chu音,然后快速向ai[ai]音过渡。韵母出a[a]音后快速向i过渡,即舌面向上齿背靠近,舌尖不离开下齿背,双唇上下开口度快速闭至略小于小指宽度。注意:发音全程由chu→a[a]→i,自然连贯、快速平滑过渡。a[a]音最响亮,归音接近i。

chui 发音前舌尖翘起微卷抵触上齿龈后阻塞气流,双唇拢成小圆口型,发音时感受强气流冲向舌尖和上齿龈,硬腭略高抬打开缝隙,强气流猛烈摩擦舌尖和上齿龈起chu音,然后快速向ei[ei]音过渡。韵母出e[e]音后快速向i音过渡,即舌面向上齿背靠近,舌尖不离开下齿尖,双唇上下开口度快速闭至缝隙状。注意:发音全程由chu→e[e]→i,自然连贯、快速平滑过渡。e[e]音最响亮,归音接近i。

chuan 发音前舌尖翘起微卷抵触上齿龈后阻塞气流,双唇拢成小圆口型,发音时感受强气流冲向舌尖和上齿龈,硬腭略高抬打开缝隙,强气流猛烈摩擦舌尖和上齿龈起chu音后立刻扩大口型向a[a]音平滑过渡,颧肌上提,下颌放松,发出a[a]音后感受部分气流从鼻腔通过并产生共鸣出an[an]音,归音时双唇保持咧开状,上下颌由开渐闭,但不完全闭合。注意:发音全程由chu→an[an],快速平滑过渡,鼻腔共鸣,归音在前鼻音n上。

chun 发音前舌尖翘起微卷抵触上齿龈后阻塞气流,双唇拢成小圆口型,发音时感受强气流冲向舌尖和上齿龈,硬腭略高抬打开缝隙,强气流猛烈摩擦舌尖和上齿龈起chu音,然后快速向en[ən]音过渡。韵母出e[ə]音后感受部分气流从鼻腔通过并产生共鸣出en[ən]音,归音时双唇保持咧开状,上下颌由开渐闭,但不完全闭合。注意:发音全程由chu→en[ən],快速平滑过渡,鼻腔共鸣较弱,归音在前鼻音n上,归音时舌尖不要离开下齿尖,切忌舌位后缩口型聚拢出错音chueng。

chuang 发音前舌尖翘起微卷抵触上齿龈后阻塞气流,双唇拢成小圆口型,发音时感受强气流冲向舌尖和上齿龈,硬腭略高抬打开缝隙,强气流猛烈摩擦舌尖和上齿龈起chu音,然后快速向ang[ɑŋ]音过渡。韵母出a[ɑ]音后感受舌根后移阻塞气流的口腔通道,同时打开气流的鼻腔通道呼出,强烈共鸣发出ang[ɑŋ]音,归音时双唇保持上下打开。注意:发音全程由chu→ang[ɑŋ],快速平滑过渡,鼻腔共鸣强烈,归音在后鼻音[ŋ]上。

18. sh 声母音节

shi 发音前舌尖翘起微卷靠近上齿龈形成缝隙,发音时口型不变,感受气流摩擦舌尖和上齿龈起sh音,融合-i[ʅ]韵母发出整体音节shi音。

sha 发音前舌尖翘起微卷靠近上齿龈形成缝隙,发音时硬腭略逐渐高抬,同时感受气流摩擦舌尖和上齿龈起sh音,然后颧肌上提,舌尖逐渐下移,开口度增大,下颌放松,融合 a 韵母发出 sha 音节。出 a 音后硬腭略高抬,颧肌上提,下颌放松,舌头不前伸、不后缩自然平置口腔底部,发音动作过程接近打哈欠。

she 发音前舌尖翘起微卷靠近上齿龈形成缝隙,发音时硬腭略逐渐高抬,同时感受气流摩擦舌尖和上齿龈起 sh 音后融合 e 韵母发出。出 e 音后硬腭上抬,颧肌上提,下颌放松,舌头后缩向小舌方向(口腔后上)靠近,双唇和两腮放松使口腔空阔,喉口肌肉略紧张。

shai 发音前舌尖翘起微卷靠近上齿龈形成缝隙,发音时硬腭略逐渐高抬,同时感受气流摩擦舌尖和上齿龈起 sh 音后融合 ai 韵母发出。韵母 ai 出 a[a]音后快速向 i 音过渡,即舌面向上齿背靠近,双唇上下开口度快速闭至略小于小指宽度。发音时注意声音自然连贯、快速平滑过渡。注意:发 shai 音节,a[a]发音较响亮,归音向 i 去,不到 i。

shei 发音前舌尖翘起微卷靠近上齿龈形成缝隙,发音时硬腭略逐渐高抬,同时感受气流摩擦舌尖和上齿龈起 sh 音后融合 ei 韵母发出。韵母 ei 出 e[e]音后快速向 i 音过渡,即舌面向上齿背靠近,双唇上下开口度略有渐小变化。注意:发 shei 音节,e[e]音较响亮,归音向 i 去,不到 i。

shao 发音前舌尖翘起微卷靠近上齿龈形成缝隙,发音时硬腭略逐渐高抬,同时感受气流摩擦舌尖和上齿龈起 sh 音后融合 ao 韵母发出。韵母 ao 出[a]音后快速向 o[u]音过渡。注意:发 shao 音节,a[a]部分发音较响亮,归音向 u 去。

shou 发音前舌尖翘起微卷靠近上齿龈形成缝隙,发音时硬腭略逐渐高抬,同时感受气流摩擦舌尖和上齿龈起 sh 音后融合 ou 韵母发出。韵母 ou 出 o 音后快速向 u 音过渡,双唇拢成大圆,舌面后缩靠近小舌起 o 音后略抬起向软腭方向找 u 音收束,归音时双唇拢成小圆。注意:发 shou 音节,o 部分发音较响亮,归音向 u 去。

shan 发音前舌尖翘起微卷靠近上齿龈形成缝隙,发音时硬腭略逐渐高抬,同时感受气流摩擦舌尖和上齿龈起 sh 音后融合 an 韵母发出。韵母 an 出 a[a]音后感受部分气流从鼻腔通过并产生共鸣出 an[an]音,归音时双唇保持咧开状,上下颌由开渐闭,但不完全闭合。注意:发 shan 音节,a[a]部分发音较响亮,归音在 n 上。

shen 发音前舌尖翘起微卷靠近上齿龈形成缝隙,发音时硬腭略逐渐高抬,同时感受气流摩擦舌尖和上齿龈起 sh 音后融合 en 韵母发出。韵母 en 出 e[ə]音后感受部分气流从鼻腔通过并产生共鸣出 en[ən]音,归音时双唇保持咧开状,上下颌由开渐闭,但不完全闭合。注意:发 shen 音节,e[ə]部分发音较响亮,归音在 n 上。

shang 发音前舌尖翘起微卷靠近上齿龈形成缝隙,发音时硬腭略逐渐高抬,同时感受气流摩擦舌尖和上齿龈起 sh 音后融合 ang 韵母发出。韵母 ang 出[a]音后感受舌根后移阻塞气流的口腔通道,同时打开气流的鼻腔通道呼出,强烈共鸣发出 ang[aŋ]音,归音时双唇保持上下打开。注意:发 shang 音节,a[a]部分发音较响亮,归音在 ng[ŋ]上,鼻腔强烈共鸣。

sheng 发音前舌尖翘起微卷靠近上齿龈形成缝隙,发音时硬腭略逐渐高抬,同时感受气流摩擦舌尖和上齿龈起 sh 音后融合 eng 韵母发出。韵母 eng 出[ə]音后感受舌根后移阻塞气流的口腔通道,同时打开气流的鼻腔通道呼出,强烈共鸣发出 eng[əŋ]

音,归音时双唇保持上下打开。注意:发 sheng 音节,e[ə]部分发音较响亮,归音在 ng[ŋ]上,鼻腔强烈共鸣。

shu 发音前舌尖翘起微卷靠近上齿龈形成缝隙,双唇拢成小圆口型,发音时硬腭略逐渐高抬,同时感受气流摩擦舌尖和上齿龈起 sh 音后融合 u 韵母发出。注意:到 u 韵母部分,舌面向软腭后缩拱起,在口腔内呈后高凸起状,但要与软腭、小舌等其他发音部位保持距离。

shua 发音前舌尖翘起微卷靠近上齿龈形成缝隙,双唇拢成小圆口型,发音时硬腭略逐渐高抬,同时感受气流摩擦舌尖和上齿龈起 shu 音,然后快速向 a 音过渡。韵母起 u 音后,迅速变圆唇为展唇,开口度增大向 a 音平滑过渡,舌面下沉。注意:发音全程由 shu→a,u 轻短 a 响亮,归音在 a 上。

shuo 发音前舌尖翘起微卷靠近上齿龈形成缝隙,双唇拢成小圆口型,发音时硬腭略逐渐高抬,同时感受气流摩擦舌尖和上齿龈起 shu 音,然后快速向 o 音过渡。韵母起 u 音后,迅速变小圆唇为大圆唇,由 u 向 o 音平滑过渡,舌面略下沉。注意:发音全程由 shu→o,u 轻短 o 响亮,归音在 o 上。全程保持圆唇状态,小圆唇向大圆唇过渡要自然、迅速、流畅。

shuai 发音前舌尖翘起微卷靠近上齿龈形成缝隙,双唇拢成小圆口型,发音时硬腭略逐渐高抬,同时感受气流摩擦舌尖和上齿龈起 shu 音,然后快速向 ai[ai]音过渡。韵母出 a[a]音后快速向 i 过渡,即舌面向上齿背靠近,舌尖不离开下齿背,双唇上下开口度快速闭至略小于小指宽度。注意:发音全程由 shu→a[a]→i,自然连贯、快速平滑过渡。a[a]音最响亮,归音接近 i。

shui 发音前舌尖翘起微卷靠近上齿龈形成缝隙,双唇拢成小圆口型,发音时硬腭略逐渐高抬,同时感受气流摩擦舌尖和上齿龈起 shu 音,然后快速向 ei[ei]音过渡。韵母出 e[e]音后快速向 i 音过渡,即舌面向上齿背靠近,舌尖不离开下齿尖,双唇上下开口度快速闭至缝隙状。注意:发音全程由 shu→e[e]→i,自然连贯、快速平滑过渡。e[e]音最响亮,归音接近 i。

shuan 发音前舌尖翘起微卷靠近上齿龈形成缝隙,双唇拢成小圆口型,发音时硬腭略逐渐高抬,同时感受气流摩擦舌尖和上齿龈起 shu 音后立刻扩大口型向 a[a]音平滑过渡,颧肌上提,下颌放松,发出 a[a]音后感受部分气流从鼻腔通过并产生共鸣出 an[an]音,归音时双唇保持咧开状,上下颌由开渐闭,但不完全闭合。注意:发音全程由 shu→an[an],快速平滑过渡,鼻腔共鸣,归音在前鼻音 n 上。

shun 发音前舌尖翘起微卷靠近上齿龈形成缝隙,双唇拢成小圆口型,发音时硬腭略逐渐高抬,同时感受气流摩擦舌尖和上齿龈起 shu 音,然后快速向 en[ən]音过渡。韵母出 e[ə]音后感受部分气流从鼻腔通过并产生共鸣出 en[ən]音,归音时双唇保持咧开状,上下颌由开渐闭,但不完全闭合。注意:发音全程由 shu→en[ən],快速平滑过渡,鼻腔共鸣较弱,归音在前鼻音 n 上,归音时舌尖不要离开下齿尖,切忌舌位后缩口型聚拢出错音 shueng。

shuang 发音前舌尖翘起微卷靠近上齿龈形成缝隙,双唇拢成小圆口型,发音时

· 66 ·

硬腭略逐渐高抬,同时感受气流摩擦舌尖和上齿龈起 shu 音,然后快速向 ang[ɑŋ]音过渡。韵母出 a[ɑ]音后感受舌根后移阻塞气流的口腔通道,同时打开气流的鼻腔通道呼出,强烈共鸣发出 ang[ɑŋ]音,归音时双唇保持上下打开。注意:发音全程由 shu→ang[ɑŋ],快速平滑过渡,鼻腔共鸣强烈,归音在后鼻音[ŋ]上。

19. r 声母音节

ri　发音前舌尖翘起微卷靠近上齿龈形成缝隙,发音时口型不变,感受声带振动咽喉腔共鸣,气流摩擦舌尖和上齿龈起 r 音,融合 i[ʅ]韵母发出整体音节 ri 音。

re　发音前舌尖翘起微卷靠近上齿龈形成缝隙,发音时硬腭略逐渐高抬,同时感受声带振动咽喉腔共鸣,气流摩擦舌尖和上齿龈起 r 音,然后颧肌上提,舌尖逐渐下移,开口度增大,下颌放松,融合 e 韵母发出 re 音节。出 e 音后硬腭上抬,颧肌上提,下颌放松,舌头后缩向小舌方向(口腔后上)靠近,双唇和两腮放松使口腔空阔,喉口肌肉略紧张。

rao　发音前舌尖翘起微卷靠近上齿龈形成缝隙,发音时硬腭略逐渐高抬,同时感受声带振动咽喉腔共鸣,气流摩擦舌尖和上齿龈起 r 音后融合 ao 韵母发出。韵母 ao 出[ɑ]音后快速向 o[u]音过渡。注意:发 rao 音节,ra 部分融合较紧密,归音向 u 去。

rou　发音前舌尖翘起微卷靠近上齿龈形成缝隙,发音时硬腭略逐渐高抬,同时感受声带振动咽喉腔共鸣,气流摩擦舌尖和上齿龈起 r 音后融合 ou 韵母发出。韵母 ou 出 o 音后快速向 u 音过渡,双唇拢成大圆,舌面后缩靠近小舌起 o 音后略抬起向软腭方向找 u 音收束,归音时双唇拢成小圆。注意:发 rou 音节,o 部分发音较响亮,归音向 u 去。

ran　发音前舌尖翘起微卷靠近上齿龈形成缝隙,发音时硬腭略逐渐高抬,同时感受声带振动咽喉腔共鸣,气流摩擦舌尖和上齿龈起 r 音后融合 an 韵母发出。韵母 an 出 a[a]音后感受部分气流从鼻腔通过并产生共鸣出 an[an]音,归音时双唇保持咧开状,上下颌由开渐闭,但不完全闭合。注意:发 ran 音节,a[a]部分发音较响亮,归音在 n 上。

ren　发音前舌尖翘起微卷靠近上齿龈形成缝隙,发音时硬腭略逐渐高抬,同时感受声带振动咽喉腔共鸣,气流摩擦舌尖和上齿龈起 r 音后融合 en 韵母发出。韵母 en 出 e[ə]音后感受部分气流从鼻腔通过并产生共鸣出 en[ən]音,归音时双唇保持咧开状,上下颌由开渐闭,但不完全闭合。注意:发 ren 音节,e[ə]部分发音较响亮,归音在 n 上。

rang　发音前舌尖翘起微卷靠近上齿龈形成缝隙,发音时硬腭略逐渐高抬,同时感受声带振动咽喉腔共鸣,气流摩擦舌尖和上齿龈起 r 音后融合 ang 韵母发出。韵母 ang 出[ɑ]音后感受舌根后移阻塞气流的口腔通道,同时打开气流的鼻腔通道呼出,强烈共鸣发出 ang[ɑŋ]音,归音时双唇保持上下打开。注意:发 rang 音节,a[ɑ]部分发音较响亮,归音在 ng[ŋ]上,鼻腔强烈共鸣。

reng　发音前舌尖翘起微卷靠近上齿龈形成缝隙,发音时硬腭略逐渐高抬,同时感受声带振动咽喉腔共鸣,气流摩擦舌尖和上齿龈起 r 音后融合 eng 韵母发出。韵母

eng 出[ə]音后感受舌根后移阻塞气流的口腔通道,同时打开气流的鼻腔通道呼出,强烈共鸣发出 eng[əŋ]音,归音时双唇保持上下打开。注意:发 reng 音节,e[ə]部分发音较响亮,归音在 ng[ŋ]上,鼻腔强烈共鸣。

rong 发音前舌尖翘起微卷靠近上齿龈形成缝隙,双唇拢成小圆口型,发音时硬腭略逐渐高抬,同时感受声带振动咽喉腔共鸣,气流摩擦舌尖和上齿龈起 r 音后融合 ong 韵母发出。韵母 ong[uŋ]发音唇形聚拢,拢圆呈孔状同 u 韵母。发出 o[u]音后感受舌根阻塞气流的口腔通道,打开鼻腔通道强烈共鸣发出 ong[uŋ]音,注意:归音时双唇保持小圆唇形状不变。

ru 发音前舌尖翘起微卷靠近上齿龈形成缝隙,双唇拢成小圆口型,发音时硬腭略逐渐高抬,同时感受声带振动咽喉腔共鸣,气流摩擦舌尖和上齿龈起 r 音后融合 u 韵母发出。注意:到 u 韵母部分,舌面向软腭后缩拱起,在口腔内呈后高凸起状,但要与软腭、小舌等其他发音部位保持距离。

ruo 发音前舌尖翘起微卷靠近上齿龈形成缝隙,双唇拢成小圆口型,发音时硬腭略逐渐高抬,同时感受声带振动咽喉腔共鸣,气流摩擦舌尖和上齿龈起 ru 音,然后快速向 o 音过渡。韵母起 u 音后,迅速变小圆唇为大圆唇,由 u 向 o 音平滑过渡,舌面略下沉。注意:发音全程由 ru→o,u 轻短 o 响亮,归音在 o 上。全程保持圆唇状态,小圆唇向大圆唇过渡要自然、迅速、流畅。

rui 发音前舌尖翘起微卷靠近上齿龈形成缝隙,双唇拢成小圆口型,发音时硬腭略逐渐高抬,同时感受声带振动咽喉腔共鸣,气流摩擦舌尖和上齿龈起 ru 音,然后快速向 ei[ei]音过渡。韵母出 e[e]音后快速向 i 音过渡,即舌面向上齿背靠近,舌尖不离开下齿尖,双唇上下开口度快速闭至缝隙状。注意:发音全程由 ru→e[e]→i,自然连贯、快速平滑过渡。e[e]音最响亮,归音接近 i。

ruan 发音前舌尖翘起微卷靠近上齿龈形成缝隙,双唇拢成小圆口型,发音时硬腭略逐渐高抬,同时感受声带振动咽喉腔共鸣,气流摩擦舌尖和上齿龈起 ru 音后立刻扩大口型向 a[a]音平滑过渡,颧肌上提,下颌放松,发出 a[a]音后感受部分气流从鼻腔通过并产生共鸣出 an[an]音,归音时双唇保持咧开状,上下颌由开渐闭,但不完全闭合。注意:发音全程由 ru→an[an],快速平滑过渡,鼻腔共鸣,归音在前鼻音 n 上。

run 发音前舌尖翘起微卷靠近上齿龈形成缝隙,双唇拢成小圆口型,发音时硬腭略逐渐高抬,同时感受声带振动咽喉腔共鸣,气流摩擦舌尖和上齿龈起 ru 音,然后快速向 en[ən]音过渡。韵母出 e[ə]音后感受部分气流从鼻腔通过并产生共鸣出 en[ən]音,归音时双唇保持咧开状,上下颌由开渐闭,但不完全闭合。注意:发音全程由 ru→en[ən],快速平滑过渡,鼻腔共鸣较弱,归音在前鼻音 n 上,归音时舌尖不要离开下齿尖,切忌舌位后缩口型聚拢出错音 rueng。

20. z 声母音节

zi 发音前舌尖抵触上齿背后阻塞气流,发音时口型不变,舌尖略下移舌面向上齿龈略拱起打开缝隙,气流摩擦舌尖和上齿背起 z 音,融合 i[ɿ]韵母发出整体音节 zi 音。

za 发音前舌尖抵触上齿背后阻塞气流,发音时舌尖保持不动,硬腭略高抬打开缝隙,气流摩擦舌尖和上齿背起 z 音,然后颧肌上提,开口度逐渐增大,下颌放松,融合 a 韵母发出 za 音节。出 a 音后硬腭略高抬,颧肌上提,下颌放松,舌头不前伸、不后缩自然平置口腔底部,发音动作过程接近打哈欠。

ze 发音前舌尖抵触上齿背后阻塞气流,发音时舌尖保持不动,硬腭略高抬打开缝隙,气流摩擦舌尖和上齿背起 z 音,然后颧肌上提,开口度逐渐增大,下颌放松,融合 a 韵母发出 ze 音节。出 e 音后硬腭上抬,颧肌上提,下颌放松,舌头后缩向小舌方向(口腔后上)靠近,双唇和两腮放松使口腔空阔,喉口肌肉略紧张。

zai 发音前舌尖抵触上齿背后阻塞气流,发音时舌尖保持不动,硬腭略高抬打开缝隙,气流摩擦舌尖和上齿背起 z 音,然后颧肌上提,开口度逐渐增大,下颌放松,融合 ai 韵母发出 zai 音节。韵母 ai 出 a[a]音后快速向 i 音过渡,即舌面向上齿背靠近,双唇上下开口度快速闭至略小于小指宽度。发音时注意声音自然连贯、快速平滑过渡。注意:发 zai 音节,a[a]发音较响亮,归音向 i 去,不到 i。

zei 发音前舌尖抵触上齿背后阻塞气流,发音时舌尖保持不动,硬腭略高抬打开缝隙,气流摩擦舌尖和上齿背起 z 音,然后颧肌上提,开口度逐渐增大,下颌放松,融合 ei 韵母发出 zei 音节。韵母 ei 出 e[e]音后快速向 i 音过渡,即舌面向上齿背靠近,双唇上下开口度略有渐小变化。注意:发 zei 音节,e[e]音较响亮,归音向 i 去,不到 i。

zao 发音前舌尖抵触上齿背后阻塞气流,发音时舌尖保持不动,硬腭略高抬打开缝隙,气流摩擦舌尖和上齿背起 z 音,然后颧肌上提,开口度逐渐增大,下颌放松,融合 ao 韵母发出 zao 音节。韵母 ao 出[a]音后快速向 o[u]音过渡。注意:发 zao 音节,a[a]发音较响亮,归音向 u 去。

zou 发音前舌尖抵触上齿背后阻塞气流,发音时舌尖保持不动,硬腭略高抬打开缝隙,气流摩擦舌尖和上齿背起 z 音,然后颧肌上提,双唇拢成大圆口型,下颌放松,融合 ou 韵母发出 zou 音节。韵母 ou 双唇拢成大圆出 o 音后快速向 u 音过渡,舌面后缩靠近小舌起 o 音后略抬起向软腭方向找 u 音收束,归音时双唇拢成小圆。注意:发 zou 音节,o 部分发音较响亮,归音向 u 去。

zan 发音前舌尖抵触上齿背后阻塞气流,发音时舌尖保持不动,硬腭略高抬打开缝隙,气流摩擦舌尖和上齿背起 z 音,然后颧肌上提,开口度逐渐增大,下颌放松,融合 an 韵母发出 zan 音节。韵母 an 出 a[a]音后感受部分气流从鼻腔通过并产生共鸣出 an[an]音,归音时双唇保持咧状,上下颌由开渐闭,但不完全闭合。注意:发 zan 音节,a[a]部分发音较响亮,归音在 n 上。

zen 发音前舌尖抵触上齿背后阻塞气流,发音时舌尖保持不动,硬腭略高抬打开缝隙,气流摩擦舌尖和上齿背起 z 音,然后颧肌上提,开口度逐渐增大,下颌放松,融合 en 韵母发出 zen 音节。韵母 en 出 e[ə]音后感受部分气流从鼻腔通过并产生共鸣出 en[ən]音,归音时双唇保持咧开状,上下颌由开渐闭,但不完全闭合。注意:发 zen 音节,e[ə]部分发音较响亮,归音在 n 上。

zang 发音前舌尖抵触上齿背后阻塞气流,发音时舌尖保持不动,硬腭略高抬打开缝隙,气流摩擦舌尖和上齿背起 z 音,然后颧肌上提,开口度逐渐增大,下颌放松,融合 ang 韵母发出 zang 音节。韵母 ang 出[ɑ]音后感受舌根后移阻塞气流的口腔通道,同时打开气流的鼻腔通道呼出,强烈共鸣发出 ang[ɑŋ]音,归音时双唇保持上下打开。注意:发 zang 音节,a[ɑ]部分发音较响亮,归音在 ng[ŋ]上,鼻腔强烈共鸣。

zeng 发音前舌尖抵触上齿背后阻塞气流,发音时舌尖保持不动,硬腭略高抬打开缝隙,气流摩擦舌尖和上齿背起 z 音,然后颧肌上提,开口度逐渐增大,下颌放松,融合 eng 韵母发出 zeng 音节。韵母 eng 出[ə]音后感受舌根后移阻塞气流的口腔通道,同时打开气流的鼻腔通道呼出,强烈共鸣发出 eng[əŋ]音,归音时双唇保持上下打开。注意:发 zeng 音节,e[ə]部分发音较响亮,归音在 ng[ŋ]上,鼻腔强烈共鸣。

zong 发音前舌尖抵触上齿背后阻塞气流,双唇拢成小圆口型,发音时舌尖保持不动,硬腭略高抬打开缝隙,气流摩擦舌尖和上齿背起 z 音后融合 ong 韵母发出。韵母 ong[uŋ]发音唇形聚拢,拢圆呈孔状同 u 韵母。发出 o[u]音后感受舌根阻塞气流的口腔通道,打开鼻腔通道强烈共鸣发出 ong[uŋ]音。注意:归音时双唇保持小圆唇形状不变。

zu 发音前舌尖抵触上齿背后阻塞气流,双唇拢成小圆口型,发音时舌尖保持不动,硬腭略高抬打开缝隙,气流摩擦舌尖和上齿背起 z 音后融合 u 韵母发出。注意:到 u 韵母部分,舌面向软腭后缩拱起,在口腔内呈后高凸起状,但要与软腭、小舌等其他发音部位保持距离。

zuo 发音前舌尖抵触上齿背后阻塞气流,双唇拢成小圆口型,发音时舌尖保持不动,硬腭略高抬打开缝隙,气流摩擦舌尖和上齿背起 zu 音,然后快速向 o 音过渡。韵母起 u 音后,迅速变小圆唇为大圆唇,由 u 向 o 音平滑过渡,舌面略下沉。注意:发音全程由 zu→o,u 轻短 o 响亮,归音在 o 上。全程保持圆唇状态,小圆唇向大圆唇过渡要自然、迅速、流畅。

zui 发音前舌尖抵触上齿背后阻塞气流,双唇拢成小圆口型,发音时舌尖保持不动,硬腭略高抬打开缝隙,气流摩擦舌尖和上齿背起 zu 音,然后快速向 ei[ei]音过渡。韵母出 e[e]音后快速向 i 音过渡,即舌面向上齿背靠近,舌尖不离开下齿尖,双唇上下开口度快速闭至缝隙状。注意:发音全程由 zu→e[e]→i,自然连贯、快速平滑过渡。e[e]音最响亮,归音接近 i。

zuan 发音前舌尖抵触上齿背后阻塞气流,双唇拢成小圆口型,发音时舌尖保持不动,硬腭略高抬打开缝隙,气流摩擦舌尖和上齿背起 zu 音后立刻扩大口型向 a[a]音平滑过渡,颧肌上提,下颌放松,发出 a[a]音后感受部分气流从鼻腔通过并产生共鸣出 an[an]音,归音时双唇保持咧开状,上下颌由开渐闭,但不完全闭合。注意:发音全程由 zu→an[an],快速平滑过渡,鼻腔共鸣,归音在前鼻音 n 上。

zun 发音前舌尖抵触上齿背后阻塞气流,双唇拢成小圆口型,发音时舌尖保持不动,硬腭略高抬打开缝隙,气流摩擦舌尖和上齿背起 zu 音,然后快速向 en[ən]音过渡。韵母出 e[ə]音后感受部分气流从鼻腔通过并产生共鸣出 en[ən]音,归音时双唇保持咧开状,上下颌由开渐闭,但不完全闭合。注意:发音全程由 zu→en[ən],快速平滑过渡,鼻腔共鸣较弱,归音在前鼻音 n 上,归音时舌尖不要离开下齿尖,切忌舌位后缩口型聚拢出错音 zueng。

21. c 声母音节

ci　发音前舌尖抵触上齿背后阻塞气流,发音时口型不变,感受强气流冲向舌尖和上齿背,然后舌尖略下移舌面向上齿龈略拱起打开缝隙,强气流猛烈摩擦舌尖和上齿背起 c 音,融合 i[ʅ]韵母发出整体音节 ci 音。

ca　发音前舌尖抵触上齿背后阻塞气流,发音时感受强气流冲向舌尖和上齿背,硬腭略高抬打开缝隙,强气流猛烈摩擦舌尖和上齿背起 c 音,然后颧肌上提,舌尖突然向下移动,开口度增大,下颌放松,融合 a 韵母发出 ca 音节。出 a 音后硬腭略高抬,颧肌上提,下颌放松,舌头不前伸、不后缩自然平置口腔底部,发音动作过程接近打哈欠。

ce　发音前舌尖抵触上齿背后阻塞气流,发音时感受强气流冲向舌尖和上齿背,硬腭略高抬打开缝隙,强气流猛烈摩擦舌尖和上齿背起 c 音,然后颧肌上提,舌尖突然向下移动,开口度增大,下颌放松,融合 e 韵母发出 ce 音节。出 e 音后硬腭上抬,颧肌上提,下颌放松,舌头后缩向小舌方向(口腔后上)靠近,双唇和两腮放松使口腔空阔,喉口肌肉略紧张。

cai　发音前舌尖抵触上齿背后阻塞气流,发音时感受强气流冲向舌尖和上齿背,硬腭略高抬打开缝隙,强气流猛烈摩擦舌尖和上齿背起 c 音,然后颧肌上提,舌尖突然向下移动,开口度增大,下颌放松,融合 ai 韵母发出 cai 音节。韵母 ai 出 a[a]音后快速向 i 音过渡,即舌面向上齿背靠近,双唇上下开口度快速闭至略小于小指宽度。发音时注意声音自然连贯、快速平滑过渡。注意:发 cai 音节,a[a]发音较响亮,归音向 i 去,不到 i。

cao　发音前舌尖抵触上齿背后阻塞气流,发音时感受强气流冲向舌尖和上齿背,硬腭略高抬打开缝隙,强气流猛烈摩擦舌尖和上齿背起 c 音,然后颧肌上提,舌尖突然向下移动,开口度增大,下颌放松,融合 ao 韵母发出 cao 音节。韵母 ao 出[a]音后快速向 o[u]音过渡。注意:发 zao 音节,a[a]发音较响亮,归音向 u 去。

cou　发音前舌尖抵触上齿背后阻塞气流,发音时感受强气流冲向舌尖和上齿背,硬腭略高抬打开缝隙,强气流猛烈摩擦舌尖和上齿背起 c 音,然后颧肌上提,双唇拢成大圆口型,下颌放松,融合 ou 韵母发出 zou 音节。韵母 ou 双唇拢成大圆出 o 音后快速向 u 音过渡,舌面后缩靠近小舌起 o 音后略抬起向软腭方向找 u 音收束,归音时双唇拢成小圆。注意:发 cou 音节,o 部分发音较响亮,归音向 u 去。

can　发音前舌尖抵触上齿背后阻塞气流,发音时感受强气流冲向舌尖和上齿背,硬腭略高抬打开缝隙,强气流猛烈摩擦舌尖和上齿背起 c 音,然后颧肌上提,舌尖突然向下移动,开口度增大,下颌放松,融合 an 韵母发出 can 音节。韵母 an 出 a[a]音后感受部分气流从鼻腔通过并产生共鸣出 an[an]音,归音时双唇保持咧开状,上下颌由开渐闭,但不完全闭合。注意:发 can 音节,a[a]部分发音较响亮,归音在 n 上。

cen　发音前舌尖抵触上齿背后阻塞气流,发音时感受强气流冲向舌尖和上齿背,硬腭略高抬打开缝隙,强气流猛烈摩擦舌尖和上齿背起 c 音,然后颧肌上提,舌尖突然向下移动,开口度增大,下颌放松,融合 en 韵母发出 cen 音节。韵母 en 出 e[ə]音后感受部分气流从鼻腔通过并产生共鸣出 en[ən]音,归音时双唇保持咧开状,上下颌由开渐闭,但不完全闭合。注意:发 cen 音节,e[ə]部分发音较响亮,归音在 n 上。

cang　发音前舌尖抵触上齿背后阻塞气流,发音时感受强气流冲向舌尖和上齿背,硬腭略高抬打开缝隙,强气流猛烈摩擦舌尖和上齿背起 c 音,然后颧肌上提,舌尖突然向下移动,开口度增大,下颌放松,融合 ang 韵母发出 cang 音节。韵母 ang 出[a]音后感受舌根后移阻塞气流的口腔通道,同时打开气流的鼻腔通道呼出,强烈共鸣发出 ang[aŋ]音,归音时双唇保持上下打开。注意:发 cang 音节,a[ɑ]部分发音较响亮,归音在 ng[ŋ]上,鼻腔强烈共鸣。

ceng　发音前舌尖抵触上齿背后阻塞气流,发音时感受强气流冲向舌尖和上齿背,硬腭略高抬打开缝隙,强气流猛烈摩擦舌尖和上齿背起 c 音,然后颧肌上提,舌尖突然向下移动,开口度增大,下颌放松,融合 eng 韵母发出 ceng 音节。韵母 eng 出[ə]音后感受舌根后移阻塞气流的口腔通道,同时打开气流的鼻腔通道呼出,强烈共鸣发出 eng[əŋ]音,归音时双唇保持上下打开。注意:发 ceng 音节,e[ə]部分发音较响亮,归音在 ng[ŋ]上,鼻腔强烈共鸣。

cong　发音前舌尖抵触上齿背后阻塞气流,双唇拢成小圆口型,发音时感受强气流冲向舌尖和上齿背,硬腭略高抬打开缝隙,强气流猛烈摩擦舌尖和上齿背起 c 音后融合 ong 韵母发出。韵母 ong[uŋ]发音唇形聚拢,拢圆呈孔状同 u 韵母。发出 o[u]音后感受舌根阻塞气流的口腔通道,打开鼻腔通道强烈共鸣发出 ong[uŋ]音,注意:归音时双唇保持小圆唇形状不变。

cu　发音前舌尖抵触上齿背后阻塞气流,双唇拢成小圆口型,发音时感受强气流冲向舌尖和上齿背,硬腭略高抬打开缝隙,强气流猛烈摩擦舌尖和上齿背起 c 音后融合 u 韵母发出。注意:到 u 韵母部分,舌面向软腭后缩拱起,在口腔内呈后高凸起状,但要与软腭、小舌等其他发音部位保持距离。

cuo　发音前舌尖抵触上齿背后阻塞气流,双唇拢成小圆口型,发音时感受强气流冲向舌尖和上齿背,硬腭略高抬打开缝隙,强气流猛烈摩擦舌尖和上齿背起 cu 音,然后快速向 o 音过渡。韵母起 u 音后,迅速变小圆唇为大圆唇,由 u 向 o 音平滑过渡,舌面略下沉。注意:发音全程由 cu→o,u 轻短 o 响亮,归音在 o 上。全程保持圆唇状态,小圆唇向大圆唇过渡要自然、迅速、流畅。

cui　发音前舌尖抵触上齿背后阻塞气流,双唇拢成小圆口型,发音时感受强气流冲向舌尖和上齿背,硬腭略高抬打开缝隙,强气流猛烈摩擦舌尖和上齿背起 cu 音,然后快速向 ei[ei]音过渡。韵母出 e[e]音后快速向 i 音过渡,即舌面向上齿背靠近,舌尖不离开下齿尖,双唇上下开口度快速闭至缝隙状。注意:发音全程由 cu→e[e]→i,自然连贯、快速平滑过渡。e[e]音最响亮,归音接近 i。

cuan　发音前舌尖抵触上齿背后阻塞气流,双唇拢成小圆口型,发音时感受强气流冲向舌尖和上齿背,硬腭略高抬打开缝隙,强气流猛烈摩擦舌尖和上齿背起 cu 音后立刻扩大口型向 a[a]音平滑过渡,颧肌上提,下颌放松,发出 a[a]音后感受部分气流从鼻腔通过并产生共鸣出 an[an]音,归音时双唇保持咧开状,上下颌由开渐闭,但不完全闭合。注意:cu→an[an]快速平滑过渡,鼻腔共鸣,归音在前鼻音 n 上。

cun　发音前舌尖抵触上齿背后阻塞气流,双唇拢成小圆口型,发音时感受强气流冲向舌尖和上齿背,硬腭略高抬打开缝隙,强气流猛烈摩擦舌尖和上齿背起 cu 音,然后快速向 en[ən]音过渡。韵母出 e[ə]音后感受部分气流从鼻腔通过并产生共鸣出 en[ən]音,归音时双唇保持咧开状,上下颌由开渐闭,但不完全闭合。注意:发音全程由 cu→en[ən],快速平滑过渡,鼻腔共鸣较弱,归音在前鼻音 n 上,归音时舌尖不要离开下齿尖,切忌舌位后缩口型聚拢出错音 cueng。

22. s 声母音节

si　发音前舌尖前伸拱起靠近上齿背形成缝隙,发音时口型不变,感受气流摩擦舌尖和上齿龈起 s 音,声带振动融合 i[ɿ]韵母发出整体音节 si,舌尖位置保持不变。

sa　发音前舌尖前伸拱起靠近上齿背形成缝隙,发音时硬腭略逐渐高抬打开缝隙,同时感受气流摩擦舌尖和上齿背起 s 音,然后颧肌上提,舌尖逐渐下移,开口度增大,下颌放松,融合 a 韵母发出 sa 音节。出 a 音后硬腭略高抬,颧肌上提,下颌放松,舌头不前伸、不后缩自然平置口腔底部,发音动作过程接近打哈欠。

se　发音前舌尖前伸拱起靠近上齿背形成缝隙,发音时硬腭略逐渐高抬打开缝隙,同时感受气流摩擦舌尖和上齿背起 s 音,然后颧肌上提,舌尖逐渐下移,开口度增大,下颌放松,融合 e 韵母发出 se 音节。出 e 音后硬腭上抬,颧肌上提,下颌放松,舌头后缩向小舌方向(口腔后上)靠近,双唇和两腮放松使口腔空阔,喉口肌肉略紧张。

sai　发音前舌尖前伸拱起靠近上齿背形成缝隙,发音时硬腭略逐渐高抬打开缝隙,同时感受气流摩擦舌尖和上齿背起 s 音,然后颧肌上提,舌尖逐渐下移,开口度增大,下颌放松,融合 ai 韵母发出 sai 音节。韵母 ai 出 a[a]音后快速向 i 音过渡,即舌面向上齿背靠近,双唇上下开口度快速闭至略小于小指宽度。发音时注意声音自然连贯、快速平滑过渡。注意:发 sai 音节,a[a]发音较响亮,归音向 i 去,不到 i。

sao　发音前舌尖前伸拱起靠近上齿背形成缝隙,发音时硬腭略逐渐高抬打开缝隙,同时感受气流摩擦舌尖和上齿背起 s 音,然后颧肌上提,舌尖逐渐下移,开口度增大,下颌放松,融合 ao 韵母发出 sao 音节。韵母 ao 出[ɑ]音后快速向 o[u]音过渡。注意:发 sao 音节,a[ɑ]发音较响亮,归音向 u 去。

sou　发音前舌尖前伸拱起靠近上齿背形成缝隙,发音时硬腭略逐渐高抬打开缝隙,同时感受气流摩擦舌尖和上齿背起 s 音,然后颧肌上提,舌尖逐渐下移,开口度增大,下颌放松,融合 ou 韵母发出 sou 音节。韵母 ou 双唇拢成大圆出 o 音后快速向 u 音过渡,舌面后缩靠近小舌起 o 音后略抬起向软腭方向找 u 音收束,归音时双唇拢成小圆。注意:发 sou 音节,o 部分发音较响亮,归音向 u 去。

san　发音前舌尖前伸拱起靠近上齿背形成缝隙,发音时硬腭略逐渐高抬打开缝隙,同时感受气流摩擦舌尖和上齿背起 s 音,然后颧肌上提,舌尖逐渐下移,开口度增大,下颌放松,融合 an 韵母发出 san 音节。韵母 an 出 a[a]音后感受部分气流从鼻腔通过并产生共鸣出 an[an]音,归音时双唇保持咧开状,上下颌由开渐闭,但不完全闭合。注意:发 san 音节,a[a]部分发音较响亮,归音在 n 上。

sen 发音前舌尖前伸拱起靠近上齿背形成缝隙,发音时硬腭略逐渐高抬打开缝隙,同时感受气流摩擦舌尖和上齿背起 s 音,然后颧肌上提,舌尖逐渐下移,开口度增大,下颌放松,融合 en 韵母发出 sen 音节。韵母 en 出 e[ə]音后感受部分气流从鼻腔通过并产生共鸣出 en[ən]音,归音时双唇保持咧开状,上下颌由开渐闭,但不完全闭合。注意:发 sen 音节,e[ə]部分发音较响亮,归音在 n 上。

sang 发音前舌尖前伸拱起靠近上齿背形成缝隙,发音时硬腭略逐渐高抬打开缝隙,同时感受气流摩擦舌尖和上齿背起 s 音,然后颧肌上提,舌尖逐渐下移,开口度增大,下颌放松,融合 ang 韵母发出 sang 音。韵母 ang 出[a]音后感受舌根后移阻塞气流的口腔通道,同时打开气流的鼻腔通道呼出,强烈共鸣发出 ang[aŋ]音,归音时双唇保持上下打开。注意:发 sang 音节,a[a]部分发音较响亮,归音在 ng[ŋ]上,鼻腔强烈共鸣。

seng 发音前舌尖前伸拱起靠近上齿背形成缝隙,发音时硬腭略逐渐高抬打开缝隙,同时感受气流摩擦舌尖和上齿背起 s 音,然后颧肌上提,舌尖逐渐下移,开口度增大,下颌放松,融合 eng 韵母发出 seng 音节。韵母 eng 出[ə]音后感受舌根后移阻塞气流的口腔通道,同时打开气流的鼻腔通道呼出,强烈共鸣发出 eng[əŋ]音,归音时双唇保持上下打开。注意:发 seng 音节,e[ə]部分发音较响亮,归音在 ng[ŋ]上,鼻腔强烈共鸣。

song 发音前舌尖前伸拱起靠近上齿背形成缝隙,双唇拢成小圆口型,发音时硬腭略逐渐高抬打开缝隙,同时感受气流摩擦舌尖和上齿背起 s 音,融合 ong 韵母发出 song 音节。韵母 ong[uŋ]发音唇形聚拢,拢圆呈孔状同 u 韵母。发出 o[u]音后感受舌根阻塞气流的口腔通道,打开鼻腔通道强烈共鸣发出 ong[uŋ]音,注意:归音时双唇保持小圆唇形状不变。

su 发音前舌尖前伸拱起靠近上齿背形成缝隙,双唇拢成小圆口型,发音时硬腭略逐渐高抬打开缝隙,同时感受气流摩擦舌尖和上齿背起 s 音,融合 u 韵母发出 su 音节。注意:到 u 韵母部分,舌面向软腭后缩拱起,在口腔内呈后高凸起状,但要与软腭、小舌等其他发音部位保持距离。

suo 发音前舌尖前伸拱起靠近上齿背形成缝隙,双唇拢成小圆口型,发音时硬腭略逐渐高抬打开缝隙,同时感受气流摩擦舌尖和上齿背起 su 音,然后快速向 o 音过渡。韵母起 u 音后,迅速变小圆唇为大圆唇,由 u 向 o 音平滑过渡,舌面略下沉。注意:发音全程由 su→o,u 轻短 o 响亮,归音在 o 上。全程保持圆唇状态,小圆唇向大圆唇过渡要自然、迅速、流畅。

sui 发音前舌尖前伸拱起靠近上齿背形成缝隙,双唇拢成小圆口型,发音时硬腭略逐渐高抬打开缝隙,同时感受气流摩擦舌尖和上齿背起 su 音,然后快速向 ei[ei]音过渡。韵母出 e[e]音后快速向 i 音过渡，即舌面向上齿背靠近，舌尖不离开下齿尖，双唇上下开口度快速闭至缝隙状。注意：发音全程由 su→e[e]→i，自然连贯、快速平滑过渡。e[e]音最响亮，归音接近 i。

　　suan　发音前舌尖前伸拱起靠近上齿背形成缝隙，双唇拢成小圆口型，发音时硬腭略逐渐高抬打开缝隙，同时感受气流摩擦舌尖和上齿背起 su 音后立刻扩大口型向 a[a]音平滑过渡，颧肌上提，下颌放松，发出 a[a]音后感受部分气流从鼻腔通过并产生共鸣出 an[an]音，归音时双唇保持咧开状，上下颌由开渐闭，但不完全闭合。注意：发音全程由 su→an[an]，快速平滑过渡，鼻腔共鸣，归音在前鼻音 n 上。

　　sun　发音前舌尖前伸拱起靠近上齿背形成缝隙，双唇拢成小圆口型，发音时硬腭略逐渐高抬打开缝隙，同时感受气流摩擦舌尖和上齿背起 su 音，然后快速向 en[ən]音过渡。韵母出 e[ə]音后感受部分气流从鼻腔通过并产生共鸣出 en[ən]音，归音时双唇保持咧开状，上下颌由开渐闭，但不完全闭合。注意：发音全程由 su→en[ən]，快速平滑过渡，鼻腔共鸣较弱，归音在前鼻音 n 上，归音时舌尖不要离开下齿尖，切忌舌位后缩口型聚拢出错音 sueng。

第六节　普通话音变

　　普通话的音变主要是连读音变，即连着念的音节，其音素、声调等有时会发生变化。普通话的音变现象很多，常见的音变有变调、轻声、儿化和"啊"的变读。

一、变调

　　实验语音学研究发现，普通话声调的表现十分复杂，声调的单音节孤立状态和语流的连续状态差异很大，单音节的孤立状态下，声调的调值稳定，语流的连续状态下，声调会发生很大的改变，调值变化很复杂，这就是我们所说的"变调"。

变调的
示范发音

　　双音节词的组合，是普通话音节组合的最小单位，也是汉语句子结构中最常见的单位。四种声调可以组成 16 种声调搭配模式。其中常见的变调情况如下：

　　1. 阴平、阳平的动态变化

　　阴平、阳平在非同调音节前，保持本调。

　　如：斑斓、欣赏、星宿；长江、评选、浑厚。

　　阴平、阳平同调相连，前一个音节的声调会发生变化。

　　(1) 阴平＋阴平，前一个阴平调值可变为 44。如：播音、收割、芳香、山花。

　　(2) 阳平＋阳平，前一个阳平调值变为 34。如：人民、同行、传承、结盟。

　　2. 上声的动态变化

　　(1) 上声音节在非上声（阴平、阳平、去声和轻声）音节前，其调值由 214 变为 21，也记作 211（即所谓"半上"）。如：简单、拱桥、品味、本子。

（2）上声音节与上声音节相连，前面上声音节的调值由 214 变为 35（即所谓"阳上"）。如：北美、堡垒、美好、涵养。

（3）三个上声相连，变调规律如下：

① 单双格：214＋(214＋214)→211＋35＋214。

如：小两口、党小组、打老虎、很友好、李厂长、老保守、跑百米、马组长、撒火种、写检讨、找厂长、孔乙己、纸雨伞、耍笔杆、炒米粉。

② 双单格：(214＋214)＋214→35＋35＋214。

如：保守党、展览馆、水彩笔、洗脸水、演讲稿、往北走、选举法、打靶场、勇敢者、厂长好、百米跑、场景美、处理品。

（4）多个上声相连，根据词语的含义分为两个或三个上声一组，然后按照上面的规律处理。

如：岂有此理、打井饮水、理想美好、有板有眼；请我啃紫薯；草场可以跑马；种马场养有五百匹好母马；我找雨伞厂李厂长买五百把小雨伞。

3. 去声变调

去声音节在非去声音节前一律不变调。如：卫生、调查、大米。

在去声音节前则由全降变成半降，即 51＋51→53＋51。如：旱涝、卧铺、记录、壮志、胜算、摄像、电话、报告。

4."一""不"的变调

"一""不"位于词末、句末，读原调。"一"作为序数词时，如"第一""初一"，读原调。

（1）"一""不"属于下列情况时要轻读：

① 动词重叠，"一"嵌在其中要轻读。

如：说一说、听一听、学一学、写一写、停一停、看一看、穿一穿、想一想。

②"不"嵌在重叠的动词或形容词之间，或者夹在动词与补语之间要轻读。

如：买不买、谈不谈、去不去、会不会、缺不缺、红不红、好不好、大不大、看不清、起不来、拿不动、打不开。

（2）"一""不"在去声前面读 35 调值，即"一""不"＋51→35＋51。

如：一共、一律、一件、一贯、一瞬、一半、一旦、一定、一度、一概、一切、一致、一再、一项、一路；不去、不会、不必、不变、不跳、不测、不错、不待、不要、不但、不定、不肖、不顾、不屑。

（3）"一""不"在非去声前面读 51 调值，即"一""不"＋非去声→51＋非去声。

如：一生、一张、一般、一边、一端、一经、一瞥、一身、一天、一些、一同、一层、一举、一连、一齐、一如、一时、一头、一行、一直、一群、一口、一览、一起、一手、一体、一统、一早、一准、一晃；不安、不单、不拘、不甘、不堪、不才、不迭、不乏、不凡、不然、不齿、不法、不逞、不苟、不渴。

5. 重叠形容词、动词的变调

（1）"AA 儿"形容词重叠的变调。"AA 儿"式形容词重叠部分，即第二个"A"的读音，有时可变成阴平，显得自然上口，如"远远儿的、慢慢儿的、狠狠儿的、好好儿的"。

（2）"ABB"式形容词重叠的变调。"ABB"式形容词的重叠部分，根据普通话的语感,有些变为阴平自然上口,读本调也不算错,如"绿油油、慢腾腾、红彤彤、孤零零、湿淋淋、亮堂堂、黑乎乎"等。但有些词的重叠部分变为阴平则不合适,如"气鼓鼓、金灿灿、甜蜜蜜、红艳艳"等。

(3)"AABB"式双音节形容词或动词重叠的变调。"AABB"式双音节形容词或动词重叠,后一个音节及其重叠部分根据普通话的语感,有必须变为阴平的情况,比如"马马虎虎",如果"虎虎"在这里读本调就失去了普通话的特点,因此必须变调。而有些情况不变调也合理,变为阴平则更加自然上口,如"漂漂亮亮、热热闹闹、支支吾吾、老老实实"等,在普通话水平测试中,这类词变调与否都正确。另有一种情况则不适宜变调,如"原原本本、密密麻麻、鬼鬼祟祟、恩恩爱爱、工工整整"等。

总之,重叠形容词、动词的变调规则不能一概而论,这也是学习当中的难点,需根据普通话发音的语感仔细斟酌。

二、轻声

轻声的
示范发音

普通话音节中,有一部分有声调的音节在句子或词语当中,约定俗成地失去原有的声调而念成一个又轻又短的音节,这种音变现象叫轻声。

轻声是普通话音节的轻化,属于普通话四个声调的变体,并不是第五个声调。音节的轻化现象和音强、音长、音高、音色都有关系,其主要特征是音长的缩短和音强的减弱。

所有的轻声音节发音都变得又轻又短,但并非都是相同的音高。

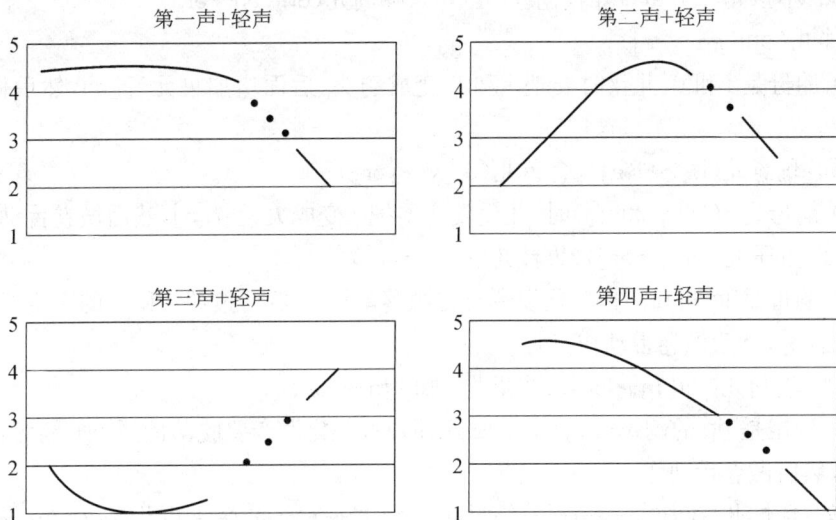

图 2-12 普通话轻声发音示意图

轻声音节在实际发音中有特定的音高表现,其实际调值高度往往取决于前一个音节声调的高低。具体情况如下:

(1)阴平音节之后的轻声调值为 2 度,即 55+轻声→55+2。

如:巴结、巴掌、包袱、称呼、出息、聪明、耷拉、耽搁、灯笼、哆嗦。

（2）阳平音节之后的轻声调值为 3 度，即 35＋轻声→35＋3。

如：裁缝、柴火、得罪、嘀咕、含糊、核桃、合同、狐狸、葫芦、胡同。

（3）上声音节之后的轻声调值为 4 度，即 214＋轻声→214＋4。

如：本事、扁担、口袋、喇叭、老婆、老实、老爷、马虎、买卖、暖和。

（4）去声音节之后的轻声调值为 1 度，即 51＋轻声→51＋1。

如：别扭、薄荷、簸箕、畜生、刺激、凑合、大方、大夫、故事、见识。

三、儿化

儿化又称儿化韵，是普通话和某些汉语方言中的一种语音变化现象。发音时，后缀"儿"字不自成音节，通过卷舌动作与前面的韵母融合在一起形成儿化韵。如"花儿"写出来是两个汉字，但读音时只是一个音节 huār。

儿化的
示范发音

常见的儿化音节是在词的末尾，如"土豆儿、冰棍儿"等；也有一些儿化音节嵌在多音节词的中间，如："馅儿饼、小人儿书、甜丝儿丝儿"等。这些都是普通话音变的儿化现象。下面是儿化发音的音变规律。

（1）无韵尾或 u 做韵尾时，儿化发音是直接后加一个卷舌动作，韵母基本不变。

例如：价码儿（ɑr[A→-Ar]）、粉末儿（or[o→or]）、打嗝儿（er[ɤ→ɤr]）、大伙儿（uor[uo→uor]）、旦角儿（üer[yɛ→yɛr]）、面条儿（iɑo[iɑu→iɑur]）。

（2）韵尾是 i 或 n（不包括 in 和 ün）时，儿化发音是韵尾 i、n 丢失，韵腹央化后加一个卷舌动作。

例如：小孩儿（ɑir[ai→Ar]）、宝贝儿（er）、嗓门儿（enr[ən→ər]）、
老伴儿（ɑnr[an→Ar]）。

（3）韵母是 i 和 ü，儿化时要把 i 和 ü 变成韵头，后面增加央元音[ə]，然后做卷舌动作。

例如：玩意儿（ir[i→iər]）、金鱼儿（ür[y→yər]）

（4）韵母是-i（即[ɿ]和[ʅ]）时，儿化发音要把-i 变成央元音[ə]，然后做卷舌动作。

例如：瓜子儿（-ir[ɿ→ər]）、果汁儿（-ir[ʅ→ər]）

（5）韵母是 in 和 ün 时，儿化发音要先脱落韵尾 n，然后按照 i 和 ü 的音变规律，加上央元音[ə]，然后做卷舌动作。

例如：卖劲儿（inr[in→iər]）、花裙儿（ünr[yn→yər]）

（6）韵尾是 ng 的韵母（ing 和 iong 除外）时，儿化发音要脱落韵尾 ng，韵腹留下鼻化色彩，然后做卷舌动作。

例如：帮忙儿（ɑngr[aŋ→ãr]）、信封儿（engr[əŋ→ə̃r]）、萤火虫儿（ongr[uŋ→ũr]）

（7）韵母是 ing 和 iong 时，儿化发音时韵尾 ng 脱落，加上鼻化的央元音[ə̃]，之前的[i]和[y]变成韵头，然后做卷舌动作。

例如：打鸣儿（ingr[iŋ→iə̃r]）、小熊儿（iongr[yŋ→yə̃r]）

四、"啊"的音变

语气词"啊"读音为"a",常会受到它前面音节末尾音素的影响而发生音变,读为 ya、wa、na、nga、ra 等,"啊"字也随之换成"呀、哇、哪"等。

"啊"音变的
示范发音

表 2-6 "啊"的音变规律表

序号	前接音素	变读读音	用字	例词
1	i[i] ü[y]	ya[iA]	呀	好戏呀 注意呀 去呀 雨呀
	a[A] o[o] e[ɣ] ê[ɛ]	ya[iA]	呀	爬呀 大伯呀 饿呀 快写呀
2	u[u]	wa[uA]	哇	苦哇 走哇 有哇 好哇 别笑哇
3	n[n]	na[nA]	哪	看哪 天哪 小心哪 快问哪 好几万哪
4	ng[ŋ]	nga[ŋA]	啊	这样啊 唱啊 行啊 好冷啊 别动啊
5	-i[ɿ]	za[zA]	啊	真自私啊 写字啊 来过几次啊 猴子啊
6	-i[ʅ] er[ɚ]	ra[ʐA]	啊	是啊 吃啊 真值啊 小二啊

前接音素要以实际读音为准,而不是只看拼音字母的写法,如前接音素为"o[o]"时,就不包括实际读音为[u]的韵尾"ao"和"iao"。

零声母音节前面一般都会有摩擦或者喉塞的发音动作,但零声母音节"啊"不同,它的前面没有任何发音动作,因此它是唯一可以跟前面音节连读的普通话音节。

第七节 普通话语调

说话或朗读时,句子有停顿,声音有轻重快慢和高低长短的变化,这些总称为语调。普通话的语调练习首先应注意的是音高,其次是音长变化,同时也不能忽略语速,节奏等。

一、语句总体的音高变化

普通话的语调首先表现在语句音高的高低升降曲折等变化上。

(1)降调表现为句子开头高、句尾明显降低,如一般陈述句、祈使句、感叹句,以及近距离对话等情况。在普通话语句中降调出现频率高。例如:

我们打算明天去参观历史博物馆。(陈述)

张老师,您再给我们讲个故事吧。(请求)

天安门多雄伟啊!(感叹)

(2)升调表现为句子开头低、句尾明显升高。如一般疑问句、反问句等。但是,疑问代词处于句首的特殊疑问句,应为降调。例如:

小王来了吗？（疑问）

难道我是个小孩？（反问）

（3）平调表现为语句音高变化不明显。常用来表示严肃、冷淡、叙述等语气。例如：

烈士们的英名和业绩将永垂不朽！（严肃）

少说闲话，多干实事。（冷淡）

大家都说他是个好孩子。（叙述）

（4）曲折调表现为语句音高曲折变化，多在表达特殊感情时出现。如表示嘲讽的语气，以及重音出现在句子开头，或疑问代词出现在句中的疑问句等情况。例如：

哎呀呀，你这么大的力气，山都会被你推倒呢。（讽刺）

二、声调（字调）对语调产生影响

普通话的四个声调（字调）调型为平、升、曲、降，区别十分明显。普通话语句的音高模式不会完全改变这四个声调，同时又对声调产生某种制约。因此，声调的准确直接影响语调的正确。学习普通话出现的方言语调，学习汉语出现的洋腔洋调、怪腔怪调，都同没有掌握普通话声调有直接关系。

普通话上声调是学习普通话的难点。我们注意了上声本调是个低调的特点，以及上声变调的规律，上声调就容易掌握了。读阴平调注意保持调值高，读阳平调注意中间不要拖长出现明显曲折，而普通话读去声的字最多，要注意去声调开头的调值高度。声调读得准确，就会有效地克服语调当中出现的"方言味儿""洋味儿"。

三、掌握语调的轻重音格式

普通话也存在词重音和句重音。由于声调负担着较重的辨义作用，普通话词重音和句重音的作用有所淡化，不过我们在学习普通话时会常常感知到它的存在。像把每个字按声调原原本本不折不扣地说出来，语感上并不自然，甚至感到很生硬，不像纯正的普通话。其中，词语的轻重音格式是不可忽视的一个主要原因。

普通话词的轻重音格式的基本形式是双音节、三音节、四音节词语大多数最后一个音节读为重音。三音节词语大多数读为"中·次轻·重"的格式；四音节词语大多数读为"中·次轻·中·重"的格式；双音节词语占普通话词语总数的绝对优势，绝大多数读为"中·重"的格式。

双音节词语读后轻的词语可以分为两类。一类为"重·最轻"（或描述为"重·轻"）的格式，即轻声词语，用汉语拼音注音时，不标声调符号。例如：东西、麻烦、规矩、客气。另一类为"重·次轻"的格式，一部分词语在《现代汉语词典》中轻读音节标注声调符号，但在轻读音节前加圆点。例如：新鲜、客人、风水、匀称。另一部分词语，则未进行明确标注。例如：分析、臭虫、老虎、制度。这类词语一般轻读，偶尔（间或）重读，读音不太稳定。我们可以称为"可轻读词语"。

掌握轻声词语是学习普通话的基本要求。所谓操"港台腔"，主要原因之一是没有掌握轻声词语的读音。另外，我们将大多数"重·次轻"格式词语，后一个音节轻读，则语感自然，是普通话水平较高的表现之一。

四、掌握普通话的正常语速

普通话的正常语速为中速，每分钟 240 个音节左右，大致在 150～300 个音节之间浮动。一些少数民族语言、外国语正常语速为快速，即每分钟超过 300 个音节。有的汉语方言也有偏快的倾向。当学习普通话处在起步阶段时，会出现语速过慢或忽快忽慢的情况。学习普通话要掌握好普通话的正常语速。

普通话语调还包括停连、节拍群、语气词运用等诸多方面。这些都要注意学习掌握。

第三章

常见语音错误与缺陷

语音错误是指把普通话里的某一个音读成另外一个音。出现语音错误的主要原因是方言的影响、不认识比较生疏的字、多音字或因怯场而看错等。

语音缺陷是指声母、韵母、声调的发音不够准确而使音色不够纯正,出现语音缺陷的主要原因是方言的影响。

本章就测试中常见的语音错误和缺陷进行分析并提供正音方法。

第一节　普通话声母辨正

一、读准 z、c、s 和 zh、ch、sh

1. 发音特点

(1) 发平舌音 z、c、s 时,舌尖平伸,抵住或接近上齿背。

(2) 发翘舌音 zh、ch、sh 时,舌头放松,舌尖轻轻地翘起,接触或靠近硬腭前部。

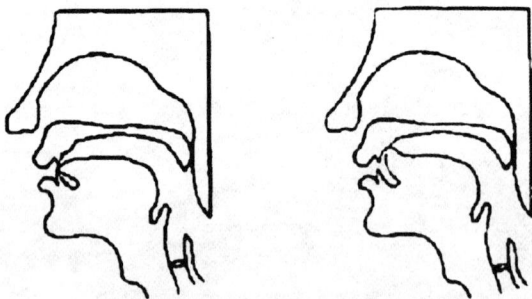

平舌音 z、c、s　　　　翘舌音 zh、ch、sh

图 3－1　平舌音和翘舌音发音示意图

平舌音与翘舌音在陕西各地方言中与普通话分流不尽相同。陕北晋语区、关中方言区、陕南方言区的略阳、汉中、城固、洋县、旬阳、山阳等处是陕西方言对普通话 zh、ch、sh 读法的主流,即普通话读 zh、ch、sh 三声母的开口字,部分读 zh、ch、sh,部分读 z、c、s(这些字在古汉语里是庄组二三等字,章组止摄三等及知组二等字)。陕南方言区宁强、镇巴、西乡三处读 zh、ch、sh 开口字为 z、c、s。

普通话翘舌音开口字的读法在陕西方言中主要有以下类型：

北京	知＝支≠资
西安	知≠支＝资
安康	知＝支≠资
宁强	知＝支＝资
西乡	知＝支＝资

以上地区的测试者应注意上述问题，避免错误。

语音缺陷则表现为，舌尖后音 zh、ch、sh 发音部位明显偏前或偏后，或读为听感略近似舌尖后音的舌叶音[tʃ][tʃʰ][ʃ]；舌尖前音 z、c、s 发音部位明显偏后或读成齿间音，或读为听感略近似舌尖前音的舌叶音。

2. 区别方法

（1）利用声韵配合规律。韵母 uang、ua、uai 只能跟 zh、ch、sh 相拼。所以"状、抓、拽、创、揣、霜、刷、甩"等字是翘舌音。

（2）利用形声字声旁类推。例如知道"召"字读"zh"声母，"招照昭沼"等字也读 zh 声母。详见普通话《zh、ch、sh 与 z、c、s 对照辨音字表》。

表 3 - 1　zh、ch、sh 与 z、c、s 对照辨音字表

（①②③④代表字调，加粗字是代表字，记住它可以类推同偏旁的字）

（1）zh 与 z 的辨别

	zh	z
a	① 扎_驻~渣　② 闸铡扎_挣　③ 眨　④ **乍**诈炸榨蚱栅	① 扎_包~匝　② 杂砸
e	① 遮　② 折哲辙　③ **者**　④ 蔗浙这	② 泽择责则
u	① **朱**珠株蛛诸猪　② 竹烛逐　③ 主煮嘱　④ 住驻注柱蛀贮祝铸筑著箸	① 租　② 族足卒　③ 组阻祖
-i	① 之芝支枝肢知蜘汁只织脂侄执职　③ **止**址趾**旨**指纸只治质帜挚掷栉置滞制智稚痔　② **直**值植殖　④ 至致窒志	① **兹**滋孳姿咨**资**孜龇缁辎　③ **子**仔籽梓滓紫　④ 字自恣渍
ai	① 摘斋　② 宅　③ 窄　④ 寨债	① 灾**哉**栽　③ 宰载　④ 再在载~_重
ei		② 贼
ao	① 昭招朝　② 着　③ 找爪沼　④ **召**照赵兆罩	① 遭糟　② 凿　③ **早**枣**澡**　④ **造**皂灶躁燥
ou	① **州**洲舟周粥　② 轴　③ 帚肘　④ 宙昼咒骤皱	① 邹　② 走　③ 奏揍
ua	① 抓	
uo	① 桌捉拙　② 卓著酌灼浊镯啄琢	① 作~_坊　② 昨　③ **左**　④ **坐**座作柞祚做
ui	① 追锥　④ 缀赘坠	③ 嘴　④ 最罪醉

	zh	z
an	① 沾毡粘 ③ 盏展斩 ④ 占战站栈绽蘸	① 簪 ② 咱 ③ 攒 ④ 赞暂
en	① 贞侦帧祯桢真 ③ 诊疹枕缜 ④ 振震阵镇	③ 怎
ang	① 张章彰樟 ③ 长涨掌 ④ 丈仗杖帐涨障瘴	① 赃脏_{肮~} ④ 葬藏脏
eng	① 正_{~月}征争挣睁筝 ③ 整拯 ④ 正证政症郑	① 曾憎增缯 ④ 赠
ong	① 中钟盅忠衷终 ③ 肿种_{~子} ④ 中_{打~}仲种_{~植}重众	① 宗综棕踪鬃 ③ 总 ④ 纵粽
uan	① 专砖 ③ 转 ④ 传转_{~动}撰篆赚	① 钻 ③ 纂 ④ 钻_{~石}
un	③ 准	① 尊遵
uang	① 庄桩装妆 ④ 壮状撞	

（2）ch 与 c 的辨别

	ch	c
a	① 叉杈插差_{~别} ② 茶查察 ③ 衩 ④ 岔诧差_{~劲}	① 擦嚓
e	① 车 ③ 扯 ④ 彻撤掣	④ 册策厕侧测恻
u	① 出初 ② 除厨橱锄蹰刍雏 ③ 楚础杵储处_{~分} ④ 畜触蓄处_{~所}	① 粗 ④ 卒_{~中}猝促醋簇
-i	① 吃痴嗤 ② 池弛迟持匙 ③ 尺齿耻侈豉 ④ 斥炽翅赤叱	① 疵差_{参~} ② 雌辞词祠瓷慈磁 ③ 此 ④ 次伺刺赐
ai	① 差拆钗 ② 柴豺	① 猜 ② 才财材裁 ③ 采彩踩 ④ 菜蔡
ao	① 抄钞超 ② 朝潮嘲巢 ③ 吵炒	① 操糙 ② 曹漕嘈槽 ③ 草
ou	① 抽 ② 仇畴筹踌绸稠酬愁 ③ 瞅丑 ④ 臭	④ 凑
uo	① 踔戳 ④ 绰_{~号}惙啜辍	① 搓蹉撮 ④ 措错挫锉
uai	③ 揣 ④ 踹	
ui	① 吹炊 ② 垂捶锤槌	① 崔催摧 ④ 萃悴淬瘁翠粹脆
an	① 搀掺 ② 禅蝉谗馋潺缠蟾 ③ 产铲阐 ④ 忏颤	① 餐参 ② 蚕残惭 ③ 惨 ④ 灿
en	① 琛嗔 ② 辰宸晨沉忱陈臣 ④ 趁衬称_{相~}	① 参_{~差} ② 岑

	ch	c
ang	① 昌猖娼伥　② 常嫦尝偿场肠长　③ 厂场敞氅　④ 倡唱畅怅	① 仓苍沧舱　② 藏
eng	① 称撑　② 成诚城盛~水　呈程承乘澄橙惩　③ 逞骋　④ 秤	② 曾层　④ 蹭
ong	① 充冲春　② 重虫崇　③ 宠	① 匆葱囱聪　② 从丛淙
uan	① 川穿　② 船传椽　③ 喘　④ 串钏	① 蹿　② 窜篡
un	① 春椿　② 唇纯淳醇　③ 蠢	① 村　② 存　③ 忖　④ 寸
uang	① 窗疮创~伤　② 床　③ 闯　④ 创~造	

（3）sh 与 s 的辨别

	sh	s
a	① 沙纱砂痧杀杉　③ 傻　④ 煞厦大~	① 撒　③ 洒撒~种　④ 卅萨飒
e	① 奢赊　② 舌蛇　③ 舍　④ 社舍射麝设摄涉赦	④ 色瑟啬涩塞
u	① 书梳疏蔬殊叔淑输抒纾舒枢　② 孰塾赎　③ 暑署薯曙鼠数属黍　④ 树竖术述束漱恕数	① 苏酥　② 俗　④ 素塑诉肃粟宿速
-i	① 尸师狮失施诗湿虱　② 十什拾石时识实食蚀　③ 史使驶始屎矢　④ 世势誓逝市示事是视室适饰士仕氏恃式试拭轼弑	① 司私思斯丝鸶　③ 死　④ 四肆似寺
ai	① 筛　④ 晒	① 腮鳃塞　④ 塞要~赛
ao	① 捎稍艄烧　② 勺芍杓韶　③ 少　④ 少哨绍邵	① 臊骚搔　③ 扫嫂　④ 扫臊书~
ou	① 收　② 熟　③ 手首守　④ 受授寿售兽瘦	① 溲馊嗖搜飕艘　③ 叟擞　④ 嗽
ua	① 刷　③ 耍	
uo	① 说　④ 硕烁朔	① 缩娑蓑梭唆　③ 所锁琐索
uai	① 衰　③ 甩　④ 帅率蟀	
ui	② 谁　③ 水　④ 税睡	① 虽尿　② 绥隋随　③ 髓　④ 岁碎穗遂隧燧
an	① 山舢衫删姍珊栅删　③ 闪陕　④ 扇善缮膳擅赡	① 三　③ 伞散~文　④ 散
en	① 申伸呻身深参人~　② 神　③ 沈审婶　④ 慎肾甚渗	① 森
ang	① 商墒伤　③ 垧晌赏上~声　④ 上尚	① 桑丧~事　③ 嗓　④ 丧

续表

	sh	s
eng	① 生牲笙甥升声 ② 绳 ③ 省 ④ 圣胜盛剩	① 僧
ong		① 松 ③ 悚 ④ 送宋颂诵
uan	① 拴栓 ④ 涮	① 酸 ④ 算蒜
un	④ 顺	① 孙 ③ 笋损
uang	① 双霜 ③ 爽	

练习：

1. **读准下列字音**

赞—占　尊—谆　增—蒸　最—坠　匝—渣　惨—铲　催—吹
擦—插　窜—串　村—春　才—豺　桑—伤　嗓—晌　栽—摘
搜—收　缩—说　紫—纸　四—市　在—债　祖—主　怎—枕
洒—傻　森—伸　素—树　三—山　词—迟　草—吵　隧—睡
早—找　层—成　赞—站　死—史

练习的示范发音

2. **读准下列词语**

自理　战争　站长　站住　招展　招致　周转　拆除　铲除　常常　长城
长春　木材　吃穿　山水　闪烁　伤势　赏识　上山　上升　上述　栽赃
再造　治理　造字　造作　自在　木柴　仓促　层层　层次　匆促　从此
瑟瑟　思索　松散　搜索　诉讼　琐碎　展翅　展出　战场　章程　照常
插手　保障　宝藏　展示　查收　造就　战士　战事　照旧　再三　赞颂
葬送　赠送　榆次　大字　才子　参赞　惨遭　鱼翅　操纵　操作　大致

3. **读准下列绕口令**

刚往窗户上糊字纸，你就隔着窗户撕字纸，一次撕下横字纸，一次撕下竖字纸。横竖两次撕了四十四张湿字纸。是字纸你就撕字纸，不是字纸你就不要胡乱地撕一地纸。

狮子山上狮子寺，山寺门前四狮子，山寺是禅寺，狮子是石狮子，狮子看守狮子寺，禅寺保护石狮子。

山前有四十四个小狮子，山后边有四十四棵紫色柿子树，山前四十四个小狮子吃了山后边四十四棵紫色柿子树的涩柿子，山前四十四个小狮子让山后边四十四棵紫色柿子树的涩柿子给涩死了。

二、分清普通话的 n 和 l

1. **发音特点**

（1）相同点：发音部位相同，都是舌尖中音，发音时舌尖抵住上齿龈。

（2）不同点：发音方法不同。发 n 声母时，舌尖抵住上齿龈，软腭下降，打开鼻腔通路，气流震动声带，从鼻腔通过发音；阻碍解除时，气流冲破舌尖阻碍，发出声音。读 l

声母时,舌尖接触上齿龈,软腭上升,堵塞鼻腔通路,气流振动声带,从舌头两边或一边通过。

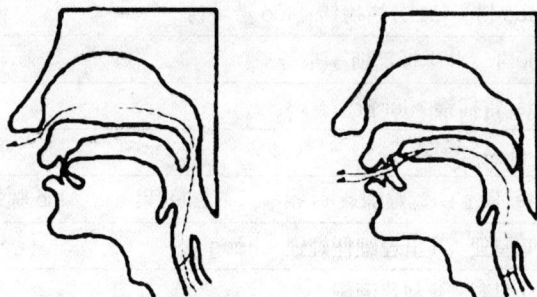

图3-2 鼻音n和边音l发音示意图

与普通话n、l两个声母相比较,陕北晋语区、关中方言区泾河以东以及周至、户县、西安等处,陕南方言区山阳、镇安、柞水、商南、洋县与普通话n、l两声母分合情况基本一致。关中方言区泾河以西地区除咸阳、礼泉、兴平外,陕南方言区多数地区n、l两声母拼洪音的字读l声母,拼细音的字读[ȵ]声母。咸阳、兴平、礼泉、长武、城固等处方言有n、l两声母的对立,但所统摄的字与普通话差异较大:如兴平、礼泉、城固有"男兰"等字,但"那拉"等字读l声母。再如,长武方言n声母字仅"乃奶"两字。汉中、淳化两处方言把普通话n声母开口字读n声母,合口字归入l声母。平利、安康、岚皋、镇坪把普通话n声母字并入l声母。紫阳方言把普通话n声母字并入l声母。

2. **区别方法**

(1)读准声母n、l,关键在于控制软腭的升降,软腭下降,气流从鼻腔流出,就能发出n,软腭上升,气流从口腔舌头两边出来,就能发出l。所以,捏住鼻子很难发出n声母,而捏住鼻子发l声母不受影响。

(2)记少不记多。普通话n声母字比l声母字少得多,如un韵母,n声母的字一个都没有,韵母u、ü、ei、ou、uan、in、ang、iang,n声母字很少,而l声母字很多。

(3)利用形声字声旁类推。如记住"卢"的声母是l,那么"芦炉庐颅鲈"等字也是l声母。具体参看下表。

表3-2 l声母偏旁(代表字)类推字表

偏旁(代表字)	例字
剌	lǎ 喇　là 剌辣瘌
腊	là 腊蜡　liè 猎
赖	lài 赖癞籁獭　lǎn 懒
兰	lán 兰拦栏　làn 烂
蓝	lán 蓝篮　làn 滥
览	lǎn 览揽缆榄

续表

偏旁（代表字）	例字
劳	lāo 捞　láo 劳崂痨铹　lào 涝唠耢
乐	lè 乐　lì 砾栎轹枥（老骥伏~）
雷	léi 雷擂镭　lěi 蕾
垒	lěi 垒
累	léi 累（果实~~）嫘缧　lěi 累（积年~月）　lèi 累（劳~）　luó 骡螺
里	lí 厘狸　lǐ 里理鲤俚娌锂　liàng 量
利	lí 梨犁　lì 利莉俐痢
离	lí 离篱漓缡
立	lì 立粒笠　lā 拉垃啦
厉	lì 厉励蛎
力	lì 力荔　liè 劣　lèi 肋　lè 勒
历	lì 历沥呖疬
连	lián 连莲　liàn 链
廉	lián 廉濂镰
脸	liǎn 敛脸　liàn 殓
炼	liàn 练炼
恋	liàn 恋　luán 李鸾滦
良	liáng 良粮　láng 郎廊狼榔螂　lǎng 朗　làng 浪
梁	liáng 梁粱
凉	liáng 凉　liàng 谅晾　lüè 掠
两	liǎng 两俩（伎~）　liàng 辆　liǎ 俩
列	liě 咧　liè 列裂烈　lì 例
林	lín 林淋琳霖　lán 婪
鳞	lín 嶙璘磷鳞麟
令	líng 伶玲铃羚聆龄　lǐng 岭领　lìng 令　lěng 冷　lín 邻　lián 怜
菱	lí 凌陵菱　léng 棱
留	liū 溜　liú 留馏榴瘤
流	liú 流琉硫
柳	liǔ 柳　liáo 聊
龙	lóng 龙咙聋笼　lǒng 陇垄拢
隆	lóng 隆窿癃
娄	lóu 娄喽楼　lǒu 搂篓　lǚ 缕屡

续表

偏旁(代表字)	例字
鲁	lǔ 鲁橹
录	lù 录禄碌　lǜ 绿氯
鹿	lù 鹿辘
路	lù 路鹭露
翏	lù 戮　liáo 寥　liǎo 蓼　liào 廖
仑	lūn 抡　lún 仑伦沦囵轮　lùn 论
罗	luó 罗逻萝锣箩啰
洛	luò 洛落络骆　lào 烙酪　lüè 略
吕	lǚ 吕侣铝
虑	lǜ 虑滤

表 3-3　n 声母偏旁(代表字)类推字表

偏旁(代表字)	例字
那	nǎ 哪　nà 那　nuó 挪娜
乃	nǎi 乃奶
奈	nài 奈　nà 捺
南	nán 南喃楠　nǎn 蝻
脑	nǎo 恼瑙脑
内	nèi 内　nè 讷　nà 呐衲钠
尼	ní 尼泥呢
倪	ní 倪霓
念	niǎn 捻　niàn 念
捏	niē 捏　niè 涅
聂	niè 聂蹑
宁	níng 宁拧咛狞柠　nìng 宁(~可)泞
纽	niū 妞　niǔ 扭纽钮
农	nóng 农浓脓
奴	nú 奴孥驽　nǔ 努　nù 怒
诺	nuò 诺　nì 匿
懦	nuò 懦糯
虐	nüè 虐疟

练习：

1. 读准下列字音

脑—老　挠—牢　拧—领　内—类　奈—赖　那—辣　你—里

囊—狼　南—蓝　闹—烙　尿—料　聂—裂　鸟—了　逆—立

娘—凉　碾—脸　妞—溜　念—恋　奴—炉　努—鲁　怒—路

您—林　挪—罗　糯—洛　暖—卵　女—吕　馁—磊　讷—乐

农—龙　扭—柳　妞—溜　奴—芦　哪—喇　泥—篱　虐—略

2. 读准下列词语

无赖—无奈　蓝色—难色　连年—年年　老人—恼人　累心—内心

老子—脑子　联结—年节　良家—娘家　龙鳞—农林　邻居—凝聚

隆重—浓重　留恋—留念　大陆—大怒　旅客—女客　褴褛—男女

蓝天—南天　水流—水牛　兰陵—南宁　临界—凝结　冷冻—能动

3. 读准下列绕口令

刘奶奶买了瓶牛奶，牛奶奶买了斤牛肉，刘奶奶拿错了牛奶奶的牛肉，牛奶奶拿错了刘奶奶的牛奶，到底是刘奶奶拿错了牛奶奶的牛肉还是牛奶奶错拿了刘奶奶的牛奶。

蓝教练是女教练，吕教练是男教练，蓝教练不是男教练，吕教练不是女教练。

蓝南是男篮主力，吕楠是女篮主力，吕教练在男篮训练蓝南，蓝教练在女篮训练吕楠。

老龙恼怒闹老农，老农恼怒闹老龙。农怒龙恼农更怒，龙恼农怒龙怕农。

三、分清 f 和 h

1. 发音特点

发唇齿音 f 时，上齿与下唇内缘接近，摩擦成声。

发舌根音 h 时，舌头后缩，舌根抬起接近软腭，摩擦成声。

陕南方言区汉阴、镇坪、平利等处以及石泉、安康等处的一些乡镇，把普通话的 f 读成了 h，例如：发＝华，分＝昏，方＝荒，风＝轰，飞＝灰，夫＝乎。也就是说，汉阴等处的人民不会发普通话的 f 声母，或者存在着当地人们学习普通话时，分不清哪些字该读 f，哪些字该读 h 的问题。

这些地区的人们在测试中应当注意上述问题，避免错误。

语音缺陷表现在：舌面后擦音 h[x] 读成喉擦音[h]，这是由于发音太过靠后。

1. 区别方法

（1）利用声韵配合规律记忆。例如：普通话中 f 不和 ai 相拼，方言中读 huai 的字不用读成 fai。普通话中 fo 只有"佛"读"fó"，因此，方言中读 huo 的字（如"或活获"）不用改读 fo。

（2）利用形声字偏旁类推。具体见下表：

表 3-4　f 声母偏旁(代表字)类推字表

偏旁(代表字)	例字
凡	fān 帆　fán 凡矾钒
反	fǎn 反返　fàn 饭贩畈
番	fān 番蕃藩翻
方	fāng 方芳坊(牌~)　fáng 防妨(~害)肪　fǎng 访仿纺舫　fàng 放
夫	fū 夫肤麸呋　fú 芙扶
父	fǔ 斧釜　fù 父
付	fú 符　fǔ 府俯腑腐　fù 付附驸
弗	fú 弗拂氟　fó 佛　fèi 沸狒费镄
伏	fú 伏茯袱
甫	fū 敷　fǔ 甫辅　fù 傅缚
孚	fū 孵　fú 乳俘浮
复	fù 复腹馥覆
福	fú 幅福辐蝠　fù 副富
分	fēn 分芬吩纷　fěn 粉　fèn 份忿
愤	fén 坟　fèn 愤
乏	fá 乏　fàn 泛
发	fā 发(~达)　fèi 废
伐	fá 伐阀垡
风	fēng 风枫疯　fěng 讽
非	fēi 非菲啡绯扉霏　fěi 诽匪榧斐蜚翡　fèi 痱
蜂	fēng 峰烽锋蜂

表 3-5　h 声母偏旁(代表字)类推字表

偏旁(代表字)	例字
火	huǒ 火伙钬
禾	hé 禾和盉
或	huò 或惑
户	hù 户沪护扈
乎	hū 乎呼滹
虎	hǔ 虎唬琥
忽	hū 忽惚

续表

偏旁（代表字）	例字
胡	hú 胡湖葫猢瑚糊(～涂) 蝴
狐	hú 弧狐
化	huā 花哗(～啦) huá 华哗铧 huà 化华(姓～)桦 huò 货
话	huà 话 huó 活
灰	huī 灰恢诙
回	huí 回茴蛔 huái 徊
会	huì 会绘烩
挥	huī 挥辉 hūn 荤 hún 浑珲
悔	huǐ 悔 huì 海晦
惠	huì 惠蕙
红	hóng 红虹鸿
洪	hōng 哄(～动)烘 hóng 洪 hǒng 哄(～骗) hòng 哄(起～)
怀	huái 怀 huài 坏
还	huán 还环
奂	huàn 奂涣换唤焕痪
昏	hūn 昏阍婚
混	hún 馄混 hùn 混(～日子)
荒	huāng 荒慌 huǎng 谎
皇	huáng 皇凰湟惶徨煌蝗隍
晃	huǎng 恍晃(～眼)幌 huàng 晃(摇～)
黄	huáng 黄璜癀磺蟥簧

练习：

1. 读准下列字音

罚—滑　翻—欢　方—慌　费—会　冯—横　父—户
房—黄　饭—换　飞—灰　斧—虎　烦—韩

2. 读准下列词语

奋发　分发　发放　方法　发愤　放风　放蜂　风帆　反复　奋飞　芬芳　舅父
救护　非分　奉饭　工费　蜂房　房费　防范　工会　幸福　分钱　婚前　吩咐
湖水　纷纷　愤愤　丰富　风范　浮水　航空　防空　患病　废话　绘画

3. 读准下列绕口令

丰丰和芳芳，上街买混纺。红混纺，粉混纺，黄混纺，灰混纺，红花混纺做裙子，粉花混纺做衣裳。红、粉、灰、黄花样多，五颜六色好混纺。

练习的示范
发音

黑化肥发灰，灰化肥发黑。黑化肥发灰会挥发，灰化肥挥发会发黑。黑化肥挥发发灰会花飞，灰化肥挥发发黑会飞花。

笼子里有三凤，黄凤红凤粉红凤。忽然黄凤啄红凤，红凤反嘴啄黄凤，粉红凤帮啄黄凤。你说是红凤啄黄凤，还是黄凤啄红凤。

四、读准 d、t 声母拼齐齿呼

关中方言区西安东郊、长安、咸阳东部、扶风南乡、眉县东乡、蓝田、洛南乡下、黄陵、丹凤以及兴平、丹凤县一些乡下话，陕南方言区山阳乡下等处方言，普通话舌尖中音 d、t 拼齐齿呼分别读作 j、q 两声母。从而出现如下语音现象：

田＝前　　丁＝精　　天＝钱　　帝＝计　　爹＝接

敌＝极　　听＝轻　　低＝基　　雕＝焦　　铁＝切

洛南城关以及陇县东风镇一带方言，普通话读 di 的音节仍读 di，但普通话读 ti 的音节读作 qi。例如：

天＝千　　丁≠精　　铁＝切　　低≠基

以上地区人们在学习普通话时关键是记准哪些字在普通话里读 di 而不读 ji，哪些读 ti 而不读 qi，详见下表。

表 3-6　普通话 d、t 声母齐齿呼偏旁(代表字)类推字表

偏旁(代表字)	例字
滴	dī 滴嘀　dí 镝嫡嘀(~咕)
堤	dī 堤提(~防)　tí 提题缇　dì 踶
低	dī 羝低　dǐ 底抵砥邸坻柢
迪	dí 迪笛
狄	dí 狄荻
帝	dì 帝谛蒂缔
弟	dì 弟递娣第
滇	diān 滇颠巅癫
点	diǎn 点踮　diān 掂　diàn 店惦玷阽
典	diǎn 典碘
淀	diàn 淀靛
佃	diàn 佃甸　tián 田
殿	diàn 殿癜
凋	diāo 凋雕碉　diào 调　tì 倜　tiáo 调蜩
刁	diāo 刁叼
吊	diào 吊铞

偏旁(代表字)	例字
谍	dié 谍碟喋蝶牒
垤	dié 垤耋
迭	diē 跌　dié 迭
丁	dīng 丁疔玎叮酊盯钉仃　dǐng 顶酊　dìng 订钉(动词)
定	dìng 定啶锭腚
丢	diū 丢铥
剔	tī 剔踢　tì 俶
梯	tī 梯锑　tí 鹈绨　tì 涕悌绨(线~)
啼	tí 啼蹄
天	tiān 天添　tián 菾　tiǎn 忝舔　tiàn 掭
恬	tián 恬甜
田	tián 田钿畋
挑	tiāo 挑佻　tiǎo 窕挑(~拨)　tiào 跳眺
条	tiáo 条鲦
迢	tiáo 迢苕(~子)
贴	tiē 帖贴　tiě 帖(请~)　tiè 帖(字~)
汀	tīng 汀厅听
亭	tíng 亭停婷
廷	tíng 廷庭霆蜓　tǐng 梃挺铤艇　tìng 梃(~猪)

练习：

朗读下列各组汉字，注意读准 d、t 声母

低—基　敌—及　抵—挤　地—计　颠—尖　典—减　垫—贱
凋—焦　掉—叫　丁—经　谍—截　跌—接　鼎—井　丢—纠
体—启　题—齐　订—静　梯—漆　替—气　天—谦　舔—浅
掭—欠　甜—钱　佻—敲　跳—撬　条—乔　帖—切

练习的示范
发音

五、读准普通话的送气音和不送气音

1. 发音特点

(1) 发普通话不送气音 b、d、g、j、zh、z 时呼出气流较弱。

(2) 发普通话送气音 p、t、k、q、ch、c 时呼出气流较强。

普通话送气音与不送气音是对立的。陕西方言的主体也具备这一特点，但是，它与普通话的分合情况稍有不同。关中方言区除中心地区(如西安、咸阳等处)外，其余地区

把古汉语全浊声母不少仄声字读作送气清声母；离中心地区越远，送气字往往越多。陕南方言区商南方言也符合关中这一特点，山阳方言对古全浊声母的读法接近西安等处。晋语区只有延安、甘泉、延长、延川、清涧、子长六处古全浊仄声字读送气清声母。

另外，古汉语全清声母个别字在陕西方言中也有读送气声母的，陕南方言区与关中、陕北方言区的区别主要是"遍(普~)"字读作 p 声母，"溉概"两字读 k 声母。

以上方言区的人们应注意上述问题，避免在测试中出现错误。

练习：

1. 读准下列字音

肚—兔　败—派　伴—盼　捕—普　蛋—炭　稻—套　笛—提
毒—涂　堤—踢　夺—砣　规—亏　公—空　怪—快　姑—哭
集—齐　歼—千　截—茄　近—沁　局—渠　净—庆　丈—唱
招—超　植—迟　拽—踹　轴—稠　凿—曹　灾—猜　涨—厂

练习的示范发音

2. 读准下列词语

侄子—池子　开闭—开辟　鼻子—皮子　败兵—派兵　制度—治兔
肚子—兔子　部位—铺位　辫子—骗子　赶集—赶齐　读书—图书
辫子—骗子　淡化—碳化　毒药—涂药　稻子—套子　怪事—快事
质子—赤子　米缸—米糠　管子—款子　净利—庆历　坚强—牵强
集权—齐全　直到—迟到　仗着—唱着

3. 读准下列绕口令

有个小孩叫小杜，上街打醋又买布。买了布打了醋，回头看见鹰抓兔。放下布搁下醋，上前去追鹰和兔。飞了鹰跑了兔，洒了醋湿了布。

哥挎瓜筐过宽沟，赶快过沟看怪狗，光看怪狗瓜筐扣，瓜滚筐空哥怪狗。

营房里出来两个排，直奔正北菜园来，一排浇菠菜，二排砍白菜。剩下八百八十八棵大白菜没有掰。一排浇完了菠菜，又把八百八十八棵大白菜掰下来；二排砍完白菜，把一排掰下来的八百八十八棵大白菜背回来。

六、读准普通话零声母字

普通话里一部分读零声母的字，在陕西一些方言区读成了辅音。测试者应注意这一问题，避免错误。

（1）普通话开口呼零声母字除"阿哎噢儿耳二"等字外，陕西方言都以辅音 ng 做声母，陕南方言口语中"眼硬"等字也是 ng 做声母。陕西绝大多数地区读 ng 声母的字，榆林、定边、旬邑底庙读 n 声母。

所以，把普通话零声母开口呼字读为 ng 声母的方言点，以及把普通话零声母开口呼字读为 n 声母的方言点，要注意把普通话零声母拼开口呼的字改读零声母。

普通话零声母开口字在陕西方言中 ng 声母的字主要有：挨捱埃矮碍隘爱俄鹅饿恶(~劣)噩垩厄扼额熬敖遨傲鳌奥澳欧殴怄呕鸥偶藕安鞍按案暗揞黯恩摁昂，另外还有

一个"我"字。

（2）普通话零声母拼齐齿呼的部分字在陕西方言中读 n 声母（实际音值为[ȵ]），宁强读 l 声母，紫阳实际音值为[n]。这些字主要有：亚哑牙芽宜谊疑衣依咬坳友又言阎堰魇淹阉严俨酽业阴窨饮抑眼颜雁轧央秧殃仰鹰影。另外合口字"握"陕西某些地方多读[ȵyo]。

（3）普通话零声母合口呼字在陕西方言中有三种读法：首先，古微疑两声母读[v]声母，如西安、咸阳、岐山、韩城、清涧、延川等地。其次，全读[v]声母，如陕北晋语区绝大部分方言区，陕南略阳、洋县、西乡、柞水、山阳等处。关中商州、丹凤、黄陵、宝鸡等处。最后，还有全读成[u]的，如关中旬邑、麟游、洛南，以及陕南方言区绝大部分地区；城固方言对普通话零声母开口字的读法介乎洋县和陕南大部分方言之间。陕西人在学习普通话时要把[v]声母变成[u]。

练习：

朗读下列各组汉字，注意读准普通话零声母字

爱—耐　矮—奶　垩—讷　袄—脑　宜—泥　咬—鸟

友—扭　言—年　淹—蔫　眼—撵　雁—念　月—虐

第二节　普通话韵母辨正

一、读准前鼻音韵母和后鼻音韵母

1. 发音特点

（1）前鼻音韵母：发出元音后舌尖前伸，抵住上齿龈，在口腔前部造成阻碍，气流从鼻腔流出，用鼻辅音 n 做韵尾。

（2）后鼻音韵母：发出元音后舌头后缩，舌根抬起抵住软腭，在口腔后部造成阻碍，气流从鼻腔流出，用鼻辅音 ng 做韵尾。

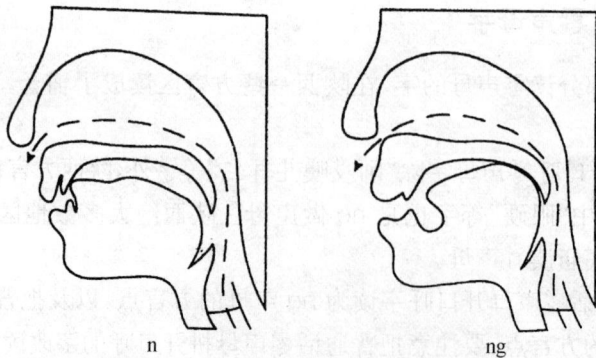

n　　　　　　　　　ng

图 3 - 3　前鼻韵母和后鼻韵母发音示意图

陕西人在发前后鼻音韵母时容易出现以下问题：

普通话的前鼻音韵母 an 组，即 an、ian、uan、üan，一般来说，陕南方言区的读音与普通话是基本一致的。关中方言区多数方言点读 an 组韵母时，其音值特点是主要元音鼻化，韵尾 n 脱落，如西安、岐山、咸阳、渭南、大荔、韩城、商州等处分别读为[ã][iã][uã][yã]；关中方言区宝鸡一带以及白水、铜川、定边等处以及陕北晋语区延安、甘泉、延长、延川等处方言是[æ]的鼻化。

普通话前鼻音韵母 en 组有 4 个韵母：en、un、in、ün。后鼻音韵母 eng 组有 5 个韵母：eng、ing、ong、ueng、iong。

陕北晋语区以及关中方言区的宝鸡市各区县、定边、富县，陕南方言区的略阳，并入 eng 组韵母；关中方言区宜川、铜川、潼关、洛南、丹凤等处把 en、in、un、ün 读作 ei、iei、ui、üei；关中方言区如西安等处把 en 组韵母主要元音鼻化。陕南方言区除略阳方言外，其余各处方言对 en、eng 两组韵母的分并情况较复杂，大致看来，城固、洋县、山阳、旬阳、汉中等地的发音与普通话是基本一致的，其中汉中方言把普通话不少 eng、ing 韵母字读成了 en、in 韵母。

以上前后鼻音不分，韵尾读丢属于发音错误，主要元音鼻化则属于发音缺陷。

还可能会出的缺陷有：韵母 an 开口度小，舌位高，大体相当于 [æn]；in、ing 中 i 和鼻韵尾之间（特别是在读阴平、阳平时）明显嵌入央元音 e，关中的测试者往往存在这一缺陷；过分强调鼻音韵尾 n、ng，使韵尾延长。

2. 区别方法

(1) 利用声韵配合规律记忆。

① d、t、n、l 只与 eng 相拼，不与 en 相拼（除"扔""嫩"外），所以"凳、愣、能、腾"等肯定读 eng 韵。

② z、c、s、d、t、n、l 不与 uang 相拼，只与 uan 相拼，所以"钻、窜、算、端、团、暖、卵"等肯定是 uan 韵。

③ d、t、n 只与 ing 相拼，不与 in 相拼（除"您"外），所以"丁、顶、定，听、停、挺、宁、拧、泞"等肯定读 ing 韵。

(2) 声旁类推练习。

例如，知道"旦"读"dàn"，那么，"但担佃胆疸"等字也应是同韵字。具体参看下表。

表 3-7　前鼻音韵母(an)偏旁(代表字)类推表

偏旁(代表字)	例字
半	ban 半拌伴绊　　pan 判版畔泮袢
曼	man 曼慢漫蔓(~延)馒谩墁幔缦熳镘鳗　　wan 蔓(瓜~儿)
番	fan 番翻藩幡燔蹯蕃　　pan 潘磻蟠
旦	dan 旦但担胆疸　　tan 坦袒钽
覃	tan 覃潭谭镡

续表

偏旁(代表字)	例字
甘	gan 甘柑坩苷泔绀疳
占	zhan 占站战沾粘毡
善	shan 善膳缮鄯蟮鳝墡
阑	lan 阑谰澜镧瀾
兰	lan 兰烂拦栏
南	nan 南喃楠腩蝻

表3-8 前鼻音韵母(en)偏旁(代表字)类推表

偏旁(代表字)	例字
贲	ben 贲 pen 喷(~泉) 喷(~香) fen 愤偾
本	ben 本苯笨奔
参	cen 参(~差) shen 参(人~) 渗惨瘆
辰	chen 辰晨 zhen 振震 shen 娠蜃
分	fen 分(~析)芬吩纷氛汾棻粉分(身~)份忿酚雰
艮	gen 艮茛根跟 ken 恳 hen 痕很狠恨
肯	ken 肯啃掯裉
门	men 门们扪闷(~热)闷(~~不乐)焖们(我~)钔
壬	ren 壬任(姓~)荏任(~务)饪妊衽纴
刃	ren 刃仞纫韧忍
申	shen 申伸呻绅砷神审婶
甚	shen 甚葚(桑~) zhen 椹斟
珍	zhen 珍诊疹胗畛 chen 趁
贞	zhen 贞侦祯桢帧
真	zhen 真缜镇瑱 chen 嗔 shen 慎
枕	zhen 枕 shen 沈

表3-9 前鼻音韵母(in)偏旁(代表字)类推表

偏旁(代表字)	例字
宾	bin 宾傧滨缤摈殡鬓槟(~榔) pin 嫔
今	jin 今衿矜妗 qin 衾琴 yin 吟
斤	jin 斤近靳 xin 欣新忻炘诉昕
禁	jin 禁(~受)襟禁(~止)噤

偏旁（代表字）	例字
尽	jin 尽(~管) 尽(~力) 烬荩
堇	jin 堇瑾谨馑　qin 勤
林	lin 林淋琳霖　bin 彬
磷	lin 磷鳞嶙麟璘粼
民	min 民岷泯抿珉
侵	qin 侵寝　jin 浸
禽	qin 禽擒噙檎
辛	xin 辛莘(~庄) 锌　qin 亲
因	yin 因茵姻铟洇氤(~氲)
心	xin 心伈芯(~片)　qin 沁

表 3－10　前鼻音韵母(uen)偏旁(代表字)类推表

偏旁（代表字）	例字
文	wen 文蚊纹炆雯紊汶玟
温	wen 温瘟搵
仑	lun 抡仑沦轮伦纶论囵
屯	dun 吨盹炖钝顿　tun 囤屯
昆	kun 昆锟琨鲲　gun 棍　hun 混
寸	cun 寸村忖

表 3－11　前鼻音韵母(ün)偏旁(代表字)类推表

偏旁（代表字）	例字
云	yun 云耘芸纭运酝
俊	jun 俊骏浚峻竣
旬	xun 旬询荀洵恂殉徇
迅	xun 迅讯汛
训	xun 训驯

表 3－12　后鼻音韵母(ang)偏旁(代表字)类推表

偏旁（代表字）	例字
邦	bang 邦帮梆绑
旁	pang 旁磅(~礴) 膀(~胱)　bang 榜膀(~子)

偏旁(代表字)	例字
仓	cang 仓沧苍舱　chuang 创　qiang 枪抢
长	chang 长(~短)伥(为虎作~)怅　zhang 张涨长(~生)帐胀
肠	chang 肠场(赶~)场(会~)畅　dang 荡 tang 汤(菜~)烫　shang 殇觞　yang 扬
当	dang 当挡当(~铺)
方	fang 方芳房坊防妨(~害)访仿纺放
缸	gang 缸杠　jiang 江　kang 扛
亢	kang 亢抗伉　hang 杭吭(引~高歌)航沆
荒	huang 荒慌谎
良	liang 良　niang 娘　lang 郎狼廊朗浪
桑	sang 桑搡嗓
上	shang 上(~下)上(~声)　rang 让
尚	shang 尚赏　dang 党　chang 常嫦徜敞　tang 趟堂棠倘淌躺　zhang 掌
王	wang 王(君~)汪枉旺王(~天下)　kuang 筐狂　guang 逛
亡	wang 亡忘望妄　mang 忙盲茫氓(流~)
相	xiang 相箱想　shuang 霜
羊	yang 羊洋养氧样　xiang 详祥翔

表 3‑13 后鼻音韵母(eng)偏旁(代表字)类推表

偏旁(代表字)	例字
成	cheng 成诚城盛(~东西)　sheng 盛(~会)
呈	cheng 呈程逞
乘	cheng 乘　sheng 剩
丞	cheng 丞　zheng 蒸拯
登	deng 登凳澄(把水~清)瞪　cheng 澄(~清)
风	feng 风枫疯讽
峰	feng 峰烽蜂逢缝(~衣)缝(门~)　peng 蓬篷
奉	feng 奉俸
更	geng 更(~正)埂梗更(~加)
亨	heng 亨哼　peng 烹
塄	leng 塄楞愣
蒙	meng 蒙(~骗)蒙(~蔽)檬礞朦濛獴蒙(内~)

续表

偏旁(代表字)	例字
孟	meng 孟猛蜢艋锰
彭	peng 彭澎膨
朋	peng 朋棚鹏　beng 崩绷(~带)绷(~着脸)蹦嘣
生	sheng 生牲甥笙胜
眷	teng 眷腾滕藤
曾	zeng 曾(姓~)憎增缯赠　ceng 层曾(~经)蹭　zeng 憎
正	zheng 正(~月)怔征整正(~义)证政症　cheng 惩
争	zheng 争挣(~扎)峥狰睁筝诤挣(~脱)

表 3-14　后鼻音韵母(ing)偏旁(代表字)类推表

偏旁(代表字)	例字
丙	bing 丙炳柄病
并	bing 并饼屏(~除)　ping 瓶屏(~风)　beng 迸(例外:拼姘骈胼)
定	ding 定腚碇
丁	ding 丁仃盯钉(~子)顶酊(酩~)订钉　ting 厅汀
京	jing 京惊鲸猄
茎	jing 茎泾经刭颈胫径　qing 轻氢
景	jing 景璟憬　ying 影
敬	jing 敬警儆　qing 擎
令	ling 令苓玲铃聆龄岭领令(命~)(例外:拎邻)
名	ming 名铭酪
冥	ming 冥溟螟瞑
宁	ning 宁(安~)拧(~绳子)咛狞柠拧(~螺丝钉)宁(~可)泞拧(~脾气)
平	ping 平评苹坪萍
青	qing 青清蜻情晴请　jing 菁睛精靖静
廷	ting 廷庭蜓霆艇挺
亭	ting 亭停婷
刑	xing 刑邢形型
英	ying 英瑛
营	ying 营荧莹萤萦莺
婴	ying 婴樱鹦缨

表 3－15　后鼻音韵母(ong)偏旁(代表字)类推表

偏旁(代表字)	例字
东	dong 东冻栋
董	dong 董懂
同	tong 同桐铜侗　dong 恫硐垌
通	tong 通捅桶痛
农	nong 农侬浓哝脓
龙	long 龙咙珑胧聋笼垄拢笼
工	gong 工攻功巩汞贡　kong 空控　hong 红虹鸿讧
共	gong 供恭龚拱共　hong 烘洪哄
中	zhong 中忠盅钟衷肿种仲　chong 冲
容	rong 容蓉溶榕熔
宗	zong 宗综棕踪鬃粽　cong 淙琮悰
从	cong 从丛　song 怂耸
公	gong 公蚣　song 松忪讼颂

表 3－16　后鼻音韵母(iong)偏旁(代表字)类推表

偏旁(代表字)	例字
用	yong 佣拥痈庸用佣
永	yong 永咏泳
甬	yong 甬俑勇涌恿蛹踊
凶	xiong 凶匈汹胸

练习：

1. **读准下列字音**

三—丧　奔—崩　站—帐　奔—崩　闷—梦　粉—讽　肝—钢
跟—耕　枕—整　音—鹰　斌—兵　拼—乒　民—铭　今—京
信—幸　熏—凶　进—静　亲—清　镇—正　晨—承　赞—葬
喷—砰　饮—影

2. **读准下列词语**

上身—上升　花盆—花棚　烂漫—浪漫　反问—访问　担心—当心
弹词—搪瓷　渔竿—鱼缸　施展—师长　陈旧—成就　真理—争理
申明—声明　木盆—木棚　绅士—声势　清真—清蒸　瓜分—刮风
人参—人生　诊治—整治　沉积—成绩　长针—长征　粉刺—讽刺
人民—人名　亲生—轻生　金质—精致　信服—幸福　频繁—平凡

亲近—清净　贫民—平民　金银—经营　弹琴—谈情　亲信—青杏

3. 读准下列绕口令

天津和北京,津京很分明。津是前鼻音,京是后鼻音。请您认真听,分清津和京。

洞庭湖上一根藤,青青藤条挂金铃,风吹藤动金铃响,风停藤静铃不鸣。

陈庄程庄都有城,陈庄城通程庄城。陈庄城和程庄城,两庄城墙都有门。陈庄城进程庄人,陈庄人进程庄城。请问陈程两庄城,两庄城门都进人,哪个城进陈庄人,程庄人进哪个城。

4. 朗读下列三首诗,注意读准押韵的字

辋川闲居赠裴秀才迪

王　维

寒山转苍翠,秋水日潺湲。

倚杖柴门外,临风听暮蝉。

渡头余落日,墟里上孤烟。

复值接舆醉,狂歌五柳前。

临洞庭上张丞相

孟浩然

八月湖水平,涵虚混太清。

气蒸云梦泽,波撼岳阳城。

欲济无舟楫,端居耻圣明。

坐观垂钓者,徒有羡鱼情。

滁州西涧

韦应物

独怜幽草涧边生,上有黄鹂深树鸣。

春潮带雨晚来急,野渡无人舟自横。

二、分清韵母 o 和 uo

1. 发音特点

(1) o 是舌面后半高圆唇元音,发音时口腔形状始终不变。

(2) ou 是由单韵母 u 和 o 组成的复合韵母。发音时,先发 u,接着舌位降低,再发 o 音。口腔随着发音改变形状。

在陕西,关中中部地区要注意读准普通话的 o 韵母。咸阳、临潼等处把 o 韵母读作 e[ɤ],把 uo 读作[uɤ];西安方言把 o、uo 都读作[uɤ];商州、丹凤、洛南都读作 uo;长武方言把"扩括"等字读成了 e 韵母。比较以下几个字音:

	泼	磨	多	作	桌
北京	pō	mó	duō	zuò	zhuō
西安	pue	mue	due	zue	pfue
户县	pe	me	due	zue	zue
商州	pue	muo	duo	zuo	zuo
长武	pe	me	due	zue	[tsʮə]

此外,陕南除安康、旬阳以及镇安、柞水、商南等处,主要的情形是把普通话的 uo 韵母并于 o 韵母。如宁陕方言"多托挪罗作撮桌戳朔弱果阔火窝"等字都读 o 韵母。

2. 区别方法

普通话的 o 韵母只与 b、p、m、f 四声母相拼合,而 uo 韵母才和 d、t、n、l、z、c、s、zh、ch、sh、r、g、k、h 等声母及零声母相拼合。

练习:

1. 读准下列词语

薄膜　磨墨　磨破　勃勃　默默　婆娑　婆婆　馍馍　火锅　骆驼　硕果　国货　蹉跎　龌龊　揉搓　掠夺　过错　罗锅　过火　窝火　做作　堕落　剥落　着落　啰唆　婀娜　落拓　哆嗦　落座　濯濯

练习的示范发音

2. 读准下列绕口令

坡上长菠萝,坡下玩陀螺。坡上掉菠萝,菠萝砸陀螺。砸破陀螺补陀螺,顶破菠萝剥菠萝。

老伯伯卖墨,老婆婆卖馍,老婆婆卖馍买墨,老伯伯卖墨买馍。墨换馍老伯伯有馍,馍换墨老婆婆有墨。

郭伯伯买火锅,带头墨水和馍馍,给馍馍蒸火锅,火锅磨得馍皮破。

三、读准韵母 i 和 ü

1. 发音特点

(1) 共同点:都是前、高单元音。发音时舌位相同,都要使舌头前伸,舌面前部抬高接近硬腭前部。

(2) 不同点:i 是不圆唇音,发音时嘴角明显向两边展开;u 是圆唇音,发音时嘴唇撮成一个小圆孔。

在学习中,学习者除了从发音方法上加强理解记忆外,还可利用声旁类推的办法记忆相关汉字。

表 3-17　i 韵母偏旁(代表字)类推表

偏旁(代表字)	例字
几	ji 几机肌饥讥叽玑矶
及	ji 圾芨及级极汲岌
疾	ji 疾蒺嫉

偏旁（代表字）	例字
即	ji 唧即暨鲫既
己	ji 己记纪忌　qi 岂起杞
技	ji 屐技伎妓　qi 歧岐
冀	ji 冀骥　yi 翼
离	li 离篱漓璃蓠
里	li 厘狸里哩理鲤俚娌
立	li 立粒苙笠　qi 泣　yi 翌
丽	li 鹂鲡丽俪郦
厉	li 厉励砺蛎
利	li 梨犁黎利莉俐痢猁蜊
力	li 力历沥枥雳
尼	ni 妮尼泥(～泞) 呢(～喃) 怩旎伲泥(拘～)
倪	li 倪霓猊睨
妻	qi 妻凄萋
切	qi 沏砌
齐	ji 济(人才～～) 挤剂荠济(救～)　qi 齐脐蛴
其	qi 期欺其棋旗萁骐琪祺綦麒
奇	qi 奇骑崎绮　ji 畸犄寄　yi 漪椅倚旖
乞	qi 迄讫　yi 屹
西	xi 西硒栖粞牺恓茜
膝	xi 膝　qi 漆
析	xi 析晰淅蜥
奚	xi 奚溪蹊(～径)
息	xi 息熄螅媳　qi 憩
希	xi 希稀
昔	xi 昔惜
衣	yi 衣依裔
夷	yi 夷姨胰咦痍
怡	yi 怡贻
乙	yi 乙亿艺忆呓　qi 气汽
以	yi 以苡

续表

偏旁(代表字)	例字
役	yi 役疫
意	yi 意臆薏噫癔
益	yi 益溢缢[shi 谥(~号)]
义	yi 仪蚁义议
易	yi 易蜴　ti 踢剔惕
咠	yi 咠　ji 缉辑楫
译	yi 译绎驿(ze 择泽　duó 铎)
亦	yi 亦弈奕

表 3-18　ü韵母偏旁(代表字)类推表

偏旁(代表字)	例字
居	ju 居裾据(拮~) 锯剧据(根~) 踞倨
且	ju 且狙疽沮(~丧) 龃咀(~嚼)　qu 蛆
菊	ju 鞠掬菊
句	ju 拘驹句　xu 煦
具	ju 具惧俱飓
巨	ju 矩巨距拒炬苣　qu 渠
屡	lü 屡缕褛偻(伛~)
吕	lü 吕铝侣
虑	lü 虑滤
区	qu 区驱躯岖
曲	qu 曲蛐
瞿	qu 瞿衢癯
取	qu 取娶　qu 趣　ju 聚
虚	xu 虚嘘墟　qu 觑
胥	xu 胥婿
于	yu 吁(象声词)于盂竽芋
禹	yu 禹愚隅遇寓
於	yu 於淤瘀
余	yu 余　xu 徐叙

续表

偏旁（代表字）	例字
俞	yu 俞榆愉瑜揄逾渝愈喻谕
欲	yu 欲峪浴裕
予	yu 予预 xu 序
臾	yu 臾谀腴萸庾瘐
鱼	yu 鱼渔
与	yu 欤与屿
语	yu 语圄
雨	yu 雨 xu 需
羽	yu 羽 xu 诩栩
禹	yu 禹 qu 踽
玉	yu 玉钰
域	yu 域阈蜮

练习：

1. 读准下列字音

离—驴 即—局 挤—举 击—居 你—女 立—律
姨—鱼 纪—剧 喜—许 丽—绿 器—去 以—语

2. 读准下列词语

阶级 结局 七律 寄居 攫取 器具 鲫鱼
履历 唏嘘 嫌弃 羽翼 接起 余地 闲趣

3. 读准下列绕口令

这天天下雨，体育运动委员会穿绿雨衣的女小吕，去找计划生育委员会不穿绿雨衣的女老李。体育运动委员会的穿绿雨衣的女小吕，没找到计划生育委员会不穿绿雨衣的女老李，计划生育委员会的不穿绿雨衣的女老李，也没有见到体育运动委员会穿绿雨衣的女小吕。

练习的示范
发音

四、读准普通话韵母 ai 和 uai

普通话的 ai 和 uai 两韵母在关中方言区读作[æ][uæ]。这是典型的语音缺陷。

要读准普通话的 ai 和 uai，应当注意读 ai 时，韵腹 a 到韵尾 i 之间要有个动程，请反复地做如下发音练习：

a—i→ai u—ai→uai

练习：

朗读诗歌，注意读准押韵的字音

再游玄都观

刘禹锡

百亩庭中半是苔，桃花净尽菜花开。

种桃道士归何处？前度刘郎今又来。

武夷茶歌

范仲淹

年年春自东南来，建溪先暖冰微开。

溪边奇茗冠天下，武夷仙人从古栽。

登　高

杜　甫

风急天高猿啸哀，渚清沙白鸟飞回。

无边落木萧萧下，不尽长江滚滚来。

万里悲秋常作客，百年多病独登台。

艰难苦恨繁霜鬓，潦倒新停浊酒杯。

第三节　普通话声调辨正

在普通话测试中，如果是把普通话的一种声调读成普通话里的另一种声调，就属于读音错误；如果把普通话一种声调读得调值不全或调值不准，则属于读音缺陷。

常见的声调错误有以下情况：

（1）阴平高平调调值 55 读为升调、降调、曲折调，或读为半低平调 22、低调 11。

（2）阳平高升调调值 35 读为平调、降调、曲折调。

（3）上声降升调调值 214 读为平调、升调。

（4）去声全降调调值 51 读为平调、升调，曲折调。

声调缺陷的基本类型举例：

（1）把阴平调调值 55 读成升调，包括 35、中升调 24、低降调 13、全升调 15 等，或是声调的相对音高不稳定。在 100 个单音节字词中，同一种声调的字相对音高应该是一致的。但如果在前面读的调值是 55，到后面读成 44 了，这就形成了缺陷。

（2）阳平的调值不准。阳平的调值应该是 35，但如把调值读成 24、23 或 45，也会形成读音缺陷。西安话阳平调值 24，来自该方言区的测试者要注意发出正确的普通话阳平的发音。

（3）上声调值不全。上声的调值是 214，调型是先降后升。如果读的时候只降不升，丢了上声调值的后半部分，同样会产生读音缺陷。

练习：

读准下列词语

更新	分支	冲击	山区	西欧	偏偏	咖啡	期间	学徒	无形
能源	成熟	馋虫	寻求	遗传	岩石	水果	勉强	偶尔	采访
古朴	把柄	舞蹈	往往	继续	静脉	侧重	步骤	血液	未必
信贷	现象	淤泥	须臾	具体	伴侣	占据	愚昧	语言	雪夜
上阕	教育	缺少	决心	地域	绝对	学习	穴位	读书	孑日
喜悦	南粤	节约	山岳	超越	恶毒	肚子	电镀	徒手	秃头
图形	制度	渡河	土地	很好	不想				

春暖花开	江山多娇	人民团结	豪情昂扬	日夜奋战	创造世界
飞檐走壁	心明眼亮	光明磊落	胸怀宽广	坚持努力	山河锦绣
严以律己	语重心长	万马奔腾	旗开得胜	全心全意	身心健康
跃跃欲试	面面俱到	中外驰名	党委领导	战斗胜利	勤劳勇敢

练习的示范
发音

第四节　轻重格式辨正

有声语言不是一个个音节同等长度和同等轻重的叠加，音节之间会产生一定程度的疏密变化。我们把汉语语言交流中，因为表情达意的需要，词语中的各个音节约定俗成的轻重、长短差别，称为词的轻重格式。为了描述词的轻重格式，我们将弱而短的音节称为"轻"，强而长的音节称为"重"，介于二者之间的称为"中"，比如"播音"一词可描述为"中·重"格式，"播音员"一词可描述为"中·中·重"格式。

要使发音纯正自然，就必须掌握普通话中词的轻重格式，在学习普通话的过程中，来自方言区的学生往往受原来发音习惯的影响，出现轻重格式的偏误，致使普通话发音出现方言语调。普通话中词的轻重格式表现在声音上，是音节和音节之间轻重、长短、快慢、疏密度的变化，这些变化恰恰是构成普通话语言节奏的基础。有的同学在大段语流中表现出来的拖沓、呆板的问题，可能与对词的轻重格式把握不好有关。

需要注意的是，词的轻重格式虽然是约定俗成的，但它不是绝对不变的。由于受语句目的的制约，在语流中我们往往会遇到原来的轻重格式被改变的情况，这是正常的。在学习的过程中，既要掌握基本规律，又要特别注意这些灵活的变化。常见的普通话词语的轻重格式如下：

1. 双音节词的轻重格式发音练习

（1）中·重格式：

波浪	跑道	马帮	附承	再会	草原	赛跑	冬眠	停泊	农耕
隆冬	专稿	畅游	视频	日报	剪彩	契税	雪莲	轨道	空白
汉字									

练习的示范
发音

（2）重·中格式：

变化	僻静	脉络	风气	错误	素材	动力	特色	主人	颤动	设备

节目　气味　消化　干部

（3）重·轻格式：

扁担　盘算　名堂　废物　作坊　凑合　思量　打量　头发　暖和　称呼
石榴　认识　街坊　清楚　秀才　甘蔗　快活　活泼

2. 三音节词的轻重格式发音练习

（1）中·中·重格式：

白兰地　抛物线　马后炮　风景线　赞美诗　踩高跷　三字经　短平快
檀香扇　年夜饭　立交桥　中华鲟　石拱桥　润滑油　甲骨文　潜台词
向日葵　高蛋白　口头禅　红绿灯

（2）中·重·轻格式：

摆架子　票贩子　没商量　犯嘀咕　做买卖　凑热闹　腮帮子　电烙铁
糖葫芦　扭秧歌　癞蛤蟆　找麻烦　车轱辘　说笑话　软骨头　铺盖卷
种庄稼　小便宜　鬼主意　扣帽子　胡萝卜

（3）中·轻·重格式：

拨浪鼓　泡泡糖　蘑菇云　犯不着　走着瞧　裁缝铺　扫帚星　豆腐渣
筒子楼　娘娘腔　喇叭花　芝麻官　差不多　势利眼　认识论　机灵鬼
俏皮话　乡巴佬　工夫茶　窟窿眼儿　狐狸精

3. 四音节词的轻重格式发音练习

（1）中·重·中·重格式：

标新立异　旁征博引　美轮美奂　纷至沓来　载歌载舞　粗茶淡饭　四通八达
刀耕火种　天涯海角　南腔北调　厉兵秣马　张灯结彩　唇亡齿寒　善始善终
人杰地灵　价廉物美　弃暗投明　心驰神往　国泰民安　开源节流　鹤发童颜

（2）重·中·中·重格式：

不约而同　疲于奔命　木已成舟　付之东流　在所不辞　词不达意　死得其所
多此一举　天伦之乐　耐人寻味　了如指掌　朝不保夕　赤子之心　身不由己
如虎添翼　寄人篱下　前所未有　喜出望外　过犹不及　刻不容缓　狐假虎威

（3）中·轻·中·重格式：

迫不及待　说不过去　老实巴交　稀里糊涂　慌里慌张
大大方方　说说笑笑

4. 多音节专有名词轻重格式发音练习

中华人民共和国　中国共产党中央委员会　全国人民代表大会
中国人民政治协商会议　中国人民革命军事博物馆　中国人民解放军
春节联欢晚会　中央电视台　联合国安理会　世界卫生组织
国际货币基全组织

以上练习材料尽可能选择的是典型轻重格式的词汇，但在句段当中则应根据具体
的语境灵活运用。

5. 轻声练习

轻声是现代汉语语言交际中读得又轻又短的调子,也叫"轻音"。轻声现象跟前后语音环境、音的高低、长短和音质都有一定关系,跟语法也有密切关系,有时还有辨别词义的作用。

轻声词语表的示范发音

《普通话水平测试用必读轻声词语表》是每一位考生都应该掌握的词语表之一。内容如下:

普通话水平测试用必读轻声词语表

说 明

1. 本表根据《普通话水平测试用普通话词语表》编制。

2. 本表供普通话水平测试第二项——读多音节词语(100个音节)测试使用。

3. 本表共收词545条(其中"子"尾词206条),按汉语拼音字母顺序排列。

4. 条目中的非轻声音节只标本调,不标变调;条目中的轻声音节,注音不标调号,如:"明白 míngbai"。

1	爱人	àiren	2	案子	ànzi
3	巴掌	bāzhang	4	把子	bǎzi
5	把子	bàzi	6	爸爸	bàba
7	白净	báijing	8	班子	bānzi
9	板子	bǎnzi	10	帮手	bāngshou
11	梆子	bāngzi	12	膀子	bǎngzi
13	棒槌	bàngchui	14	棒子	bàngzi
15	包袱	bāofu	16	包涵	bāohan
17	包子	bāozi	18	豹子	bàozi
19	杯子	bēizi	20	被子	bèizi
21	本事	běnshi	22	本子	běnzi
23	鼻子	bízi	24	比方	bǐfang
25	鞭子	biānzi	26	扁担	biǎndan
27	辫子	biànzi	28	别扭	bièniu
29	饼子	bǐngzi	30	拨弄	bōnong
31	脖子	bózi	32	簸箕	bòji
33	补丁	bǔding	34	不由得	bùyóude
35	不在乎	bùzàihu	36	步子	bùzi
37	部分	bùfen	38	裁缝	cáifeng
39	财主	cáizhu	40	苍蝇	cāngying
41	差事	chāishi	42	柴火	cháihuo
43	肠子	chángzi	44	厂子	chǎngzi
45	场子	chǎngzi	46	车子	chēzi

47	称呼	chēnghu		48	池子	chízi
49	尺子	chǐzi		50	虫子	chóngzi
51	绸子	chóuzi		52	除了	chúle
53	锄头	chútou		54	畜生	chùsheng
55	窗户	chuānghu		56	窗子	chuāngzi
57	锤子	chuízi		58	刺猬	cìwei
59	凑合	còuhe		60	村子	cūnzi
61	奔拉	dāla		62	答应	dāying
63	打扮	dǎban		64	打点	dǎdian
65	打发	dǎfa		66	打量	dǎliang
67	打算	dǎsuan		68	打听	dǎting
69	大方	dàfang		70	大爷	dàye
71	大夫	dàifu		72	带子	dàizi
73	袋子	dàizi		74	耽搁	dānge
75	耽误	dānwu		76	单子	dānzi
77	胆子	dǎnzi		78	担子	dànzi
79	刀子	dāozi		80	道士	dàoshi
81	稻子	dàozi		82	灯笼	dēnglong
83	提防	dīfang		84	笛子	dízi
85	底子	dǐzi		86	地道	dìdao
87	地方	dìfang		88	弟弟	dìdi
89	弟兄	dìxiong		90	点心	diǎnxin
91	调子	diàozi		92	钉子	dīngzi
93	东家	dōngjia		94	东西	dōngxi
95	动静	dòngjing		96	动弹	dòngtan
97	豆腐	dòufu		98	豆子	dòuzi
99	嘟囔	dūnang		100	肚子	dǔzi
101	肚子	dùzi		102	缎子	duànzi
103	对付	duìfu		104	对头	duìtou
105	队伍	duìwu		106	多么	duōme
107	蛾子	ézi		108	儿子	érzi
109	耳朵	ěrduo		110	贩子	fànzi
111	房子	fángzi		112	份子	fènzi
113	风筝	fēngzheng		114	疯子	fēngzi
115	福气	fúqi		116	斧子	fǔzi
117	盖子	gàizi		118	甘蔗	gānzhe
119	杆子	gānzi		120	杆子	gǎnzi

121	干事	gànshi	122	杠子	gàngzi
123	高粱	gāoliang	124	膏药	gāoyao
125	稿子	gǎozi	126	告诉	gàosu
127	疙瘩	gēda	128	哥哥	gēge
129	胳膊	gēbo	130	鸽子	gēzi
131	格子	gézi	132	个子	gèzi
133	根子	gēnzi	134	跟头	gēntou
135	工夫	gōngfu	136	弓子	gōngzi
137	公公	gōnggong	138	功夫	gōngfu
139	钩子	gōuzi	140	姑姑	gūgu
141	姑娘	gūniang	142	谷子	gǔzi
143	骨头	gǔtou	144	故事	gùshi
145	寡妇	guǎfu	146	褂子	guàzi
147	怪物	guàiwu	148	关系	guānxi
149	官司	guānsi	150	罐头	guàntou
151	罐子	guànzi	152	规矩	guīju
153	闺女	guīnü	154	鬼子	guǐzi
155	柜子	guìzi	156	棍子	gùnzi
157	锅子	guōzi	158	果子	guǒzi
159	蛤蟆	háma	160	孩子	háizi
161	含糊	hánhu	162	汉子	hànzi
163	行当	hángdang	164	合同	hétong
165	和尚	héshang	166	核桃	hétao
167	盒子	hézi	168	红火	hónghuo
169	猴子	hóuzi	170	后头	hòutou
171	厚道	hòudao	172	狐狸	húli
173	胡琴	húqin	174	糊涂	hútu
175	皇上	huángshang	176	幌子	huǎngzi
177	胡萝卜	húluóbo	178	活泼	huópo
179	火候	huǒhou	180	伙计	huǒji
181	护士	hùshi	182	机灵	jīling
183	脊梁	jǐliang	184	记号	jìhao
185	记性	jìxing	186	夹子	jiāzi
187	家伙	jiāhuo	188	架势	jiàshi
189	架子	jiàzi	190	嫁妆	jiàzhuang
191	尖子	jiānzi	192	茧子	jiǎnzi
193	剪子	jiǎnzi	194	见识	jiànshi

195	毽子	jiànzi	196	将就	jiāngjiu
197	交情	jiāoqing	198	饺子	jiǎozi
199	叫唤	jiàohuan	200	轿子	jiàozi
201	结实	jiēshi	202	街坊	jiēfang
203	姐夫	jiěfu	204	姐姐	jiějie
205	戒指	jièzhi	206	金子	jīnzi
207	精神	jīngshen	208	镜子	jìngzi
209	舅舅	jiùjiu	210	橘子	júzi
211	句子	jùzi	212	卷子	juànzi
213	咳嗽	késou	214	客气	kèqi
215	空子	kòngzi	216	口袋	kǒudai
217	口子	kǒuzi	218	扣子	kòuzi
219	窟窿	kūlong	220	裤子	kùzi
221	快活	kuàihuo	222	筷子	kuàizi
223	框子	kuàngzi	224	困难	kùnnan
225	阔气	kuòqi	226	喇叭	lǎba
227	喇嘛	lǎma	228	篮子	lánzi
229	懒得	lǎnde	230	浪头	làngtou
231	老婆	lǎopo	232	老实	lǎoshi
233	老太太	lǎotàitai	234	老头子	lǎotóuzi
235	老爷	lǎoye	236	老子	lǎozi
237	姥姥	lǎolao	238	累赘	léizhui
239	篱笆	líba	240	里头	lǐtou
241	力气	lìqi	242	厉害	lìhai
243	利落	lìluo	244	利索	lìsuo
245	例子	lìzi	246	栗子	lìzi
247	痢疾	lìji	248	连累	liánlei
249	帘子	liánzi	250	凉快	liángkuai
251	粮食	liángshi	252	两口子	liǎngkǒuzi
253	料子	liàozi	254	林子	línzi
255	翎子	língzi	256	领子	lǐngzi
257	溜达	liūda	258	聋子	lóngzi
259	笼子	lóngzi	260	炉子	lúzi
261	路子	lùzi	262	轮子	lúnzi
263	萝卜	luóbo	264	骡子	luózi
265	骆驼	luòtuo	266	妈妈	māma
267	麻烦	máfan	268	麻利	máli

269	麻子	mázi	270	马虎	mǎhu
271	码头	mǎtou	272	买卖	mǎimai
273	麦子	màizi	274	馒头	mántou
275	忙活	mánghuo	276	冒失	màoshi
277	帽子	màozi	278	眉毛	méimao
279	媒人	méiren	280	妹妹	mèimei
281	门道	méndao	282	眯缝	mīfeng
283	迷糊	míhu	284	面子	miànzi
285	苗条	miáotiao	286	苗头	miáotou
287	名堂	míngtang	288	名字	míngzi
289	明白	míngbai	290	蘑菇	mógu
291	模糊	móhu	292	木匠	mùjiang
293	木头	mùtou	294	那么	nàme
295	奶奶	nǎinai	296	难为	nánwei
297	脑袋	nǎodai	298	脑子	nǎozi
299	能耐	néngnai	300	你们	nǐmen
301	念叨	niàndao	302	念头	niàntou
303	娘家	niángjia	304	镊子	nièzi
305	奴才	núcai	306	女婿	nǚxu
307	暖和	nuǎnhuo	308	疟疾	nüèji
309	拍子	pāizi	310	牌楼	páilou
311	牌子	páizi	312	盘算	pánsuan
313	盘子	pánzi	314	胖子	pàngzi
315	狍子	páozi	316	盆子	pénzi
317	朋友	péngyou	318	棚子	péngzi
319	脾气	píqi	320	皮子	pízi
321	痞子	pǐzi	322	屁股	pìgu
323	片子	piānzi	324	便宜	piányi
325	骗子	piànzi	326	票子	piàozi
327	漂亮	piàoliang	328	瓶子	píngzi
329	婆家	pójia	330	婆婆	pópo
331	铺盖	pūgai	332	欺负	qīfu
333	旗子	qízi	334	前头	qiántou
335	钳子	qiánzi	336	茄子	qiézi
337	亲戚	qīnqi	338	勤快	qínkuai
339	清楚	qīngchu	340	亲家	qìngjia
341	曲子	qǔzi	342	圈子	quānzi

343	拳头	quántou	344	裙子	qúnzi
345	热闹	rènao	346	人家	rénjia
347	人们	rénmen	348	认识	rènshi
349	日子	rìzi	350	褥子	rùzi
351	塞子	sāizi	352	嗓子	sǎngzi
353	嫂子	sǎozi	354	扫帚	sàozhou
355	沙子	shāzi	356	傻子	shǎzi
357	扇子	shànzi	358	商量	shāngliang
359	上司	shàngsi	360	上头	shàngtou
361	烧饼	shāobing	362	勺子	sháozi
363	少爷	shàoye	364	哨子	shàozi
365	舌头	shétou	366	身子	shēnzi
367	什么	shénme	368	婶子	shěnzi
369	生意	shēngyi	370	牲口	shēngkou
371	绳子	shéngzi	372	师父	shīfu
373	师傅	shīfu	374	虱子	shīzi
375	狮子	shīzi	376	石匠	shíjiang
377	石榴	shíliu	378	石头	shítou
379	时候	shíhou	380	实在	shízai
381	拾掇	shíduo	382	使唤	shǐhuan
383	世故	shìgu	384	似的	shìde
385	事情	shìqing	386	柿子	shìzi
387	收成	shōucheng	388	收拾	shōushi
389	首饰	shǒushi	390	叔叔	shūshu
391	梳子	shūzi	392	舒服	shūfu
393	舒坦	shūtan	394	疏忽	shūhu
395	爽快	shuǎngkuai	396	思量	sīliang
397	算计	suànji	398	岁数	suìshu
399	孙子	sūnzi	400	他们	tāmen
401	它们	tāmen	402	她们	tāmen
403	台子	táizi	404	太太	tàitai
405	摊子	tānzi	406	坛子	tánzi
407	毯子	tǎnzi	408	桃子	táozi
409	特务	tèwu	410	梯子	tīzi
411	蹄子	tízi	412	挑剔	tiāoti
413	挑子	tiāozi	414	条子	tiáozi
415	跳蚤	tiàozao	416	铁匠	tiějiang

417	亭子	tíngzi	418	头发	tóufa
419	头子	tóuzi	420	兔子	tùzi
421	妥当	tuǒdang	422	唾沫	tuòmo
423	挖苦	wāku	424	娃娃	wáwa
425	袜子	wàzi	426	晚上	wǎnshang
427	尾巴	wěiba	428	委屈	wěiqu
429	为了	wèile	430	位置	wèizhi
431	位子	wèizi	432	蚊子	wénzi
433	稳当	wěndang	434	我们	wǒmen
435	屋子	wūzi	436	稀罕	xīhan
437	席子	xízi	438	媳妇	xífu
439	喜欢	xǐhuan	440	瞎子	xiāzi
441	匣子	xiázi	442	下巴	xiàba
443	吓唬	xiàhu	444	先生	xiānsheng
445	乡下	xiāngxia	446	箱子	xiāngzi
447	相声	xiàngsheng	448	消息	xiāoxi
449	小伙子	xiǎohuǒzi	450	小气	xiǎoqi
451	小子	xiǎozi	452	笑话	xiàohua
453	谢谢	xièxie	454	心思	xīnsi
455	星星	xīngxing	456	猩猩	xīngxing
457	行李	xíngli	458	性子	xìngzi
459	兄弟	xiōngdi	460	休息	xiūxi
461	秀才	xiùcai	462	秀气	xiùqi
463	袖子	xiùzi	464	靴子	xuēzi
465	学生	xuésheng	466	学问	xuéwen
467	丫头	yātou	468	鸭子	yāzi
469	衙门	yámen	470	哑巴	yǎba
471	胭脂	yānzhi	472	烟筒	yāntong
473	眼睛	yǎnjing	474	燕子	yànzi
475	秧歌	yāngge	476	养活	yǎnghuo
477	样子	yàngzi	478	吆喝	yāohe
479	妖精	yāojing	480	钥匙	yàoshi
481	椰子	yēzi	482	爷爷	yéye
483	叶子	yèzi	484	一辈子	yībèizi
485	衣服	yīfu	486	衣裳	yīshang
487	椅子	yǐzi	488	意思	yìsi
489	银子	yínzi	490	影子	yǐngzi

491	应酬	yìngchou	492	柚子	yòuzi
493	冤枉	yuānwang	494	院子	yuànzi
495	月饼	yuèbing	496	月亮	yuèliang
497	云彩	yúncai	498	运气	yùnqi
499	在乎	zàihu	500	咱们	zánmen
501	早上	zǎoshang	502	怎么	zěnme
503	扎实	zhāshi	504	眨巴	zhǎba
505	栅栏	zhàlan	506	宅子	zháizi
507	寨子	zhàizi	508	张罗	zhāngluo
509	丈夫	zhàngfu	510	帐篷	zhàngpeng
511	丈人	zhàngren	512	帐子	zhàngzi
513	招呼	zhāohu	514	招牌	zhāopai
515	折腾	zhēteng	516	这个	zhège
517	这么	zhème	518	枕头	zhěntou
519	镇子	zhènzi	520	芝麻	zhīma
521	知识	zhīshi	522	侄子	zhízi
523	指甲	zhǐjia(zhījia)	524	指头	zhǐtou(zhítou)
525	种子	zhǒngzi	526	珠子	zhūzi
527	竹子	zhúzi	528	主意	zhǔyi(zhúyi)
529	主子	zhǔzi	530	柱子	zhùzi
531	爪子	zhuǎzi	532	转悠	zhuànyou
533	庄稼	zhuāngjia	534	庄子	zhuāngzi
535	壮实	zhuàngshi	536	状元	zhuàngyuan
537	锥子	zhuīzi	538	桌子	zhuōzi
539	字号	zìhao	540	自在	zìzai
541	粽子	zòngzi	542	祖宗	zǔzong
543	嘴巴	zuǐba	544	作坊	zuōfang
545	琢磨	zuómo			

第四章
普通话水平测试分项训练

普通话水平测试试题包括四个方面(部分方言区加试"选择判断",专门测查应试人的词汇和语法的规范程度),分别从不同角度考查应试人的普通话水平。测试题型分别是单音节字词、多音节词语、朗读短文、命题说话。

第一节　单音节字词

一、测试内容

第一题是读单音节字 100 个,限时 3.5 分钟,考查应试人普通话声母、韵母和声调的发音标准程度。这 100 个单音节字词都是从《普通话水平测试词语表》中选取的,其中 70% 是常用字词,30% 是次常用字词。

试题内容涵盖了普通话语音系统中所有的声母、韵母和声调,每个声母的出现次数不少于 3 次;每个韵母的出现次数一般不少于 2 次;四个声调的出现次数大致相同。相同声母、韵母或声调的音节一般都隔开排列。

二、应试须知

(1) 有效利用备测 10 分钟,用汉语词典确认容易出错的字词的发音,降低出错概率。

(2) 测试时遇到不认识的字,不要跳过不读,不读肯定扣分;也不要认读过久,造成超时扣分;如果读过发现有误,立即读第二遍进行修改,打分时以第二遍为准。不宜修改次数过多,不宜隔音节修改。

(3) 测试时保证气息流畅、充沛,发音清晰、响亮;避免因声音小、气息弱造成的计算机误判或评分失败。

(4) 测试时要控制朗读的速度,既要保证音节饱满完整,又不能拖腔甩调。尽量从整体上处理好朗读的节奏,从容不迫,流畅自如。应试人在 2 分半到 3 分钟之内匀速完成为最佳。

(5) 本题的测试内容中没有轻声音节,如果遇到"裳",只能读作 cháng,不能读成 shang;也没有儿化音节,比如"鸟",不能读成 niǎor,只能读作 niǎo。

（6）遇到多音字，正确读出其中一个发音即可，最好选择自己擅长的那一个。比如"挑"有"tiāo"和"tiǎo"两个音，有些人上声发不好，所以"tiāo"是最佳选择。

（7）测试时注意保持调值一致，本题考查单个音节的声韵调的准确程度，每个音节都是独立的。应试人在答题时不要出现连读变调的情况，比如两个连着的阴平音节，不要读得一个高一个低；两个连着的上声音节，都必须有明显的降升音程，不能出现半上的情况，否则会扣分。

三、综合练习

要读好单音节字词，最重要的是熟练掌握普通话声母、韵母和声调的准确发音；同时，利用模拟试题进行练习对测试有个感性的认识。

（1）读单音节字词的发音要领：想象每一个汉字的吐字发声过程是一个枣核形状，两头尖中间鼓。字头出字，要求叼住弹出；字腹立字，要求拉开立起；字尾归音，要求弱收到位。

（2）读单音节字词练习

练习的示范发音

第一组

八	婆	牙	舌	息	泼	趾	而	胎	微	参	喝	概	迟	保
奶	飞	着	呆	拭	蹈	剖	缶	扣	揍	色	尊	据	略	琼	雄
学	全	悬	词	潘	难	惨	门	访	彭	必	凿	丛	日	藏	天
供	表	垦	来	充	加	叠	横	仁	添	芯	柳	前	您	滨	降	炉	率	误
瓜	托	樽	刷	罗	挫	快	泻	当	扔	荒	痕	肿	震	刁	牛	踹	对	贵
端	捐	算	铭	均	岭	吮	强	寸	损	广	筐	翁	女	鼎

第二组

捺	染	本	愤	刃	棒	卡	擦	波	佛	我	割	赦	惹	测	紫	刺	丝
翅	拾	尔	派	改	崽	美	费	贼	龙	凿	否	扣	抽	凑	版	氮	蘸	党
涨	耕	呈	圣	憎	统	脓	工	荣	起	当	时	夹	扭	六	修	兔	天	乾
民	磷	明	令	娘	享	穷	兄	堡	簇	粟	母	卦	下	瞥	选	列	漂	鞘
跨	划	拓	挪	块	怀	灰	催	绥	断	缓	转	囤	春	吮	笋	矿	矩	绝
却	倦	均	群	畜	黑

第三组

忙	贪	癖	敷	描	堕	羔	腻	绫	脂	驶	兹	仄	祠	凑	慎	丞	裘
寝	窟	倦	谎	新	锉	编	添	徙	脓	流	唰	苯	配	风	道	撮	玄	瓮
允	涡	它	铁	外	儿	论	酿	快	感	改	喝	海	菌	下	中	抓	雄	源
床	抽	少	池	仍	嘴	色	孙	杯	饱	婆	免	美	差	遮	钾	否	血	臣	想
筛	响	嗜	燃	咱	访	僧	笼	表	鸣	供	碘	调	屈	钾	否	盯	蜡	纲
跪	狂	婚	捐	克	蕊

第四组

扒	波	特	牌	匪	抛	彼	别	宾	妙	发	措	达	道	瞒	愤	访	第

来 丢 歌 惹 类 犯 躺 题 捏 鸟 品 厅 谱 瓷 拭 饵 猜 熬 授
肯 扭 修 碾 病 请 窨 酿 抢 挂 琼 滑 跨 活 拐 租 弱 拽 所
粗 衰 挥 添 冷 肿 鳃 家 揍 艘 唱 横 宠 融 撩 字 旨 开
给 牢 汗 跟 猛 筐 吹 攥 妆 蹲 损 蕊 双 翁 掘 绢 疽
靴 癣 驯 允 宽 收

第五组

我 鸟 端 扮 罩 胸 量 脱 流 鲜 上 驭 望 菠 砂 掘 许 块 金
笋 曾 卷 软 趴 拜 迥 别 田 各 晕 废 如 佣 董 酿 反 海 稚
铝 慌 您 青 所 滑 省 死 围 牛 跨 寻 掐 讽 恩 灭 游 脏 肉
粉 磨 安 尺 贫 劝 莽 略 蹲 猿 共 吐 谋 饼 盘 阵 菌 尿 棕
堆 槽 轨 侧 碎 欺 淤 窜 拐 疮 槛 盖 破 提 二 刨 灌 铲
下 苗 狂 年 使

第六组

丁 容 翁 俊 比 跃 居 罚 窜 拔 桩 辞 夸 领 穷 木 炒 捏 用
请 区 枕 石 否 邹 偶 浊 涛 脆 闸 根 灭 圈 屈 潘 撤 人
坡 群 绕 钙 凉 坛 怀 字 增 苏 飘 拟 呈 美 风 拈 姚 旺
航 尊 妾 略 断 准 四 香 动 虽 二 抢 鹤 闲 萧 伪 临 创
肥 贵 碑 斤 蚌 假 那 槛 有 刮 索 索 苏 妥 猜 端 逮
弄 克 去 花

筐 面 乖 姜 闩

第七组

惊 特 捐 缴 琴 揣 怀 阔 甲 江 留 花 嫩 顺 光 藏 杯 星 水
锌 首 绿 铅 丽 串 鸟 冷 商 远 学 捏 入 表 色 乡 唤 扫 铸
冰 铁 日 取 浓 军 笨 面 瞎 阅 孩 勇 那 稻 增 绝 梦 放
飘 壮 训 湾 疼 孔 赛 三 温 求 坎 恰 擦 法 毒 锐 专 耍
阳 外 穷 费 村 俺 拼 浙 略 刮 共 怪 会 明 儿 临 非 好 天
一 问 弄 晕 窖 揭

第八组

荡 买 损 丁 暖 对 促 铜 任 卡 古 揭 丸 吞 抓 修 是 支 窗
饭 旺 捽 畏 连 热 掐 乐 您 掀 丈 擦 清 把 耗 平 筛 亏 民
子 北 何 凋 否 瓦 棍 松 匀 女 喜 用 说 端 赞 佛 此 勋 院
锅 钻 牙 坡 观 骗 荒 烤 级 贪 抢 端 理 缤 能 捏 灾 穷
场 邻 抠 而 掠 羊 思 赔 体 针 描 风 荣 参 歪 续 贴 搜
拨 目 耻 掘 全 月
熬

第九组

班 归 药 插 默 而 终 铸 枕 池 拼 那 捆 蹦 略 蛙 蛆 夏
蜂 改 旬 稍 龙 驴 邢 怀 扔 岸 孙 棚 捐 吴 灾 聊 清
端 堆 用 缸 唤 司 钉 尼 临 二 俏 审 修 婶 闩 旱
秦 奖 爷 逛

灭 哭 草 奸 煤 怪 挥 趋 翁 涩 熊 籽 发 拖 优 匀 猜 旺 艘
蔫 就 偶 至 凝 若 黑 憋 因 点 坡 浙 跃 闷 加 选 梯 浮 惨
锅 杂 论 荣 养
　　第十组
　　刚 忘 郑 冷 袄 壤 安 赛 二 脆 彼 屈 胞 荒 浸 切 万 逛
丢 坏 搓 叠 靠 嘣 两 块 帆 钙 梨 裆 略 根 播 茧 捺 囊 群
孔 抓 捐 要 宵 铡 您 超 抽 谋 润 屈 瓶 字 掐 俊 佘 笙 球
富 涌 跃 舜 栓 风 松 熊 元 苏 孙 草 趁 续 翁 榻 竣 穿 黑
熔 拽 挪 满 武 裹 瞟 面 顶 贼 挎 严 内 听 醒 酿 辙 捧 硬
颇 要 好 昂 红 雅

第二节　多音节词语

一、测试内容

　　第二题是读多音节词语,其中双音节词语 45～47 个,三音节词语 2 个,4 音节词语 0～1 个,总共 100 个音节,限时 2.5 分钟。本题除了考查应试人普通话声母、韵母和声调的发音标准程度,还要考查其上声变调、轻声、儿化的标准程度。根据《普通话水平测试实施纲要》的要求,上声变调的考查不少于 7 次(其中"上声＋上声"不少于 3 次,"上声＋非上声"不少于 4 次);轻声不少于 3 次;儿化韵不少于 4 次。

二、应试须知

　　(1) 有效利用备测 10 分钟,用《现代汉语词典》确认容易读错的词语的发音,重点落实必读轻声词语的发音。

　　(2) 答题时注意处理好语速,要快慢适度,朗读好词语的轻重格式,不要出现"蹦字""吃字吞音""拖腔甩调"等现象。

　　(3) 读轻声音节时,注意轻声音节的调值高度要根据前一个音节变化;读儿化韵词语时,注意儿化音要融合在词语中,不要出现生硬的儿化音尾情况。

　　(4) 末尾是上声的词语,要注意上声调值要读得完整饱满,不要出现"半上""掉尾""甩调"等现象。

　　(5) 本题的测试内容没有生僻字词,应试人会觉得比第一题容易些,但是不能掉以轻心,答题时仍要仔细审题,从左向右逐行朗读,不要产生"漏行""错行"的失误。

三、综合练习

　　1. 读多音节词语的发音要领

　　(1) 读准每个词语的轻重格式。普通话的轻重音细分为 3 个等级,即重音、中音、轻音。普通话词语中常见的轻重音格式大致如下：

① 双音节

中重——波浪、国家、跑道、伟大、汽车

重中——变化、艺术、僻静、手艺、娇气

重轻——扁担、耳朵、盘算、妈妈、庄稼

② 三音节

中中重——白兰地、炊事员、抛物线、西红柿、收音机

中重轻——没商量、胡萝卜、犯嘀咕、扣帽子、糖葫芦

中轻重——豆腐渣、筒子楼、拨浪鼓、蘑菇云、工夫茶

③ 四音节

中轻中重——高高兴兴、坑坑洼洼、曲曲弯弯、迫不及待

中重中重——标新立异、美轮美奂、载歌载舞、四通八达

重中中重——不约而同、赤子之心、前所未有、狐假虎威

（2）掌握必读轻声词语和自然流畅的儿化韵发音，消除"港台腔"。例如，不能把"什么"读作 shénmé，要读作 shénme；"商量"要读作 shāngliang，不能读作 shāngliáng。

（3）注意多音字在词语中的唯一读音。例如，背（bēi/bèi）有两个音，词语"背诵"读作 bèisòng，词语"背带"读作 bēidài；畜（chù/xù）也有两个音，词语"畜牧"读作 xùmù，词语"家畜"读作 jiāchù。

2. 读多音节词语练习

第一组

钻营　准确　直爽　音乐　撒谎　而且　鬼子　笼统　仁爱　挫折
古老　吹牛　大事儿　代替　瓦解　窗户　窘迫　随后　军阀　小曲儿
运输　夸张　淮海　元气　不适　森林　饼干　取暖　学问　反抗　贫穷
刚才　虚名　邮票　饱满　一圈儿　非常　慈悲　两手　岔道儿　思维　聊天儿
阳光　否则　妥当　功夫　曾经　响声　捧起　早年

练习的示范发音

第二组

药品　卡片　武器　专门　小花儿　怕羞　仪表　开拓　院子　准确　刀背儿
发愣　阴谋　看成　语调　状态　岔道儿　翻脸　盈利　仍然　担任　抓紧　嘀咕
风琴　瓦解　损失　革命　曾经　管理　脑髓　云彩　化学　蛤蟆　泥塑　罢工
后边　沉默　合群儿　酿造　怠慢　高中　呼声　热心　地区　从前　下课　参天
月亮　快速　祝贺

第三组

旅行　掠夺　迥然　温暖　民间　儿歌　体重　偏差　爽朗　模型　容易　岁月
快板儿　慷慨　沙发　漂亮　眉毛　篡改　面条儿　只好　搜集　寻找　取得　书本
裁定　损害　如果　洽谈　溜冰　群岛　参政　自焚　最初　捐献　皇帝　困难
衰退　丝绸　鼻祖　寡妇　全部　下放　痴心　别人　内在　碾盘　牛油　蒜瓣儿
周而复始

第四组

粮食　领袖　出路　早点　病情　怪癖　暖和　日常　商量　玩笑　讨教　佛经
企图　深厚　云彩　谬论　词语　琼浆　南方　分配　组成　压实　绿色　梅雨
质量　蛋黄儿　农村　宝藏　转化　调查　拼命　胡同儿　贵重　增长　所谓　思念
碎步儿　同样　可以　开心　旦角儿　请假　热爱　装载　凯旋　发拦　揣摩　牛蛙
语音

第五组

牛奶　寒战　所属　女婿　偶尔　麻烦　恰当　街道　双全　小孩儿　胚胎
苍蝇　感动　军人　旦角儿　豁免　胜利　群众　随时　门缝儿　可爱　疟疾　从头
瓜分　批准　穷困　近亲　儿童　快乐　脉搏　歪斜　怎样　能量　词素　氨基酸
支援　把关　流水　酿造　佛教　秋天　嘴唇　矿床　化学　雄伟　打扰　后顾
下颌　热心　非常

第六组

巡逻　米粉　旅行　挂号　存在　捐款　僧侣　麦苗儿　日常　罪责　晒台
衰弱　快乐　学会　补贴　散漫　参加　面条儿　温柔　喧闹　牛皮　窘迫　宏大
军队　群众　穷人　省心　女性　刀把儿　别人　压迫　民兵　马虎　权贵　觉悟
确定　遇难　理睬　揣摩　童话　酿造　笔录　玻璃　太监　方音　到达　花红柳绿
有的放矢

第七组

西瓜　秋收　融化　怎样　耳坠儿　羞愧　食堂　测试　非常　然而　听写
如下　聪明　所以　纳闷儿　恐惧　配合　凶恶　奋力　才学　医学　强大　扑救
胳膊　喧闹　报酬　拐带　环绕　男子　烹调　汽船　垮台　女神　电灯　壮烈
浮雕　决心　姑娘　推广　骏马　远处　返回　衰老　缩短　热带　虽说　磁场
敏感　破裂　千方百计

第八组

反正　笔帽儿　章程　瑞雪　搏斗　内在　琼脂　取舍　军校　虐待　悬浮
玩意儿　爽快　紊乱　伪装　快来　保持　朋友　听写　彩色　增加　悲痛　马虎
美好　散步　说明　检查　措施　迫切　干脆　率领　人民　夸奖　挂念　称心
地理　走私　抢救　秋季　聘约　荣耀　眷恋　狂风　打扫　闺女儿　探索　分化
滚烫　宽厚　巡回

第九组

军队　健康　穷苦　运用　怪罪　捐款　全体　坏死　掠夺　光棍儿　觉得
需要　刮脸　没空儿　往往　排斥　凉快　强调　一点儿　扭转　酒精　表演　棉花
围脖儿　凑合　柔嫩　姑父　脑袋　沙发　战场　瑕疵　真正　传播　驾驭　鸭梨
匪徒　安置　石油　人民　诅咒　尊重　从容　儿孙　存放　扫除　墨水儿　旅行
羞怯　筚路蓝缕

第十组

似乎　雄壮　黄色　困境　大伙儿　衰败　浅海　张罗　下跌　快艇　强硬
被子　小车儿　门口　面孔　举止　循环　选取　热闹　渺茫　解剖　穷人　补贴
泪珠儿　扭转　耕作　散射　模范　群众　轨道　远方　纯粹　两极　全民　决策
抓紧　薄弱　差别　创造　生存　普遍　手绢儿　封闭　花粉　赔款　劳动力　子弹
似是而非

第三节　朗读短文

一、测试内容

第三题朗读短文，短文选自《普通话水平测试实施纲要》中的《普通话水平测试用朗读作品》，任选一篇，评分以朗读作品的前 400 个音节（不含标点符号和括注的音节）为依据，4 分钟之内完成。

按照《普通话水平测试实施纲要》的要求，朗读短文的测试目的是"测查应试人使用普通话朗读书面作品的水平。在测查声母、韵母、声调读音标准程度的同时，重点测查连读音变、停连、语调以及流畅程度"。

二、应试须知

普通话水平测试要求应试人在朗读过程中大体做到：发音准确、停连得当、语流畅达。

（1）发音准确。朗读短文项的语音评分标准，只针对短文的前 400 个音节；每错读、漏读或增读 1 个音节，扣 0.1 分。朗读过程中，声母或韵母的系统性语音缺陷，视程度扣 0.5 分、1 分；语调偏误，视程度扣 0.5 分、1 分、2 分。因此，应试人要严格按作品原文朗读，不能随意搭配词语，做到不添字、不减字、不改字、不颠倒字词顺序。应试人还要正确使用普通话语调（平调、升调、降调、曲折调），避免使用固定腔调或方言语调。

（2）停连得当。朗读是一种将文字语言转化为有声语言的创作活动，它需要准确清晰地用声音表达文字所包含的意思。因此，朗读过程中要合理安排停连（停顿和连读），停连是否得当，能够体现出应试人对朗读作品的理解程度，直接影响朗读效果。本题中停连不当，视程度扣 0.5 分、1 分、2 分。

（3）语流畅达。语言流畅是朗读短文的基本要求，也是朗读朗诵艺术美感得以实现的基本保证。朗读短文项对流畅度的评分有明确要求，朗读不流畅（包括回读），视程度扣 0.5 分、1 分、2 分。因此，应试人在朗读短文过程中务必做到语速适中、吐字清晰，不吃字、不打结、不回读。

三、短文朗读练习

作品1号

短文的示范发音

　　那是力争上游的一种树，笔直的干，笔直的枝。它的干呢，通常是丈把高，像是加以人工似的，一丈以内，绝无旁枝；它所有的桠枝呢，一律向上，而且紧紧靠拢，也像是加以人工似的，成为一束，绝无横斜逸出；它的宽大的叶子也是片片向上，几乎没有斜生的，更不用说倒垂了；它的皮，光滑而有银色的晕圈，微微泛出淡青色。这是虽在北方的风雪的压迫下却保持着倔强挺立的一种树！哪怕只有碗来粗细罢，它却努力向上发展，高到丈许，两丈，参天耸立，不折不挠，对抗着西北风。

　　这就是白杨树，西北极普通的一种树，然而决不是平凡的树！

　　它没有婆娑的姿态，没有屈曲盘旋的虬枝，也许你要说它不美丽，——如果美是专指"婆娑"或"横斜逸出"之类而言，那么，白杨树算不得树中的好女子；但是它却是伟岸，正直，朴质，严肃，也不缺乏温和，更不用提它的坚强不屈与挺拔，它是树中的伟丈夫！当你在积雪初融的高原上走过，看见平坦的大地上傲然挺立这么一株或一排白杨树，难道你就只觉得树只是树，难道你就不想到它的朴质，严肃，坚强不屈，至少也象征了北方的农民；难道你竟一点儿也不联想到，在敌后的广大土//地上，到处有坚强不屈，就像这白杨树一样傲然挺立的守卫他们家乡的哨兵！难道你又不更远一点想到这样枝枝叶叶靠紧团结，力求上进的白杨树，宛然象征了今天在华北平原纵横决荡用血写出新中国历史的那种精神和意志。

——节选自茅盾《白杨礼赞》

Zuò pǐn 1 Hào

　　Nà shì lìzhēng shàngyóu de yī zhǒng shù, bǐzhí de gàn, bǐzhí de zhī. Tā de gàn ne, tōngcháng shì zhàng bǎ gāo, xiàngshì jiāyǐ réngōng shìde, yī zhàng yǐnèi, juéwú pángzhī; tā suǒyǒu de yāzhī ne, yīlù xiàngshàng, érqiě jǐnjǐn kàolǒng, yě xiàngshì jiāyǐ réngōng shìde, chéngwéi yī shù, juéwú héng xié yì chū; tā de kuāndà de yèzi yě shì piànpiàn xiàngshàng, jīhū méi • yǒu xié shēng de, gèng bùyòng shuō dǎochuí le; tā de pí, guānghuá ér yǒu yínsè de yùnquān, wēiwēi fànchū dànqīngsè. Zhè shì suī zài běifāng de fēngxuě de yāpò xià què bǎochí zhe juéjiàng tǐnglì de yī zhǒng shù! Nǎpà zhǐyǒu wǎn lái cūxì bà, tā què nǔlì xiàngshàng fāzhǎn, gāo dào zhàng xǔ, liǎng zhàng, cāntiān sǒnglì, bùzhé-bùnáo, duìkàngzhe xīběifēng.

　　Zhè jiùshì báiyángshù, xīběi jí pǔtōng de yī zhǒng shù, rán'ér jué bù shì píngfán de shù!

　　Tā méi • yǒu pósuō de zītài, méi • yǒu qūqū pánxuán de qiúzhī, yěxǔ nǐ yào shuō tā bù měilì, ——Rúguǒ měi shì zhuān zhǐ "pósuō" huò "héng xié yì chū" zhīlèi ér yán, nàme, báiyángshù suàn • bù • dé shù zhōng de hǎo nǚzǐ; dànshì tā què shì wěi'àn, zhèngzhí, pǔzhì, yánsù, yě bù quēfá wēnhé, gèng bùyòng tí tā de jiānqiáng bùqū yǔ tǐngbá, tā shì shù zhōng de wěizhàngfu! Dāng nǐ zài jīxuě chū róng de gāoyuán·shàng zǒuguò, kàn·jiàn píngtǎn de dàdì·shàng àorán tǐnglì zhème yī zhū huò yī pái báiyángshù, nándào nǐ jiù zhǐ jué·dé shù zhǐshì shù, nándào nǐ jiù bù xiǎngdào tā de pǔzhì, yánsù, jiānqiáng bùqū, zhìshǎo yě xiàngzhēngle běifāng de nóngmín; nándào nǐ jìng yīdiǎnr yě bù liánxiǎng dào, zài díhòu de guǎngdà tǔ//dì·shàng, dàochǔ yǒu jiānqiáng bùqū, jiù xiàng zhè báiyángshù yīyàng àorán tǐnglì de shǒuwèi tāmen jiāxiāng de shàobīng! Nándào nǐ yòu bù gèng yuǎn yīdiǎnr xiǎngdào zhèyàng zhīzhī-yèyè kàojǐn tuánjié, lìqiú shàngjìn de báiyángshù, wǎnrán xiàngzhēngle jīntiān zài Huáběi Píngyuán zònghéng juédàng yòng xuè xiěchū xīn Zhōngguó lìshǐ de nà zhǒng jīngshén hé yìzhì.

——Jiéxuǎn zì Máo Dùn《Báiyáng Lǐ Zàn》

作品 2 号

两个同龄的年轻人同时受雇于一家店铺，并且拿同样的薪水。

可是一段时间后，叫阿诺德的那个小伙子青云直上，而那个叫布鲁诺的小伙子却仍在原地踏步。布鲁诺很不满意老板的不公正待遇。终于有一天他到老板那儿发牢骚了。老板一边耐心地听着他的抱怨，一边在心里盘算着怎样向他解释清楚他和阿诺德之间的差别。

"布鲁诺先生，"老板开口说话了，"您现在到集市上去一下，看看今天早上有什么卖的。"

布鲁诺从集市上回来向老板汇报说，今早集市上只有一个农民拉了一车土豆在卖。

"有多少？"老板问。

布鲁诺赶快戴上帽子又跑到集上，然后回来告诉老板一共四十袋土豆。

"价格是多少？"

布鲁诺又第三次跑到集上问来了价格。

"好吧，"老板对他说，"现在请您坐到这把椅子上一句话也不要说，看看阿诺德怎么说。"

阿诺德很快就从集市上回来了。向老板汇报说到现在为止只有一个农民在卖土豆，一共四十口袋，价格是多少多少；土豆质量很不错，他带回来一个让老板看看。这个农民一个钟头以后还会弄来几箱西红柿，据他看价格非常公道。昨天他们铺子的西红柿卖得很快，库存已经不//多了。他想这么便宜的西红柿，老板肯定会要进一些的，所以他不仅带回了一个西红柿做样品，而且把那个农民也带来了，他现在正在外面等回话呢。

此时老板转向了布鲁诺，说："现在您肯定知道为什么阿诺德的薪水比您高了吧！"

——节选自张健鹏、胡足青主编《故事时代》中《差别》

Zuòpǐn 2 Hào

Liǎng gè tónglíng de niánqīngrén tóngshí shòugù yú yī jiā diànpù, bìngqiě ná tóngyàng de xīn · shuǐ.

Kěshì yī duàn shíjiān hòu, jiào Ānuòdé de nàge xiǎohuǒzi qīngyún zhíshàng, ér nàgè jiào Bùlǔnuò de xiǎohuǒzi què réng zài yuándì tàbù. Bùlǔnuò hěn bù mǎnyì lǎobǎn de bù gōngzhèng dàiyù. Zhōng yú yǒu yī tiān tā dào lǎobǎn nàr fā láo · sāo le. Lǎobǎn yībiān nàixīn de tīngzhe tā de bào · yuàn, yībiān zài xīn · lǐ pánsuanzhe zěnyàng xiàng tā jiěshì qīngchu tā hé Ānuòdé zhījiān de chābié.

"Bùlǔnuò xiānsheng," Lǎobǎn kāikǒu shuōhuà le, "Nín xiànzài dào jíshì · shàng qù yīxià, kànkan jīntiān zǎoshang yǒu shénme mài de. "

Bùlǔnuò cóng jíshì · shàng huí · lái xiàng lǎobǎn huìbào shuō, jīnzǎo jíshì · shàng zhǐyǒu yī gè nóngmín lāle yī chē tǔdòu zài mài.

"yǒu duō · shǎo?" Lǎo bǎn wèn.

Bùlǔnuò gǎnkuài dài · shàng màozi yòu pǎodào jí · shàng, ránhòu huí · lái gàosu lǎobǎn yīgòng sìshí dài tǔdòu.

"Jiàgé shì duō · shǎo?"

Bùlǔnuò yòu dì-sān cì pǎodào jí · shàng wènláile jiàgé.

"Hǎo ba," Lǎobǎn duì tā shuō, "Xiànzài qǐng nín zuòdào zhè bǎ yǐzi · shàng yī jù huà yě bùyào shuō, kànkan Ānuòdé zěnme shuō. "

Ānuòdé hěn kuài jiù cóng jíshì · shàng huí · lái le. Xiàng lǎobǎn huìbào shuō dào xiànzài wéizhǐ zhǐyǒu yī gè nóngmín zài mài tǔdòu, yīgòng sìshí kǒudai, jiàgé shì duō · shǎo duō · shǎo; tǔdòu zhìliàng hěn bùcuò, tā dài huí · lái yī gè ràng lǎobǎn kànkàn. Zhège nóngmín yī gè zhōngtóu yǐhòu hái huì nònglái jǐ xiāng xīhóngshì, jù tā kàn jiàgé fēicháng gōngdào. Zuótiān tāmen pùzi de xīhóngshì mài de hěn kuài, kùcún yǐ · jīng bù //duō le. Tā xiǎng zhème piányi de xīhóngshì, lǎobǎn kěndìng huì yào jìn yīxiē de, suǒyǐ tā bùjǐn dàihuíle yī gè xīhóngshì zuò yàngpǐn, érqiě bǎ nàge nóngmín yě dài · lái le, tā xiànzài zhèngzài wài · miàn děng huíhuà ne.

Cǐshí lǎobǎn zhuǎnxiàngle Bùlǔnuò, shuō ："Xiànzài nín kěndìng zhī · dào wèishénme Ānuòdé de xīn · shuǐ bǐ nín gāo le ba"

——Jié xuǎn zì Zhāng Jiànpéng 、Hú Zúqīng zhǔ biān《Gùshi Shídài》zhōng 《Chābié》

作品 3 号

我常常遗憾我家门前那块丑石：它黑黝黝地卧在那里，牛似的模样；谁也不知道是什么时候留在这里的，谁也不去理会它。只是麦收时节，门前摊了麦子，奶奶总是说：这块丑石，多占地面呀，抽空把它搬走吧。

它不像汉白玉那样的细腻，可以刻字雕花，也不像大青石那样的光滑，可以供来浣纱捶布。它静静地卧在那里，院边的槐阴没有庇覆它，花儿也不再在它身边生长。荒草便繁衍出来，枝蔓上下，慢慢地，它竟锈上了绿苔、黑斑。我们这些做孩子的，也讨厌起它来，曾合伙要搬走它，但力气又不足；虽时时咒骂它，嫌弃它，也无可奈何，只好任它留在那里了。

终有一日，村子里来了一个天文学家。他在我家门前路过，突然发现了这块石头，眼光立即就拉直了。他再没有离开，就住了下来；以后又来了好些人，都说这是一块陨石，从天上落下来已经有二三百年了，是一件了不起的东西。不久便来了车，小心翼翼地将它运走了。

这使我们都很惊奇！这又怪又丑的石头，原来是天上的啊！它补过天，在天上发过热、闪过光，我们的先祖或许仰望过它，它给了他们光明、向往、憧憬；而它落下来了，在污土里，荒草里，一躺就//是几百年了！

我感到自己的无知，也感到了丑石的伟大，我甚至怨恨它这么多年竟会默默地忍受着这一切！而我又立即深深地感到它那种不屈于误解、寂寞的生存的伟大。

——节选自贾平凹《丑石》

Zuòpǐn 3 Hào

Wǒ chángcháng yíhàn wǒ jiā mén qián nà kuài chǒu shí: Tā hēiyǒuyǒu de wò zài nà•lǐ, niú shìde múyàng; shéi yě bù zhī•dào shì shénme shíhou liú zài zhè•lǐ de, shéi yě bù qù lǐhuì tā. Zhǐshì màishōu shíjié, mén qián tānle màizi, nǎinai zǒngshì shuō: Zhè kuài chǒu shí, duō zhàn dìmiàn ya, chōukòng bǎ tā bānzǒu ba.

Tā bù xiàng hànbáiyù nàyàng de xìnì, kěyǐ kèzì diāohuā, yě bù xiàng dà qīngshí nàyàng de guānghuá, kěyǐ gōng lái huànshā chuíbù. Tā jìngjìng de wò zài nà•lǐ, yuàn biān de huáiyīn méi•yǒu bìfù tā, huā'ér yě bùzài zài tā shēnbiān shēngzhǎng. Huāngcǎo biàn fányǎn chū•lái, zhīwàn shàngxià, mànmàn de, tā jìng xiùshàngle lùtái、hēibān. Wǒmen zhèxiē zuò háizi de, yě tǎoyàn•qǐ tā•lái, céng héhuǒ yào bānzǒu tā, dàn lìqi yòu bùzú; suī shíshí zhòumà tā, xiánqì tā, yě wúkě-nàihé, zhǐhǎo rèn tā liú zài nà•lǐ le.

Zhōng yǒu yī rì, cūn zi•lǐ láile yī gè tiānwénxuéjiā. Tā zài wǒ jiā mén qián lùguò, tūrán fāxiànle zhè kuài shítóu, yǎnguāng lìjí jiù lāzhí le. Tā zài méi•yǒu líkāi, jiù zhùle xià•lái; yǐ hòu yòu láile hǎoxiē rén, dōu shuō zhè shì yī kuài yǔnshí, cóng tiān•shàng luò xià•lái yǐ•jīng yǒu èr-sānbǎi nián le, shì yī jiàn liǎo•bùqǐ de dōngxi. Bùjiǔ biàn láile chē, xiǎoxīn-yìyì de jiāng tā yùnzǒu le.

Zhè shǐ wǒmen dōu hěn jīngqí, zhè yòu guài yòu chǒu de shítou, yuánlái shì tiān•shàng de a! Tā bǔguo tiān, zài tiān•shàng fāguo rè、shǎnguo guāng, wǒmen de xiānzǔ huòxǔ yǎngwàngguo tā, tā gěile tāmen guāngmíng、xiàngwǎng、 chōngjǐng;ér tā luò xià·lái le,zài wū tǔ·lǐ,huāngcǎo·lǐ,yī tǎng jiù //shì jǐbǎi nián le!

Wǒ gǎndào zìjǐ de wúzhī,yě gǎndàole chǒu shí de wěidà,wǒ shènzhì yuànhèn tā zhème duō nián jìng huì mòmò de rěnshòuzhe zhè yīqiè! Ér wǒ yòu lìjí shēnshēn de gǎndào tā nà zhǒng bùqū yú wùjiě、jìmò de shēngcún de wěidà.

——Jiéxuǎn zì Jiǎ Píng Wā《Chǒu Shí》

作品 4 号

在达瑞八岁的时候,有一天他想去看电影。因为没有钱,他想是向爸妈要钱,还是自己挣钱。最后他选择了后者。他自己调制了一种汽水,向过路的行人出售。可那时正是寒冷的冬天,没有人买,只有两个人例外——他的爸爸和妈妈。

他偶然有一个和非常成功的商人谈话的机会。当他对商人讲述了自己的"破产史"后,商人给了他两个重要的建议:一是尝试为别人解决一个难题;二是把精力集中在你知道的、你会的和你拥有的东西上。

这两个建议很关键。因为对于一个八岁的孩子而言,他不会做的事情很多。于是他穿过大街小巷,不停地思考:人们会有什么难题,他又如何利用这个机会?

一天,吃早饭时父亲让达瑞去取报纸。美国的送报员总是把报纸从花园篱笆的一个特制的管子里塞进来。假如你想穿着睡衣舒舒服服地吃早饭和看报纸,就必须离开温暖的房间,冒着寒风,到花园去取。虽然路短,但十分麻烦。

当达瑞为父亲取报纸的时候,一个主意诞生了。当天他就按响邻居的门铃,对他们说,每个月只需付给他一美元,他就每天早上把报纸塞到他们的房门底下。大多数人都同意了,很快他有//了七十多个顾客。一个月后,当他拿到自己赚的钱时,觉得自己简直是飞上了天。

很快他又有了新的机会,他让他的顾客每天把垃圾袋放在门前,然后由他早上运到垃圾桶里,每个月加一美元。之后他还想出了许多孩子赚钱的办法,并把它集结成书,书名为《儿童挣钱的二百五十个主意》。为此,达瑞十二岁时就成了畅销书作家,十五岁有了自己的谈话节目,十七岁就拥有了几百万美元。

——节选自[德]博多·舍费尔《达瑞的故事》,刘志明译

Zuòpǐn 4 Hào

Zài Dáruì bā suì de shíhou,yǒu yī tiān tā xiǎng qù kàn diànyǐng. Yīn·wèi méi·yǒu qián,tā xiǎng shì xiàng bà mā yào qián,háishì zìjǐ zhèngqián. Zuìhòu tā xuǎnzéle hòuzhě. Tā zìjǐ tiáozhìle yī zhǒng qìshuǐr, xiàng guòlù de xíngrén chūshòu. Kě nàshí zhèngshì hánlěng de dōngtiān,méi·yǒu rén mǎi,zhǐyǒu liǎng gè rén lìwài——tā de bàba hé māma.

Tā ǒurán yǒu yī gè hé fēicháng chénggōng de shāngrén tánhuà de jī·huì. Dāng tā duì shāngrén jiǎngshùle zìjǐ de "pòchǎnshǐ" hòu, shāngrén gěile tā liǎng gè zhòngyào de jiànyì：yī shì chángshì wéi bié • rén jiějué yī gè nántí；èr shì bǎ jīnglì jízhōng zài nǐ zhī • dào de、nǐ huì de hé nǐ yōngyǒu de dōngxi • shàng.

Zhè liǎng gè jiànyì hěn guānjiàn. Yīn • wèi duìyú yī gè bā suì de háizi ér yán, tā bù huì zuò de shìqing hěn duō. Yúshì tā chuānguo dàjiē xiǎoxiàng, bùtíng de sīkǎo：rén men huì yǒu shénme nántí, tā yòu rúhé lìyòng zhège jī • huì?

Yī tiān, chī zǎofàn shí fù • qīn ràng Dáruì qù qǔ bàozhǐ. Měiguó de sòngbàoyuán zǒngshì bǎ bàozhǐ cóng huāyuán líba de yī gè tèzhì de guǎnzi • lǐ sāi jìn • lái. Jiǎrú nǐ xiǎng chuānzhe shuìyī shūshū-fúfú de chī zǎofàn hé kàn bàozhǐ, jiù bìxū líkāi wēnnuǎn de fángjiān, màozhe hánfēng, dào huāyuán qù qǔ. Suīrán lù duǎn, dàn shífēn máfan.

Dāng Dáruì wèi fù • qīn qǔ bàozhǐ de shíhou, yī gè zhǔyi dànshēng le. Dàngtiān tā jiù ànxiǎng lín • jū de ménlíng, duì tāmen shuō, měi gè yuè zhǐ xū fùgěi tā yī měiyuán, tā jiù měitiān zǎoshang bǎ bàozhǐ sāidào tāmen de fángmén dǐ • xià. Dàduōshù rén dōu tóngyì le, hěn kuài tā jiù yǒu // le qīshí duō gè gùkè. Yī gè yuè hòu, dāng tā nádào zìjǐ zhuàn de qián shí, jué • dé zìjǐ jiǎnzhí shì fēi • shàngle tiān.

Hěn kuài tā yòu yǒule xīn de jī • huì, tā ràng tā de gùkè měitiān bǎ lājīdài fàngzài mén qián, ránhòu yóu tā zǎoshang yùndào lājītǒng • lǐ, měi gè yuè jiā yī měiyuán. Zhīhòu tā hái xiǎngchūle xǔduō háizi zhuànqián de bànfǎ, bìng bǎ tā jíjié chéng shū, shūmíng wéi 《Értóng Zhèngqián de Èrbǎi Wǔshí gè Zhǔyi》. Wèicǐ, Dáruì shí'èr suì shí jiù chéngle chàngxiāoshū zuòjiā, shíwǔ suì yǒule zìjǐ de tánhuà jiémù, shíqī suì jiù yōngyǒule jǐ bǎiwàn měiyuán.

——Jiéxuǎn zì[Dé] Bóduō Shěfèi'ěr《Dáruì de Gùshi》, Liú Zhìmíng yì

作品 5 号

这是入冬以来,胶东半岛上第一场雪。

雪纷纷扬扬,下得很大。开始还伴着一阵儿小雨,不久就只见大片大片的雪花,从彤云密布的天空中飘落下来。地面上一会儿就白了。冬天的山村,到了夜里就万籁俱寂,只听得雪花簌簌地不断往下落,树木的枯枝被雪压断了,偶尔咯吱一声响。

大雪整整下了一夜。今天早晨,天放晴了,太阳出来了。推开门一看,嗬!好大的雪啊!山川、河流、树木、房屋,全都罩上了一层厚厚的雪,万里江山,变成了粉妆玉砌的世界。落光了叶子的柳树上挂满了毛茸茸亮晶晶的银条儿;而那些冬夏常青的松树和柏树上,则挂满了蓬松松沉甸甸的雪球儿。一阵风吹来,树枝轻轻地摇晃,美丽的银条儿和雪球儿簌簌地落下来,玉屑似的雪末儿随风飘扬,映着清晨的阳光,显出一道道五光十色的彩虹。

大街上的积雪足有一尺多深,人踩上去,脚底下发出咯吱咯吱的响声。一群群孩子在雪地里堆雪人,掷雪球儿。那欢乐的叫喊声,把树枝上的雪都震落下来了。

俗话说,"瑞雪兆丰年"。这个话有充分的科学根据,并不是一句迷信的成语。寒冬大雪,可以冻死一部分越冬的害虫;融化了的水渗进土层深处,又能供应 // 庄稼生长的需要。我相信这一场十分及时的大雪,一定会促进明年春季作物,尤其是小麦的丰收。有经验的老农把雪比作是"麦子的棉被"。冬天"棉被"盖得越厚,明春麦子就长得越好,所以又有这样一句谚语:"冬天麦盖三层被,来年枕着馒头睡。"

我想,这就是人们为什么把及时的大雪称为"瑞雪"的道理吧。

——节选自峻青《第一场雪》

Zuòpǐn 5 Hào

Zhè shì rùdōng yǐlái, Jiāodōng Bàndǎo・shàng dì-yī cháng xuě.

Xuě fēnfēn-yángyáng, xià de hěn dà. Kāishǐ hái bànzhe yīzhènr xiǎoyǔ, bùjiǔ jiù zhǐ jiàn dàpiàn dàpiàn de xuěhuā, cóng tóngyún-mìbù de tiānkōng zhōng piāoluò xià・lái. Dìmiàn・shàng yīhuìr jiù bái le. Dōngtiān de shāncūn, dàole yè・lǐ jiù wànlài-jùjì, zhǐ tīng de xuěhuā sùsù de bùduàn wǎngxià luò, shùmù de kūzhī bèi xuě yāduàn le, ǒu'ěr gēzhī yī shēng xiǎng.

Dàxuě zhěngzhěng xiàle yīyè. Jīntiān zǎo・chén, tiān fàngqíng le, tài・yáng chū・lái le. Tuīkāi mén yī kàn, hè! Hǎo dà de xuě ā! Shānchuān、héliú、shùmù、fángwū, quán dōu zhào・shàngle yī céng hòuhòu de xuě, wànlǐ jiāngshān, biànchéngle fěnzhuāng-yùqì de shìjiè. Luòguāngle yèzi de liǔshù・shàng guàmǎnle máoróngróng liàngjīngjīng de yíntiáor; ér nàxiē dōng-xià chángqīng de sōngshù hé bǎishù・shàng, zé guàmǎnle péngsōngsōng chéndiàndiàn de xuěqiúr. Yī zhèn fēng chuīlái, shùzhī qīngqīng de yáo・huàng, měilì de yíntiáor hé xuěqiúr sùsù de luò xià・lái, yùxiè shìde xuěmòr suí fēng piāoyáng, yìngzhe qīngchén de yángguāng, xiǎnchū yī dàodào wǔguāng-shísè de cǎihóng.

Dàjiē・shàng de jīxuě zú yǒu yī chǐ duō shēn, rén cǎi shàng・qù, jiǎo dǐ・xià fāchū gēzhī gēzhī de xiǎngshēng. Yī qúnqún háizi zài xuědì・lǐ duī xuěrén, zhì xuěqiú. Nà huānlè de jiàohǎnshēng, bǎ shùzhī・shàng de xuě dōu zhènluò xià・lái le.

Súhuà shuō, "Ruìxuě zhào fēngnián". Zhège huà yǒu chōngfèn de kēxué gēnjù, bìng bù shì yī jù míxìn de chéngyǔ. Hándōng dàxuě, kěyǐ dòngsǐ yī bùfen yuèdōng de hàichóng; rónghuàle de shuǐ shènjìn tǔcéng shēnchù, yòu néng gōngyìng // zhuāngjia shēngzhǎng de xūyào. Wǒ xiāngxìn zhè yī cháng shífēn jíshí de dàxuě, yīdìng huì cùjìn míngnián chūnjì zuòwù, yóuqí shì xiǎomài de fēngshōu. Yǒu jīngyàn de lǎonóng bǎ xuě bǐzuò shì "màizi de miánbèi". Dōngtiān "miánbèi" gài de yuè hòu, míngchūn màizi jiù zhǎngde yuè hǎo, suǒyǐ yòu yǒu zhèyàng yī jù yànyǔ : "Dōngtiān mài gài sān céng bèi, láinián zhěnzhe mántou shuì. "

Wǒ xiǎng, zhè jiùshì rénmen wèishénme bǎ jíshí de dàxuě chēngwéi "ruìxuě" de dào·lǐ ba.

——Jiéxuǎn zì Jùn Qīng《Dì-yī Cháng Xuě》

作品 6 号

　　我常想读书人是世间幸福人，因为他除了拥有现实的世界之外，还拥有另一个更为浩瀚也更为丰富的世界。现实的世界是人人都有的，而后一个世界却为读书人所独有。由此我想，那些失去或不能阅读的人是多么的不幸，他们的丧失是不可补偿的。世间有诸多的不平等，财富的不平等，权力的不平等，而阅读能力的拥有或丧失却体现为精神的不平等。

　　一个人的一生，只能经历自己拥有的那一份欣悦，那一份苦难，也许再加上他亲自闻知的那一些关于自身以外的经历和经验。然而，人们通过阅读，却能进入不同时空的诸多他人的世界。这样，具有阅读能力的人，无形间获得了超越有限生命的无限可能性。阅读不仅使他多识了草木虫鱼之名，而且可以上溯远古下及未来，饱览存在的与非存在的奇风异俗。

　　更为重要的是，读书加惠于人们的不仅是知识的增广，而且还在于精神的感化与陶冶。人们从读书学做人，从那些往哲先贤以及当代才俊的著述中学得他们的人格。人们从《论语》中学得智慧的思考，从《史记》中学得严肃的历史精神，从《正气歌》中学得人格的刚烈，从马克思学得人世//的激情，从鲁迅学得批判精神，从托尔斯泰学得道德的执着。歌德的诗句刻写着睿智的人生，拜伦的诗句呼唤着奋斗的热情。一个读书人，一个有机会拥有超乎个人生命体验的幸运人。

——节选自谢冕《读书人是幸福人》

Zuòpǐn 6 Hào

　　Wǒ cháng xiǎng dúshūrén shì shìjiān xìngfú rén, yīn·wèi tā chúle yōngyǒu xiànshí de shìjiè zhīwài, hái yōngyǒu lìng yī gè gèng wéi hàohàn yě gèng wéi fēngfù de shìjiè. Xiànshí de shìjiè shì rénrén dōu yǒu de, ér hòu yī gè shìjiè què wéi dúshūrén suǒ dúyǒu. Yóu cǐ wǒ xiǎng, nàxiē shīqù huò bùnéng yuèdú de rén shì duōme de bùxìng, tāmen de sàngshī shì bùkě bǔcháng de. Shìjiān yǒu zhūduō de bù píngděng, cáifù de bù píngděng, quán lì de bù píngděng, ér yuèdú nénglì de yōngyǒu huò sàngshī què tǐxiàn wéi jīngshén de bù píngděng.

　　Yī gè rén de yīshēng, zhǐnéng jīnglì zìjǐ yōngyǒu de nà yī fèn xīnyuè, nà yī fèn kǔnàn, yěxǔ zài jiā·shàng tā qīnzì wén zhī de nà yīxiē guānyú zìshēn yǐwài de jīnglì hé jīngyàn. Rán'ér, rénmen tōngguò yuèdú, què néng jìnrù bùtóng shíkōng de zhūduō tārén de shìjiè. Zhèyàng, jùyǒu yuèdú nénglì de rén, wúxíng jiān huòdéle chāoyuè yǒuxiàn shēngmìng de wúxiàn kěnéngxìng. Yuèdú bùjǐn shǐ tā duō shíle cǎo-mù-chóng-yú zhī míng, érqiě kěyǐ shàngsù yuǎngǔ xià jí wèilái, bǎolǎn cúnzài de yǔ fēicúnzài de qífēng-yìsú.

Gèng wéi zhòngyào de shì, dúshū jiāhuì yú rénmen de bùjǐn shì zhīshi de zēngguǎng, érqiě hái zàiyú jīngshén de gǎnhuà yǔ táoyě. Rénmen cóng dúshū xué zuò rén, cóng nàxiē wǎngzhé xiānxián yǐjí dāngdài cáijùn de zhùshù zhōng xuédé tāmen de réngé. Rénmen cóng《Lúnyǔ》zhōng xuédé zhìhuì de sīkǎo, cóng《Shǐjì》zhōng xuédé yánsù de lìshǐ jīngshén, cóng《Zhèngqìgē》zhōng xuédé réngé de gāngliè, cóng Mǎkèsī xuédé rénshì // de jīqíng, cóng Lǔ Xùn xuédé pīpàn jīngshén, cóng Tuō'ěrsītài xuédé dàodé de zhízhuó. Gēdé de shījù kěxiězhe ruìzhì de rén shēng, Bàilún de shījù hūhuànzhe fèndòu de rèqíng. Yī gè dúshūrén, yī gè yǒu jī • huì yōngyǒu chāohū gèrén shēngmìng tǐyàn de xìngyùnrén.

——Jiéxuǎn zì Xiè Miǎn《Dúshūrén Shì Xìngfú Rén》

作品 7 号

一天，爸爸下班回到家已经很晚了，他很累也有点儿烦，他发现五岁的儿子靠在门旁正等着他。

"爸，我可以问您一个问题吗？"

"什么问题？""爸，您一小时可以赚多少钱？""这与你无关，你为什么问这个问题？"父亲生气地说。

"我只是想知道，请告诉我，您一小时赚多少钱？"小孩儿哀求道。"假如你一定要知道的话，我一小时赚二十美金。"

"哦，"小孩儿低下了头，接着又说，"爸，可以借我十美金吗？"父亲发怒了："如果你只是要借钱去买毫无意义的玩具的话，给我回到你的房间睡觉去。好好想想为什么你会那么自私。我每天辛苦工作，没时间和你玩儿小孩子的游戏。"

小孩儿默默地回到自己的房间关上门。

父亲坐下来还在生气。后来，他平静下来了。心想他可能对孩子太凶了——或许孩子真的很想买什么东西，再说他平时很少要过钱。

父亲走进孩子的房间："你睡了吗？""爸，还没有，我还醒着。"孩子回答。

"我刚才可能对你太凶了，"父亲说，"我不应该发那么大的火儿——这是你要的十美金。""爸，谢谢您。"孩子高兴地从枕头下拿出一些被弄皱的钞票，慢慢地数着。

"为什么你已经有钱了还要？"父亲不解地问。

"因为原来不够，但现在凑够了。"孩子回答："爸，我现在有 // 二十美金了，我可以向您买一个小时的时间吗？明天请早一点儿回家——我想和您一起吃晚餐。"

——节选自唐继柳编译《二十美金的价值》

Zuòpǐn 7 Hào

Yī tiān, bàba xiàbān huídào jiā yǐ • jīng hěn wǎn le, tā hěn lèi yě yǒu diǎnr fán, tā fāxiàn wǔ suì de érzi kào zài mén páng zhèng děngzhe tā.

"Bà, wǒ kěyǐ wèn nín yī gè wèntí ma?"

"Shénme wèntí?" "Bà, nín yī xiǎoshí kěyǐ zhuàn duō • shǎo qián?" "Zhè yǔ nǐ wúguān, nǐ wèishénme wèn zhège wèntí?" Fù • qīn shēngqì de shuō.

"Wǒ zhǐshì xiǎng zhī • dào, qǐng gàosu wǒ, nín yī xiǎoshí zhuàn duō • shǎo qián?" Xiǎoháir āiqiú dào. "Jiǎrú nǐ yīdìng yào zhī • dào de huà, wǒ yī xiǎoshí zhuàn èrshí měijīn."

"Ò," Xiǎoháir dīxiàle tóu, jiēzhe yòu shuō, "Bà, kěyǐ jiè wǒ shí měijīn ma?" Fù • qīn fānù le: "Rúguǒ nǐ zhǐshì yào jiè qián qù mǎi háowú yìyì de wánjù de huà, gěi wǒ huídào nǐ de fángjiān shuìjiào • qù. Hǎohǎo xiǎngxiang wèishénme nǐ huì nàme zìsī. Wǒ měitiān xīnkǔ gōngzuò, méi shíjiān hé nǐ wánr xiǎoháizi de yóuxì."

Xiǎoháir mòmò de huídào zìjǐ de fángjiān guān • shàng mén.

Fù • qīn zuò xià • lái hái zài shēngqì. Hòulái, tā píngjìng xià • lái le. Xīnxiǎng tā kěnéng duì háizi tài xiōng le——huòxǔ háizi zhēnde hěn xiǎng mǎi shénme dōngxi, zài shuō tā píngshí hěn shǎo yàoguo qián.

Fù • qīn zǒujìn háizi de fángjiān: "Nǐ shuìle ma?" "Bà, hái méi • yǒu, wǒ hái xǐngzhe." Háizi huídá.

"Wǒ gāngcái kěnéng duì nǐ tài xiōng le," Fù • qīn shuō, "Wǒ bù yīnggāi fā nàme dà de huǒr——zhè shì nǐ yào de shí měijīn." "Bà, xièxie nín." Háizi gāo xìng de cóng zhěntou • xià náchū yīxiē bèi nòngzhòu de chāopiào, mànmàn de shùzhe.

"Wèishénme nǐ yǐ • jīng yǒu qián le hái yào?" Fù • qīn bùjiě de wèn.

"Yīn • wèi yuánlái bùgòu, dàn xiànzài còugòu le." Háizi huídá: "Bà, wǒ xiànzài yǒu //èrshí měijīn le, wǒ kěyǐ xiàng nín mǎi yī gè xiǎoshí de shíjiān ma? Míngtiān qǐng zǎo yīdiǎnr huíjiā ——wǒ xiǎng hé nín yīqǐ chī wǎncān."

——Jiéxuǎn zì Táng Jìliǔ biānyì《Èrshí Měijīn de Jiàzhí》

作品 8 号

　　我爱月夜，但我也爱星天。从前在家乡七八月的夜晚在庭院里纳凉的时候，我最爱看天上密密麻麻的繁星。望着星天，我就会忘记一切，仿佛回到了母亲的怀里似的。

　　三年前在南京我住的地方有一道后门，每晚我打开后门，便看见一个静寂的夜。下面是一片菜园，上面是星群密布的蓝天。星光在我们的肉眼里虽然微小，然而它使我们觉得光明无处不在。那时候我正在读一些天文学的书，也认得一些星星，好像它们就是我的朋友，它们常常在和我谈话一样。

　　如今在海上，每晚和繁星相对，我把它们认得很熟了。我躺在舱面上，仰望天空。深蓝色的天空里悬着无数半明半昧的星。船在动，星也在动，它们是这样低，真是摇摇欲坠呢！渐渐地我的眼睛模糊了，我好像看见无数萤火虫在我的周围飞舞。海上的夜是柔和的，是静寂的，是梦幻的。我望着许多认识的星，我仿佛看见它们在对我眨眼，我仿佛听见它们在小声说话。这时我忘记了一切。在星的怀抱中我微笑着，我沉睡着。

我觉得自己是一个小孩子,现在睡在母亲的怀里了。

有一夜,那个在哥伦波上船的英国人指给我看天上的巨人。他用手指着: // 那四颗明亮的星是头,下面的几颗是身子,这几颗是手,那几颗是腿和脚,还有三颗星算是腰带。经他这一番指点,我果然看清楚了那个天上的巨人。看,那个巨人还在跑呢!

——节选自巴金《繁星》

Zuòpǐn 8 Hào

　　Wǒ ài yuèyè, dàn wǒ yě ài xīngtiān. Cóngqián zài jiāxiāng qī-bāyuè de yèwǎn zài tíngyuàn · lǐ nàliáng de shíhou, wǒ zuì ài kàn tiān · shàng mìmì-mámá de fánxīng. Wàngzhe xīngtiān, wǒ jiù huì wàngjì yīqiē, fǎngfú huídàole mǔ · qīn de huái · lǐ shìde.

　　Sān nián qián zài Nánjīng wǒ zhù de dìfāng yǒu yī dào hòumén, měi wǎn wǒ dǎkāi hòumén, biàn kàn · jiàn yī gè jìngjì de yè. Xià · miàn shì yī piàn càiyuán, shàng · miàn shì xīngqún mìbù de lántiān. Xīngguāng zài wǒmen de ròuyǎn · lǐ suīrán wēixiǎo, rán'ér tā shǐ wǒmen jué · dé guāngmíng wúchǔ-bùzài. Nà shíhou wǒ zhèngzài dú yīxiē tiānwénxué de shū, yě rènde yīxiē xīngxing, hǎoxiàng tāmen jiùshì wǒ de péngyou, tāmen chángcháng zài hé wǒ tánhuà yīyàng.

　　Rújīn zài hǎi · shàng, měi wǎn hé fánxīng xiāngduì, wǒ bǎ tāmen rènde hěn shú le. Wǒ tǎng zài cāngmiàn · shàng, yǎngwàng tiānkōng. Shēnlánsè de tiānkōng · lǐ xuánzhe wúshù bànmíng-bànmèi de xīng. Chuán zài dòng, xīng yě zài dòng, tāmen shì zhèyàng dī, zhēn shì yáoyáo-yùzhuì ne! Jiànjiàn de wǒ de yǎnjīng móhu le, wǒ hǎoxiàng kàn · jiàn wúshù yínghuǒchóng zài wǒ de zhōuwéi fēiwǔ. Hǎi · shàng de yè shì róuhé de, shì jìngjì de, shì mènghuàn de. Wǒ wàngzhe xǔduō rènshi de xīng, wǒ fǎngfú kàn · jiàn tāmen zài duì wǒ zhǎyǎn, wǒ fǎngfú tīng · jiàn tāmen zài xiǎoshēng shuōhuà. Zhèshí wǒ wàngjìle yīqiē. Zài xīng de huáibào zhōng wǒ wēixiàozhe, wǒ chénshuìzhe. Wǒ jué · dé zìjǐ shì yī gè xiǎoháizi, xiànzài shuì zài mǔ · qīn de huái · lǐ le.

　　Yǒu yī yè, nàge zài Gēlúnbō shàng chuán de Yīngguórén zhǐ gěi wǒ kàn tiān · shàng de jùrén. Tā yòng shǒu zhǐzhe: //Nà sì kē míngliàng de xīng shì tóu, xià · miàn de jǐ kē shì shēnzi, zhè jǐ kē shì shǒu, nà jǐ kē shì tuǐ hé jiǎo, háiyǒu sān kē xīng suàn shì yāodài. Jīng tā zhè yīfān zhǐdiǎn, wǒ guǒrán kàn qīngchule nàge tiān · shàng de jùrén. Kàn, nàge jùrén hái zài pǎo ne!

——Jiéxuǎn zì Bā Jīn《Fánxīng》

作品 9 号

　　假日到河滩上转转,看见许多孩子在放风筝。一根根长长的引线,一头系在天上,一头系在地上,孩子同风筝都在天与地之间悠荡,连心也被悠荡得恍恍惚惚了,好像又回到了童年。

儿时的放风筝，大多是自己的长辈或家人编扎的，几根削得很薄的篾，用细纱线扎成各种鸟兽的造型，糊上雪白的纸片，再用彩笔勾勒出面孔与翅膀的图案。通常扎得最多的是"老雕""美人儿""花蝴蝶"等。

我们家前院就有位叔叔，擅扎风筝，远近闻名。他扎得风筝不只体型好看，色彩艳丽，放飞得高远，还在风筝上绷一叶用蒲苇削成的膜片，经风一吹，发出"嗡嗡"的声响，仿佛是风筝的歌唱，在蓝天下播扬，给开阔的天地增添了无尽的韵味，给驰荡的童心带来几分疯狂。

我们那条胡同的左邻右舍的孩子们放的风筝几乎都是叔叔编扎的。他的风筝不卖钱，谁上门去要，就给谁，他乐意自己贴钱买材料。

后来，这位叔叔去了海外，放风筝也渐与孩子们远离了。不过年年叔叔给家乡写信，总不忘提起儿时的放风筝。香港回归之后，他的家信中说到，他这只被故乡放飞到海外的风筝，尽管飘荡游弋，经沐风雨，可那线头儿一直在故乡和 // 亲人手中牵着，如今飘得太累了，也该要回归到家乡和亲人身边来了。

是的。我想，不光是叔叔，我们每个人都是风筝，在妈妈手中牵着，从小放到大，再从家乡放到祖国最需要的地方去啊！

——节选自李恒瑞《风筝畅想曲》

Zuòpǐn 9 Hào

Jiàrì dào hétān · shàng zhuànzhuan, kàn · jiàn xǔduō háizi zài fàng fēngzheng. Yīgēngēn chángcháng de yǐnxiàn, yītóur jì zài tiān · shàng, yī tóur jì zài dì · shàng, hái zi tóng fēngzheng dōu zài tiān yǔ dì zhījiān yōudàng, lián xīn yě bèi yōudàng de huǎnghuǎng-hūhū le, hǎoxiàng yòu huídào le tóngnián.

Ershí de fàng fēngzheng, dàduō shì zìjǐ de zhǎngbèi huò jiārén biānzā de, jǐ gēn xiāo de hěn báo de miè, yòng xì shāxiàn zāchéng gè zhǒng niǎo shòu de zàoxíng, hú · shàng xuěbái de zhǐpiàn, zài yòng cǎibǐ gōulè chū miànkǒng yǔ chìbǎng de tú'àn. Tōngcháng zā de zuì duō de shì "lǎodiāo" "měirénr" "huā húdié" děng.

Wǒmen jiā qiányuàn jiù yǒu wèi shūshu, shàn zā fēngzheng, yuǎn-jìn wénmíng. Tā zā de fēngzheng bùzhǐ tǐxíng hǎokàn, sècǎi yànlì, fàngfēi de gāo yuǎn, hái zài fēngzheng · shàng bēng yī yè yòng púwěi xiāochéng de mópiàn, jīng fēng yī chuī, fāchū "wēngwēng" de shēngxiǎng, fǎngfú shì fēngzheng de gēchàng, zài lántiān · xià bō yáng, gěi kāikuò de tiāndì zēngtiānle wújìn de yùnwèi, gěi chídàng de tóngxīn dàilái jǐ fēn fēngkuáng.

Wǒmen nà tiáo hútòngr de zuǒlín-yòushè de háizimen fàng de fēngzheng jīhū dōu shì shūshu biānzā de. Tā de fēngzheng bù mài qián, shéi shàngmén qù yào, jiù gěi shéi, tā lèyì zìjǐ tiē qián mǎi cáiliào.

Hòulái, zhèwèi shūshu qùle hǎiwài, fàng fēngzheng yě jiàn yǔ háizi men yuǎnlí le. Bùguò niánnián shūshu gěi jiāxiāng xiěxìn, zǒng bù wàng tíqǐ érshí de fàng fēngzheng. Xiānggǎng huíguī zhīhòu, tā zài jiāxìn zhōng shuōdào, tā zhè zhī bèi gùxiāng fàngfēi dào hǎiwài de fēngzheng, jǐnguǎn piāodàng yóuyì, jīng mù fēngyǔ, kě nà xiàntóur yīzhí zài gùxiāng hé//qīnrén shǒu zhōng qiānzhe, rújīn piāo de tài lèi le, yě gāi yào huíguī dào jiāxiāng hé qīnrén shēnbiān lái le.

Shìde. Wǒ xiǎng, bùguāng shì shūshu, wǒmen měi gè rén dōu shì fēngzheng, zài māma shǒu zhōng qiānzhe, cóngxiǎo fàngdào dà, zài cóng jiāxiāng fàngdào zǔguó zuì xūyào de dìfang qù a!

——Jiéxuǎn zì Lǐ Héngruì《Fēngzheng Chàngxiǎngqǔ》

作品 10 号

爸不懂得怎样表达爱，使我们一家人融洽相处的是我妈。他只是每天上班下班，而妈则把我们做过的错事开列清单，然后由他来责骂我们。

有一次我偷了一块糖果，他要我把它送回去，告诉卖糖的说是我偷来的，说我愿意替他拆箱卸货作为赔偿。但妈妈却明白我只是个孩子。

我在运动场打秋千跌断了腿，在前往医院途中一直抱着我的，是我妈。爸把汽车停在急诊室门口，他们叫他驶开，说那空位是留给紧急车辆停放的。爸听了便叫嚷道："你以为这是什么车？旅游车？"

在我生日会上，爸总是显得有些不大相称。他只是忙于吹气球，布置餐桌，做杂务。把插着蜡烛的蛋糕推过来让我吹的，是我妈。

我翻阅照相册时，人们总是问："你爸爸是什么样子的？"天晓得！他老是忙着替别人拍照。妈和我笑容可掬地一起拍的照片，多得不可胜数。

我记得妈有一次叫他教我骑自行车。我叫他别放手，但他却说是应该放手的时候了。我摔倒之后，妈跑过来扶我，爸却挥手要她走开。我当时生气极了，决心要给他点儿颜色看。于是我马上爬上自行车，而且自己骑给他看。他只是微笑。

我念大学时，所有的家信都是妈写的。他 // 除了寄支票外，还寄过一封短柬给我，说因为我不在草坪上踢足球了，所以他的草坪长得很美。

每次我打电话回家，他似乎都想跟我说话，但结果总是说："我叫你妈来接。"

我结婚时，掉眼泪的是我妈。他只是大声擤了一下鼻子，便走出房间。

我从小到大都听他说："你到哪里去？什么时候回家？汽车有没有汽油？不，不准去。"爸完全不知道怎样表达爱。除非……

会不会是他已经表达了，而我却未能察觉？

——节选自［美］艾尔玛·邦贝克《父亲的爱》

Zuòpǐn 10 Hào

Bà bù dǒng·dé zěnyàng biǎodá ài, shǐ wǒmen yī jiā rén róngqià xiāngchǔ de shì wǒ mā. Tā zhǐshì měi tiān shàngbān xiàbān, ér mā zé bǎ wǒmen zuòguò de cuòshì kāiliè qīngdān, ránhòu yóu tā lái zémà wǒmen.

Yǒu yī cì wǒ tōule yī kuài tángguǒ, tā yào wǒ bǎ tā sòng huí•qù, gàosù mài táng de shuō shì wǒ tōu•lái de, shuō wǒ yuàn•yì tì tā chāi xiāng xiè huò zuòwéi péi cháng. Dàn māma què míngbai wǒ zhǐshì gè háizi.

Wǒ zài yùndòngchǎng dǎ qiūqiān diēduànle tuǐ, zài qiánwǎng yīyuàn túzhōng yīzhí bàozhe wǒ de, shì wǒ mā. Bà bǎ qìchē tíng zài jízhěnshì ménkǒu, tāmen jiào tā shǐkāi, shuō nà kòngwèi shì liúgěi jǐnjí chēliàng tíngfàng de. Bà tīngle biàn jiàorǎng dào: "Nǐ yǐwéi zhè shì shénme chē? Lǚyóuchē?"

Zài wǒ shēngri huì•shàng, bà zǒngshì xiǎn•dé yǒuxiē bùdà xiāngchèn. Tā zhǐshì máng yú chuī qìqiú, bùzhì cānzhuō, zuò záwù. Bǎ chāzhe làzhú de dàngāo tuī guò•lái ràng wǒ chuī de, shì wǒ mā.

Wǒ fānyuè zhàoxiàngcè shí, rénmen zǒngshì wèn: "Nǐ bàba shì shénme yàngzi de?" Tiān xiǎo•dé! Tā lǎoshì mángzhe tì bié•rén pāi zhào. Mā hé wǒ xiàoróng-kějū de yīqǐ pāi de zhàopiàn, duō de bùkě-shèngshǔ.

Wǒ jì•dé mā yǒu yī cì jiào tā jiāo wǒ qí zìxíngchē. Wǒ jiào tā bié fàngshǒu, dàn tā què shuō shì yīnggāi fàngshǒu de shíhou le. Wǒ shuāidǎo zhīhòu, mā pǎo guò•lái fú wǒ, bà què huīshǒu yào tā zǒukāi. Wǒ dāngshí shēngqì jí le, juéxīn yào gěi tā diǎnr yánsè kàn. Yúshì wǒ mǎshàng pá•shàng zìxíngchē, érqiě zìjǐ qí gěi tā kàn. Ta zhǐshì wēixiào.

Wǒ niàn dàxué shí, suǒyǒu de jiāxìn dōu shì mā xiě de. Tā //chúle jì zhīpiào wài, hái jìguò yī fēng duǎn jiǎn gěi wǒ, shuō yīn•wèi wǒ méi yǒu zài cǎopíng•shàng tī zúqiú le, suǒyǐ tā de cǎopíng zhǎng de hěnměi.

Měi cì wǒ dǎ diànhuà huíjiā, tā sìhū dōu xiǎng gēn wǒ shuōhuà, dàn jiéguǒ zǒngshì shuō: "Wǒ jiào nǐ mā lái jiē."

Wǒ jiéhūn shí, diào yǎnlèi de shì wǒ mā. Tā zhǐshì dàshēng xǐngle yīxià bízi, biàn zǒuchū fángjiān.

Wǒ cóng xiǎo dào dà dōu tīng tā shuō: "Nǐ dào nǎ•lǐ qù? Shénme shíhou huíjiā? Qìchē yǒu méi•yǒu qìyóu? Bù, bù zhǔn qù." Bà wánquán bù zhī•dào zěnyàng biǎodá ài. Chú fēi……

Huì bù huì shì tā yǐ•jīng biǎodá le, ér wǒ què wèi néng chájué?

——Jiéxuǎn zì[měi] Ài'ěrmǎ Bāngbèikè《Fù•qīn de Ài》

作品 11 号

一个大问题一直盘踞在我脑袋里：

世界杯怎么会有如此巨大的吸引力？除去足球本身的魅力之外，还有什么超乎其上而更伟大的东西？

近来观看世界杯,忽然从中得到了答案:是由于一种无上崇高的精神情感——国家荣誉感!

地球上的人都会有国家的概念,但未必时时都有国家的感情。往往人到异国,思念家乡,心怀故国,这国家概念就变得有血有肉,爱国之情来得非常具体。而现代社会,科技昌达,信息快捷,事事上网,世界真是太小太小,国家的界限似乎也不那么清晰了。再说足球正在快速世界化,平日里各国球员频繁转会,往来随意,致使越来越多的国家联赛都具有国际的因素。球员们不论国籍,只效力于自己的俱乐部,他们比赛时的激情中完全没有爱国主义的因子。

然而,到了世界杯大赛,天下大变。各国球员都回国效力,穿上与光荣的国旗同样色彩的服装。在每一场比赛前,还高唱国歌以宣誓对自己祖国的挚爱与忠诚。一种血缘情感开始在全身的血管里燃烧起来,而且立刻热血沸腾。

在历史时代,国家间经常发生对抗,好男儿戎装卫国。国家的荣誉往往需要以自己的生命去 // 换取。但在和平时代,唯有这种国家之间大规模对抗性的大赛,才可以唤起那种遥远而神圣的情感,那就是:为祖国而战!

——节选自冯骥才《国家荣誉感》

Zuòpǐn 11 Hào

Yī gè dà wèntí yīzhí pánjù zài wǒ nǎodai·lǐ:

Shìjièbēi zěnme huì yǒu rúcǐ jùdà de xīyǐnlì? Chúqù zúqiú běnshēn de mèilì zhīwài, hái yǒu shénme chāohūqíshàng ér gèng wěidà de dōngxi?

Jìnlái guānkàn shìjièbēi, hūrán cóngzhōng dédàole dá'àn: Shì yóuyú yī zhǒng wúshàng chónggāo de jīngshén qínggǎn——guójiā róngyùgǎn!

Dìqiú·shàng de rén dōu huì yǒu guójiā de gàiniàn, dàn wèibì shíshí dōu yǒu guójiā de gǎnqíng. Wǎngwǎng rén dào yìguó, sīniàn jiāxiāng, xīn huái gùguó, zhè guójiā gàiniàn jiù biànde yǒu xiě yǒu ròu, àiguó zhī qíng lái de fēicháng jùtǐ. Ér xiàndài shèhuì, kējì chāngdá, xìnxī kuàijié, shìshì shàngwǎng, shìjiè zhēn shì tài xiǎo tài xiǎo, guójiā de jièxiàn sìhū yě bù nàme qīngxī le. Zàishuō zúqiú zhèngzài kuàisù shìjièhuà, píngrì·lǐ gè guó qiúyuán pínfán zhuǎn huì, wǎnglái suíyì, zhìshǐ yuèláiyuèduō de guójiā liánsài dōu jùyǒu guójì de yīnsù. Qiúyuánmen bùlùn guójí, zhī xiàolì yú zìjǐ de jùlèbù, tāmen bǐsài shí de jīqíng zhōng wánquán méi·yǒu àiguózhǔyì de yīnzǐ.

Rán'ér, dàole shìjièbēi dàsài, tiānxià dàbiàn. Gè guó qiúyuán dōu huíguó xiàolì, chuān·shàng yǔ guāngróng de guóqí tóngyàng sècǎi de fúzhuāng. Zài měi yī chǎng bǐsài qián, hái gāochàng guógē yǐ xuānshì duì zìjǐ zǔguó de zhì'ài yǔ zhōngchéng. Yī zhǒng xuèyuán qínggǎn kāishǐ zài quánshēn de xuèguǎn·lǐ ránshāo qǐ·lái, érqiě lìkè rèxuè fèiténg.

Zài lìshǐ shídài, guójiā jiān jīngcháng fāshēng duìkàng, hǎo nán'ér róngzhuāng wèiguó. Guójiā de róngyù wǎngwǎng xūyào yǐ zìjǐ de shēngmìng qù //huàn qǔ. Dàn zài hépíng shídài, wéiyǒu zhè zhǒng guójiā zhījiān dàguīmó duìkàngxìng de dàsài, cái kěyǐ huànqǐ nà zhǒng yáoyuǎn ér shénshèng de qínggǎn, nà jiùshì: Wéi zǔguó ér zhàn!

——Jiéxuǎn zì Féng Jìcái《Guójiā Róngyùgǎn》

作品 12 号

　　夕阳落山不久,西方的天空,还燃烧着一片橘红色的晚霞。大海,也被这霞光染成了红色,而且比天空的景色更要壮观。因为它是活动的,每当一排排波浪涌起的时候,那映照在浪峰上的霞光,又红又亮,简直就像一片片霍霍燃烧着的火焰,闪烁着,消失了。而后面的一排,又闪烁着,滚动着,涌了过来。

　　天空的霞光渐渐地淡下去了,深红的颜色变成了绯红,绯红又变为浅红。最后,当这一切红光都消失了的时候,那突然显得高而远了的天空,则呈现出一片肃穆的神色。最早出现的启明星,在这蓝色的天幕上闪烁起来了。它是那么大,那么亮,整个广漠的天幕上只有它在那里放射着令人注目的光辉,活像一盏悬挂在高空的明灯。

　　夜色加浓,苍空中的“明灯”越来越多了。而城市各处的真的灯火也次第亮了起来,尤其是围绕在海港周围山坡上的那一片灯光,从半空倒映在乌蓝的海面上,随着波浪,晃动着,闪烁着,像一串流动着的珍珠,和那一片片密布在苍穹里的星斗互相辉映,煞是好看。

　　在这幽美的夜色中,我踏着软绵绵的沙滩,沿着海边,慢慢地向前走去。海水,轻轻地抚摸着细软的沙滩,发出温柔的 // 刷刷声。晚来的海风,清新而又凉爽。我的心里,有着说不出的兴奋和愉快。

　　夜风轻飘飘地吹拂着,空气中飘荡着一种大海和田禾相混合的香味儿,柔软的沙滩上还残留着白天太阳炙晒的余温。那些在各个工作岗位上劳动了一天的人们,三三两两地来到这软绵绵的沙滩上,他们浴着凉爽的海风,望着那缀满了星星的夜空,尽情地说笑,尽情地休憩。

——节选自峻青《海滨仲夏夜》

Zuòpǐn 12 Hào

　　Xīyáng luòshān bùjiǔ, xīfāng de tiānkōng, hái ránshāozhe yī piàn júhóngsè de wǎnxiá. Dàhǎi, yě bèi zhè xiáguāng rǎnchéngle hóngsè, érqiě bǐ tiānkōng de jǐngsè gèng yào zhuàngguān. Yīn · wèi tā shì huó · dòng de, měidāng yīpáipái bōlàng yǒngqǐ de shíhou, nà yìngzhào zài làngfēng · shàng de xiáguāng, yòu hóng yòu liàng, jiǎnzhí jiù xiàng yīpiànpiàn huòhuò ránshāozhe de huǒyàn, shǎnshuò zhe, xiāoshī le. Ér hòu · miàn de yī pái, yòu shǎnshuòzhe, gǔndòngzhe, yǒngle guò · lái.

　　Tiānkōng de xiáguāng jiànjiàn de dàn xià · qù le, shēnhóng de yánsè biànchéngle fēihóng, fēihóng yòu biànwéi qiǎnhóng. Zuìhòu, dāng zhè yīqiè hóngguāng dōu xiāoshīle de shíhou, nà tūrán xiǎn·dé gāo ér yuǎn le de tiānkōng, zé chéngxiàn chū yī piàn sùmù de shénsè. Zuì zǎo chūxiàn de qǐmíngxīng, zài zhè lánsè de tiānmù·shàng shǎnshuò qǐ·lái le. Tā shì nàme dà, nàme liàng, zhěng gè guǎngmò de tiānmù·shàng zhǐyǒu tā zài nà·lǐ fàngshèzhe lìng rén zhùmù de guānghuī, huóxiàng yī zhǎn xuánguà zài gāokōng de míngdēng.

Yèsè jiā nóng, cāngkōng zhōng de "míngdēng" yuèláiyuè duō le. Ér chéngshì gè chù de zhēn de dēnghuǒ yě cìdì liàngle qǐ·lái, yóuqí shì wéirào zài hǎigǎng zhōuwéi shānpō·shàng de nà yī piàn dēngguāng, cóng bànkōng dàoyìng zài wūlán de hǎimiàn·shàng, suízhe bōlàng, huàngdòngzhe, shǎnshuòzhe, xiàng yī chuàn liúdòngzhe de zhēnzhū, hé nà yīpiànpiàn mìbù zài cāngqióng·lǐ de xīngdǒu hùxiāng huīyìng, shà shì hǎokàn.

Zài zhè yōuměi de yèsè zhōng, wǒ tàzhe ruǎnmiánmián de shātān, yánzhe hǎibiān, mànmàn de xiàngqián zǒu·qù. Hǎishuǐ, qīngqīng de fǔmōzhe xìruǎn de shātān, fāchū wēnróu de//shuāshuā shēng. Wǎnlái de hǎifēng, qīngxīn ér yòu liángshuǎng. Wǒ de xīn·lǐ, yǒuzhe shuō·bùchū de xīngfèn hé yúkuài.

Yèfēng qīngpiāopiāo de chuīfúzhe, kōngqì zhōng piāodàngzhe yī zhǒng dàhǎi hé tiánhé xiāng hùnhé de xiāngwèir, róuruǎn de shātān·shàng hái cánliúzhe bái·tiān tài·yáng zhìshài de yúwēn. Nàxiē zài gè gè gōngzuò gǎngwèi·shàng láodòngle yī tiān de rénmen, sānsān-liǎngliǎng de láidào zhè ruǎnmiánmián de shātān·shàng, tāmen yù zhe liángshuǎng de hǎifēng, wàngzhe nà zhuìmǎnle xīngxing de yèkōng, jìnqíng de shuōxiào, jìnqíng de xiūqì.

——Jiéxuǎn zì Jùn Qīng《Hǎibīn Zhòngxià Yè》

作品 13 号

生命在海洋里诞生绝不是偶然的,海洋的物理和化学性质,使它成为孕育原始生命的摇篮。

我们知道,水是生物的重要组成部分,许多动物组织的含水量在百分之八十以上,而一些海洋生物的含水量高达百分之九十五。水是新陈代谢的重要媒介,没有它,体内的一系列生理和生物化学反应就无法进行,生命也就停止。因此,在短时期内动物缺水要比缺少食物更加危险。水对今天的生命是如此重要,它对脆弱的原始生命,更是举足轻重了。生命在海洋里诞生,就不会有缺水之忧。

水是一种良好的溶剂。海洋中含有许多生命所必需的无机盐,如氯化钠、氯化钾、碳酸盐、磷酸盐,还有溶解氧,原始生命可以毫不费力地从中吸取它所需要的元素。

水具有很高的热容量,加之海洋浩大,任凭夏季烈日曝晒,冬季寒风扫荡,它的温度变化却比较小。因此,巨大的海洋就像是天然的"温箱",是孕育原始生命的温床。

阳光虽然为生命所必需,但是阳光中的紫外线却有扼杀原始生命的危险。水能有效地吸收紫外线，因而又为原始生命提供了天然的"屏障"。

这一切都是原始生命得以产生和发展的必要条件。//

——节选自童裳亮《海洋与生命》

Zuòpǐn 13 Hào

Shēngmìng zài hǎiyáng·lǐ dànshēng jué bù shì ǒurán de, hǎiyáng de wùlǐ hé huàxué xìngzhì, shǐ tā chéngwéi yùnyù yuánshǐ shēngmìng de yáolán.

Wǒmen zhī·dào, shuǐ shì shēngwù de zhòngyào zǔchéng bùfen, xǔduō dòngwù zǔzhī de hánshuǐliàng zài bǎ fēn zhī bāshí yǐshàng, ér yīxiē hǎiyáng shēngwù de hánshuǐliàng gāodá bǎ fēn zhī jiǔshíwǔ. Shuǐ shì xīnchén-dàixiè de zhòngyào méijiè, méi·yǒu tā, tǐnèi de yīxìliè shēnglǐ hé shēngwù huàxué fǎnyìng jiù wúfǎ jìnxíng. Shēngmìng yě jiù tíngzhǐ. Yīncǐ, zài duǎn shíqī nèi dòngwù quē shuǐ yào bǐ quēshǎo shíwù gèngjiā wēixiǎn. Shuǐ duì jīntiān de shēngmìng shì rúcǐ zhòngyào, tā duì cuìruò de yuánshǐ shēngmìng, gèng shì jǔzú-qīngzhòng le. Shēngmìng zài hǎiyáng·lǐ dànshēng, jiù bù huì yǒu quē shuǐ zhī yōu.

Shuǐ shì yī zhǒng liánghǎo de róngjì. Hǎiyáng zhōng hányǒu xǔduō shēngmìng suǒ bìxū de wújīyán, rú lǜhuànà, lǜhuàjiǎ, tànsuānyán, línsuānyán, háiyǒu róngjiěyǎng. Yuánshǐ shēngmìng kěyǐ háobù fèilì de cóngzhōng xīqǔ tā suǒ xūyào de yuánsù.

Shuǐ jùyǒu hěn gāo de rè róngliàng, jiāzhī hǎiyáng hàodà, rènpíng xiàjì lièrì pùshài, dōngjì hánfēng sǎodàng, tā de wēndù biànhuà què bǐjiào xiǎo. Yīncǐ, jùdà de hǎiyáng jiù xiàng shì tiānrán de "wēn xiāng", shì yùnyù yuánshǐ shēngmìng de wēnchuáng.

Yángguāng suīrán wéi shēngmìng suǒ bìxū, dànshì yángguāng zhōng de zǐwàixiàn què yǒu èshā yuánshǐ shēngmìng de wēixiǎn. Shuǐ néng yǒuxiào xīshōu zǐwàixiàn. Yīn'ér yòu wèi yuánshǐ shēngmìng tígōngle tiānrán de "píngzhàng".

Zhè yīqiē dōu shì yuánshǐ shēngmìng déyǐ chǎnshēng hé fāzhǎn de bìyào tiáojiàn. //

——Jiéxuǎn zì Tóng Chángliàng《Hǎiyáng yǔ Shēngmìng》

作品 14 号

读小学的时候，我的外祖母去世了。外祖母生前最疼爱我，我无法排除自己的忧伤，每天在学校的操场上一圈儿又一圈儿地跑着，跑得累倒在地上，扑在草坪上痛哭。

那哀痛的日子，断断续续地持续了很久，爸爸妈妈也不知道如何安慰我。他们知道与其骗我说外祖母睡着了，还不如对我说实话：外祖母永远不会回来了。

"什么是永远不会回来呢?"我问着。

"所有时间里的事物，都永远不会回来。你的昨天过去，它就永远变成昨天，你不能再回到昨天。爸爸以前也和你一样小，现在也不能回到你这么小的童年了；有一天你会长大，你会像外祖母一样老；有一天你度过了你的时间，就永远不会回来了。"爸爸说。

爸爸等于给我一个谜语，这谜语比课本上的"日历挂在墙壁，一天撕去一页，使我心里着急"和"一寸光阴一寸金，寸金难买寸光阴"还让我感到可怕；也比作文本上的"光阴似箭，日月如梭"更让我觉得有一种说不出的滋味。

时间过得那么飞快，使我的小心眼儿里不只是着急，而是悲伤。有一天我放学回家，看到太阳快落山了，就下决心说："我要比太阳更快地回家。"我狂奔回去，站在庭院前喘气的时候，看到太阳//还露着半边脸，我高兴地跳跃起来，那一天我跑赢了太阳。以后我就时常做那样的游戏，有时和太阳赛跑，有时和西北风比快，有时一个暑假才能做完的作业，我十天就做完了；那时我三年级，常常把哥哥五年级的作业拿来做。每一次比赛胜过时间，我就快乐得不知道怎么形容。

如果将来我有什么要教给我的孩子，我会告诉他：假若你一直和时间比赛，你就可以成功！

——节选自（台湾）林清玄《和时间赛跑》

Zuòpǐn 14 Hào

Dú xiǎoxué de shíhou, wǒ de wàizǔmǔ qùshì le. Wàizǔmǔ shēngqián zuì téng'ài wǒ, wǒ wúfǎ páichú zìjǐ de yōushāng, měi tiān zài xuéxiào de cāochǎng·shàng yī quānr yòu yī quānr de pǎozhe, pǎo de lèidǎo zài dì·shàng, pūzài cǎopíng·shàng tòngkū.

Nà āitòng de rìzi, duànduàn-xùxù de chíxùle hěn jiǔ, bàba māma yě bù zhī·dào rúhé ānwèi wǒ. Tāmen zhī·dào yǔqí piàn wǒ shuō wàizǔmǔ shuìzháole, hái bùrú duì wǒ shuō shíhuà: Wàizǔmǔ yǒngyuǎn bù huì huí·lái le.

"Shénme shì yǒngyuǎn bù huì huí·lái ne?" wǒ wènzhe.

"Suǒyǒu shíjiān·lǐ de shìwù, dōu yǒngyuǎn bù huì huí·lái. Nǐ de zuótiān guò·qù, tā jiù yǒngyuǎn biàn chéng zuótiān, nǐ bùnéng zài huídào zuótiān. Bàba yǐqián yě hé nǐ yīyàng xiǎo, xiànzài yě bùnéng huídào nǐ zhème xiǎo de tóngnián le; yǒu yī tiān nǐ huì zhǎngdà, nǐ huì xiàng wàizǔmǔ yīyàng lǎo; yǒu yī tiān nǐ dùguole nǐ de shíjiān, jiù yǒngyuǎn bù huì huí·lái le." Bàba shuō.

Bàba děngyú gěi wǒ yī gè míyǔ, zhè míyǔ bǐ kèběn·shàng de "Rìlì guà zài qiángbì, yī tiān sī·qù yī yè, shǐ wǒ xīn·lǐ zháojí" hé "Yīcùn guāngyīn yī cùn jīn, cùn jīn nán mǎi cùn guāngyīn" hái ràng wǒ gǎndào kěpà; yě bǐ zuòwénběn·shàng de "Guāngyīn sì jiàn, rìyuè rú suō" gèng ràng wǒ jué·dé yǒu yī zhǒng shuō·bùchū de zīwèi.

Shíjiān guò de nàme fēikuài, shǐ wǒ de xiǎo xīnyǎnr·lǐ bù zhǐshì zháojí, háiyǒu bēishāng. Yǒu yī tiān wǒ fàngxué huíjiā, kàndào tài·yáng kuài luòshān le, jiù xià juéxīn shuō: "Wǒ yào bǐ tài·yáng gèng kuài de huíjiā." Wǒ kuángbēn huíqù, zhànzài tíngyuàn qián chuǎnqì de shíhou, kàndào tài · yáng //hái lòuzhe bànbiān liǎn, wǒ gāoxìng de tiàoyuè qǐ · lái, nà yī tiān wǒ pǎoyíngle tài · yáng. Yǐhòu wǒ jiù shícháng zuò nàyàng de yóuxì, yǒushí hé tài · yáng sàipǎo, yǒu shí hé xīběifēng bǐ kuài, yǒushí yī gè shǔjià cái néng zuòwán de zuòyè, wǒ shí tiān jiù zuòwánle; nà shí wǒ sān niánjí, chángcháng bǎ gēge wǔ niánjí de zuòyè ná · lái zuò. Měi yī cì bǐsài shèngguo shíjiān, wǒ jiù kuàilè de bù zhī · dào zěnme xíngróng.

Rúguǒ jiānglái wǒ yǒu shénme yào jiàogěi wǒ de háizi, wǒ huì gàosù tā: jiǎruò nǐ yīzhí hé shíjiān bǐsài, nǐ jiù kěyǐ chénggōng!

——Jiéxuǎn zì (Táiwān) Lín Qīngxuán《Hé Shíjiān Sàipǎo》

作品 15 号

三十年代初，胡适在北京大学任教授。讲课时他常常对白话文大加称赞，引起一些只喜欢文言文而不喜欢白话文的学生的不满。

一次，胡适正讲得得意的时候，一位姓魏的学生突然站了起来，生气地问："胡先生，难道说白话文就毫无缺点吗？"胡适微笑着回答说："没有。"那位学生更加激动了："肯定有！白话文废话太多，打电报用字多，花钱多。"胡适的目光顿时变亮了。轻声地解释说："不一定吧！前几天有位朋友给我打来电报，请我去政府部门工作，我决定不去，就回电拒绝了。复电是用白话写的，看来也很省字。请同学们根据我这个意思，用文言文写一个回电，看看究竟是白话文省字，还是文言文省字？"胡教授刚说完，同学们立刻认真地写了起来。

十五分钟过去，胡适让同学举手，报告用字的数目，然后挑了一份用字最少的文言电报稿，电文是这样写的：

"才疏学浅，恐难胜任，不堪从命。"白话文的意思是：学问不深，恐怕很难担任这个工作，不能服从安排。

胡适说，这份写得确实不错，仅用了十二个字。但我的白话电报却只用了五个字："干不了，谢谢！"

胡适又解释说："干不了"就有才疏学浅、恐难胜任的意思；"谢谢"既//对朋友的介绍表示感谢，又有拒绝的意思。所以，废话多不多，并不看它是文言文还是白话文，只要注意选用字词，白话文是可以比文言文更省字的。

——节选自陈灼主编《实用汉语中级教程》(上)中《胡适的白话电报》

Zuòpǐn 15 Hào

Sānshí niándài chū, Hú Shì zài Běijīng Dàxué rèn jiàoshòu. Jiǎngkè shí tā chángcháng duì báihuàwén dàjiā chēngzàn, yǐnqǐ yīxiē zhǐ xǐhuan wényánwén ér bù xǐ huan báihuàwén de xuésheng de bùmǎn.

Yī cì, Hú Shì zhèng jiǎng de déyì de shíhou, yī wèi xìng wèi de xuésheng tūrán zhànle qǐ · lái, shēngqì de wèn: "Hú xiānsheng, nándào shuō báihuàwén jiù háowú quēdiǎn ma?" Hú Shì wēixiàozhe huídá shuō: "méi · yǒu. "Nà wèi xuésheng gèngjiā jīdòng le: "Kěndìng yǒu! Báihuàwén fèihuà tài duō, dǎ diànbào yòng zì duō, huāqián duō. "Hú Shì de mùguāng dùnshí biànliàng le. Qīngshēng de jiěshì shuō: "Bù yīdìng bā! Qián jǐ tiān yǒu wèi péngyou gěi wǒ dǎ • lái diànbào, qǐng wǒ qù zhèngfǔ bùmén gōngzuò, wǒ juédìng bù qù, jiù huídiàn jùjué le. Fùdiàn shì yòng báihuà xiě de, kànlái yě hěn shěng zì. Qǐng tóngxuémen gēnjù wǒ zhège yìsi, yòng wényánwén xiě yī gè huídiàn, kànkan jiūjìng shì báihuàwén shěng zì, hái shì wényánwén shěng zì?"Hú jiàoshòu gāng shuōwán, tóngxuémen lìkè rènzhēn de xiěle qǐ • lái.

Shíwǔ fēnzhōng guò • qù, Hú Shì ràng tóngxué jǔshǒu, bàogào yòng zì de shùmù, ránhòu tiāole yī fèn yòng zì zuì shǎo de wényán diànbàogǎo, diànwén shì zhèyàng xiě de:

"Cáishū-xuéqiǎn, kǒng nán shèngrèn, bùkān cóngmìng. "Báihuàwén de yìsi shì: Xuéwen bù shēn, kǒngpà hěn nán dānrèn zhège gōng zuò, bùnéng fúcóng ānpái.

Hú Shì shuō, zhè fèn xiě de quèshí bùcuò, jǐn yòngle shí'èr gè zì. Dàn wǒ de báihuà diànbào què zhǐ yòngle wǔ gè zì: "Gàn • bùliǎo, xièxie!"

Hú shì yòu jiěshì shuō: "Gàn • bùliǎo" jiù yǒu cáishū-xuéqiǎn, kǒng nán shèngrèn de yìsi; "Xièxie" jì //duì péngyou de jièshào biǎoshì gǎnxiè, yòu yǒu jùjué de yìsi. Suǒyǐ, fèi huà duō • bù duō, bìng bù kàn tā shì wényánwén hái shì báihuàwén, zhǐyào zhùyì xuǎnyòng zìcí, báihuàwén shì kěyǐ bǐ wényánwén gèng shěng zì de.

——Jiéxuǎn zì Chén Zhuó Zhǔbiān《Shíyòng Hànyǔ Zhōngjí Jiàochéng》(shàng) zhōng《Hú Shì de Báihuà Diànbào》

作品 16 号

很久以前，在一个漆黑的秋天的夜晚，我泛舟在西伯利亚一条阴森森的河上。船到一个转弯处，只见前面黑黢黢的山峰下面一星火光蓦地一闪。

火光又明又亮，好像就在眼前……

"好啦，谢天谢地！"我高兴地说，"马上就到过夜的地方啦！"

船夫扭头朝身后的火光望了一眼，又不以为然地划起浆来。

"远着呢！"

我不相信他的话，因为火光冲破朦胧的夜色，明明在那儿闪烁。不过船夫是对的，事实上，火光的确还远着呢。

这些黑夜的火光的特点是：驱散黑暗，闪闪发亮，近在眼前，令人神往。乍一看，再划几下就到了……其实却还远着呢！……

我们在漆黑如墨的河上又划了很久。一个个峡谷和悬崖，迎面驶来，又向后移去，仿佛消失在茫茫的远方，而火光却依然停在前头，闪闪发亮，令人神往——依然是这么近，又依然是那么远……

现在，无论是这条被悬崖峭壁的阴影笼罩的漆黑的河流，还是那一星明亮的火光，都经常浮现在我的脑际，在这以前和在这以后，曾有许多火光，似乎近在咫尺，不止使我一人心驰神往。可是生活之河却仍然在那阴森森的两岸之间流着，而火光也依旧非常遥远。因此，必须加劲划桨……

然而，火光啊……毕竟……毕竟就 // 在前头！……

　　　　　　　　　　　　——节选自［俄］柯罗连科《火光》，张铁夫译

Zuòpǐn 16 Hào

Hěn jiǔ yǐqián, zài yī gè qīhēi de qiūtiān de yèwǎn, wǒ fàn zhōu zài Xībólìyà yī tiáo yīnsēnsēn de hé·shàng. Chuán dào yī gè zhuǎnwān chù, zhǐ jiàn qián·miàn hēiqūqū de shānfēng xià·miàn, yī xīng huǒguāng mòdì yī shǎn.

Huǒ guāng yòu míng yòu liàng, hǎoxiàng jiù zài yǎnqián……

"Hǎo la, xiètiān-xièdì!" Wǒ gāoxìng de shuō, "Mǎshàng jiù dào guòyè de dìfang la!"

Chuánfū niǔtóu cháo shēnhòu de huǒguāng wàng le yī yǎn, yòu bùyǐwéirán de huá·qǐ jiǎng·lái.

"Yuǎnzhe ne!"

Wǒ bù xiāngxìn tā de huà, yīn·wèi huǒguāng chōngpò ménglóng de yèsè, míngmíng zài nàr shǎnshuò. Bùguò chuánfū shì duì de, shìshí·shàng, huǒguāng díquè hái yuǎnzhe ne.

Zhèxiē hēiyè de huǒguāng de tèdiǎn shì: Qū sàn hēi'àn, shǎnshǎn fāliàng, jìn zài yǎnqián, lìngrén shénwǎng. Zhà yī kàn, zài huá jǐ xià jiù dào le……Qíshí què hái yuǎnzhe ne! ……

Wǒmen zài qīhēi rú mò de hé·shàng yòu huále hěn jiǔ. Yīgègè xiágǔ hé xuányá, yíngmiàn shǐ·lái, yòu xiàng hòu yí·qù, fǎng fú xiāoshī zài mángmáng de yuǎnfāng, ér huǒguāng què yīrán tíng zài qiántou, shǎnshǎn fāliàng, lìngrénshénwǎng——yīrán shì zhème jìn, yòu yīrán shì nàme yuǎn……

Xiànzài, wúlùn shì zhè tiáo bèi xuányá qiàobì de yīnyǐng lǒngzhào de qīhēi de héliú, háishì nà yī xīng míngliàng de huǒguāng, dōu jīngcháng fúxiàn zài wǒ de nǎojì, zài zhè yǐqián hé zài zhè yǐhòu, céng yǒu xǔduō huǒguāng, sìhū jìn zài zhǐchǐ, bùzhǐ shǐ wǒ yī rén xīnchí-shénwǎng. Kěshì shēnghuó zhī hé què réngrán zài nà yīnsēnsēn de liǎng'àn zhījiān liúzhe, ér huǒguāng yě yījiù fēicháng yáoyuǎn. Yīncǐ, bìxū jiājìn huá jiǎng……

Rán'ér, huǒguāng a……bìjìng……bìjìng jiù//zài qiántou! ……

　　　　　　　　　　——Jiéxuǎn zì［É］Kēluóliánkē《Huǒguāng》, Zhāng Tiěfū yì

作品 17 号

对于一个在北平住惯的人，像我，冬天要是不刮风，便觉得是奇迹；济南的冬天是没有风声的。对于一个刚由伦敦回来的人，像我，冬天要能看得见日光，便觉得是怪事；济南的冬天是响晴的。自然，在热带的地方，日光永远是那么毒，响亮的天气，反有点儿叫人害怕。可是，在北方的冬天，而能有温晴的天气，济南真得算个宝地。

设若单单是有阳光，那也算不了出奇。请闭上眼睛想：一个老城，有山有水，全在天底下晒着阳光，暖和安适地睡着，只等春风来把它们唤醒，这是不是理想的境界？小山把济南围了个圈儿，只有北边缺着点口儿。这一圈小山在冬天特别可爱，好像是把济南放在一个小摇篮里，它们安静不动地低声地说："你们放心吧，这儿准保暖和。"真的，济南的人们在冬天是面上含笑的。他们一看那些小山，心中便觉得有了着落，有了依靠。他们由天上看到山上，便不知不觉地想起：明天也许就是春天了吧？这样的温暖，今天夜里山草也许就绿起来了吧？就是这点儿幻想不能一时实现，他们也并不着急，因为这样慈善的冬天，干什么还希望别的呢！

最妙的是下点儿小雪呀。看吧，山上的矮松越发的青黑，树尖儿上顶 // 着一髻儿白花，好像日本看护妇。山尖儿全白了，给蓝天镶上一道银边。山坡上，有的地方雪厚点儿，有的地方草色还露着；这样，一道儿白，一道儿暗黄，给山们穿上一件带水纹儿的花衣；看着看着，这件花衣好像被风儿吹动，叫你希望看见一点儿更美的山的肌肤。等到快日落的时候，微黄的阳光斜射在山腰上，那点儿薄雪好像忽然害羞，微微露出点儿粉色。就是下小雪吧，济南是受不住大雪的，那些小山太秀气。

——节选自老舍《济南的冬天》

Zuòpǐn 17 Hào

Duìyú yī gè zài Běipíng zhùguàn de rén, xiàng wǒ, dōngtiān yàoshì bù guāfēng, biàn jué • dé shì qíjì; jǐnán de dōngtiān shì méi • yǒu fēngshēngde. Duìyú yī gè gāng yóu Lúndūn huí • lái de rén, xiàng wǒ, dōngtiān yào néng kàn de jiàn rìguāng, biàn jué • dé shì guàishì; Jǐnán de dōngtiān shì xiǎngqíng de. Zìrán, zài rèdài de dìfang, rìguāng yǒngyuǎn shì nàme dú, xiǎngliàng de tiānqì, fǎn yǒudiǎnr jiào rén hàipà. Kěshì, zài běifāng de dōngtiān, ér néng yǒu wēnqíng de tiānqì, Jǐnán zhēn děi suàn gè bǎodì.

Shèruò dāndān shì yǒu yángguāng, nà yě suàn • bùliǎo chūqí. Qǐng bì • shàng yǎnjing xiǎng: Yī gè lǎochéng, yǒu shān yǒu shuǐ, quán zài tiān dǐ • xià shàizhe yángguāng, nuǎnhuo ānshì de shuìzhe, zhǐ děng chūnfēng lái bǎ tāmen huànxǐng, zhè shì • bùshì lǐxiǎng de jìngjiè? Xiǎoshān bǎ Jǐnán wéile gè quānr, zhǐyǒu běi • biān quēzhe diǎnr kǒur. Zhè yī quān xiǎoshān zài dōngtiān tèbié kě'ài, hǎoxiàng shì bǎ Jǐnán fàng zài yī gè xiǎo yáolán • lǐ, tāmen ānjìng bù dòng de dīshēng de shuō: "Nǐmen fàngxīn ba, zhèr zhǔnbǎo nuǎnhuo. " zhēn de Jǐnán de rénmen zài dōngtiān shì miàn · shàng hánxiào de. Tā men yī kàn nàxiē xiǎoshān, xīnzhōng biàn jué · dé yǒule zhuóluò, yǒule yīkào. Tā men yóu tiān · shàng kàndào shān · shàng, biàn bùzhī-bùjué de xiǎngqǐ: Míngtiān yěxǔ jiùshì chūntiān le ba? Zhèyàng de wēnnuǎn, jīntiān yè · lǐ shāncǎo yěxǔ jiù lǜqǐ · lái le ba?" Jiùshì zhè diǎnr huànxiǎng bùnéng yīshí shíxiàn, tāmen yě bìng bù zháojí, yīn · wèi zhèyàng císhàn de dōngtiān, gànshénme hái xīwàng biéde ne!

Zuì miào de shì xià diǎnr xiǎoxuě ya. Kàn ba, shān · shàng de ǎisōng yuèfā de qīnghēi, shùjiānr · shàng dǐng//zhe yī jìr báihuā, hǎoxiàng Rìběn kānhùfù. Shānjiānr quán bái le, gěi lántiān xiāng · shàng yī dào yínbiānr. Shānpō · shàng, yǒude dìfang xuě hòu diǎnr, yǒude dìfang cǎosè hái lòuzhe; zhèyàng, yī dàor bái, yī dàor ànhuáng, gěi shānmen chuān · shàng yī jiàn dài shuǐwénr de huāyī; kànzhe kànzhe, zhè jiàn huāyī hǎoxiàng bèi fēng'ér chuīdòng, jiào nǐ xīwàng kàn · jiàn yīdiǎnr gèng měi de shān de jīfū. Děngdào kuài rìluò de shíhou, wēihuáng de yángguāng xié shè zài shānyāo · shàng, nà diǎnr báo xuě hǎoxiàng hūrán hàixiū, wēiwēi lòuchū diǎnr fěnsè Jiùshì xià xiǎoxuě ba, Jǐnán shì shòu · bùzhù dàxuě de, nàxiē xiǎoshān tài xiùqi.

——Jiéxuǎn zì Lǎo Shě《Jǐnán de Dōngtiān》

作品18号

　　纯朴的家乡村边有一条河,曲曲弯弯,河中架一弯石桥,弓样的小桥横跨两岸。

　　每天,不管是鸡鸣晓月,日丽中天,还是月华泻地,小桥都印下串串足迹,洒落串串汗珠。那是乡亲为了追求多棱的希望,兑现美好的遐想。弯弯小桥,不时荡过轻吟低唱,不时露出舒心的笑容。

　　因而,我稚小的心灵,曾将心声献给小桥:你是一弯银色的新月,给人间普照光辉;你是一把闪亮的镰刀,割刈着欢笑的花果;你是一根晃悠悠的扁担,挑起了彩色的明天!哦,小桥走进我的梦中。

　　我在飘泊他乡的岁月,心中总涌动着故乡的河水,梦中总看到弓样的小桥。当我访南疆探北国,眼帘闯进座座雄伟的长桥时,我的梦变得丰满了,增添了赤橙黄绿青蓝紫。

　　三十多年过去,我带着满头霜花回到故乡,第一紧要的便是去看望小桥。

　　啊!小桥呢?它躲起来了?河中一道长虹,浴着朝霞熠熠闪光。哦,雄浑的大桥敞开胸怀,汽车的呼啸、摩托的笛音、自行车的叮铃,合奏着进行交响乐;南来的钢筋、花布,北往的柑橙、家禽,绘出交流欢悦图……

　　啊!蜕变的桥,传递了家乡进步的消息,透露了家乡富裕的声音。时代的春风,美好的追求,我蓦地记起儿时唱//给小桥的歌,哦,明艳艳的太阳照耀了,芳香甜蜜的花果捧来了,五彩斑斓的岁月拉开了!

　　我心中涌动的河水,激荡起甜美的浪花。我仰望一碧蓝天,心底轻声呼喊:家乡的桥啊,我梦中的桥!

——节选自郑莹《家乡的桥》

Zuòpǐn 18 Hào

Chúnpǔ de jiāxiāng cūnbiān yǒu yī tiáo hé,qūqū-wānwān,hé zhōng jià yī wān shíqiáo,gǒng yàng de xiǎoqiáo héngkuà liǎng'àn.

Měi tiān,bùguǎn shì jī míng xiǎo yuè,rì lì zhōng tiān,háishì yuè huá xié dì,xiǎoqiáo dōu yìnxià chuànchuàn zújì,sǎluò chuànchuàn hànzhū. Nà shì xiāngqīn wèile zhuīqiú duōléng de xīwàng,duìxiàn měihǎo de xiáxiǎng. Wānwān xiǎoqiáo,bùshí dàngguo qīng yín-dīchàng,bùshí lùchū shūxīn de xiàoróng.

Yīn'ér,wǒ zhìxiǎo de xīnlíng,céng jiāng xīnshēng xiàngěi xiǎoqiáo:Nǐ shì yī wān yínsè de xīnyuè,gěi rénjiān pǔzhào guāng huī;nǐ shì yī bǎ shǎnliàng de liándāo,gēyìzhe huānxiào de huāguǒ;nǐ shì yī gēn huàngyōuyōu de biǎndan,tiāoqǐle cǎisè de míngtiān! Ò,xiǎoqiáo zǒujìn wǒ de mèng zhōng.

Wǒ zài piāobó tāxiāng de suìyuè,xīnzhōng zǒng yǒngdòngzhe gùxiāng de héshuǐ,mèngzhōng zǒng kàndào gǒng yàng de xiǎoqiáo. Dāng wǒ fǎng nánjiāng tàn běiguó,yǎnlián chuǎngjìn zuòzuò xióng wěi de chángqiáo shí,wǒ de mèng biàn de fēngmǎn le,zēngtiānle chì-chéng-huáng-lǜ-qīng-lán-zǐ.

Sānshí duō nián guò·qù,wǒ dàizhe mǎntóu shuānghuā huídào gùxiāng,dì-yī jǐnyào de biànshì qù kànwàng xiǎoqiáo.

À! Xiǎo qiáo ne? tā duǒ qǐ·lái le? Hé zhōng yī dào chánghóng,yùzhe zhāoxiá yìyì shǎnguāng. Ò,xiónghún de dàqiáo chǎngkāi xiōnghuái,qìchē de hūxiào,mótuō de díyīn,zìxíngchē de dīnglíng,hézòuzhe jìnxíng jiāoxiǎngyuè;nán lái de gāngjīn,huā bù,běi wǎng de gānchéng,jiāqín,huìchū jiāoliú huānyuètú……

À! Tuìbiàn de qiáo,chuándìle jiāxiāng jìnbù de xiāoxi,tòulùle jiāxiāng fùyù de shēngyīn. Shídài de chūnfēng,měihǎo de zhuīqiú,wǒ mòdì jìqǐ érshí chàng //gěi xiǎoqiáo de gē,ò,míngyànyàn de tài·yáng zhàoyào le,fāngxiāng tiánmì de huāguǒ pénglái le,wǔcǎi bānlán de suì yuè lākāi le!

Wǒ xīnzhōng yǒngdòng de héshuǐ,jīdàng qǐ tiánměi de lànghuā. Wǒ yǎngwàng yī bì lántiān,xīndǐ qīngshēng hūhǎn:Jiāxiāng de qiáo a,wǒ mèng zhōng de qiáo!

——Jiéxuǎn zì Zhèng Yíng《Jiāxiāng de Qiáo》

作品 19 号

三百多年前,建筑设计师莱伊恩受命设计了英国温泽市政府大厅。他运用工程力学的知识,依据自己多年的实践,巧妙地设计了只用一根柱子支撑的大厅天花板。一年以后,市政府权威人士进行工程验收时,却说只用一根柱子支撑天花板太危险,要求莱伊恩再多加几根柱子。

莱伊恩自信只要一根坚固的柱子足以保证大厅安全,他的"固执"惹恼了市政官员,险些被送上法庭。他非常苦恼,坚持自己原先的主张吧,市政官员肯定会另找人修改设计;不坚持吧,又有悖自己为人的准则。矛盾了很长一段时间,莱伊恩终于想出了一条妙计,他在大厅里增加了四根柱子,不过这些柱子并未与天花板接触,只不过是装装样子。

三百多年过去了,这个秘密始终没有被人发现。直到前两年,市政府准备修缮大厅的天花板,才发现莱伊恩当年的"弄虚作假"。消息传出后,世界各国的建筑专家和游客云集,当地政府对此也不加掩饰,在新世纪到来之际,特意将大厅作为一个旅游景点对外开放,旨在引导人们崇尚和相信科学。

作为一名建筑师,莱伊恩并不是最出色的。但作为一个人,他无疑非常伟大。这种//伟大表现在他始终恪守着自己的原则,给高贵的心灵一个美丽的住所,哪怕是遭遇到最大的阻力,也要想办法抵达胜利。

——节选自游宇明《坚守你的高贵》

Zuòpǐn 19 Hào

Sānbǎi duō nián qián, jiànzhù shèjìshī Láiyī'ēn shòumìng shèjìle Yīngguó Wēnzé shìzhèngfǔ dàtīng. Tā yùnyòng gōngchéng lìxué de zhīshi, yījù zìjǐ duōnián de shíjiàn, qiǎomiào de shèjìle zhǐ yòng yī gēn zhùzi zhīchēng de dàtīng tiānhuābǎn. Yī nián yǐhòu, shìzhèngfǔ quánwēi rénshì jìnxíng gōngchéng yànshōu shí, què shuō zhǐ yòng yī gēn zhùzi zhīchēng tiānhuābǎn tài wēixiǎn, yāoqiú Láiyī'ēn zài duō jiā jǐ gēn zhùzi.

Láiyī'ēn zìxìn zhǐyào yī gēn jiāngù de zhùzi zúyǐ bǎozhèng dàtīng ānquán, tā de "gùzhi" rěnǎole shìzhèng guānyuán, xiǎnxiē bèi sòng • shàng fǎtíng. Tā fēicháng kǔnǎo, jiānchí zìjǐ yuánxiān de zhǔzhāng ba, shìzhèng guānyuán kěndìng huì lìng zhǎo rén xiūgǎi shèjì; bù jiānchí ba, yòu yǒu bèi zìjǐ wéirén de zhǔnzé. Máodùnle hěn cháng yīduàn shíjiān, Láiyī'ēn zhōngyú xiǎngchūle yī tiáo miàojì, tā zài dàtīng • lǐ zēngjiāle sì gēn zhùzi, bùguò zhèxiē zhùzi bìng wèi yǔ tiānhuābǎn jiēchù, zhǐ • bùguò shì zhuāngzhuang yàngzi.

Sānbǎi duō nián guò • qù le, zhège mìmì shǐzhōng méi • yǒu bèi rén fāxiàn. Zhídào qián liǎng nián, shìzhèngfǔ zhǔnbèi xiūshàn dàtīng de tiānhuābǎn, cái fāxiàn Láiyī'ēn dàngnián de "nòngxū-zuòjiǎ". Xiāoxi chuánchū hòu, shìjiè gè guó de jiànzhù zhuānjiā hé yóukè yúnjí, dāngdì zhèngfǔ duìcǐ yě bù jiā yǎnshì, zài xīn shìjì dàolái zhī jì, tèyì jiāng dàtīng zuòwéi yī gè lǚyóu jǐngdiǎn duìwài kāifàng, zhǐ zài yǐndǎo rénmen chóngshàng hé xiāngxìn kēxué.

Zuòwéi yī míng jiànzhùshī, Láiyī'ēn bìng bù shì zuì chūsè de. Dàn zuòwéi yī gè rén, tā wúyí fēicháng wěidà. Zhè zhǒng //wěidà biǎoxiàn zài tā shǐzhōng kèshǒuzhe zìjǐ de yuánzé, gěi gāoguì de xīnlíng yī gè měilì de zhùsuǒ, nǎpà shì zāoyù dào zuì dà de zǔlì, yě yào xiǎng bànfǎ dǐdá shènglì.

——Jiéxuǎn zì Yóu Yǔmíng《Jiānshǒu Nǐ de Gāoguì》

作品 20 号

　　自从传言有人在萨文河畔散步时无意发现了金子后,这里便常有来自四面八方的淘金者。他们都想成为富翁,于是寻遍了整个河床,还在河床上挖出很多大坑,希望借助它们找到更多的金子。的确,有一些人找到了,但另外一些人因为一无所得而只好扫兴归去。

　　也有不甘心落空的,便驻扎在这里,继续寻找。彼得·弗雷特就是其中一员。他在河床附近买了一块没人要的土地,一个人默默地工作。他为了找金子,已把所有的钱都押在这块土地上。他埋头苦干了几个月,直到土地全变成了坑坑洼洼,他失望了——他翻遍了整块土地,但连一丁点儿金子都没看见。

　　六个月后,他连买面包的钱都没有了。于是他准备离开这儿到别处去谋生。

　　就在他即将离去的前一个晚上,天下起了倾盆大雨,并且一下就是三天三夜。雨终于停了,彼得走出小木屋,发现眼前的土地看上去好像和以前不一样:坑坑洼洼已被大水冲刷平整,松软的土地上长出一层绿茸茸的小草。

　　"这里没找到金子,"彼得忽有所悟地说,"但这土地很肥沃,我可以用来种花,并且拿到镇上去卖给那些富人,他们一定会买些花装扮他们华丽的客厅。如果真是这样的话,那么我一定会赚许多钱。有朝一日我也会成为富人……"

　　于是他留了下来。彼得花了不少精力培育花苗,不久田地里长满了美丽娇艳的各色鲜花。

　　五年以后,彼得终于实现了他的梦想——成了一个富翁。"我是唯一的一个找到真金的人!"他时常不无骄傲地告诉别人,"别人在这儿找不到金子后便远远地离开,而我的'金子'是在这块土地里,只有诚实的人用勤劳才能采集到。"

——节选自陶猛译《金子》

Zuòpǐn 20 Hào

　　Zìcóng chuányán yǒu rén zài Sàwén hépàn sànbù shí wúyì fāxiànle jīnzi hòu, zhè·lǐ biàn cháng yǒu láizì sìmiàn-bāfāng de táojīnzhě. Tā men dōu xiǎng chéngwéi fùwēng, yúshì xúnbiànle zhěnggè héchuáng, hái zài héchuáng·shàng wāchū hěnduō dàkēng, xīwàng jièzhù tāmen zhǎodào gèng duō de jīnzi. Díquè, yǒu yīxiē rén zhǎodào le, dàn lìngwài yīxiē rén yīn·wèi yīwú-suǒdé ér zhǐhǎo sǎoxīng guīqù.

　　Yě yǒu bù gānxīn luòkōng de, biàn zhùzhā zài zhè·lǐ, jìxù xúnzhǎo. Bǐdé Fúléitè jiùshì qízhōng yī yuán. Tā zài héchuáng fùjìn mǎile yī kuài méi rén yào de tǔdì, yī gè rén mòmò de gōngzuò. Tā wèile zhǎo jīnzi, yǐ bǎ suǒyǒu de qián dōu yā zài zhè kuài tǔdì·shàng. Tā máitóu-kǔgànle jǐ gè yuè, zhídào tǔdì quán biànchéngle kēngkēng-wāwā, tā shīwàng le ——tā fānbiànle zhěngkuài tǔdì, dàn lián yī dīngdiǎnr jīnzǐ dōu méi kàn·jiàn.

Liù gè yuè hòu, tā lián mǎi miànbāo de qián dōu méi·yǒu le. Yúshì tā zhǔnbèi líkāi zhèr dào biéchù qù móushēng.

Jiù zài tā jíjiāng líqù de qián yī gè wǎnshang, tiān xiàqǐle qīngpén-dàyǔ, bìngqiě yīxià jiùshì sān tiān sān yè. Yǔ zhōngyú tíng le, Bǐdé zǒuchū xiǎo mùwū, fāxiàn yǎnqián de tǔdì kàn shàng·qù hǎoxiàng hé yǐqián bù yīyàng, kēngkeng-wāwā yǐ bèi dàshuǐ chōngshuā píngzhěng, sōngruǎn de tǔdì·shàng zhǎngchū yī céng lùróngróng de xiǎocǎo.

"Zhè·lǐ méi zhǎodào jīnzi," Bǐdé hū yǒu suǒ wù de shuō, "Dàn zhè tǔdì hěn féiwò, wǒ kěyǐ yònglái zhòng huā, bìngqiě nádào zhèn·shàng qù màigěi nàxiē fùrén, tāmen yīdìng huì mǎi xiē huā zhuāngbàn tāmen huálì de kè tīng. Rúguǒ zhēn shì zhèyàng de huà, nàme wǒ yīdìng huì zhuàn xǔduō qián, yǒuzhāo-yīrì wǒ yě huì chéngwéi fùrén……"

Yúshì tā liú le xià·lái. Bǐdé huāle bù shǎo jīnglì péi yù huāmiáo, bùjiǔ tiándì·lǐ zhǎngmǎnle měilì jiāoyàn de gè sè xiānhuā.

Wǔ nián yǐhòu, Bǐdé zhōngyú shíxiànle tā de mèngxiǎng——chéngle yī gè fùwēng. "Wǒ shì wéiyī de yī gè zhǎodào zhēnjīn de rén!" Tā shícháng bùwú jiāo'ào de gàosù bié·rén, "Bié·rén zài zhèr zhǎo·bùdào jīnzi hòu biàn yuǎnyuǎn de líkāi, ér wǒ de 'jīnzi' shì zài zhè kuài tǔdì·lǐ, zhǐyǒu chéng·shí de rén yòng qínláo cáinéng cǎijí dào."

——Jiéxuǎn zì Táo Měng yì《Jīnzi》

作品 21 号

我在加拿大学习期间遇到过两次募捐，那情景至今使我难以忘怀。

一天，我在渥太华的街上被两个男孩子拦住去路。他们十来岁，穿得整整齐齐，每人头上戴着个做工精巧、色彩鲜艳的纸帽，上面写着"为帮助患小儿麻痹的伙伴募捐"。其中的一个，不由分说就坐在小凳上给我擦起皮鞋来，另一个则彬彬有礼地发问："小姐，您是哪国人？喜欢渥太华吗？""小姐，在你们国家有没有小孩儿患小儿麻痹？谁给他们医疗费？"一连串的问题，使我这个有生以来头一次在众目睽睽之下让别人擦鞋的异乡人，从近乎狼狈的窘态中解脱出来。我们像朋友一样聊起天儿来……

几个月之后，也是在街上。一些十字路口处或车站坐着几位老人。他们满头银发，身穿各种老式军装，上面布满了大大小小形形色色的徽章、奖章，每人手捧一大束鲜花，有水仙、石竹、玫瑰及叫不出名字的，一色雪白。匆匆过往的行人纷纷止步，把钱投进这些老人身旁的白色木箱内，然后向他们微微鞠躬，从他们手中接过一朵花。我看了一会儿，有人投一两元，有人投几百元，还有人掏出支票填好后投进木箱。那些老军人毫不注意人们捐多少钱，一直不 // 停地向人们低声道谢。同行的朋友告诉我，这是为纪念二次大战中参战的勇士，募捐救济残废军人和烈士遗孀，每年一次；认捐的人可谓踊跃，而且秩序井然，气氛庄严。有些地方，人们还耐心地排着队。我想，这是因为他们都知道：正是这些老人们的流血牺牲换来了包括他们信仰自由在内的许许多多。

我两次把那微不足道的一点儿钱捧给他们，只想对他们说声"谢谢"。

——节选自青白《捐诚》

Zuòpǐn 21 Hào

Wǒ zài Jiānádà xué xí qījiān yùdàoguo liǎng cì mùjuān, nà qíngjǐng zhìjīn shǐ wǒ nányǐ-wànghuái.

Yī tiān, wǒ zài Wòtàihuá de jiē·shàng bèi liǎng gè nánháizi lánzhù qùlù. Tāmen shí lái suì, chuān de zhěngzhěng-qíqí, měi rén tóu·shàng dàizhe gè zuògōng jīngqiǎo、sècǎi xiānyàn de zhǐmào, shàng·miàn xiězhe "Wèi bāngzhù huàn xiǎo'ér mábì de huǒbàn mùjuān". Qízhōng de yī gè, bùyóu-fēnshuō jiù zuò zài xiǎodèng·shàng gěi wǒ cā·qǐ píxié·lái, lìng yī gè zé bīnbīn-yǒulǐ de fāwèn: "Xiǎo·jiě, nín shì nǎ guó rén? Xǐhuan Wòtàihuá ma?" "Xiǎo·jiě, zài nǐmen guójiā yǒu méi·yǒu xiǎoháir huàn xiǎo'ér mábì? Shéi gěi tāmen yīliáofèi?" Yīliánchuàn de wèntí, shǐ wǒ zhège yǒushēng-yǐlái tóu yī cì zài zhòngmù-kuíkuí zhīxià ràng bié·rén cā xié de yìxiāngrén, cóng jìnhū lángbèi de jiǒngtài zhōng jiětuō chū·lái. Wǒmen xiàng péngyou yīyàng liáo·qǐ tiānr·lái……

Jǐ gè yuè zhīhòu, yě shì zài jiē·shàng. Yīxiē shízì lùkǒuchù huò chēzhàn zuòzhe jǐ wèi lǎorén. Tāmen mǎntóu yínfà, shēn chuān gè zhǒng lǎoshì jūnzhuāng, shàng·miàn bùmǎnle dàdà-xiǎoxiǎo xíngxíng-sèsè de huīzhāng、jiǎngzhāng, měi rén shǒu pěng yī dà shù xiānhuā. Yǒu shuǐxiān、shízhú、méi·guī jí jiào·bùchū míngzi de, yīsè xuěbái. Cōngcōng guòwǎng de xíngrén fēnfēn zhǐbù, bǎ qián tóujìn zhèxiē lǎorén shēnpáng de báisè mùxiāng nèi, ránhòu xiàng tāmen wēiwēi jūgōng, cóng tāmen shǒu zhōng jiēguo yī duǒ huā. Wǒ kànle yīhuìr, yǒu rén tóu yī-liǎng yuán, yǒu rén tóu jǐbǎi yuán, hái yǒu rén tāochū zhīpiào tiánhǎo hòu tóujìn mùxiāng. Nàxiē lǎojūnrén háobù zhùyì rénmen juān duō·shǎo qián, yīzhí bù//tíng de xiàng rénmen dīshēng dàoxiè. Tóngxíng de péngyou gàosu wǒ, zhè shì wèi jìniàn Èr Cì Dàzhàn zhōng cānzhàn de yǒngshì, mùjuān jiùjì cánfèi jūnrén hé lièshì yíshuāng, měinián yī cì; rèn juān de rén kěwèi yǒngyuè, érqiě zhìxù jǐngrán, qì·fēn zhuāngyán. Yǒuxiē dìfang, rénmen hái nàixīn de páizhe duì. Wǒ xiǎng, zhè shì yīn·wèi tāmen dōu zhī·dào: Zhèng shì zhèxiē lǎorénmen de liúxuè xīshēng huànláile bāokuò tāmen xìnyǎng zìyóu zài nèi de xǔxǔ-duōduō.

Wǒ liǎng cì bǎ nà wēibùzúdào de yīdiǎnr qián pěnggěi tāmen, zhǐ xiǎng duì tāmen shuō shēng "xièxie".

——Jiéxuǎn zì Qīng Bái《Juān Chéng》

作品 22 号

没有一片绿叶,没有一缕炊烟,没有一粒泥土,没有一丝花香,只有水的世界,云的海洋。

一阵台风袭过,一只孤单的小鸟无家可归,落到被卷到洋里的木板上,乘流而下,姗姗而来,近了,近了!……

忽然,小鸟张开翅膀,在人们头顶盘旋了几圈儿,"噗啦"一声落到了船上。许是累了? 还是发现了"新大陆"? 水手撵它它不走,抓它,它乖乖地落在掌心。可爱的小鸟和善良的水手结成了朋友。

瞧,它多美丽,娇巧的小嘴,啄理着绿色的羽毛,鸭子样的扁脚,呈现出春草的鹅黄。水手们把它带到舱里,给它"搭铺",让它在船上安家落户,每天,把分到的一塑料筒淡水匀给它喝,把从祖国带来的鲜美的鱼肉分给它吃,天长日久,小鸟和水手的感情日趋笃厚。清晨,当第一束阳光射进舷窗时,它便敞开美丽的歌喉,唱啊唱,嘤嘤有韵,宛如春水淙淙。人类给它以生命,它毫不悭吝地把自己的艺术青春奉献给了哺育它的人。可能都是这样? 艺术家们的青春只会献给尊敬他们的人。

小鸟给远航生活蒙上了一层浪漫色调。返航时,人们爱不释手,恋恋不舍地想把它带到异乡。可小鸟憔悴了,给水,不喝! 喂肉,不吃! 油亮的羽毛失去了光泽。是啊,我 // 们有自己的祖国,小鸟也有它的归宿,人和动物都是一样啊,哪儿也不如故乡好!

慈爱的水手们决定放开它,让它回到大海的摇篮去,回到蓝色的故乡去。离别前,这个大自然的朋友与水手们留影纪念。它站在许多人的头上,肩上,掌上,胳膊上,与喂养过它的人们,一起融进那蓝色的画面……

——节选自王文杰《可爱的小鸟》

Zuòpǐn 22 Hào

Méi • yǒu yī piàn lǜyè, méi • yǒu yī lǚ chuīyān, méi • yǒu yī lì nítǔ, méi • yǒu yī sī huāxiāng, zhǐyǒu shuǐ de shìjiè, yún de hǎiyáng.

Yī zhèn táifēng xíguò, yī zhī gūdān de xiǎoniǎo wújiā-kěguī, luòdào bèi juǎndào yáng • lǐ de mùbǎn • shàng, chéng liú ér xià, shānshān ér lái, jìn le, jìn le……

Hūrán, xiǎoniǎo zhāngkāi chìbǎng, zài rénmen tóudǐng pánxuánle jǐ quānr, "pūlā" yī shēng luòdàole chuán • shàng. Xǔ shì lèi le? Háishì fāxiànle "xīn dàlù"? Shuǐshǒu niǎn tā tā bù zǒu, zhuā tā, tā guāiguāi de luò zài zhǎngxīn. Kě'ài de xiǎoniǎo hé shànliáng de shuǐshǒu jiéchéngle péngyou.

Qiáo, tā duō měilì, jiāoqiǎo de xiǎozuǐ, zhuólǐzhe lǜsè de yǔmáo, yāzi yàng de biǎnjiǎo, chéngxiàn chū chūncǎo de éhuáng. Shuǐshǒumen bǎ tā dàidào cāng • lǐ, gěi tā "dā pù", ràng tā zài chuán • shàng ānjiā-luòhù, měi tiān, bǎ fēndào de yī sùliàotŏng dànshuĭ yúngĕi tā hē,bă cóng zŭguó dài · lái de xiānmĕi de yúròu fēngĕi tā chī,tiāncháng-rìjiŭ,xiǎoniǎo hé shuĭshŏu de gǎnqíng rìqū dŭhòu. Qīngchén, dāng dì-yī shù yángguāng shèjìn xiánchuāng shí, tā biàn chǎngkāi mĕilì de gēhóu,chàng a chàng,yīngyīng-yŏuyùn,wǎnrú chūnshuĭ cóngcóng. Rénlèi gĕi tā yĭ shēngmìng, tā háobù qiānlìn de bǎ zìjĭ de yìshù qīngchūn fèngxiàn gĕile bŭyù tā de rén. Kĕnéng dōu shì zhèyàng? Yìshùjiāmen de qīngchūn zhĭ huì xiàngĕi zūnjìng tāmen de rén.

Xiǎoniǎo gĕi yuǎnháng shēnghuó méng · shàngle yī céng làngmàn sèdiào, Fǎnháng shí,rénmen àibùshìshŏu,liànliàn-bùshĕ de xiǎng bǎ tā dàidào yìxiāng. Kĕ xiǎoniǎo qiáocuì le,gĕi shuĭ,bù hē! Wèi ròu,bù chī! Yóuliàng de yŭmáo shīqùle guāngzé. Shì a,wŏ//men yŏu zìjĭ de zŭguó,xiǎoniǎo yĕ yŏu tā de guīsù, rén hé dòngwù dōu shì yīyàng a,nǎr yĕ bùrú gùxiāng hǎo!

Cí'ài de shuĭshŏumen juédìng fàngkāi tā, ràng tā huídào dàhǎi de yáolán · qù huídào lánsè de gùxiāng · qù. Líbié qián, zhège dàzìrán de péngyou yŭ shuĭshŏumen liúyĭng jìniàn. Tā zhàn zài xŭduō rén de tóu · shàng, jiān · shàng, zhǎng · shàng, gēbo · shàng, yŭ wèiyǎngguo tā de rénmen, yīqĭ róngjìn nà lánsè de huàmiàn……

——Jiéxuǎn zì Wáng Wénjié《Kĕ'ài de Xiǎoniǎo》

作品 23 号

　　纽约的冬天常有大风雪,扑面的雪花不但令人难以睁开眼睛,甚至呼吸都会吸入冰冷的雪花。有时前一天晚上还是一片晴朗,第二天拉开窗帘,却已经积雪盈尺,连门都推不开了。

　　遇到这样的情况,公司、商店常会停止上班,学校也通过广播,宣布停课。但令人不解的是,惟有公立小学,仍然开放。只见黄色的校车,艰难地在路边接孩子,老师则一大早就口中喷着热气,铲去车子前后的积雪,小心翼翼地开车去学校。

　　据统计,十年来纽约的公立小学只因为超级暴风雪停过七次课。这是多么令人惊讶的事。犯得着在大人都无须上班的时候让孩子去学校吗? 小学的老师也太倒霉了吧?

　　于是,每逢大雪而小学不停课时,都有家长打电话去骂。妙的是,每个打电话的人,反应全一样——先是怒气冲冲地责问,然后满口道歉,最后笑容满面地挂上电话。原因是,学校告诉家长:

　　在纽约有许多百万富翁,但也有不少贫困的家庭。后者白天开不起暖气,供不起午餐,孩子的营养全靠学校里免费的中饭,甚至可以多拿些回家当晚餐。学校停课一天,穷孩子就受一天冻,挨一天饿,所以老师们宁愿自己苦一点儿,也不能停课。//

　　或许有家长会说:何不让富裕的孩子在家里,让贫穷的孩子去学校享受暖气和营养午餐呢?

学校的答复是：我们不愿让那些穷苦的孩子感到他们是在接受救济，因为施舍的最高原则是保持受施者的尊严。

——节选自（台湾）刘墉《课不能停》

Zuòpǐn 23 Hào

　　Niǔyuē de dōngtiān cháng yǒu dà fēngxuě，pūmiàn de xuěhuā bùdàn lìng rén nányǐ zhēngkāi yǎnjing，shènzhì hūxī dōu huì xīrù bīnglěng de xuěhuā. Yǒushí qián yī tiān wǎnshang háishì yī piàn qínglǎng，dì-èr tiān lākāi chuānglián，què yǐ•jīng jīxuě yíng chǐ，lián mén dōu tuī•bùkāi le.

　　Yùdào zhèyàng de qíngkuàng，gōngsī、shāngdiàn cháng huì tíngzhǐ shàngbān，xuéxiào yě tōngguò guǎngbō xuān bù tíng kè. Dàn lìng rén bùjiě de shì，wéi yǒu gōnglì xiǎoxué，réngrán kāifàng. Zhǐ jiàn huángsè de xiàochē，jiānnán de zài lùbiān jiē háizi，lǎoshī zé yīdàzǎo jiù kǒuzhōng pēnzhe rèqì，chǎnqù chēzi qiánhòu de jīxuě，xiǎoxīn-yìyì de kāichē qù xuéxiào.

　　Jù tǒngjì，shí nián lái Niǔyuē de gōnglì xiǎoxué zhī yīn•wèi chāojí bàofēngxuě tíngguo qī cì kè. Zhè shì duōme lìng rén jīngyà de shì. Fànde zháo zài dàrén dōu wúxū shàngbān de shíhou ràng háizi qù xuéxiào ma？ Xiǎoxué de lǎoshī yě tài dǎoméile ba？

　　Yúshì，měiféng dàxuě ér xiǎoxué bù tíngkè shí，dōu yǒu jiāzhǎng dǎ diànhuà qù mà. Miào de shì，měi gè dǎ diànhuà de rén，fǎnyìng quán yī yàng——xiān shì nùqì-chōngchōng de zéwèn，ránhòu mǎnkǒu dàoqiàn，zuìhòu xiàoróng mǎnmiàn de guà•shàng diànhuà. Yuányīn shì，xuéxiào gàosu jiāzhǎng：

　　Zài Niǔyuē yǒu xǔduō bǎiwàn fùwēng，dàn yě yǒu bùshǎo pínkùn de jiātíng. Hòuzhě bái•tiān kāi•bùqǐ nuǎnqì，gòng•bùqǐ wǔcān，háizi de yíngyǎng quán kào xuéxiào•lǐ miǎnfèi de zhōngfàn shènzhì kěyǐ duō ná xiē huíjiā dàng wǎncān. Xuéxiào tíngkè yī tiān，qióng háizi jiù shòu yī tiān dòng，ái yī tiān è，suǒyǐ lǎoshīmen nìngyuàn zìjǐ kǔ yīdiǎnr，yě bù néng tíngkè. //

　　Huòxǔ yǒu jiāzhǎng huì shuō：Hé bù ràng fùyù de háizi zài jiā•lǐ，ràng pínqióng de háizi qù xuéxiào xiǎngshòu nuǎnqì hé yíngyǎng wǔcān ne？

　　Xuéxiào de dá•fù shì：Wǒmen bùyuàn ràng nàxiē qióngkǔ de háizi gǎndào tāmen shì zài jiēshòu jiùjì，yīn•wèi shīshě de zuìgāo yuánzé shì bǎochí shòushīzhě de zūnyán.

——Jiéxuǎn zì（Táiwān）Liú Yōng《Kè Bùnéng Tíng》

作品 24 号

　　十年，在历史上不过是一瞬间。只要稍加注意，人们就会发现：在这一瞬间里，各种事物都悄悄经历了自己的千变万化。

这次重新访日，我处处感到亲切和熟悉，也在许多方面发觉了日本的变化。就拿奈良的一个角落来说吧，我重游了为之感受很深的唐招提寺，在寺内各处匆匆走了一遍，庭院依旧，但意想不到还看到了一些新的东西。其中之一，就是近几年从中国移植来的"友谊之莲"。

在存放鉴真遗像的那个院子里，几株中国莲昂然挺立，翠绿的宽大荷叶正迎风而舞，显得十分愉快。开花的季节已过，荷花朵朵已变为莲蓬累累。莲子的颜色正在由青转紫，看来已经成熟了。

我禁不住想："因"已转化为"果"。

中国的莲花开在日本，日本的樱花开在中国，这不是偶然。我希望这样一种盛况延续不衰。可能有人不欣赏花，但决不会有人欣赏落在自己面前的炮弹。

在这些日子里，我看到了不少多年不见的老朋友，又结识了一些新朋友。大家喜欢涉及的话题之一，就是古长安和古奈良。那还用得着问吗，朋友们缅怀过去，正是瞩望未来。瞩目于未来的人们必将获得未来。

我不例外，也希望一个美好的未来。

为 // 了中日人民之间的友谊，我将不浪费今后生命的每一瞬间。

——节选自严文井《莲花和樱花》

Zuòpǐn 24 Hào

Shí nián, zài lìshǐ • shàng bùguò shì yī shùnjiān. Zhǐyào shāo jiā zhùyì, rénmen jiù huì fāxiàn: Zài zhè yī shùnjiān • lǐ, gè zhǒng shìwù dōu qiāoqiāo jīnglìle zìjǐ de qiānbiàn-wànhuà.

Zhè cì chóngxīn fǎng Rì, wǒ chùchù gǎndào qīnqiè hé shú • xī, yě zài xǔduō fāngmiàn fājuéle Rìběn de biànhuà. Jiù ná Nàiliáng de yī gè jiǎoluò lái shuō ba, wǒ chóngyóule wéi zhī gǎnshòu hěn shēn de Táng Zhāotísì, zài sìnèi gè chù cōngcōng zǒule yī biàn, tíngyuàn yījiù, dàn yìxiǎngbùdào hái kàndàole yīxiē xīn de dōngxi. Qízhōng zhīyī, jiùshì jìn jǐ nián cóng Zhōngguó yízhí lái de "yǒuyì zhī lián".

Zài cúnfàng Jiànzhēn yíxiàng de nàge yuànzi • lǐ, jǐ zhū Zhōngguó lián ángrán tǐnglì, cuìlǜ de kuāndà héyè zhèng yíngfēng ér wǔ, xiǎn • dé shífēn yúkuài. Kāihuā de jìjié yǐ guò, héhuā duǒduǒ yǐ biàn wéi liánpéng léiléi. Liánzǐ de yánsè zhèngzài yóu qīng zhuǎn zǐ, kàn • lái yǐ • jīng chéngshú le.

Wǒ jīn • bùzhù xiǎng: "Yīn" yǐ zhuǎnhuà wéi "guǒ".

Zhōngguó de liánhuā kāi zài Rìběn, Rìběn de yīnghuā kāi zài Zhōngguó, zhè bù shì ǒurán. Wǒ xīwàng zhèyàng yī zhǒng shèngkuàng yánxù bù shuāi. Kěnéng yǒu rén bù xīnshǎng huā, dàn jué bùhuì yǒu rén xīnshǎng luò zài zìjǐ miànqián de pàodàn.

Zài zhèxiē rìzi • lǐ, wǒ kàndàole bùshǎo duō nián bù jiàn de lǎopéngyou, yòu jiéshíle yīxiē xīn péngyou. Dàjiā xǐhuān shèjí de huàtí zhīyī, jiùshì gǔ Cháng'ān hé gǔ Nàiliáng. Nà hái yòngdezháo wèn ma, péngyoumen miǎnhuái guòqù, zhèngshì zhǔwàng wèilái. Zhǔmù yú wèilái de rénmen bìjiāng huòdé wèilái.

Wǒ bù lìwài, yě xīwàng yī gè měihǎo de wèilái.

Wèi//le Zhōng-Rì rénmín zhījiān de yǒuyì, wǒ jiāng bù làngfèi jīnhòu shēngmìng de měi yī shùnjiān.

——Jiéxuǎn zì Yán Wénjǐng《Liánhuā hé Yīnghuā》

作品 25 号

梅雨潭闪闪的绿色招引着我们，我们开始追捉她那离合的神光了。揪着草，攀着乱石，小心探身下去，又鞠躬过了一个石穹门，便到了汪汪一碧的潭边了。

瀑布在襟袖之间，但是我的心中已没有瀑布了。我的心随潭水的绿而摇荡。那醉人的绿呀！仿佛一张极大极大的荷叶铺着，满是奇异的绿呀。我想张开两臂抱住她，但这是怎样一个妄想啊。

站在水边，望到那面，居然觉着有些远呢！这平铺着、厚积着的绿，着实可爱。她松松地皱缬着，像少妇拖着的裙幅；她滑滑的明亮着，像涂了"明油"一般，有鸡蛋清那样软，那样嫩；她又不杂些尘滓，宛然一块温润的碧玉，只清清的一色——但你却看不透她！

我曾见过北京什刹海拂地的绿杨，脱不了鹅黄的底子，似乎太淡了。我又曾见过杭州虎跑寺近旁高峻而深密的"绿壁"，丛叠着无穷的碧草与绿叶的，那又似乎太浓了。其余呢，西湖的波太明了，秦淮河的也太暗了。可爱的，我将什么来比拟你呢？我怎么比拟得出呢？大约潭是很深的，故能蕴蓄着这样奇异的绿；仿佛蔚蓝的天融了一块在里面似的，这才这般的鲜润啊。

那醉人的绿呀！我若能裁你以为带，我将赠给那轻盈的 // 舞女，她必能临风飘举了。我若能把你以为眼，我将赠给那善歌的盲妹，她必明眸善睐了。我舍不得你，我怎舍得你呢？我用手拍着你，抚摩着你，如同一个十二三岁的小姑娘。我又掬你入口，便是吻着她了。我送你一个名字，我从此叫你"女儿绿"，好吗？

第二次到仙岩的时候，我不禁惊诧于梅雨潭的绿了。

——节选自朱自清《绿》

Zuòpǐn 25 Hào

Méiyǔtán shǎnshǎn de lǜsè zhāoyǐnzhe wǒmen, wǒmen kāishǐ zhuīzhuō tā nà líhé de shénguāng le. Jiūzhe cǎo, pānzhe luànshí, xiǎo • xīn tànshēn xià • qù, yòu jūgōng guòle yī gè shíqióngmén, biàn dàole wāngwāng yī bì de tán biān le.

Pùbù zài jīnxiù zhījiān, dànshì wǒ de xīnzhōng yǐ méi • yǒu pùbù le. Wǒ de xīn suí tánshuǐ de lǜ ér yáodàng. Nà zuìrén de lǜ ya! Fǎngfú yī zhāng jí dà jí dà de héyè pùzhe, mǎnshì qíyì de lǜ ya. Wǒ xiǎng zhāngkāi liǎngbì bàozhù tā, dàn zhè shì zěnyàng yī gè wàngxiǎng a.

Zhàn zài shuǐbiān, wàngdào nà·miàn, jūrán juézhe yǒu xiē yuǎn ne! Zhè píngpūzhe、hòujīzhe de lù, zhuóshí kě'ài. Tā sōngsōng de zhòuxiézhe, xiàng shàofù tuōzhe de qúnfú; tā huáhuá de míngliàngzhe, xiàng túle "míngyóu" yībān, yǒu jīdànqīng nàyàng ruǎn, nàyàng nèn; tā yòu bù zá xiē chénzǐ, wǎnrán yī kuài wēnrùn de bìyù, zhǐ qīngqīng de yī sè——dàn nǐ què kàn·bùtòu tā!

Wǒ céng jiànguo Běijīng Shíchàhǎi fúdì de lùyáng, tuō·bùliǎo éhuáng de dǐzi, sìhū tài dàn le. Wǒ yòu céng jiànguo Hángzhōu Hǔpáosì jìnpáng gāojùn ér shēnmì de "lùbì", cóngdiézhe wúqióng de bìcǎo yǔ lùyè de, nà yòu sìhū tài nóng le. Qíyú ne, Xīhú de bō tài míng le, Qínhuái Hé de yě tài àn le. Kě'ài de, wǒ jiāng shénme lái bǐnǐ nǐ ne? Wǒ zěnme bǐnǐ de chū ne? Dàyuē tán shì hěn shēn de, gù néng yùnxùzhe zhèyàng qíyì de lù; fǎngfú wèilán de tiān róngle yī kuài zài lǐ·miàn shìde, zhè cái zhèbān de xiānrùn a.

Nà zuìrén de lù ya! Wǒ ruò néng cái nǐ yǐ wéi dài, wǒ jiāng zènggěi nà qīngyíng de// wǔnǚ, tā bìnéng línfēng piāojǔ le. Wǒ ruò néng yì nǐ yǐ wéi yǎn, wǒ jiāng zènggěi nà shàn gē de mángmèi tā bì míngmóu-shànlài le. Wǒ shě·bù·dé nǐ; wǒ zěn shě·dé nǐ ne? Wǒ yòng shǒu pāizhe nǐ, fǔmózhe nǐ, rútóng yī gè shí'èr-sān suì de xiǎogūniang. Wǒ yòu jū nǐ rùkǒu, biànshì wěnzhe tā le. Wǒ sòng nǐ yī gè míngzi, wǒ cóngcǐ jiào nǐ "nǚ'érlù", hǎo ma?

Dì-èr cì dào Xiānyán de shíhou, wǒ bùjīn jīngchà yú Méiyǔtán de lù le.

——Jiéxuǎn zì Zhū Zìqīng《Lù》

作品 26 号

我们家的后园有半亩空地，母亲说："让它荒着怪可惜的，你们那么爱吃花生，就开辟出来种花生吧。"我们姐弟几个都很高兴，买种，翻地，播种，浇水，没过几个月，居然收获了。

母亲说："今晚我们过一个收获节，请你们父亲也来尝尝我们的新花生，好不好？"我们都说好。母亲把花生做成了好几样食品，还吩咐就在后园的茅亭里过这个节。

晚上天色不太好，可是父亲也来了，实在很难得。

父亲说："你们爱吃花生吗？"

我们争着答应："爱！"

"谁能把花生的好处说出来？"

姐姐说："花生的味美。"

哥哥说："花生可以榨油。"

我说："花生的价钱便宜，谁都可以买来吃，都喜欢吃。这就是它的好处。"

父亲说："花生的好处很多，有一样最可贵：它的果实埋在地里，不像桃子、石榴、苹果那样，把鲜红嫩绿的果实高高地挂在枝头上，使人一见就生爱慕之心。你们看它矮矮地长在地上，等到成熟了，也不能立刻分辨出来它有没有果实，必须挖出来才知道。"

我们都说是，母亲也点点头。

父亲接下去说："所以你们要像花生，它虽然不好看，可是很有用，不是外表好看而没有实用的东西。"

我说："那么，人要做有用的人，不要做只讲体面，而对别人没有好处的人了。"//

父亲说："对。这是我对你们的希望。"

我们谈到夜深才散。花生做的食品都吃完了，父亲的话却深深地印在我的心上。

——节选自许地山《落花生》

Zuòpǐn 26 Hào

Wǒmen jiā de hòuyuán yǒu bàn mǔ kōngdì, mǔ • qīn shuō："Ràng tā huāngzhe guài kěxī de, nǐmen nàme ài chī huāshēng, jiù kāipì chū • lái zhòng huāshēng bā. " Wǒmen jiě-dì jǐ gè dōu hěn gāoxìng, mǎizhǒng, fāndì, bōzhǒng, jiāoshuǐ, méi guò jǐ gè yuè, jūrán shōuhuò le.

Mǔ • qīn shuō："Jīnwǎn wǒmen guò yī gè shōuhuòjié, qǐng nǐmen fù • qīn yě lái chángchang wǒmen de xīn huāshēng, hǎo • bù hǎo?"Wǒmen dōu shuō hǎo. Mǔ • qīn bǎ huāshēng zuòchéngle hǎo jǐ yàng shípǐn, hái fēnfù jiù zài hòuyuán de máotíng • lǐ guò zhège jié.

Wǎnshang tiānsè bù tài hǎo, kěshì fù • qīn yě lái le, shízài hěn nándé.

Fù • qīn shuō："Nǐmen ài chī huāshēng ma?"

Wǒmen zhēngzhe dāying："Ài!"

"Shéi néng bǎ huāshēng de hǎo • chù shuō chū • lái?"

Jiějie shuō："Huāshēng de wèir měi. "

Gēge shuō："Huāshēng kěyǐ zhàyóu. "

Wǒ shuō："Huāshēng de jià • qián piányi, shéi dōu kěyǐ mǎi • lái chī, dōu xǐhuan chī. Zhè jiùshì tā de hǎo • chù. "

Fù • qīn shuō："Huāshēng de hǎo • chù hěn duō, yǒu yī yàng zuì kěguì, Tā de guǒshí mái zài dì • lǐ, bù xiàng táozi、shíliu、píngguǒ nàyàng, bǎ xiānhóng nènlǜ de guǒshí gāogāo de guà zài zhītóu • shàng, shǐ rén yī jiàn jiù shēng àimù zhī xīn. Nǐmen kàn tā ǎi'ǎi de zhǎng zài dì • shàng, děngdào chéngshú le, yě bùnéng lìkè fēnbiàn chū • lái tā yǒu méi • yǒu guǒshí, bìxū wā chū • lái cái zhī • dào. "

Wǒmen dōu shuō shì, mǔ • qīn yě diǎndiǎn tóu.

Fù • qīn jiē xià • qù shuō："Suǒyǐ nǐmen yào xiàng huāshēng, tā suīrán bù hǎokàn, kěshì hěn yǒuyòng, bù shì wàibiǎo hǎokàn ér méi • yǒu shíyòng de dōngxi. "

Wǒ shuō："Nàme, rén yào zuò yǒuyòng de rén, bùyào zuò zhǐ jiǎng tǐ • miàn, ér duì bié • rén méi • yǒu hǎo • chù de rén le. "//

Fù • qīn shuō："Duì. Zhè shì wǒ duì nǐmen de xīwàng. "

Wǒmen tándào yè shēn cái sàn. Huāshēng zuò de shípǐn dōu chīwán le, fù • qīn de huà què shēnshēn de yìn zài wǒ de xīn • shàng.

——Jiéxuǎn zì Xǔ Dìshān《Luòhuāshēng》

作品 27 号

我打猎归来，沿着花园的林阴路走着。狗跑在我前边。

突然，狗放慢脚步，蹑足潜行，好像嗅到了前边有什么野物。

我顺着林阴路望去，看见了一只嘴边还带黄色、头上生着柔毛的小麻雀。风猛烈地吹打着林阴路上的白桦树，麻雀从巢里跌落下来，呆呆地伏在地上，孤立无援地张开两只羽毛还未丰满的小翅膀。

我的狗慢慢向它靠近。忽然，从附近一棵树上飞下一只黑胸脯的老麻雀，像一颗石子似的落到狗的跟前。老麻雀全身倒竖着羽毛，惊恐万状，发出绝望、凄惨的叫声，接着向露出牙齿、大张着的狗嘴扑去。

老麻雀是猛扑下来救护幼雀的。它用身体掩护着自己的幼儿……但它整个小小的身体因恐怖而战栗着，它小小的声音也变得粗暴嘶哑，它在牺牲自己！

在它看来，狗该是多么庞大的怪物啊！然而，它还是不能站在自己高高的、安全的树枝上……一种比它的理智更强烈的力量，使它从那儿扑下身来。

我的狗站住了，向后退了退……看来，它也感到了这种力量。

我赶紧唤住惊慌失措的狗，然后我怀着崇敬的心情，走开了。

是啊，请不要见笑。我崇敬那只小小的、英勇的鸟儿，我崇敬它那种爱的冲动和力量。

爱，我想，比 // 死和死的恐惧更强大。只有依靠它，依靠这种爱，生命才能维持下去，发展下去。

——节选自［俄］屠格涅夫《麻雀》，巴金译

Zuòpǐn 27 Hào

Wǒ dǎliè guīlái, yánzhe huāyuán de línyīnlù zǒuzhe. Gǒu pǎo zài wǒ qián • biān.

Tūrán, gǒu fàngmàn jiǎobù, nièzú-qiánxíng, hǎoxiàng xiùdàole qián • biān yǒu shénme yěwù.

Wǒ shùnzhe línyīnlù wàng • qù, kàn • jiànle yī zhī zuǐ biān hái dài huángsè、tóu • shàng shēngzhe róumáo de xiǎo máquè. Fēng měngliè de chuīdǎzhe línyīnlù • shàng de báihuàshù, máquè cóng cháo • lǐ diēluò xià • lái, dāidāi de fú zài dì • shàng, gūlì wúyuán de zhāngkāi liǎng zhī yǔmáo hái wèi fēngmǎn de xiǎo chìbǎng.

Wǒ de gǒu mànmàn xiàng tā kàojìn. Hūrán, cóng fùjìn yī kē shù • shàng fēi xià yī zhī hēi xiōngpú de lǎo máquè, xiàng yī kē shízǐ shìde luòdào gǒu de gēn • qián. Lǎo máquè quánshēn dàoshùzhe yǔmáo, jīngkǒng-wànzhuàng, fāchū juéwàng、 qīcǎn de jiàoshēng, jiēzhe xiàng lòuchū yáchǐ、dà zhāngzhe de gǒuzuǐ pū · qù.

Lǎo máquè shì měng pū xià · lái jiùhù yòuquè de. Tā yòng shēntǐ yǎnhùzhe zìjǐ de yòu'ér ······ Dàn tā zhěnggè xiǎoxiǎo de shēntǐ yīn kǒngbù ér zhànlìzhe, tā xiǎoxiǎo de shēngyīn yě biànde cūbào sīyǎ, tā zài xīshēng zìjǐ!

Zài tā kànlái, gǒu gāi shì gè duōme pángdà de guàiwu a! Rán'ér, tā háishì bùnéng zhàn zài zìjǐ gāogāo de、ānquán de shùzhī · shàng ······ Yī zhǒng bǐ tā de lǐzhì gèng qiángliè de lì · liàng, shǐ tā cóng nàr pū · xià shēn · lái.

Wǒ de gǒu zhànzhù le, xiàng hòu tuìle tuì ······ kànlái, tā yě gǎndàole zhè zhǒng lì · liàng.

Wǒ gǎnjǐn huànzhù jīnghuāng-shīcuò de gǒu, ránhòu wǒ huáizhe chóngjìng de xīnqíng, zǒukāi le.

Shì a, qǐng bùyào jiànxiào. Wǒ chóngjìng nà zhī xiǎoxiǎo de、yīngyǒng de niǎor, wǒ chóngjìng tā nà zhǒng ài de chōngdòng hé lì · liàng.

Ài, Wǒ xiǎng, bǐ//sǐ hé sǐ de kǒngjù gèng qiángdà. Zhǐyǒu yīkào tā, yīkào zhè zhǒng ài, shēngmìng cái néng wéichí xià · qù, fāzhǎn xià · qù.

——Jiéxuǎn zì[É] Túgénièfū《Máquè》Bā Jīn yì

作品 28 号

那年我六岁。离我家仅一箭之遥的小山坡旁,有一个早已被废弃的采石场,双亲从来不准我去那儿,其实那儿风景十分迷人。

一个夏季的下午,我随着一群小伙伴偷偷上那儿去了。就在我们穿越了一条孤寂的小路后,他们却把我一个人留在原地,然后奔向"更危险的地带"了,等他们走后,我惊慌失措地发现,再也找不到要回家的那条孤寂的小道了。像只无头的苍蝇,我到处乱钻,衣裤上挂满了芒刺。太阳已经落山,而此时此刻,家里一定开始吃晚餐了,双亲正盼着我回家······想着想着,我不由得背靠着一棵树,伤心地呜呜大哭起来······

突然,不远处传来了声声柳笛。我像找到了救星,急忙循声走去。一条小道边的树桩上坐着一位吹笛人,手里还正削着什么。走近细看,他不就是被大家称为"乡巴佬儿"的卡廷吗?

"你好,小家伙儿,"卡廷说,"看天气多美,你是出来散步的吧?"

我怯生生地点点头,答道:"我要回家了。"

"请耐心等上几分钟,"卡廷说,"瞧,我正在削一支柳笛,差不多就要做好了,完工后就送给你吧!"

卡廷边削边不时把尚未成形的柳笛放在嘴里试吹一下。没过多久,一支柳笛便递到我手中。我俩在一阵阵清脆悦耳的笛音//中,踏上了归途······

当时,我心中只充满感激,而今天,当我自己也成了祖父时,却突然领悟到他用心之良苦!那天当他听到我的哭声时,便判定我一定迷了路,但他并不想在孩子面前扮演

"救星"的角色，于是吹响柳笛以便让我能发现他，并跟着他走出困境！就这样，卡廷先生以乡下人的纯朴，保护了一个小男孩儿强烈的自尊。

——节选自唐若水译《迷途笛音》

Zuòpǐn 28 Hào

Nà nián wǒ liù suì. Lí wǒ jiā jǐn yī jiàn zhī yáo de xiǎo shānpō páng, yǒu yī gè zǎo yǐ bèi fèiqì de cǎishíchǎng, shuāngqīn cónglái bùzhǔn wǒ qù nàr, qíshí nàr fēngjǐng shífēn mírén.

Yī gè xiàjì de xiàwǔ, wǒ suízhe yī qún xiǎohuǒbànr tōutōu shàng nàr qù le. Jiù zài wǒmen chuānyuèle yī tiáo gūjì de xiǎolù hòu, tāmen què bǎ wǒ yī gè rén liú zài yuán dì, ránhòu bēnxiàng "gèng wēixiǎn de dìdài" le, Děng tāmen zǒuhòu, wǒ jīnghuāng-shīcuò de fāxiàn, zài yě zhǎo • bùdào yào huíjiā de nà tiáo gūjì de xiǎodào le. Xiàng zhī wú tóu de cāngying, wǒ dàochù luàn zuān, yīkù • shàng guàmǎnle mángcì. Tài • yáng yǐ • jīng luò shān, ér cǐshí cǐkè, jiā • lǐ yīdìng kāishǐ chī wǎncān le, shuāngqīn zhèng pànzhe wǒ huíjiā······ Xiǎngzhe xiǎngzhe, wǒ bùyóude bèi kàozhe yī kē shù, shāngxīn de wūwū dàkū qǐ • lái······

Tūrán, bù yuǎnchù chuán • láile shēngshēng liǔdí. Wǒ xiàng zhǎodàole jiùxīng, jímáng xúnshēng zǒuqù. Yī tiáo xiǎodào biān de shùzhuāng • shàng zuòzhe yī wèi chuīdí rén, shǒu • lǐ hái zhèng xiāozhe shénme. Zǒujìn xì kàn, tā bù jiùshì bèi dàjiā chēng wéi "xiāngbalǎor" de Kǎtíng ma?

"Nǐ hǎo, xiǎojiāhuor," Kǎtíng shuō, "kàn tiānqì duō měi, nǐ shì chū • lái sànbù de ba?"

Wǒ qièshēngshēng de diǎndiǎn tóu, dádào: "Wǒ yào huíjiā le."

"Qǐng nàixīn děng • shàng jǐ fēnzhōng," Kǎtíng shuō, "Qiáo, wǒ zhèngzài xiāo yī zhī liǔdí, chà • bùduō jiù yào zuòhǎo le, wángōng hòu jiù sònggěi nǐ ba!"

Kǎtíng biān xiāo biān bùshí bǎ shàng wèi chéngxíng de liǔdí fàng zài zuǐ • lǐ shìchuī yīxià. Méi guò duōjiǔ, yī zhī liǔdí biàn dìdào wǒ shǒu zhōng. Wǒ liǎ zài yī zhènzhèn qīngcuì yuè'ěr de díyīn//zhōng, tà • shàng le guītú······

Dāngshí, wǒ xīnzhōng zhǐ chōngmǎn gǎn • jī, ér jīntiān, dāng wǒ zìjǐ yě chéngle zǔfù shí, què tūrán lǐngwù dào tā yòngxīn zhī liángkǔ! Nà tiān dāng tā tīngdào wǒ de kūshēng shí, biàn pàndìng wǒ yīdìng míle lù, dàn tā bìng bù xiǎng zài háizi miànqián bànyǎn "jiùxīng" de juésè, yúshì chuīxiǎng liǔdí yǐbiàn ràng wǒ néng fāxiàn tā, bìng gēnzhe tā zǒuchū kùnjìng! Jiù zhèyàng, Kǎtíng xiānsheng yǐ xiāngxiàrén de chúnpǔ, bǎohùle yī gè xiǎonánháir qiángliè de zìzūn.

——Jiéxuǎn zì Táng Ruòshuǐ yì《Mítú Díyīn》

作品 29 号

在浩瀚无垠的沙漠里,有一片美丽的绿洲,绿洲里藏着一颗闪光的珍珠。这颗珍珠就是敦煌莫高窟。它坐落在我国甘肃省敦煌市三危山和鸣沙山的怀抱中。

鸣沙山东麓是平均高度为十七米的崖壁。在一千六百多米长的崖壁上,凿有大小洞窟七百余个,形成了规模宏伟的石窟群。其中四百九十二个洞窟中,共有彩色塑像两千一百余尊,各种壁画共四万五千多平方米。莫高窟是我国古代无数艺术匠师留给人类的珍贵文化遗产。

莫高窟的彩塑,每一尊都是一件精美的艺术品。最大的有九层楼那么高,最小的还不如一个手掌大。这些彩塑个性鲜明,神态各异。有慈眉善目的菩萨,有威风凛凛的天王,还有强壮勇猛的力士……

莫高窟壁画的内容丰富多彩,有的是描绘古代劳动人民打猎、捕鱼、耕田、收割的情景,有的是描绘人们奏乐、舞蹈、演杂技的场面,还有的是描绘大自然的美丽风光。其中最引人注目的是飞天。壁画上的飞天,有的臂挎花篮,采摘鲜花;有的反弹琵琶,轻拨银弦;有的倒悬身子,自天而降;有的彩带飘拂,漫天遨游;有的舒展着双臂,翩翩起舞。看着这些精美动人的壁画,就像走进了 // 灿烂辉煌的艺术殿堂。

莫高窟里还有一个面积不大的洞窟——藏经洞。洞里曾藏有我国古代的各种经卷、文书、帛画、刺绣、铜像等共六万多件。由于清朝政府腐败无能,大量珍贵的文物被外国强盗掠走。仅存的部分经卷,现在陈列于北京故宫等处。

莫高窟是举世闻名的艺术宝库。这里的每一尊彩塑、每一幅壁画、每一件文物,都是中国古代人民智慧的结晶。

——节选自小学《语文》第六册中《莫高窟》

Zuòpǐn 29 Hào

Zài hàohàn wúyín de shāmò • lǐ, yǒu yī piàn měilì de lǜzhōu, lǜzhōu • lǐ cángzhe yī kē shǎnguāng de zhēnzhū. Zhè kē zhēnzhū jiùshì Dūnhuáng Mògāokū. Tā zuòluò zài wǒguó Gānsù Shěng Dūnhuáng Shì Sānwēi Shān hé Míngshā Shān de huáibào zhōng.

Míngshā Shān dōnglù shì píngjūn gāodù wéi shíqī mǐ de yábì. Zài yīqiān liùbǎi duō mǐ cháng de yábì • shàng, záo yǒu dàxiǎo dòngkū qībǎi yú gè, xíngchéngle guīmó hóngwěi de shíkūqún. Qízhōng sìbǎi jiǔshí'èr gè dòngkū zhōng, gòng yǒu cǎisè sùxiàng liǎngqiān yībǎi yú zūn, gè zhǒng bìhuà gòng sìwàn wǔqiān duō píngfāngmǐ. Mògāokū shì wǒguó gǔdài wúshù yìshù jiàngshī liúgěi rénlèi de zhēnguì wénhuà yíchǎn.

Mògāokū de cǎisù, měi yī zūn dōu shì yī jiàn jīngměi de yìshùpǐn. Zuì dà de yǒu jiǔ céng lóu nàme gāo, zuì xiǎo de hái bùrú yī gè shǒuzhǎng dà. Zhèxiē cǎisù gèxìng xiānmíng, shéntài-gèyì. Yǒu címéi-shànmù de pú • sà, yǒu wēifēng-lǐnlǐn de tiānwáng,háiyǒu qiángzhuàng yǒngměng de lìshì……

　　Mògāokū bìhuà de nèiróng fēngfù-duōcǎi,yǒude shì miáohuì gǔdài láodòng rénmín dǎliè、bǔyú、gēngtián、shōugē de qíngjǐng,yǒude shì miáohuì rénmen zòuyuè、wǔdǎo、yǎn zájì de chǎngmiàn,hái yǒude shì miáohuì dàzìrán de měilì fēngguāng. Qízhōng zuì yǐnrén-zhùmù de shì fēitiān. Bìhuà·shàng de fēitiān, yǒude bì kuà huālán,cǎizhāi xiānhuā;yǒude fǎn tán pí·pá,qīng bō yínxián;yǒude dào xuán shēnzi,zì tiān ér jiàng;yǒude cǎidài piāofú,màntiān áoyóu;yǒude shūzhǎnzhe shuāngbì,piānpiān-qǐwǔ. Kànzhe zhèxiē jīngměi dòngrén de bìhuà,jiù xiàng zǒujìnle//cànlàn huīhuáng de yìshù diàntáng.

　　Mògāokū·lǐ háiyǒu yī gè miànjī bù dà de dòngkū——cángjīngdòng. Dòng·lǐ céng cángyǒu wǒguó gǔdài de gè zhǒng jīngjuàn、wénshū、bóhuà、cìxiù、tóngxiàng děng gòng liùwàn duō jiàn. Yóuyú Qīngcháo zhèngfǔ fǔbài wúnéng,dàliàng zhēnguì de wénwù bèi wàiguó qiángdào lüèzǒu. Jǐncún de bùfen jīngjuàn,xiànzài chénliè yú Běijīng Gùgōng děng chù.

　　Mògāokū shì jǔshì-wénmíng de yìshù bǎokù. Zhè·lǐ de měi yī zūn cǎisù,měi yī fú bìhuà,měi yī jiàn wénwù,dōu shì Zhōngguó gǔdài rénmín zhìhuì de jiéjīng.

　　——Jiéxuǎn zì Xiǎoxué《Yǔwén》dì-liù cè zhōng《Mògāokū》

作品 30 号

　　其实你在很久以前并不喜欢牡丹,因为它总被人作为富贵膜拜。后来你目睹了一次牡丹的落花,你相信所有的人都会为之感动:一阵清风徐来,娇艳鲜嫩的盛期牡丹忽然整朵整朵地坠落,铺撒一地绚丽的花瓣。那花瓣落地时依然鲜艳夺目,如同一只奉上祭坛的大鸟脱落的羽毛,低吟着壮烈的悲歌离去。

　　牡丹没有花谢花败之时,要么烁于枝头,要么归于泥土,它跨越萎顿和衰老,由青春而死亡,由美丽而消遁。它虽美却不吝惜生命,即使告别也要展示给人最后一次的惊心动魄。

　　所以在这阴冷的四月里,奇迹不会发生。任凭游人扫兴和诅咒,牡丹依然安之若素。它不苟且、不俯就、不妥协、不媚俗,甘愿自己冷落自己。它遵循自己的花期自己的规律,它有权利为自己选择每年一度的盛大节日。它为什么不拒绝寒冷?

　　天南海北的看花人,依然络绎不绝地涌入洛阳城。人们不会因牡丹的拒绝而拒绝它的美。如果它再被贬谪十次,也许它就会繁衍出十个洛阳牡丹城。

　　于是你在无言的遗憾中感悟到,富贵与高贵只是一字之差。同人一样,花儿也是有灵性的,更有品位之高低。品位这东西为气为魂为//筋骨为神韵,只可意会。你叹服牡丹卓而不群之姿,方知品位是多么容易被世人忽略或是漠视的美。

　　——节选自张抗抗《牡丹的拒绝》

Zuòpǐn 30 Hào

Qíshí nǐ zài hěn jiǔ yǐqián bìng bù xǐhuan mǔ·dān. Yīn·wèi tā zǒng bèi rén zuòwéi fùguì móbài. Hòulái nǐ mùdǔle yī cì mǔ·dān de luòhuā, nǐ xiāngxìn suǒyǒu de rén dōu huì wèi zhī gǎndòng: Yī zhèn qīngfēng xúlái, jiāoyàn xiānnèn de shèngqī mǔ·dān hūrán zhěng duǒ zhěng duǒ de zhuìluò, pūsǎ yīdì xuànlì de huābàn. Nà huābàn luòdì shí yīrán xiānyàn duómù, rútóng yī zhī bèi fèng·shàng jìtán de dànniǎo tuōluò de yǔmáo, dīyínzhe zhuàngliè de bēigē líqù.

Mǔ·dān méi·yǒu huāxiè-huābài zhī shí, yàome shuòyú zhītóu, yàome guīyú nítǔ, tā kuàyuè wěidùn hé shuāilǎo, yóu qīngchūn ér sǐwáng, yóu měilì ér xiāodùn. Tā suī měi què bù lìnxī shēngmìng, jíshǐ gàobié yě yào zhǎnshì gěi rén zuìhòu yī cì jīngxīn-dòngpò.

Suǒyǐ zài zhè yīnlěng de sìyuè·lǐ, qíjì bù huì fāshēng. Rènpíng yóurén sǎoxìng hé zǔzhòu, mǔ·dān yīrán ānzhī-ruòsù. Tā bù gǒuqiě、bù fǔjiù、bù tuǒxié、bù mèisú, gānyuàn zìjǐ lěngluò zìjǐ. Tā zūnxún zìjǐ de huāqī zìjǐ de guīlù, tā yǒu quánlì wèi zìjǐ xuǎnzé měinián yī dù de shèngdà jiérì. Tā wèishénme bù jùjué hánlěng?

Tiānnán-hǎiběi de kàn huā rén, yīrán luòyì-bùjué de yǒngrù Luòyáng Chéng. Rénmen bù huì yīn mǔ·dān de jùjué ér jùjué tā de měi. Rúguǒ tā zài bèi biǎnzhé shí cì, yěxǔ tā jiùhuì fányǎn chū shí gè Luòyáng mǔ·dān chéng.

Yúshì nǐ zài wúyán de yíhàn zhōng gǎnwù dào, fùguì yǔ gāoguì zhǐshì yī zì zhī chā. Tóng rén yīyàng, huā'ér yě shì yǒu língxìng de, gèng yǒu pǐnwèi zhī gāodī. Pǐnwèi zhè dōngxi wéi qì wéi hún wéi//jīngǔ wéi shényùn zhī kě yìhuì. Nǐ tànfú mǔ·dān zhuó'ér-bùqún zhī zī, fāng zhī pǐnwèi shì duōme róng·yì bèi shìrén hūlüè huò mòshì de měi.

——Jiéxuǎn zì Zhāng Kàngkàng《Mǔ·dān de Jùjué》

作品 31 号

森林涵养水源,保持水土,防止水旱灾害的作用非常大。据专家测算,一片十万亩面积的森林,相当于一个两百万立方米的水库,这正如农谚所说的:"山上多栽树,等于修水库。雨多它能吞,雨少它能吐。"

说起森林的功劳,那还多得很。它除了为人类提供木材及许多种生产、生活的原料之外,在维护生态环境方面也是功劳卓著。它用另一种"能吞能吐"的特殊功能孕育了人类。因为地球在形成之初,大气中的二氧化碳含量很高,氧气很少,气温也高,生物是难以生存的。大约在四亿年之前,陆地才产生了森林。森林慢慢将大气中的二氧化碳吸收,同时吐出新鲜氧气,调节气温:这才具备了人类生存的条件,地球上才最终有了人类。

森林,是地球生态系统的主体,是大自然的总调度室,是地球的绿色之肺。森林维护地球生态环境的这种"能吞能吐"的特殊功能是其他任何物体都不能取代的。然而,由于地球上的燃烧物增多，二氧化碳的排放量急剧增加，使得地球生态环境急剧恶化，主要表现为全球气候变暖，水分蒸发加快，改变了气流的循环，使气候变化加剧，从而引发热浪、飓风、暴雨、洪涝及干旱。

为了 // 使地球的这个"能吞能吐"的绿色之肺恢复健壮，以改善生态环境，抑制全球变暖，减少水旱等自然灾害，我们应该大力造林、护林，使每一座荒山都绿起来。

——节选自《中考语文课外阅读试题精选》中《"能吞能吐"的森林》

Zuòpǐn 31 Hào

Sēnlín hányǎng shuǐyuán, bǎochí shuǐtǔ, fángzhǐ shuǐhàn zāihài de zuòyòng fēicháng dà. Jù zhuānjiā cèsuàn, yī piàn shíwàn mǔ miànjī de sēnlín, xiāngdāngyú yī gè liǎngbǎi wàn lìfāngmǐ de shuǐkù, zhè zhèng rú nóngyàn suǒ shuō de: "Shān • shàng duō zāi shù, děngyú xiū shuǐkù. Yǔ duō tā néng tūn, yǔ shǎo tā néng tǔ."

Shuōqǐ sēnlín de gōng • láo, nà hái duō de hěn. Tā chúle wèi rénlèi tígōng mùcái jí xǔduō zhǒng shēngchǎn、shēnghuó de yuánliào zhīwài, zài wéihù shēngtài huánjìng fāngmiàn yě shì gōng • láo zhuózhù, tā yòng lìng yī zhǒng "néngtūn-néngtǔ"de tèshū gōngnéng yùnyùle rénlèi. Yīn • wèi dìqiú zài xíngchéng zhīchū, dàqì zhōng de èryǎnghuàtàn hánliàng hěn gāo, yǎngqì hěn shǎo, qìwēn yě gāo, shēngwù shì nányǐ shēngcún de. Dàyuē zài sìyì nián zhīqián, lùdì cái chǎnshēngle sēnlín. Sēnlín mànmàn jiāng dàqì zhōng de èryǎnghuàtàn xīshōu, tóngshí tǔ • chū xīn • xiān yǎngqì, tiáojié qìwēn: Zhè cái jùbèile rénlèi shēngcún de tiáojiàn, dìqiú • shàng cái zuìzhōng yǒule rénlèi.

Sēnlín, shì dìqiú shēngtài xìtǒng de zhǔtǐ, shì dàzìrán de zǒng diàodùshì, shì dìqiú de lǜsè zhī fèi. Sēnlín wéihù dìqiú shēngtài huánjìng de zhè zhǒng "néngtūn-néngtǔ"de tèshū gōngnéng shì qítā rènhé wùtǐ dōu bùnéng qǔdài de. Rán'ér, yóuyú dìqiú • shàng de ránshāowù zēngduō, èryǎnghuàtàn de páifàngliàng jíjù zēngjiā, shǐ • dé dìqiú shēngtài huánjìng jíjù èhuà, zhǔyào biǎoxiàn wéi quánqiú qìhòu biàn nuǎn, shuǐfèn zhēngfā jiākuài, gǎibiànle qìliú de xúnhuán, shǐ qìhòu biànhuà jiājù, cóng'ér yǐnfā rèlàng、jùfēng、bàoyǔ、hónglào jí gànhàn.

Wèile//shǐ dìqiú de zhègè"néngtūn-néngtǔ"de lǜsè zhī fèi huīfù jiànzhuàng, yǐ gǎishàn shēngtài huánjìng, yìzhì quánqiú biàn nuǎn, jiǎnshǎo shuǐhàn děng zìrán zāihài, wǒmen yīnggāi dàlì zàolín、hùlín, shǐ měi yī zuò huāngshān dōu lǜqǐ • lái.

——Jiéxuǎn zì《Zhōngkǎo Yǔwén Kèwài Yuèdú Shìtí Jīngxuǎn》zhōng《"Néngtūn-Néngtǔ"de Sēnlín》

作品 32 号

朋友即将远行。

暮春时节，又邀了几位朋友在家小聚。虽然都是极熟的朋友，却是终年难得一见，偶尔电话里相遇,也无非是几句寻常话。一锅小米稀饭,一碟大头菜,一盘自家酿制的泡菜,一只巷口买回的烤鸭,简简单单,不像请客,倒像家人团聚。

其实,友情也好,爱情也好,久而久之都会转化为亲情。

说也奇怪,和新朋友会谈文学、谈哲学、谈人生道理等等,和老朋友却只话家常,柴米油盐,细细碎碎,种种琐事。很多时候,心灵的契合已经不需要太多的言语来表达。

朋友新烫了个头,不敢回家见母亲,恐怕惊骇了老人家,却欢天喜地来见我们,老朋友颇能以一种趣味性的眼光欣赏这个改变。

年少的时候,我们差不多都在为别人而活,为苦口婆心的父母活,为循循善诱的师长活,为许多观念、许多传统的约束力而活。年岁逐增,渐渐挣脱外在的限制与束缚,开始懂得为自己活,照自己的方式做一些自己喜欢的事,不在乎别人的批评意见,不在乎别人的诋毁流言,只在乎那一份随心所欲的舒坦自然。偶尔,也能够纵容自己放浪一下,并且有一种恶作剧的窃喜。

就让生命顺其自然,水到渠成吧,犹如窗前的 // 乌桕,自生自落之间,自有一份圆融丰满的喜悦。春雨轻轻落着,没有诗,没有酒,有的只是一份相知相属的自在自得。

夜色在笑语中渐渐沉落,朋友起身告辞,没有挽留,没有送别,甚至也没有问归期。

已经过了大喜大悲的岁月,已经过了伤感流泪的年华,知道了聚散原来是这样的自然和顺理成章,懂得这点,便懂得珍惜每一次相聚的温馨,离别便也欢喜。

——节选自(台湾)杏林子《朋友和其他》

Zuòpǐn 32 Hào

Péngyou jíjiāng yuǎnxíng.

Mùchūn shíjié, yòu yāole jǐ wèi péngyou zài jiā xiǎojù. Suīrán dōu shì jí shú de péngyou, què shì zhōngnián nándé yī jiàn, ǒu'ěr diànhuà • lǐ xiāngyù, yě wúfēi shì jǐ jù xúnchánghuà. Yī guō xiǎomǐ xīfàn, yī dié dàtóucài, yī pán zìjiā niàngzhì de pàocài, yī zhī xiàngkǒu mǎihuí de kǎoyā, jiǎnjiǎn-dāndān, bù xiàng qǐngkè, dào xiàng jiārén tuánjù.

Qíshí, yǒuqíng yě hǎo, àiqíng yě hǎo, jiǔ'érjiǔzhī dōu huì zhuǎnhuà wéi qīnqíng.

Shuō yě qíguài, hé xīn péngyou huì tán wénxué、tán zhéxué、tán rénshēng dào • lǐ děngděng, hé lǎo péngyou què zhǐ huà jiācháng, chái-mǐ-yóu-yán, xìxì-suìsuì, zhǒngzhǒng suǒshì. Hěn duō shíhou, xīnlíng de qìhé yǐ • jīng bù xūyào tài duō de yán yǔ lái biǎodá.

Péngyou xīn tàngle gè tóu, bùgǎn huíjiā jiàn mǔ • qīn, kǒngpà jīnghàile lǎo • rén • jiā, què huāntiān-xǐdì lái jiàn wǒmen, lǎo péngyou pō néng yǐ yī zhǒng qùwèixìng de yǎnguāng xīnshǎng zhège gǎibiàn.

Niánshào de shíhou, wǒmen chà·bùduō dōu zài wèi bié·rén ér huó, wèi kǔkǒu-póxīn de fùmǔ huó, wèi xúnxún-shànyòu de shīzhǎng huó, wèi xǔduō guānniàn、xǔduō chuántǒng de yuēshùlì ér huó. Niánsuì zhú zēng, jiànjiàn zhèngtuō wàizài de xiànzhì yǔ shùfù, kāishǐ dǒng·dé wèi zìjǐ huó, zhào zìjǐ de fāngshì zuò yīxiē zìjǐ xǐhuan de shì, bù zàihu bié·rén de pīpíng yì·jiàn, bù zàihu bié·rén de dǐhuǐ liúyán, zhǐ zàihu nà yī fēnr suíxīn-suǒyù de shūtan zìrán. Ǒu'ěr, yě nénggòu zòngróng zìjǐ fànglàng yīxià, bìngqiě yǒu yī zhǒng èzuòjù de qièxǐ.

Jiù ràng shēngmìng shùn qí zìrán, shuǐdào-qúchéng ba, yóurú chuāng qián de//wūjiù, zìshēng-zìluò zhījiān, zì yǒu yī fèn yuánróng fēngmǎn de xǐyuè. Chūnyǔ qīngqīng luòzhe, méi·yǒu shī, méi·yǒu jiǔ, yǒude zhǐshì yī fèn xiāng zhī xiāng zhǔ de zìzài zìdé.

Yèsè zài xiàoyǔ zhōng jiànjiàn chénluò, péngyou qǐshēn gàocí, méi·yǒu wǎnliú, méi·yǒu sòngbié, shènzhì yě méi·yǒu wèn guīqī.

Yǐ·jīng guòle dàxǐ-dàbēi de suìyuè, yǐ·jīng guòle shānggǎn liúlèi de niánhuá, zhī·dàole jù-sàn yuánlái shì zhèyàng de zìrán hé shùnlǐ-chéngzhāng, dǒng·dé zhè diǎn, biàn dǒngdé zhēnxī měi yī cì xiāngjù de wēnxīn, líbié biàn yě huānxǐ.

——Jiéxuǎn zì(Táiwān) Xìng Línzǐ《Péngyou hé Qítā》

作品 33 号

我们在田野散步：我，我的母亲，我的妻子和儿子。

母亲本不愿出来的。她老了，身体不好，走远一点儿就觉得很累。我说，正因为如此，才应该多走走。母亲信服地点点头，便去拿外套。她现在很听我的话，就像我小时候很听她的话一样。

这南方初春的田野，大块小块的新绿随意地铺着，有的浓，有的淡，树上的嫩芽也密了，田里的冬水也咕咕地起着水泡。这一切都使人想着一样东西——生命。

我和母亲走在前面，我的妻子和儿子走在后面。小家伙突然叫起来："前面是妈妈和儿子，后面也是妈妈和儿子。"我们都笑了。

后来发生了分歧：母亲要走大路，大路平顺；我的儿子要走小路，小路有意思。不过，一切都取决于我。我的母亲老了，她早已习惯听从她强壮的儿子；我的儿子还小，他还习惯听从他高大的父亲；妻子呢，在外面，她总是听我的。一霎时我感到了责任的重大。我想找一个两全的办法，找不出；我想拆散一家人，分成两路，各得其所，终不愿意。我决定委屈儿子，因为我伴同他的时日还长。我说："走大路。"

但是母亲摸摸孙儿的小脑瓜，变了主意："还是走小路吧。"她的眼随小路望去：那里有金色的菜花，两行整齐的桑树，//尽头一口水波粼粼的鱼塘。"我走不过去的地方，你就背着我。"母亲对我说。

这样，我们在阳光下，向着那菜花、桑树和鱼塘走去。到了一处，我蹲下来，背起了母亲；妻子也蹲下来，背起了儿子。我和妻子都是慢慢地，稳稳地，走得很仔细，好像我背上的同她背上的加起来，就是整个世界。

——节选自莫怀戚《散步》

Zuòpǐn 33 Hào

Wǒmen zài tiányě sànbù：Wǒ, wǒ de mǔ·qīn, wǒ de qī·zǐ hé érzi.

Mǔ·qīn běn bùyuàn chū·lái de. Tā lǎo le, shēntǐ bù hǎo, zǒu yuǎn yīdiǎnr jiù jué·dé hěn lèi. Wǒ shuō, zhèng yīn·wèi rúcǐ, cái yīnggāi duō zǒuzou. Mǔ·qīn xìnfú de diǎndiǎn tóu, biàn qù ná wàitào. Tā xiànzài hěn tīng wǒ de huà, jiù xiàng wǒ xiǎoshíhou hěn tīng tā de huà yīyàng.

Zhè nánfāng chūchūn de tiányě, dàkuài xiǎokuài de xīnlǜ suíyì de pūzhe, yǒude nóng, yǒude dàn, shù·shàng de nènyá yě mì le, tián·lǐ de dōngshuǐ yě gūgū de qǐzhe shuǐpào. Zhè yīqiē dōu shǐ rén xiǎngzhe yī yàng dōngxi——shēngmìng.

Wǒ hé mǔ·qīn zǒu zài qián·miàn, wǒ de qī·zǐ hé érzi zǒu zài hòu·miàn. Xiǎojiāhuo tūrán jiào qǐ·lái："qián·miàn shì māma hé érzi, hòu·miàn yě shì māma hé érzi."Wǒmen dōu xiào le.

Hòulái fāshēngle fēnqí：Mǔ·qīn yào zǒu dàlù, dàlù píngshùn；Wǒ de érzǐ yào zǒu xiǎolù, xiǎolù yǒu yìsi. Bùguò, yīqiè dōu qǔjuéyú wǒ. Wǒ de mǔ·qīn lǎo le, tā zǎoyǐ xíguàn tīngcóng tā qiángzhuàng de érzǐ；Wǒ de érzi hái xiǎo, tā hái xíguàn tīngcóng tā gāodà de fù·qīn；qī·zǐ ne, zài wài·miàn, tā zǒngshì tīng wǒ de. Yīshàshí wǒ gǎndàole zérèn de zhòngdà. Wǒ xiǎng zhǎo yī gè liǎngquán de bànfǎ, zhǎo bù chū；wǒ xiǎng chāisàn yī jiā rén, fēnchéng liǎng lù, gèdé-qísuǒ, zhōng bù yuàn·yì. Wǒ juédìng wěiqū érzi, yīn·wèi wǒ bàntóng tā de shírì hái cháng. Wǒ shuō："Zǒu dàlù."

Dànshì mǔ·qīn mōmo sūn'ér de xiǎo nǎoguā, biànle zhǔyi："háishì zǒu xiǎolù ba."Tā de yǎn suí xiǎolù wàng·qù：Nà·lǐ yǒu jīnsè de càihuā, liǎng háng zhěngqí de sāngshù, //jìntóu yī kǒu shuǐbō línlín de yútáng. "Wǒ zǒu bù guò·qù de dìfang, nǐ jiù bēizhe wǒ."Mǔ·qīn duì wǒ shuō.

Zhèyàng, wǒmen zài yángguāng·xià, xiàngzhe nà càihuā、sāngshù hé yútáng zǒu·qù. Dàole yī chù, wǒ dūn xià·lái, bēiqǐle mǔ·qīn, qī·zǐ yě dūn xià·lái, bēiqǐle érzi. Wǒ hé qī·zǐ dōu shì mànmàn de, wěnwěn de, zǒu de hěn zǐxì, hǎoxiàng wǒ bèi·shàng de tóng tā bèi·shàng de jiā qǐ·lái, jiùshì zhěnggè shìjiè.

——Jiéxuǎn zì Mò Huáiqī《Sànbù》

作品 34 号

地球上是否真的存在"无底洞"？按说地球是圆的，由地壳、地幔和地核三层组成，真正的"无底洞"是不应存在的，我们所看到的各种山洞、裂口、裂缝，甚至火山口也都只是地壳浅部的一种现象。然而中国一些古籍却多次提到海外有个深奥莫测的无底洞。事实上地球上确实有这样一个"无底洞"。

它位于希腊亚各斯古城的海滨。由于濒临大海,大涨潮时,汹涌的海水便会排山倒海般地涌入洞中,形成一股湍湍的急流。据测,每天流入洞内的海水量达三万多吨。奇怪的是,如此大量的海水灌入洞中,却从来没有把洞灌满。曾有人怀疑,这个"无底洞",会不会就像石灰岩地区的漏斗、竖井、落水洞一类的地形。然而从二十世纪三十年代以来,人们就做了多种努力企图寻找它的出口,却都是枉费心机。

为了揭开这个秘密,一九五八年美国地理学会派出一支考察队,他们把一种经久不变的带色染料溶解在海水中,观察染料是如何随着海水一起沉下去。接着又察看了附近海面以及岛上的各条河、湖,满怀希望地寻找这种带颜色的水,结果令人失望。难道是海水量太大把有色水稀释得太淡,以致无法发现?//

至今谁也不知道为什么这里的海水会没完没了地"漏"下去,这个"无底洞"的出口又在哪里,每天大量的海水究竟都流到哪里去了?

——节选自罗伯特·罗威尔《神秘的"无底洞"》

Zuòpǐn 34 Hào

Dìqiú · shàng shìfǒu zhēn de cúnzài"wúdǐdòng"? Ànshuō dìqiú shì yuán de, yóu dìqiào、dìmàn hé dìhé sān céng zǔchéng, zhēnzhèng de"wúdǐdòng"shì bù yīng cúnzài de, wǒmen suǒ kàndào de gè zhǒng shāndòng、lièkǒu、lièfèng, shènzhì huǒshānkǒu yě dōu zhǐshì dìqiào qiǎnbù de yī zhǒng xiànxiàng. Rán'ér zhōngguó yīxiē gǔjí què duō cì tídào hǎiwài yǒu gè shēn'ào-mòcè de wúdǐdòng. Shìshí · shàng dìqiú · shàng quèshí yǒu zhèyàng yī gè"wúdǐdòng".

Tā wèiyú Xīlà Yàgèsī gǔchéng de hǎibīn. Yóuyú bīnlín dàhǎi, dà zhǎngcháo shí, xiōngyǒng de hǎishuǐ biàn huì páishān-dǎohǎi bān de yǒngrù dòng zhōng, xíngchéng yī gǔ tuāntuān de jíliú. Jù cè, měi tiān liúrù dòng nèi de hǎishuǐliàng dá sānwàn duō dūn. Qíguài de shì, rúcǐ dàliàng de hǎishuǐ guànrù dòng zhōng, què cónglái méi · yǒu bǎ dòng guànmǎn. Céng yǒu rén huáiyí, zhège"wúdǐdòng", huì · bùhuì jiù xiàng shíhuīyán dìqū de lòudǒu、shùjǐng、luòshuǐdòng yīlèi de dìxíng. Rán'ér cóng èrshí shìjì sānshí niándài yǐlái, rénmen jiù zuòle duō zhǒng nǔlì qǐtú xúnzhǎo tā de chūkǒu, què dōu shì wǎngfèi-xīnjī.

Wèile jiēkāi zhège mìmì, yī jiǔ wǔ bā nián Měiguó Dìlǐ Xuéhuì pàichū yī zhī kǎochéduì, tāmen bǎ yī zhǒng jīngjiǔ-bùbiàn de dài sè rǎnliào róngjiě zài hǎishuǐ zhōng, guānchá rǎnliào shì rúhé suízhe hǎishuǐ yīqǐ chén xià · qù. Jiēzhe yòu chákànle fùjìn hǎimiàn yǐjí dǎo · shàng de gè tiáo hé、hú, mǎnhuái xīwàng de xúnzhǎo zhè zhǒng dài yánsè de shuǐ, jiéguǒ lìng rén shīwàng. Nándào shì hǎishuǐliàng tài dà bǎ yǒusèshuǐ xīshì de tài dàn, yǐ zhì wúfǎ fāxiàn? //

Zhìjīn shéi yě bù zhī · dào wèishénme zhè · lǐ de hǎishuǐ huì méiwán-méiliǎo de "lòu" xià·qù, zhège "wúdǐdòng" de chūkǒu yòu zài nǎ·lǐ, měi tiān dàliàng de hǎishuǐ jiūjìng dōu liúdào nǎ·lǐ qù le?

——Jiéxuǎn zì Luóbótè Luówēi'ěr《Shénmì de "Wúdǐdòng"》

作品 35 号

我在俄国见到的景物再没有比托尔斯泰墓更宏伟、更感人的。

完全按照托尔斯泰的愿望，他的坟墓成了世间最美的，给人印象最深刻的坟墓。它只是树林中的一个小小的长方形土丘，上面开满鲜花——没有十字架，没有墓碑，没有墓志铭，连托尔斯泰这个名字也没有。

这位比谁都感到受自己的声名所累的伟人，却像偶尔被发现的流浪汉，不为人知的士兵，不留名姓地被人埋葬了。谁都可以踏进他最后的安息地，围在四周稀疏的木栅栏是不关闭的——保护列夫·托尔斯泰得以安息的没有任何别的东西，惟有人们的敬意；而通常，人们却总是怀着好奇，去破坏伟人墓地的宁静。

这里，逼人的朴素禁锢住任何一种观赏的闲情，并且不容许你大声说话。风儿俯临，在这座无名者之墓的树木之间飒飒响着，和暖的阳光在坟头嬉戏；冬天，白雪温柔地覆盖这片幽暗的圭土地。无论你在夏天或冬天经过这儿，你都想象不到，这个小小的、隆起的长方体里安放着一位当代最伟大的人物。

然而，恰恰是这座不留姓名的坟墓，比所有挖空心思用大理石和奢华装饰建造的坟墓更扣人心弦。在今天这个特殊的日子 // 里，到他的安息地来的成百上千人中间，没有一个有勇气，哪怕仅仅从这幽暗的土丘上摘下一朵花留作纪念。人们重新感到，世界上再没有比托尔斯泰最后留下的、这座纪念碑式的朴素坟墓，更打动人心的了。

——节选自[奥]茨威格《世间最美的坟墓》，张厚仁译

Zuòpǐn 35 Hào

Wǒ zài Éguó jiàndào de jǐngwù zài méi·yǒu bǐ Tuō'ěrsītài mù gèng hóngwěi、gèng gǎnrén de.

Wánquán ànzhào Tuō'ěrsītài de yuànwàng, tā de fénmù chéngle shìjiān zuì měi de, gěi rén yìnxiàng zuì shēnkè de fénmù. Tā zhǐshì shùlín zhōng de yī gè xiǎoxiǎo de chángfāngxíng tǔqiū, shàng·miàn kāimǎn xiānhuā——méi·yǒu shízìjià, méi·yǒu mùbēi, méi·yǒu mùzhìmíng, lián Tuō'ěrsītài zhègè míng zi yě méi·yǒu.

Zhè wèi bǐ shéi dōu gǎndào shòu zìjǐ de shēngmíng suǒ lěi de wěirén, què xiàng ǒu'ěr bèi fāxiàn de liúlànghàn, bù wéi rén zhī de shìbīng, bù liú míng xìng de bèi rén máizàng le. Shéi dōu kěyǐ tàijìn tā zuìhòu de ānxīdì, wéi zài sìzhōu xīshū de mù zhàlán shì bù guānbì de——bǎohù Lièfū Tuō'ěrsītài déyǐ ānxī de méi·yǒu rènhé biéde dōngxi, wéiyǒu rénmen de jìngyì; ér tōngcháng, rénmen què zǒngshì huáizhe hàoqí, qù pòhuài wěirén mùdì de níngjìng.

Zhè·lǐ, bīrén de pǔsù jìngù zhù rènhé yī zhǒng guānshǎng de xiánqíng, bìngqiě bù róngxǔ nǐ dàshēng shuōhuà. Fēng'ér fǔ lín, zài zhè zuò wúmíngzhě zhī mù de shùmù zhījiān sàsà xiǎngzhe, hénuǎn de yángguāng zài féntóur xīxì; dōngtiān, báixuě wēnróu de fùgài zhè piàn yōu'àn de guītǔdì. Wúlùn nǐ zài xiàtiān huò dōngtiān jīngguò zhèr, nǐ dōu xiǎngxiàng bù dào, zhègè xiǎoxiǎo de、lóngqǐ de chángfāngtǐ·lǐ ānfàngzhe yī wèi dāngdài zuì wěidà de rénwù.

Rán'ér, qiàqià shì zhè zuò bù liú xìngmíng de fénmù, bǐ suǒyǒu wākōng xīnsi yòng dàlǐshí hé shēhuá zhuāngshì jiànzào de fénmù gèng kòurénxīnxián. Zài jīntiān zhège tèshū de rìzi//·lǐ, dào tā de ānxīdì lái de chéng bǎi shàng qiān rén zhōngjiān, méi·yǒu yī gè yǒu yǒngqì, nǎpà jǐnjǐn cóng zhè yōu'àn de tǔqiū·shàng zhāixià yī duǒ huā liúzuò jìniàn. Rénmen chóngxīn gǎndào, shìjiè·shàng zài méi·yǒu bǐ Tuō'ěrsītài zuìhòu liúxià de、zhè zuò jìniànbēi shì de pǔsù fénmù, gèng dǎdòng rénxīn de le.

——Jiéxuǎn zì[Ào] Cíwēigé 《Shìjiān Zuì Měi de Fénmù》, Zhāng Hòurén yì

作品 36 号

我国的建筑,从古代的宫殿到近代的一般住房,绝大部分是对称的,左边怎么样,右边怎么样。苏州园林可绝不讲究对称,好像故意避免似的。东边有了一个亭子或者一道回廊,西边决不会来一个同样的亭子或者一道同样的回廊。这是为什么?我想,用图画来比方,对称的建筑是图案画,不是美术画,而园林是美术画,美术画要求自然之趣,是不讲究对称的。

苏州园林里都有假山和池沼。

假山的堆叠,可以说是一项艺术而不仅是技术。或者是重峦叠嶂,或者是几座小山配合着竹子花木,全在乎设计者和匠师们生平多阅历,胸中有丘壑,才能使游览者攀登的时候忘却苏州城市,只觉得身在山间。

至于池沼,大多引用活水。有些园林池沼宽敞,就把池沼作为全园的中心,其他景物配合着布置。水面假如成河道模样,往往安排桥梁。假如安排两座以上的桥梁,那就一座一个样,决不雷同。

池沼或河道的边沿很少砌齐整的石岸,总是高低屈曲任其自然。还在那儿布置几块玲珑的石头,或者种些花草。这也是为了取得从各个角度看都成一幅画的效果。池沼里养着金鱼或各色鲤鱼,夏秋季节荷花或睡莲开//放,游览者看"鱼戏莲叶间",又是入画的一景。

——节选自叶圣陶《苏州园林》

Zuòpǐn 36 Hào

Wǒguó de jiànzhù, cóng gǔdài de gōngdiàn dào jìndài de yībān zhùfáng, jué dà bùfen shì duìchèn de, zuǒ·biān zěnmeyàng, yòu·biān zěnmeyàng. Sūzhōu yuánlín kě juébù jiǎng • jiū duìchèn, hǎoxiàng gùyì bìmiǎn shìde. Dōng • biān yǒule yī gè tíngzi huòzhě yī dào huíláng, xī • biān juébù huì lái yī gè tóngyàng de tíngzi huòzhě yī dào tóngyàng de huíláng. Zhè shì wèishénme? Wǒ xiǎng, yòng túhuà lái bǐfang, duìchèn de jiànzhù shì tú'ànhuà, bù shì měishùhuà, ér yuánlín shì měishùhuà, měishùhuà yāoqiú zìrán zhī qù, shì bù jiǎng • jiū duìchèn de.

Sūzhōu yuánlín • lǐ dōu yǒu jiǎshān hé chízhǎo.

Jiǎshān de duīdié kěyǐ shuō shì yī xiàng yìshù ér bùjǐn shì jìshù. Huòzhě shì chóngluán-diézhàng, huòzhě shì jǐ zuò xiǎoshān pèihézhe zhúzi huāmù, quán zàihu shèjìzhě hé jiàngshīmen shēngpíng duō yuèlì, xiōng zhōng yǒu qiūhè, cái néng shǐ yóulǎnzhě pāndēng de shíhou wàngquè Sūzhōu chéngshì, zhǐ juéde shēn zài shān jiān.

Zhìyú chízhǎo, dàduō yǐnyòng huóshuǐ. Yǒuxiē yuánlín chízhǎo kuān • chǎng, jiù bǎ chízhǎo zuòwéi quán yuán de zhōngxīn, qítā jǐngwù pèihézhe bùzhì. Shuǐmiàn jiǎrú chéng hédào múyàng, wǎngwǎng ānpái qiáoliáng. Jiǎrú ānpái liǎng zuò yǐshàng de qiáoliáng, nà jiù yī zuò yī gè yàng, jué bù léitóng.

Chízhǎo huò hédào de biānyán hěn shǎo qì qízhěng de shí'àn, zǒngshì gāodī qūqū rèn qí zìrán. Hái zài nàr bùzhì jǐ kuài línglóng de shítou, huòzhě zhòng xiē huācǎo. Zhè yě shì wèile qǔdé cóng gègè jiǎodù kàn dōu chéng yī fú huà de xiàoguǒ. Chízhǎo • lǐ yǎngzhe jīnyú huò gè sè lǐyú, xià-qiū jìjié héhuā huò shuìlián kāi//fàng, yóulǎnzhě kàn "yú xì liányè jiān", yòu shì rù huà de yī jǐng.

——Jiéxuǎn zì Yè Shèngtáo《Sūzhōu Yuánlín》

作品 37 号

一位访美中国女作家,在纽约遇到一位卖花的老太太。老太太穿着破旧,身体虚弱,但脸上的神情却是那样祥和兴奋。女作家挑了一朵花说:"看起来,你很高兴。"老太太面带微笑地说:"是的,一切都这么美好,我为什么不高兴呢?""对烦恼,你倒真能看得开。"女作家又说了一句。没料到,老太太的回答更令女作家大吃一惊:"耶稣在星期五被钉上十字架时,是全世界最糟糕的一天,可三天后就是复活节。所以,当我遇到不幸时,就会等待三天,这样一切就恢复正常了。"

"等待三天",多么富于哲理的话语,多么乐观的生活方式。它把烦恼和痛苦抛下,全力去收获快乐。

沈从文在"文革"期间,陷入了非人的境地。可他毫不在意,他在咸宁时给他的表侄、画家黄永玉写信说:"这里的荷花真好,你若来……"身陷苦难却仍为荷花的盛开欣喜赞叹不已,这是一种趋于澄明的境界,一种旷达洒脱的胸襟,一种面临磨难坦荡从容的气度,一种对生活童子般的热爱和对美好事物无限向往的生命情感。

由此可见,影响一个人快乐的,有时并不是困境及磨难,而是一个人的心态。如果把自己浸泡在积极、乐观、向上的心态中,快乐必然会 // 占据你的每一天。

——节选自《态度创造快乐》

Zuòpǐn 37 Hào

Yī wèi fǎng Měi Zhōngguó nǚzuòjiā, zài Niǔyuē yùdào yī wèi mài huā de lǎotàitai. Lǎotàitai chuānzhuó pòjiù, shēntǐ xūruò, dàn liǎn • shàng de shénqíng què shì nàyàng xiánghé xīngfèn. Nǚzuòjiā tiāole yī duǒ huā shuō:"Kàn qǐ • lái, nǐ hěn gāoxìng. " Lǎotàitai miàn dài wēixiào de shuō:"Shìde, yīqiè dōu zhème měihǎo, wǒ wèishénme bù gāoxìng ne?""Duì fánnǎo, nǐ dào zhēn néng kàndekāi. " Nǚzuòjiā yòu shuōle yī jù. Méi liàodào, lǎotàitai de huídá gèng lìng nǚzuòjiā dàchī- yījīng:"Yēsū zài xīngqīwǔ bèi dìng • shàng shízìjià shí, shì quán shìjiè zuì zāogāo de yī tiān, kě sān tiān hòu jiùshì Fùhuójié. Suǒyǐ, dāng wǒ yùdào bùxìng shí, jiù huì děngdài sān tiān, zhèyàng yīqiè jiù huīfù zhèngcháng le. "

"Děngdài sān tiān", duōme fùyú zhélǐ de huàyǔ, duōme lèguān de shēnghuó fāngshì. Tā bǎ fánnǎo hé tòngkǔ pāo • xià, quánlì qù shōuhuò kuàilè.

Shěn Cóngwén zài"wén-gé"qījiān, xiànrùle fēirén de jìngdì. Kě tā háobù zàiyì, tā zài Xiánníng shí gěi tā de biǎozhí, huàjiā Huáng Yǒngyù xiěxìn shuō:"Zhè • lǐ de héhuā zhēn hǎo, nǐ ruò lái……"Shěn xiàn kǔnàn què réng wèi héhuā de shèngkāi xīnxǐ zàntàn bùyǐ, zhè shì yī zhǒng qūyú chéngmíng de jìngjiè, yī zhǒng kuàngdá sǎ • tuō de xiōngjīn, yī zhǒng miànlín mónàn tǎndàng cóngróng de qìdù, yī zhǒng duì shēnghuó tóngzǐ bān de rè'ài hé duì měihǎo shìwù wúxiàn xiàngwǎng de shēngmìng qínggǎn.

Yóucǐ-kějiàn, yǐngxiǎng yī gè rén kuàilè de, yǒushí bìng bù shì kùnjìng jí mónàn, ér shì yī gè rén de xīntài. Rúguǒ bǎ zìjǐ jìn pào zài jījí、lèguān、xiàngshàng de xīntài zhōng, kuàilè bìrán huì//zhànjù nǐ de měi yī tiān.

——Jiéxuǎn zì《Tài • dù Chuàngzào Kuàilè》

作品 38 号

泰山极顶看日出,历来被描绘成十分壮观的奇景。有人说:登泰山而看不到日出,就像一出大戏没有戏眼,味儿终究有点寡淡。

我去爬山那天,正赶上个难得的好天,万里长空,云彩丝儿都不见。素常,烟雾腾腾的山头,显得眉目分明。同伴们都欣喜地说:"明天早晨准可以看见日出了。"我也是抱着这种想头,爬上山去。

一路从山脚往上爬,细看山景,我觉得挂在眼前的不是五岳独尊的泰山,却像一幅规模惊人的青绿山水画,从下面倒展开来。在画卷中最先露出的是山根底那座明朝建筑岱宗坊,慢慢地便现出王母池、斗母宫、经石峪。山是一层比一层深,一叠比一叠奇,层层叠叠,不知还会有多深多奇。万山丛中,时而点染着极其工细的人物。王母池旁的吕祖殿里有不少尊明塑,塑着吕洞宾等一些人,姿态神情是那样有生气,你看了,不禁会脱口赞叹说:"活啦。"

画卷继续展开，绿阴森森的柏洞露面不太久，便来到对松山。两面奇峰对峙着，满山峰都是奇形怪状的老松，年纪怕都有上千岁了，颜色竟那么浓，浓得好像要流下来似的。来到这儿，你不妨权当一次画里的写意人物，坐在路旁的对松亭里，看看山色，听听流 // 水和松涛。

一时间，我又觉得自己不仅是在看画卷，却又像是在零零乱乱翻着一卷历史稿本。

——节选自杨朔《泰山极顶》

Zuòpǐn 38 Hào

Tài Shān jí dǐng kàn rìchū, lìlái bèi miáohuì chéng shífēn zhuàngguān de qíjǐng. Yǒu rén shuō：Dēng Tài Shān ér kàn • bùdào rìchū, jiù xiàng yī chū dàxì méi • yǒu xìyǎn, wèir zhōngjiū yǒu diǎnr guǎdàn.

Wǒ qù páshān nà tiān, zhèng gǎn • shàng gè nándé de hǎotiān, wànlǐ chángkōng, yúncaisīr dōu bù jiàn. Sùcháng yānwù téngténg de shāntóu, xiǎn • dé méi • mù fēnmíng. Tóngbànmen dōu xīnxǐ de shuō："Míngtiān zǎo • chén zhǔn kěyǐ kàn • jiàn rìchū le. "Wǒ yě shì bàozhe zhè zhǒng xiǎngtou, pá • shàng shān • qù.

Yīlù cóng shānjiǎo wǎngshàng pá, xì kàn shānjǐng, wǒ jué • dé guà zài yǎnqián de bù shì Wǔ Yuè dú zūn de Tài Shān, què xiàng yī fú guīmó jīngrén de qīnglǜ shānshuǐhuà, cóng xià • miàn dào zhǎn kāi • lái. Zài huàjuàn zhōng zuì xiān lòuchū de shì shāngēnr dǐ nà zuò Míngcháo jiànzhù Dàizōngfāng, mànmàn de biàn xiànchū Wángmǔchí、Dǒumǔgōng、Jīngshíyù. Shān shì yī céng bǐ yī céng shēn, yī dié bǐ yī dié qí, céngcéng-diédié, bù zhī hái huì yǒu duō shēn duō qí. Wàn shān cóng zhōng, shí'ér diǎnrǎnzhe jíqí gōngxì de rénwù. Wángmǔchí páng de Lǚzǔdiàn • lǐ yǒu bùshǎo zūn míngsù, sùzhe Lǚ Dòngbīn děng yīxiē rén, zītài shénqíng shì nàyàng yǒu shēngqì, nǐ kàn le, bùjīn huì tuōkǒu zàntàn shuō："Huó la."

Huàjuàn jìxù zhǎnkāi, lǜyīn sēnsēn de Bǎidòng lòumiàn bù tài jiǔ, biàn láidào Duìsōngshān. Liǎngmiàn qífēng duìzhìzhe, mǎn shānfēng dōu shì qíxíng-guàizhuàng de lǎosōng, niánjì pà dōu yǒu shàng qiān suì le, yánsè jìng nàme nóng, nóng de hǎoxiàng yào liú xià • lái shìde. Láidào zhèr, nǐ bùfáng quándāng yī cì huà • lǐ de xiěyì rénwù, zuò zài lùpáng de Duìsōngtíng • lǐ, kànkan shānsè, tīngting liú//shuǐ hé sōngtāo.

Yī shíjiān, wǒ yòu jué • dé zìjǐ bùjǐn shì zài kàn huàjuàn, què yòu xiàng shì zài línglíng-luànluàn fānzhe yī juàn lìshǐ gǎoběn.

——Jiéxuǎn zì Yáng Shuò《Tài Shān Jí Dǐng》

作品 39 号

育才小学校长陶行知在校园看到学生王友用泥块砸自己班上的同学，陶行知当即喝止了他，并令他放学后到校长室去。无疑，陶行知是要好好教育这个"顽皮"的学生。

那么他是如何教育的呢？

放学后，陶行知来到校长室，王友已经等在门口准备挨训了。可一见面，陶行知却掏出一块糖果送给王友，并说："这是奖给你的，因为你按时来到这里，而我却迟到了。"王友惊疑地接过糖果。

随后，陶行知又掏出一块糖果放到他手里，说："这第二块糖果也是奖给你的，因为当我不让你再打人时，你立即就住手了，这说明你很尊重我，我应该奖你。"王友更惊疑了，他眼睛睁得大大的。

陶行知又掏出第三块糖果塞到王友手里，说："我调查过了，你用泥块砸那些男生，是因为他们不守游戏规则，欺负女生；你砸他们，说明你很正直善良，且有批评不良行为的勇气，应该奖励你啊！"王友感动极了，他流着眼泪后悔地喊道："陶……陶校长你打我两下吧！我砸的不是坏人，而是自己的同学啊……"

陶行知满意地笑了，他随即掏出第四块糖果递给王友，说："为你正确地认识错误，我再奖给你一块糖果，只可惜我只有这一块糖果了。我的糖果 // 没有了，我看我们的谈话也该结束了吧！"说完，就走出了校长室。

——节选自《教师博览·百期精华》中《陶行知的"四块糖果"》

Zuòpǐn 39 Hào

Yùcái Xiǎoxué xiàozhǎng Táo Xíngzhī zài xiàoyuán kàndào xuéshēng Wáng Yǒu yòng níkuài zá zìjǐ bān•shàng de tóngxué, Táo Xíngzhī dāngjí hèzhǐle tā, bìng lìng tā fàngxué shí dào xiàozhǎngshì qù. Wúyí, Táo Xíngzhī shì yào hǎohǎo jiàoyù zhège"wánpí"de xuésheng. Nàme tā shì rúhé jiàoyù de ne?

Fàngxué hòu, Táo Xíngzhī láidào xiàozhǎngshì, Wáng Yǒu yǐ•jīng děng zài ménkǒu zhǔnbèi āi xùn le. Kě yī jiànmiàn, Táo Xíngzhī què tāochū yī kuài tángguǒ sònggěi Wáng Yǒu, bìng shuō: "Zhè shì jiǎnggěi nǐ de, yīn•wèi nǐ ànshí láidào zhè•lǐ, ér wǒ què chídào le."Wáng Yǒu jīngyí de jiē guo tángguǒ.

Suíhòu, Táo Xíngzhī yòu tāochū yī kuài tángguǒ fàngdào tā shǒu•lǐ, shuō: "Zhè dì-èr kuài tángguǒ yě shì jiǎnggěi nǐ de, yīn•wèi dāng wǒ bùràng nǐ zài dǎrén shí, nǐ lìjí jiù zhùshǒu le, zhè shuōmíng nǐ hěn zūnzhòng wǒ, wǒ yīnggāi jiǎng nǐ."Wáng Yǒu gèng jīngyí le, tā yǎnjīng zhēng de dàdà de.

Táo Xíngzhī yòu tāochū dì-sān kuài tángguǒ sāidào Wáng Yǒu shǒu•lǐ, shuō: "Wǒ diàocháguo le, nǐ yòng níkuài zá nàxiē nánshēng, shì yīn•wèi tāmen bù shǒu yóuxì guīzé, qīfu nǔshēng; nǐ zá tāmen, shuōmíng nǐ hěn zhèngzhí shànliáng, qiě yǒu pīpíng bùliáng xíngwéi de yǒngqì, yīnggāi jiǎnglì nǐ a!"Wáng Yǒu gǎndòng jí le, tā liúzhe yǎnlèi hòuhuǐ de hǎndào: "Táo……Táo xiàozhǎng, nǐ dǎ wǒ liǎng xià ba! Wǒ zá de bù shì huàirén, ér shì zìjǐ de tóngxué a……"

Táo Xíngzhī mǎnyì de xiào le, tā suíjí tāochū dì-sì kuài tángguǒ dìgěi Wáng Yǒu, shuō : "Wéi nǐ zhèngquè de rènshi cuò•wù, wǒ zài jiǎnggěi nǐ yī kuài tángguǒ, zhǐ kěxī wǒ zhǐyǒu zhè yī kuài tángguǒ le. Wǒ de tángguǒ//méi·yǒu le,wǒ kàn wǒmen de tánhuà yě gāi jiéshù le ba!"Shuōwán, jiù zǒuchūle xiàozhǎngshì.

——Jiéxuǎn zì《Jiàoshī Bólǎn·Bǎiqī Jīnghuá》zhōng《Táo Xíngzhī de"Sì Kuài Tángguǒ"》

作品 40 号

享受幸福是需要学习的,当它即将来临的时刻需要提醒。人可以自然而然地学会感官的享乐,却无法天生地掌握幸福的韵律。灵魂的快意同器官的舒适像一对孪生兄弟,时而相傍相依,时而南辕北辙。

幸福是一种心灵的震颤。它像会倾听音乐的耳朵一样,需要不断地训练。

简而言之,幸福就是没有痛苦的时刻。它出现的频率并不像我们想象的那样少。人们常常只是在幸福的金马车已经驶过去很远时,才拣起地上的金鬃毛说,原来我见过它。

人们喜爱回味幸福的标本,却忽略它披着露水散发清香的时刻。那时候我们往往步履匆匆,瞻前顾后不知在忙着什么。

世上有预报台风的,有预报蝗灾的,有预报瘟疫的,有预报地震的。没有人预报幸福。

其实幸福和世界万物一样,有它的征兆。

幸福常常是朦胧的,很有节制地向我们喷洒甘霖。你不要总希望轰轰烈烈的幸福,它多半只是悄悄地扑面而来。你也不要企图把水龙头拧得更大,那样它会很快地流失。你需要静静地以平和之心,体验它的真谛。

幸福绝大多数是朴素的。它不会像信号弹似的,在很高的天际闪烁红色的光芒。它披着本色的外衣,亲 // 切温暖地包裹起我们。

幸福不喜欢喧嚣浮华,它常常在暗淡中降临。贫困中相濡以沫的一块糕饼,患难中心心相印的一个眼神,父亲一次粗糙的抚摸,女友一张温馨的字条……这都是千金难买的幸福啊。像一粒粒缀在旧绸子上的红宝石,在凄凉中愈发熠熠夺目。

——节选自毕淑敏《提醒幸福》

Zuòpǐn 40 Hào

Xiǎngshòu xìngfú shì xūyào xuéxí de, dāng tā jíjiāng láilín de shíkè xūyào tíxǐng. Rén kěyǐ zìrán'érrán de xuéhuì gǎnguān de xiǎnglè,què wúfǎ tiānshēng de zhǎngwò xìngfú de yùnlù. Línghún de kuàiyì tóng qìguān de shūshì xiàng yī duì luánshēng xiōngdì,shí'ér xiāngbàng-xiāngyī,shí'ér nányuán-běizhé.

Xìngfú shì yī zhǒng xīnlíng de zhènchàn. Tā xiàng huì qīngtīng yīnyuè de ěrduo yīyàng,xūyào bùduàn de xùnliàn.

Jiǎn'éryánzhī, xìngfú jiùshì méi·yǒu tòngkǔ de shíkè. Tā chūxiàn de pínlù bìng bù xiàng wǒmen xiǎngxiàng de nàyàng shǎo. Rénmen chángcháng zhǐshì zài xìngfú de jīn mǎchē yǐ · jīng shǐ guò · qù hěn yuǎn shí, cái jiǎnqǐ dì · shàng de jīn zōngmáo shuō, yuánlái wǒ jiànguò tā.

Rénmen xǐ'ài huíwèi xìngfú de biāoběn, què hūlüè tā pīzhe lù · shuǐ sànfā qīngxiāng de shíkè. Nà shíhou wǒmen wǎngwǎng bùlǚ cōngcōng, zhānqián-gùhòu bù zhī zài mángzhe shénme.

Shì · shàng yǒu yù bào táifēng de, yǒu yùbào huángzāi de, yǒu yùbào wēnyì de, yǒu yùbào dìzhèn de. Méi · yǒu rén yùbào xìngfú.

Qíshí xìngfú hé shìjiè wànwù yīyàng, yǒu tā de zhēngzhào.

Xìngfú chángcháng shì ménglóng de, hěn yǒu jiézhì de xiàng wǒmen pēnsǎ gānlín. Nǐ bùyào zǒng xīwàng hōnghōng-lièliè de xìngfú, tā duōbàn zhǐshì qiāoqiāo de pūmiàn ér lái. Nǐ yě bùyào qǐtú bǎ shuǐlóngtóu nǐng de gèng dà, nàyàng tā huì hěn kuài de liúshī. Nǐ xūyào jìngjìng de yǐ pínghé zhī xīn, tǐyàn tā de zhēn dì.

Xìngfú jué dà duōshù shì pǔsù de. Tā bù huì xiàng xìnhàodàn shìde, zài hěn gāo de tiānjì shǎnshuò hóngsè de guāngmáng. Tā pīzhe běnsè de wàiyī, qīn//qiè wēnnuǎn de bāoguǒqǐ wǒmen.

Xìng fú bù xǐhuan xuānxiāo fúhuá, tā chángcháng zài àndàn zhōng jiànglín. Pínkùn zhōng xiāngrúyǐmò de yī kuài gāobǐng, huànnàn zhōng xīnxīn-xiāngyìn de yī gè yǎnshén, fù · qīn yī cì cūcāo de fǔmō, nǚyǒu yī zhāng wēnxīn de zìtiáo······Zhè dōu shì qiānjīn nán mǎi de xìngfú a. Xiàng yī lìlì zhuì zài jiù chóuzi · shàng de hóngbǎoshí, zài qīliáng zhōng yùfā yìyì duómù.

——Jiéxuǎn zì Bì Shūmǐn《Tíxǐng Xìngfú》

作品 41 号

在里约热内卢的一个贫民窟里,有一个男孩子,他非常喜欢足球,可是又买不起,于是就踢塑料盒,踢汽水瓶,踢从垃圾箱里拣来的椰子壳。他在胡同里踢,在能找到的任何一片空地上踢。

有一天,当他在一处干涸的水塘里猛踢一个猪膀胱时,被一位足球教练看见了。他发现这个男孩儿踢得很像是那么回事,就主动提出要送给他一个足球。小男孩儿得到足球后踢得更卖劲了。不久,他就能准确地把球踢进远处随意摆放的一个水桶里。

圣诞节到了,孩子的妈妈说:"我们没有钱买圣诞礼物送给我们的恩人,就让我们为他祈祷吧。"

小男孩儿跟随妈妈祈祷完毕,向妈妈要了一把铲子便跑了出去。他来到一座别墅前的花园里,开始挖坑。

就在他快要挖好坑的时候,从别墅里走出一个人来,问小孩儿在干什么,孩子抬起满是汗珠的脸蛋儿,说:"教练,圣诞节到了,我没有礼物送给您,我愿给您的圣诞树挖一个树坑。"

教练把小男孩儿从树坑里拉上来,说,我今天得到了世界上最好的礼物。明天你就到我的训练场去吧。

三年后,这位十七岁的男孩儿在第六届足球锦标赛上独进二十一球,为巴西第一次捧回了金杯。一个原来不 // 为世人所知的名字——贝利,随之传遍世界。

——节选自刘燕敏《天才的造就》

Zuòpǐn 41 Hào

Zài Lǐyuērènèilú de yī gè pínmínkū • lǐ, yǒu yī gè nánháizi, tā fēicháng xǐhuan zúqiú, kěshì yòu mǎi • bùqǐ, yúshì jiù tī sùliàohé, tī qìshuǐpíng, tī cóng lājīxiāng • lǐ jiǎnlái de yēzikér. Tā zài hútòng • lǐ tī, zài néng zhǎodào de rènhé yī piàn kōngdì • shàng tī.

Yǒu yī tiān, dāng tā zài yī chù gānhé de shuǐtáng • lǐ měng tī yī gè zhū pángguāng shí, bèi yī wèi zúqiú jiàoliàn kàn • jiàn le. Tā fāxiàn zhège nánhái tī de hěn shì nàme huí shì, jiù zhǔdòng tíchū sònggěi tā yī gè zúqiú. Xiǎonánhái dédào zúqiú hòu tī de gèng màijìnr le. Bùjiǔ, tā jiù néng zhǔnquè de bǎ qiú tījìn yuǎnchù suíyì bǎifàng de yī gè shuǐtǒng • lǐ.

Shèngdànjié dào le, háizi de māma shuō: "Wǒmen méi • yǒu qián mǎi shèngdàn lǐwù sònggěi wǒmen de ēnrén, jiù ràng wǒmen wèi tā qídǎo ba."

Xiǎonánhái gēnsuí māma qídǎo wánbì, xiàng māma yàole yī bǎ chǎnzi biàn pǎole chū • qù. Tā láidào yī zuò biéshù qián de huāyuán • lǐ, kāishǐ wā kēng.

Jiù zài tā kuài yào wāhǎo de shíhou, cóng biéshù • lǐ zǒuchū yī gè rén • lái, wèn xiǎohái zài gàn shénme, háizi táiqǐ mǎn shì hànzhū de liǎndànr, shuō: "Jiàoliàn, Shèngdànjié dào le, wǒ méi • yǒu lǐwù sònggěi nín, wǒ yuàn gěi nín de shèngdànshù wā yī gè shùkēng.

Jiàoliàn bǎ xiǎonánhái cóng shùkēng • lǐ lā shàng • lái, shuō, wǒ jīntiān dédàole shìjiè • shàng zuìhǎo de lǐwù. Míngtiān nǐ jiù dào wǒ de xùnliànchǎng qù ba.

Sān nián hòu, zhè wèi shíqī suì de nánhái zài dì-liù jiè zúqiú jǐnbiāosài • shàng dú jìn èrshíyī qiú, wèi Bāxī dì-yī cì pěnghuí jīnbēi. Yī gè yuánlái bù//wéi shìrén suǒ zhī de míngzi——Bèilì, suí zhī chuánbiàn shìjiè.

——Jiéxuǎn zì Liú Yànmǐn《Tiāncái de Zàojiù》

作品 42 号

记得我十三岁时,和母亲住在法国东南部的耐斯城。母亲没有丈夫,也没有亲戚,够清苦的,但她经常能拿出令人吃惊的东西,摆在我面前。她从来不吃肉,一再说自己是素食者。然而有一天,我发现母亲正仔细地用一小块碎面包擦那给我煎牛排用的油锅。我明白了她称自己为素食者的真正原因。

我十六岁时,母亲成了耐斯市美蒙旅馆的女经理。这时,她更忙碌了。一天,她瘫在椅子上,脸色苍白,嘴唇发灰。马上找来医生,做出诊断:她摄取了过多的胰岛素。直到这时我才知道母亲多年一直对我隐瞒的疾痛——糖尿病。

她的头歪向枕头一边,痛苦地用手抓挠胸口。床架上方,则挂着一枚我一九三二年赢得耐斯市少年乒乓球冠军的银质奖章。

啊,是对我的美好前途的憧憬支撑着她活下去,为了给她那荒唐的梦至少加一点真实的色彩,我只能继续努力,与时间竞争,直至一九三八年我被征入空军。巴黎很快失陷,我辗转调到英国皇家空军。刚到英国就接到了母亲的来信。这些信是由在瑞士的一个朋友秘密地转到伦敦,送到我手中的。

现在我要回家了,胸前佩带着醒目的绿黑两色的解放十字绶 // 带,上面挂着五六枚我终身难忘的勋章,肩上还佩带着军官肩章。到达旅馆时,没有一个人跟我打招呼。原来,我母亲在三年半以前就已经离开人间了。

在她死前的几天中,她写了近二百五十封信,把这些信交给她在瑞士的朋友,请这个朋友定时寄给我。就这样,在母亲死后的三年半的时间里,我一直从她身上吸取着力量和勇气——这使我能够继续战斗到胜利那一天。

——节选自［法］罗曼·加里《我的母亲独一无二》

Zuòpǐn 42 Hào

Jì · dé wǒ shísān suì shí, hé mǔ · qīn zhù zài Fǎguó dōngnánbù de Nàisī Chéng. Mǔ · qīn méi · yǒu zhàng · fu, yě méi · yǒu qīnqi, gòu qīngkǔ de, dàn tā jīngcháng néng ná · chū lìng rén chījīng de dōngxi bǎi zài wǒ miànqián. Tā cónglái bù chīròu, yīzài shuō zìjǐ shì sùshízhě. Rán'ér yǒu yī tiān, wǒ fāxiàn mǔ · qīn zhèng zǐxì de yòng yī xiǎo kuài suì miànbāo cā nà gěi wǒ jiān niúpái yòng de yóuguō. Wǒ míngbaile tā chēng zìjǐ wéi sùshízhě de zhēnzhèng yuányīn.

Wǒ shíliù suì shí, mǔ · qīn chéngle Nàisī Shì Měiméng lǚguǎn de nǚ jīnglǐ. Zhèshí, tā gèng mánglù le. Yī tiān, tā tān zài yǐzǐ · shàng, liǎnsè cāngbái, zuǐchún fā huī. Mǎshàng zhǎolái yīshēng, zuò · chū zhěnduàn: Tā shèqǔle guòduō de yídǎosù. Zhídào zhèshí wǒ cái zhī · dào mǔ · qīn duōnián yīzhí duì wǒ yǐnmán de jítòng——tángniàobìng.

Tā de tóu wāixiàng zhěntou yībiān, tòngkǔ de yòng shǒu zhuānao xiōngkǒu. Chuángjià shàngfāng zé guàzhe yī méi wǒ yī jiǔ sān èr nián yíngdé Nàisī Shì shàonián pīngpāngqiú guànjūn de yínzhì jiǎngzhāng.

À, shì duì wǒ de měihǎo qiántú de chōngjǐng zhīchēngzhe tā huó xià · qù, wèile gěi tā nà huāng · táng de mèng zhìshǎo jiā yīdiǎnr zhēnshí de sècǎi, wǒ zhǐnéng jìxù nǔlì, yǔ shíjiān jìngzhēng, zhízhì yī jiǔ sān bā nián wǒ bèi zhēng rù kōngjūn. Bālí hěn kuài shīxiàn, wǒ zhǎnzhuǎn diàodào Yīngguó Huángjiā Kōngjūn. Gāng dào Yīngguó jiù jiēdàole mǔ · qīn de láixìn. Zhèxiē xìn shì yóu zài Ruìshì de yī gè péngyou mìmì de zhuǎndào Lúndūn, sòngdào wǒ shǒuzhōng de.

Xiànzài wǒ yào huíjiā le, xiōngqián pèidàizhe xǐngmù de lǜ-hēi liǎng sè de jiěfàng shízì shòu//dài, shàng·miàn guàzhe wǔ-liù méi wǒ zhōngshēn nánwàng de xūnzhāng, jiān·shàng hái pèidàizhe jūnguān jiānzhāng. Dàodá lǚguǎn shí, méi·yǒu yī gè rén gēn wǒ dǎ zhāohu. Yuánlái, wǒ mǔ·qīn zài sān nián bàn yǐqián jiù yǐ·jīng líkāi rénjiān le.

Zài tā sǐ qián de jǐ tiān zhōng, tā xiěle jìn èrbǎi wǔshí fēng xìn, bǎ zhèxiē xìn jiāogěi tā zài Ruìshì de péngyou, qǐng zhège péngyou dìngshí jì gěi wǒ. Jiù zhèyàng, zài mǔ·qīn sǐ hòu de sān nián bàn de shíjiān·lǐ, wǒ yīzhí cóng tā shēn·shàng xīqǔzhe lì·liàng hé yǒngqì——zhè shǐ wǒ nénggòu jìxù zhàndòu dào shènglì nà yī tiān.

——Jiéxuǎn zì[Fǎ] Luómàn Jiālǐ《Wǒ de Mǔ·qīn Dúyīwú'èr》

作品 43 号

生活对于任何人都非易事，我们必须有坚韧不拔的精神。最要紧的，还是我们自己要有信心。我们必须相信，我们对每一件事情都具有天赋的才能，并且，无论付出任何代价，都要把这件事完成。当事情结束的时候，你要能问心无愧地说："我已经尽我所能了。"

有一年的春天，我因病被迫在家里休息数周。我注视着我的女儿们所养的蚕正在结茧，这使我很感兴趣。望着这些蚕执着地、勤奋地工作，我感到我和它们非常相似。像它们一样，我总是耐心地把自己的努力集中在一个目标上。我之所以如此，或许是因为有某种力量在鞭策着我——正如蚕被鞭策着去结茧一般。

近五十年来，我致力于科学研究，而研究，就是对真理的探讨。我有许多美好快乐的记忆。少女时期我在巴黎大学，孤独地过着求学的岁月；在后来献身科学的整个时期，我丈夫和我专心致志，像在梦幻中一般，坐在简陋的书房里艰辛地研究，后来我们就在那里发现了镭。

我永远追求安静的工作和简单的家庭生活。为了实现这个理想，我竭力保持宁静的环境，以免受人事的干扰和盛名的拖累。

我深信，在科学方面我们有对事业而不是 // 对财富的兴趣。我的惟一奢望是在一个自由国家中，以一个自由学者的身份从事研究工作。

我一直沉醉于世界的优美之中，我所热爱的科学也不断增加它崭新的远景。我认定科学本身就具有伟大的美。

——节选自[波兰]玛丽·居里《我的信念》，剑捷译

Zuòpǐn 43 Hào

Shēnghuó duìyú rènhé rén dōu fēi yì shì, wǒmen bìxū yǒu jiānrèn-bùbá de jīngshén. Zuì yàojǐn de, háishì wǒmen zìjǐ yào yǒu xìnxīn. Wǒmen bìxū xiāngxìn, wǒmen duì měi yī jiàn shìqing dōu jùyǒu tiānfù de cáinéng, bìngqiě, wúlùn fùchū rènhé dàijià, dōu yào bǎ zhè jiàn shì wánchéng. Dāng shìqing jiéshù de shíhou, nǐ yào néng wènxīn-wúkuì de shuō: "Wǒ yǐ•jīng jìn wǒ suǒ néng le."

Yǒu yī nián de chūntiān, wǒ yīn bìng bèipò zài jiā•lǐ xiūxi shù zhōu. Wǒ zhùshìzhe wǒ de nǚ'érmen suǒ yǎng de cán zhèngzài jié jiǎn, zhè shǐ wǒ hěn gǎn xìngqù. Wàngzhe zhèxiē cán zhízhuó de、qínfèn de gōngzuò, wǒ gǎndào wǒ hé tāmen fēicháng xiāngsì. Xiàng tāmen yīyàng, wǒ zǒngshì nài xīn de bǎ zìjǐ de nǔlì jízhōng zài yī gè mùbiāo•shàng. Wǒ zhīsuǒyǐ rúcǐ, huòxǔ shì yīn•wèi yǒu mǒu zhǒng lì•liàng zài biāncèzhe wǒ——zhèng rú cán bèi biāncèzhe qù jié jiǎn yībān.

Jìn wǔshí nián lái, wǒ zhìlìyú kēxué yánjiū, ér yánjiū, jiùshì duì zhēnlǐ de tàntǎo. Wǒ yǒu xǔduō měihǎo kuàilè de jìyì. Shàonǚ shíqī wǒ zài Bālí Dàxué, gūdú de guòzhe qiúxué de suìyuè; zài hòulái xiànshēn kēxué de zhěnggè shíqī, wǒ zhàngfu hé wǒ zhuānxīn-zhìzhì, xiàng zài mènghuàn zhōng yībān, zuò zài jiǎnlòu de shūfáng•lǐ jiānxīn de yánjiū, hòulái wǒmen jiù zài nà•lǐ fāxiàn le léi.

Wǒ yǒngyuǎn zhuīqiú ānjìng de gōngzuò hé jiǎndān de jiātíng shēnghuó. Wèile shíxiàn zhège lǐxiǎng, wǒ jiélì bǎochí níngjìng de huánjìng, yǐmiǎn shòu rénshì de gānrǎo hé shèngmíng de tuōlěi.

Wǒ shēnxìn, zài kēxué fāngmiàn wǒmen yǒu duì shìyè ér bù shì//duì cáifù de xìngqù. Wǒ de wéiyī shēwàng shì zài yī gè zìyóu guójiā zhōng, yǐ yī gè zìyóu xuézhě de shēn•fèn cóngshì yánjiū gōngzuò.

Wǒ yīzhí chénzuì yú shìjiè de yōuměi zhīzhōng, wǒ suǒ rè'ài de kēxué yě bùduàn zēngjiā tā zhǎnxīn de yuǎnjǐng. Wǒ rèndìng kēxué běnshēn jiù jùyǒu wěidà de měi.

——Jiéxuǎn zì[Bōlán] Mǎlì Jūlǐ《Wǒ de Xìnniàn》, Jiàn Jié yì

作品 44 号

我为什么非要教书不可？是因为我喜欢当教师的时间安排表和生活节奏。七、八、九三个月给我提供了进行回顾、研究、写作的良机，并将三者有机融合，而善于回顾、研究和总结正是优秀教师素质中不可缺少的成分。

干这行给了我多种多样的"甘泉"去品尝，找优秀的书籍去研读，到"象牙塔"和实际世界里去发现。教学工作给我提供了继续学习的时间保证，以及多种途径、机遇和挑战。

然而，我爱这一行的真正原因，是爱我的学生。学生们在我的眼前成长、变化。当教师意味着亲历"创造"过程的发生——恰似亲手赋予一团泥土以生命，没有什么比目睹它开始呼吸更激动人心的了。

权利我也有了：我有权利去启发诱导，去激发智慧的火花，去问费心思考的问题，去赞扬回答的尝试，去推荐书籍，去指点迷津。还有什么别的权利能与之相比呢？

而且，教书还给我金钱和权利之外的东西，那就是爱心。不仅有对学生的爱，对书籍的爱，对知识的爱，还有教师才能感受到的对"特别"学生的爱。这些学生，有如冥顽不灵的泥块，由于接受了老师的炽爱才勃发了生机。

所以，我爱教书，还因为，在那些勃发生机的"特 // 别"学生身上，我有时发现自己和他们呼吸相通，忧乐与共。

——节选自［美］彼得·基·贝得勒《我为什么当教师》

Zuòpǐn 44 Hào

　　Wǒ wèishénme fēi yào jiāoshū bùkě? Shì yīn·wèi wǒ xǐhuan dāng jiàoshī de shíjiān ānpáibiǎo hé shēnghuó jiézòu. Qī、bā、jiǔ sān gè yuè gěi wǒ tígōngle jìnxíng huígù、yánjiū、xiězuò de liángjī, bìng jiāng sānzhě yǒujī rónghé, ér shànyú huígù、yánjiū hé zǒngjié zhèngshì yōuxiù jiàoshī sùzhì zhōng bùkě quēshǎo de chéng·fèn.

　　Gàn zhè háng gěile wǒ duōzhǒng-duōyàng de "gānquán" qù pǐncháng, zhǎo yōuxiù de shūjí qù yándú, dào "xiàngyátǎ" hé shíjì shìjiè·lǐ qù fāxiàn. Jiàoxué gōngzuò gěi wǒ tígōngle jìxù xuéxí de shíjiān bǎozhèng, yǐjí duōzhǒng tújìng、jīyù hé tiǎozhàn.

　　Rán'ér, wǒ ài zhè yī háng de zhēnzhèng yuányīn, shì ài wǒ de xuésheng. Xuéshengmen zài wǒ de yǎnqián chéngzhǎng、biànhuà. Dāng jiàoshī yìwèizhe qīnlì "chuàngzào" guòchéng de fāshēng——qiàsì qīnshǒu fùyǔ yī tuán nítǔ yǐ shēngmìng, méi·yǒu shénme bǐ mùdǔ tā kāishǐ hūxī gèng jīdòng rénxīn de le.

　　Quánlì wǒ yě yǒu le: Wǒ yǒu quánlì qù qǐfā yòudǎo, qù jīfā zhìhuì de huǒhuā, qù wèn fèixīn sīkǎo de wèntí, qù zànyáng huídá de chángshì, qù tuījiàn shūjí, qù zhǐdiǎn míjīn. Háiyǒu shénme biéde quánlì néng yǔ zhī xiāng bǐ ne?

　　Érqiě, jiāoshū hái gěi wǒ jīnqián hé quánlì zhīwài de dōngxi, nà jiùshì àixīn. Bùjǐn yǒu duì xuésheng de ài, duì shūjí de ài, duì zhīshi de ài, háiyǒu jiàoshī cái néng gǎnshòudào de duì "tèbié" xuésheng de ài. Zhèxiē xuésheng, yǒurú míngwán-bùlíng de níkuài, yóu yú jiēshòule lǎoshī de chì'ài cái bófāle shēngjī.

　　Suǒyǐ, wǒ ài jiāoshū, hái yīn·wèi, zài nàxiē bófā shēngjī de "tè//bié" xuésheng shēn·shàng, wǒ yǒushí fāxiàn zìjǐ hé tāmen hūxī xiāngtōng, yōulè yǔ gòng.

——Jiéxuǎn zì［Měi］Bǐdé Jī Bèidélè《Wǒ Wèishénme Dāng Jiàoshī》

作品 45 号

　　中国西部我们通常是指黄河与秦岭相连一线以西，包括西北和西南的十二个省、市、自治区。这块广袤的土地面积为五百四十六万平方公里，占国土总面积的百分之五十七；人口二点八亿，占全国总人口的百分之二十三。

　　西部是华夏文明的源头。华夏祖先的脚步是顺着水边走的：长江上游出土过元谋人牙齿化石,距今约一百七十万年;黄河中游出土过蓝田人头盖骨,距今约七十万年。这两处古人类都比距今约五十万年的北京猿人资格更老。

西部地区是华夏文明的重要发源地,秦皇汉武以后,东西方文化在这里交汇融合,从而有了丝绸之路的驼铃声声,佛院深寺的暮鼓晨钟。敦煌莫高窟是世界文化史上的一个奇迹,它在继承汉晋艺术传统的基础上,形成了自己兼收并蓄的恢宏气度,展现出精美绝伦的艺术形式和博大精深的文化内涵。秦始皇兵马俑、西夏王陵、楼兰古国、布达拉宫、三星堆、大足石刻等历史文化遗产,同样为世界所瞩目,成为中华文化重要的象征。

西部地区又是少数民族及其文化的集萃地,几乎包括了我国所有的少数民族。在一些偏远的少数民族地区,仍保留 // 了一些久远时代的艺术品种,成为珍贵的"活化石",如纳西古乐、戏曲、剪纸、刺绣、岩画等民间艺术和宗教艺术。特色鲜明、丰富多彩,犹如一个巨大的民族民间文化艺术宝库。

我们要充分重视和利用这些得天独厚的资源优势,建立良好的民族民间文化生态环境,为西部大开发做出贡献。

——节选自《中考语文课外阅读试题精选》中《西部文化和西部开发》

Zuòpǐn 45 Hào

Zhōngguó xībù wǒmen tōngcháng shì zhǐ Huánghé yǔ Qín Lǐng xiānglián yī xiàn yǐxī, bāokuò xīběi hé xīnán de shí'èr gè shěng、shì、zìzhìqū. Zhè kuài guǎngmào de tǔdì miànjī wéi wǔbǎi sìshíliù wàn píngfāng gōnglǐ, zhàn guótǔ zǒng miànjī de bǎi fēn zhī wǔshíqī;rénkǒu èr diǎn bā yì, zhàn quánguó zǒng rénkǒu de bǎi fēn zhī èrshísān.

Xībù shì Huáxià wénmíng de yuántóu. Huáxià zǔxiān de jiǎobù shì shùnzhe shuǐbiān zǒu de;Cháng Jiāng shàngyóu chūtǔguo Yuánmóurén yáchǐ huàshí, jù jīn yuē yībǎi qīshí wàn nián;Huáng Hé zhōngyóu chūtǔguo Lántiánrén tóugàigǔ, jù jīn yuē qīshí wàn nián. Zhè liǎng chù gǔ rénlèi dōu bǐ jù jīn yuē wǔshí wàn nián de Běijīng yuánrén zī • gé gèng lǎo.

Xībù dìqū shì Huá Xià wénmíng de zhòngyào fāyuándì. Qínhuáng Hànwǔ yǐhòu, dōng-xīfāng wénhuà zài zhè • lǐ jiāohuì rónghé, cóng'ér yǒule sīchóu zhī lù de tuólíng shēngshēng, fó yuàn shēn sì de mùgǔ-chénzhōng. Dūnhuáng Mògāokū shì shìjiè wénhuàshǐ • shàng de yī gè qíjì, tā zài jìchéng Hàn Jìn yìshù chuántǒng de jīchǔ • shàng, xíngchéngle zìjǐ jiānshōu-bìngxù de huīhóng qìdù, zhǎnxiànchū jīngměi-juélún de yìshù xíngshì hé bódà jīngshēn de wénhuà nèihán. Qínshǐhuáng Bīngmǎyǒng、Xīxià wánglíng、Lóulán gǔguó、Bùdálāgōng、Sānxīngduī、Dàzú shíkè děng lìshǐ wénhuà yíchǎn, tóngyàng wéi shìjiè suǒ zhǔmù, chéngwéi zhōnghuá wénhuà zhòngyào de xiàngzhēng.

Xībù dìqū yòu shì shǎoshù mínzú jíqí wénhuà de jícuìdì, jīhū bāokuòle wǒguó

suǒyǒu de shǎoshù mínzú. Zài yīxiē piānyuǎn de shǎoshù mínzú dìqū, réng bǎoliú//
le yīxiē jiǔyuǎn shídài de yìshù pǐnzhǒng, chéngwéi zhēnguì de "huó huàshí", rú
Nàxī gǔyuè、xìqǔ、jiǎnzhǐ、cìxiù、yánhuà děng mínjiān yìshù hé zōngjiào yìshù. Tèsè
xiānmíng、fēngfù-duōcǎi, yóurú yī gè jùdà de mínzú mínjiān wénhuà yìshù bǎokù.

Wǒmen yào chōngfèn zhòngshì hé lìyòng zhèxiē détiān-dúhòu de zīyuán
yōushì, jiànlì liánghǎo de mínzú mínjiān wénhuà shēngtài huánjìng, wèi xībù dà
kāifā zuòchū gòngxiàn.

——Jiéxuǎn zì《Zhōngkǎo Yǔwén Kèwài Yuèdú Shìtí Jīngxuǎn》zhōng《Xībù
Wénhuà hé Xībù Kāifā》

作品 46 号

高兴，这是一种具体的被看得到摸得着的事物所唤起的情绪。它是心理的，更是生理的。它容易来也容易去，谁也不应该对它视而不见失之交臂，谁也不应该总是做那些使自己不高兴也使旁人不高兴的事。让我们说一件最容易做也最令人高兴的事吧，尊重你自己，也尊重别人，这是每一个人的权利，我还要说这是每一个人的义务。

快乐，它是一种富有概括性的生存状态、工作状态。它几乎是先验的，它来自生命本身的活力，来自宇宙、地球和人间的吸引，它是世界的丰富、绚丽、阔大、悠久的体现。快乐还是一种力量，是埋在地下的根脉。消灭一个人的快乐比挖掘掉一棵大树的根要难得多。

欢欣，这是一种青春的、诗意的情感。它来自面向着未来伸开双臂奔跑的冲力，它来自一种轻松而又神秘、朦胧而又隐秘的激动，它是激情即将到来的预兆，它又是大雨过后的比下雨还要美妙得多也久远得多的回味……

喜悦，它是一种带有形而上色彩的修养和境界。与其说它是一种情绪，不如说它是一种智慧、一种超拔、一种悲天悯人的宽容和理解，一种饱经沧桑的充实和自信，一种光明的理性，一种坚定 // 的成熟，一种战胜了烦恼和庸俗的清明澄澈。它是一潭清水，它是一抹朝霞，它是无边的平原，它是沉默的地平线。多一点儿、再多一点儿喜悦吧，它是翅膀，也是归巢。它是一杯美酒，也是一朵永远开不败的莲花。

——节选自王蒙《喜悦》

Zuòpǐn 46 Hào

Gāoxìng, zhè shì yī zhǒng jùtǐ de bèi kàndedào mōdezháo de shìwù suǒ huànqǐ
de qíng·xù. Tā shì xīnlǐ de, gèng shì shēnglǐ de. Tā róng·yì lái yě róng·yì qù,
shéi yě bù yīnggāi duì tā shì'érbùjiàn shīzhījiāobì, shéi yě bù yīnggāi zǒngshì zuò
nàxiē shǐ zìjǐ bù gāoxīng yě shǐ pángrén bù gāoxīng de shì. Ràng wǒmen shuō yī
jiàn zuì róng·yì zuò yě zuì lìng rén gāoxīng de shì ba, zūnzhòng nǐ zìjǐ, yě
zūnzhòng bié·rén, zhè shì měi yī gè rén de quánlì, wǒ háiyào shuō zhè shì měi yī
gè rén de yìwù.

Kuàilè, tā shì yī zhǒng fùyǒu gàikuòxìng de shēngcún zhuàngtài、gōngzuò zhuàngtài. Tā jīhū shì xiānyàn de, tā láizì shēngmìng běnshēn de huólì, láizì yǔzhòu、dìqiú hé rénjiān de xīyǐn, tā shì shìjiè de fēngfù、xuànlì、kuòdà、yōujiǔ de tǐxiàn. Kuàilè háishì yī zhǒng lì·liàng, shì mái zài dìxià de gēnmài. Xiāomiè yī gè rén de kuàilè bǐ wādiào yī kē dàshù de gēn yào nán de duō.

Huānxīn, zhè shì yī zhǒng qīngchūn de、shīyì de qínggǎn. Tā láizì miànxiàngzhe wèilái shēnkāi shuāngbì bēnpǎo de chōnglì, tā láizì yī zhǒng qīngsōng ér yòu shénmì、ménglóng ér yòu yǐnmì de jīdòng, tā shì jīqíng jíjiāng dàolái de yùzhào, tā yòu shì dàyǔ gòuhòu de bǐ xiàyǔ háiyào měimiào de duō yě jiǔyuǎn dé duō de huíwèi……

Xǐyuè, tā shì yī zhǒng dàiyǒu xíng ér shàng sècǎi de xiūyǎng hé jìngjiè. Yǔqí shuō tā shì yī zhǒng qíng·xù, bùrú shuō tā shì yī zhǒng zhìhuì、yī zhǒng chāobá、yī zhǒng bēitiān-mǐnrén de kuānróng hé lǐjiě, yī zhǒng bǎojīng-cāngsāng de chōngshí hé zìxìn, yī zhǒng guāngmíng de lǐxìng, yī zhǒng jiāndìng//de chéngshú, yī zhǒng zhànshèngle fánnǎo hé yōngsú de qīngmíng chéngchè. Tā shì yī tán qīngshuǐ, tā shì yī mò zhāoxiá, tā shì wúbiān de píngyuán, tā shì chénmò de dìpíngxiàn. Duō yīdiǎnr, zài duō yīdiǎnr xǐyuè ba, tā shì chìbǎng, yě shì guīcháo. Tā shì yī bēi měijiǔ, yě shì yī duǒ yǒngyuǎn kāi bù bài de liánhuā.

——Jiéxuǎn zì Wáng Méng《Xǐyuè》

作品 47 号

在湾仔,香港最热闹的地方,有一棵榕树,它是最贵的一棵树,不光在香港,在全世界,都是最贵的。

树,活的树,又不卖何言其贵?只因它老,它粗,是香港百年沧桑的活见证,香港人不忍看着它被砍伐,或者被移走,便跟要占用这片山坡的建筑者谈条件:可以在这儿建大楼盖商厦,但一不准砍树,二不准挪树,必须把它原地精心养起来,成为香港闹市中的一景。太古大厦的建设者最后签了合同,占用这个大山坡建豪华商厦的先决条件是同意保护这棵老树。

树长在半山坡上,计划将树下面的成千上万吨山石全部掏空取走,腾出地方来盖楼,把树架在大楼上面,仿佛它原本是长在楼顶上似的。建设者就地造了一个直径十八米、深十米的大花盆,先固定好这棵老树,再在大花盆底下盖楼。光这一项就花了两千三百八十九万港币,堪称是最昂贵的保护措施了。

太古大厦落成之后,人们可以乘滚动扶梯一次到位,来到太古大厦的顶层,出后门,那儿是一片自然景色。一棵大树出现在人们面前,树干有一米半粗,树冠直径足有二十多米,独木成林,非常壮观,形成一座以它为中心的小公园,取名叫"榕圃"。树前面//插着铜牌,说明原由。此情此景,如不看铜牌的说明,绝对想不到巨树根底下还有一座宏伟的现代大楼。

——节选自舒乙《香港:最贵的一棵树》

Zuòpǐn 47 Hào

Zài Wānzǎi, Xiānggǎng zuì rènao de dìfang, yǒu yī kē róngshù, tā shì zuì guì de yī kē shù, bùguāng zài Xiānggǎng, zài quánshìjiè, dōu shì zuì guì de.

Shù, huó de shù, yòu bù mài hé yán qí guì? Zhǐ yīn tā lǎo, tā cū, shì Xiānggǎng bǎinián cāngsāng de huó jiànzhèng, Xiānggǎngrén bùrěn kànzhe tā bèi kǎnfá, huòzhě bèi yízǒu, biàn gēn yào zhànyòng zhè piàn shānpō de jiànzhùzhě tán tiáojiàn: Kěyǐ zài zhèr jiàn dàlóu gài shāngshà, dàn yī bùzhǔn kǎn shù, èr bùzhǔn nuó shù, bìxū bǎ tā yuándì jīngxīn yǎng qǐ·lái, chéngwéi Xiānggǎng nàoshì zhōng de yī jǐng. Tàigǔ Dàshà de jiànshèzhě zuìhòu qiānle hétong, zhànyòng zhège dà shānpō jiàn háohuá shāngshà de xiānjué tiáojiàn shì tóngyì bǎohù zhè kē lǎoshù.

Shù zhǎng zài bànshānpō·shàng, jìhuà jiāng shù xià·miàn de chéngqiān-shàngwàn dūn shānshí quánbù tāokōng qǔzǒu, téngchū dìfang·lái gài lóu, bǎ shù jià zài dàlóu shàng·miàn, fǎngfú tā yuánběn shì zhǎng zài lóudǐng·shàng shìde. Jiànshèzhě jiùdì zàole yī gè zhíjìng shíbā mǐ、shēn shí mǐ de dà huāpén, xiān gùdìng hǎo zhè kē lǎoshù, zài zài dà huāpén dǐ·xià gài lóu. Guāng zhè yī xiàng jiù huāle liǎngqiān sānbǎi bāshíjiǔ wàn gǎngbì, kānchēng shì zuì ángguì de bǎohù cuòshī le.

Tàigǔ Dàshà luòchéng zhīhòu, rénmen kěyǐ chéng gǔndòng fútī yī cì dàowèi, láidào Tàigǔ Dàshà de dǐngcéng, chū hòumén, nàr shì yī piàn zìrán jǐngsè. Yī kē dàshù chūxiàn zài rénmen miànqián, shùgàn yǒu yī mǐ bàn cū, shùguān zhíjìng zú yǒu èrshí duō mǐ, dúmù-chénglín, fēicháng zhuàngguān, xíngchéng yī zuò yǐ tā wéi zhōngxīn de xiǎo gōngyuán, qǔ míng jiào "róngpǔ". Shù qián·miàn//chāzhe tóngpái, shuōmíng yuányóu. Cǐqíng cǐjǐng, rú bù kàn tóngpái de shuōmíng, juéduì xiǎng·bùdào jùshùgēn dǐ·xià háiyǒu yī zuò hóngwěi de xiàndài dàlóu.

——Jiéxuǎn zì Shū Yǐ《Xiānggǎng: Zuì guì de Yī kē Shù》

作品 48 号

我们的船渐渐地逼近榕树了：我有机会看清它的真面目：是一棵大树，有数不清的丫枝，枝上又生根，有许多根一直垂到地上，伸进泥土里。一部分树枝垂到水面，从远处看，就像一棵大树斜躺在水面上一样。

现在正是枝繁叶茂的时节。这棵榕树好像在把它的全部生命力展示给我们看。那么多的绿叶，一簇堆在另一簇的上面，不留一点儿缝隙。翠绿的颜色明亮地在我们的眼前闪耀，似乎每一片树叶上都有一个新的生命在颤动，这美丽的南国的树！

船在树下泊了片刻，岸上很湿，我们没有上去。朋友说这里是"鸟的天堂"，有许多鸟在这棵树上做窝，农民不许人去捉它们。我仿佛听见几只鸟扑翅的声音，但是等到我的眼睛注意地看那里时，我却看不见一只鸟的影子，只有无数的树根立在地上，像许多根木桩。地是湿的，大概涨潮时河水常常冲上岸去。"鸟的天堂"里没有一只鸟，我这样想到。船开了，一个朋友拨着船，缓缓地流到河中间去。

第二天，我们划着船到一个朋友的家乡去，就是那个有山有塔的地方。从学校出发，我们又经过那"鸟的天堂"。

这一次是在早晨，阳光照在水面上，也照在树梢上。一切都 // 显得非常光明。我们的船也在树下泊了片刻。

起初四周围非常清静。后来忽然起了一声鸟叫。我们把手一拍，便看见一只大鸟飞了起来，接着又看见第二只，第三只。我们继续拍掌，很快地这个树林就变得很热闹了。到处都是鸟声，到处都是鸟影。大的，小的，花的，黑的，有的站在枝上叫，有的飞起来，在扑翅膀。

——节选自巴金《小鸟的天堂》

Zuòpǐn 48 Hào

Wǒmen de chuán jiànjiàn de bījìn róngshù le. Wǒ yǒu jī·huì kànqīng tā de zhēn miànmù: Shì yī kē dàshù, yǒu shǔ·bùqīng de yāzhī, zhī·shàng yòu shēnggēn, yǒu xǔduō gēn yīzhí chuídào dì·shàng, shēnjìn nítǔ·lǐ. Yī bùfēn shùzhī chuídào shuǐmiàn, cóng yuǎnchù kàn, jiù xiàng yī kē dàshù xié tǎng zài shuǐmiàn·shàng yīyàng.

Xiànzài zhèngshì zhīfán-yèmào de shíjié. Zhè kē róngshù hǎoxiàng zài bǎ tā de quánbù shēngmìnglì zhǎnshì gěi wǒmen kàn. Nàme duō de lǜ yè, yī cù duī zài lìng yī cù de shàng·miàn, bù liú yīdiǎnr fèngxì. Cuìlǜ de yánsè míngliàng de zài wǒmen de yǎnqián shǎnyào, sìhū měi yī piàn shùyè·shàng dōu yǒu yī gè xīn de shēngmìng zài chàndòng, zhè měilì de nánguó de shù!

Chuán zài shù·xià bóle piànkè, àn·shàng hěn shī, wǒmen méi·yǒu shàng·qù. Péngyou shuō zhèlǐ shì "niǎo de tiāntáng", yǒu xǔduō niǎo zài zhè kē shù·shàng zuò wō, nóngmín bùxǔ rén qù zhuō tāmen. Wǒ fǎngfú tīng·jiàn jǐ zhī niǎo pū chì de shēngyīn, dànshì děngdào wǒ de yǎnjing zhùyì de kàn nà·lǐ shí, wǒ què kàn·bùjiàn yī zhī niǎo de yǐngzi. Zhǐyǒu wúshù de shùgēn lì zài dì·shàng, xiàng xǔduō gēn mùzhuāng. Dì shì shī de, dàgài zhǎngcháo shí héshuǐ chángcháng chōng·shàng àn·qù. "Niǎo de tiāntáng"·lǐ méi·yǒu yī zhī niǎo, wǒ zhèyàng xiǎngdào. Chuán kāi le, yī gè péngyou bōzhe chuán, huǎnhuǎn de liúdào hé zhōngjiān qù.

Dì-èr tiān, wǒmen huázhe chuán dào yī gè péngyou de jiāxiāng qù, jiùshì nàgè yǒu shān yǒu tǎ de dìfang. Cóng xuéxiào chūfā, wǒmen yòu jīngguò nà "niǎo de tiāntáng".

Zhè yī cì shì zài zǎo·chén, yángguāng zhào zài shuǐmiàn·shàng, yě zhào zài shùshāo·shàng. Yīqiè dōu//xiǎn·dé fēicháng guāngmíng. Wǒmen de chuán yě zài shù • xià bóle piànkè.

　　Qǐchū sì zhōuwéi fēicháng qīngjìng. Hòulái hūrán qǐle yī shēng niǎojiào. Wǒmen bǎ shǒu yī pāi, biàn kàn • jiàn yī zhī dàniǎo fēile qǐ • lái, jiēzhe yòu kàn • jiàn dì-èr zhī, dì-sān zhī. Wǒmen jìxù pāizhǎng, hěn kuài de zhège shùlín jiù biàn de hěn rènao le. Dàochù dōu shì niǎo shēng, dàochù dōu shì niǎo yǐng. Dà de, xiǎo de, huā de, hēi de, yǒude zhàn zài zhī • shàng jiào, yǒude fēi qǐ • lái, zài pū chìbǎng.

——Jiéxuǎn zì Bā Jīn《Xiǎoniǎo de Tiāntáng》

作品 49 号

　　有这样一个故事。

　　有人问：世界上什么东西的气力最大？回答纷纭得很，有的说"象"，有的说"狮"，有人开玩笑似的说：是"金刚"，金刚有多少气力，当然大家全不知道。

　　结果，这一切答案完全不对，世界上气力最大的，是植物的种子。一粒种子所可以显现出来的力，简直是超越一切。

　　人的头盖骨，结合得非常致密与坚固，生理学家和解剖学者用尽了一切的方法，要把它完整地分出来，都没有这种力气。后来忽然有人发明了一个方法，就是把一些植物的种子放在要剖析的头盖骨里，给它以温度与湿度，使它发芽。一发芽，这些种子便以可怕的力量，将一切机械力所不能分开的骨骼，完整地分开了。植物种子的力量之大，如此如此。

　　这，也许特殊了一点儿，常人不容易理解。那么，你看见过笋的成长吗？你看见过被压在瓦砾和石块下面的一棵小草的生长吗？它为着向往阳光，为着达成它的生之意志，不管上面的石块如何重，石与石之间如何狭，它必定要曲曲折折地，但是顽强不屈地透到地面上来。它的根往土壤钻，它的芽往地面挺，这是一种不可抗拒的力，阻止它的石块，结果也被它掀翻，一粒种子的力量之大，// 如此如此。

　　没有一个人将小草叫做"大力士"，但是它的力量之大，的确是世界无比。这种力是一般人看不见的生命力。只要生命存在，这种力就要显现。上面的石块，丝毫不足以阻挡。因为它是一种"长期抗战"的力；有弹性，能屈能伸的力；有韧性，不达目的不止的力。

——节选自夏衍《野草》

Zuòpǐn 49 Hào

　　Yǒu zhèyàng yī gè gùshì.

　　Yǒu rén wèn：Shìjiè • shàng shénme dōngxi de qìlì zuì dà? Huídá fēnyún de hěn, yǒude shuō "xiàng", yǒude shuō "shī", yǒu rén kāi wánxiào shìde shuō：shì "Jīngāng", Jīngāng yǒu duō • shǎo qìlì, dāngrán dàjiā quán bù zhī • dào.

　　Jiéguǒ, zhè yīqiè dá'àn wánquán bù duì, shìjiè • shàng qìlì zuì dà de, shì zhíwù de zhǒngzi. Yī lì zhǒngzi suǒ kěyǐ xiǎnxiàn chū • lái de lì, jiǎnzhí shì chāoyuè yīqiē.

Rén de tóugàigǔ, jiéhé de fēicháng zhìmì yǔ jiāngù, shēnglǐxuéjiā hé jiěpōuxuézhě yòngjìnle yīqiè de fāngfǎ, yào bǎ tā wánzhěng de fēn chū • lái, dōu méi • yǒu zhè zhǒng lìqì. Hòulái hūrán yǒu rén fāmíngle yī gè fāngfǎ, jiùshì bǎ yīxiē zhíwù de zhǒngzi fàng zài yào pōuxī de tóugàigǔ • lǐ, gěi tā yǐ wēndù yǔ shīdù, shǐ tā fāyá. Yī fāyá, zhèxiē zhǒngzi biàn yǐ kěpà de lì • liàng, jiāng yīqiè jīxièlì suǒ bùnéng fēnkāi de gǔgé, wánzhěng de fēnkāi le. Zhíwù zhǒngzi de lìliàng zhī dà, rúcǐ rúcǐ.

Zhè, yěxǔ tèshūle yīdiǎnr, chángrén bù róng • yì lǐjiě. Nàme, nǐ kàn • jiànguo sǔn de chéngzhǎng ma? Nǐ kàn • jiànguo bèi yā zài wǎlì hé shíkuài xià • miàn de yī kē xiǎocǎo de shēngzhǎng ma? Tā wèizhe xiàngwǎng yángguāng, wèizhe dáchéng tā de shēng zhī yìzhì, bùguǎn shàng • miàn de shíkuài rúhé zhòng, shí yǔ shí zhījiān rúhé xiá, tā bìdìng yào qūqū-zhézhé de, dànshì wánqiáng-bùqū de tòudào dìmiàn shàng • lái. Tā de gēn wǎng tǔrǎng zuān, tā de yá wǎng dìmiàn tǐng, zhèshì yī zhǒng bùkě kàngjù de lì, zǔzhǐ tā de shíkuài, jiéguǒ yě bèi tā xiānfān, yī lì zhǒngzi de lì • liàng zhī dà, //rúcǐ rúcǐ.

Méi • yǒu yī gè rén jiāng xiǎo cǎo jiàozuò "dàlìshì", dànshì tā de lì • liàng zhī dà, díquè shì shìjiè wúbǐ. Zhè zhǒng lì shì yībān rén kàn • bùjiàn de shēngmìnglì. Zhǐyào shēngmìng cúnzài, zhè zhǒng lì jiù yào xiǎnxiàn. Shàng • miàn de shíkuài, sīháo bù zúyǐ zǔdǎng. Yīn • wèi tā shì yī zhǒng "chángqī kàngzhàn" de lì; yǒu tánxìng, néngqū-néngshēn de lì; yǒu rènxìng, bù dá mùdì bù zhǐ de lì.

——Jiéxuǎn zì Xià Yǎn《Yěcǎo》

作品50号

　　燕子去了,有再来的时候;杨柳枯了,有再青的时候;桃花谢了,有再开的时候。但是,聪明的,你告诉我,我们的日子为什么一去不复返呢?——是有人偷了他们罢:那是谁?又藏在何处呢?是他们自己逃走了罢——如今又到了哪里呢?

　　我不知道他们给了我多少日子,但我的手确乎是渐渐空虚了。在默默里算着,八千多日子已经从我手中溜去,像针尖上一滴水滴在大海里,我的日子滴在时间的流里,没有声音,也没有影子。我不禁头涔涔而泪潸潸了。

　　过去的日子如轻烟,被微风吹散了,如薄雾,被初阳蒸融了;我留着些什么痕迹呢?我何曾留着像游丝样的痕迹呢?我赤裸裸来到这世界,转眼间也将赤裸裸地回去罢?但不能平的,为什么偏要白白走这一遭啊?你聪明的,告诉我,我们的日子为什么一去不复返呢?

——节选自朱自清《匆匆》

Zuòpǐn 50 Hào

Yànzi qù le, yǒu zài lái de shíhòu; Yángliǔ kū le, yǒu zài qīng de shí hòu; Táohuā xiè le, yǒu zài kāi de shíhòu. Dànshì, cōngmíng de, nǐ gàosù wǒ, wǒmen de rìzi wèi shénme yīqù bù fùfǎn ne? ——Shì yǒu rén tōu le tā men ba: Nà shì shéi? Yòu cáng zài héchù ne? Shì tāmen zìjǐ táo zǒu le ba ——Rújīn yòu dào le nǎlǐ ne?

Wǒ bù zhīdào tāmen gěi le wǒ duōshǎo rì zi, dàn wǒ de shǒu quèhū shì jiànjiàn kōngxū le. Zài mòmò lǐ suàn zhe, bāqiānduō rìzi yǐjīng cóng wǒ shǒuzhōng liūqù, xiàng zhēnjiān shàng yī dī shuǐ dī zài dàhǎi lǐ, wǒ de rìzi dī zài shíjiān de liú lǐ, méiyǒu shēngyīn, yě méiyǒu yǐngzi. wǒ bùjīn tóu céncén ér lèi shānshān le.

Guòqù de rìzi rú qīng yān, bèi wēifēng chuīsàn le, rú bówù, bèi chūyáng zhēng róng le; Wǒ liúzhe xiē shén me hénjì ne? Wǒ he céng liúzhe xiàng yóusīyàng de hénjì ne? Wǒ chìluǒluǒ láidào zhè shìjiè, zhuǎnyǎnjiān yě jiāng chìluǒluǒ de huíqù ba? Dàn bùnéng píng de, wèi shénme piānyào báibái zǒu zhè yīzāo a? Nǐ cōng·míng de, gàosù wǒ, wǒ men de rìzi wèishénme yīqù bù fùfǎn ne?

——Jiéxuǎn zì Zhū Zìqīng 《Cōngcōng》

作品 51 号

有个塌鼻子的小男孩儿,因为两岁时得过脑炎,智力受损,学习起来很吃力。打个比方,别人写作文能写二三百字,他却只能写三五行。但即便这样的作文,他同样能写得很动人。

那是一次作文课,题目是《愿望》。他极其认真地想了半天,然后极认真地写,那作文极短。只有三句话:我有两个愿望,第一个是,妈妈天天笑眯眯地看着我说:"你真聪明,"第二个是,老师天天笑眯眯地看着我说:"你一点儿也不笨。"

于是,就是这篇作文,深深地打动了他的老师,那位妈妈式的老师不仅给了他最高分,在班上带感情地朗读了这篇作文,还一笔一画地批道:你很聪明,你的作文写得非常感人,请放心,妈妈肯定会格外喜欢你的,老师肯定会格外喜欢你的,大家肯定会格外喜欢你的。

捧着作文本,他笑了,蹦蹦跳跳地回家了,像只喜鹊。但他并没有把作文本拿给妈妈看,他是在等待,等待着一个美好的时刻。

那个时刻终于到了,是妈妈的生日——一个阳光灿烂的星期天;那天,他起得特别早,把作文本装在一个亲手做的美丽的大信封里,等着妈妈醒来。妈妈刚刚睁眼醒来,他就笑眯眯地走到妈妈跟前说:"妈妈,今天是您的生日,我要 // 送给您一件礼物。"

果然,看着这篇作文,妈妈甜甜地涌出了两行热泪,一把搂住小男孩儿,搂得很紧很紧。

是的,智力可以受损,但爱永远不会。

——节选自张玉庭《一个美丽的故事》

Zuòpǐn 51 Hào

Yǒu gè tā bízi de xiǎonánháir, yīn·wèi liǎng suì shí déguo nǎoyán, zhìlì shòu sǔn, xuéxí qǐ·lái hěn chīlì. Dǎ gè bǐfang, bié·rén xiě zuòwén néng xiě èr-sān bǎi zì, tā què zhǐnéng xiě sān-wǔ háng. Dàn jíbiàn zhèyàng de zuòwén, tā tóngyàng néng xiě de dòngrén.

Nà shì yī cì zuòwénkè, tímù shì《Yuànwàng》. Tā jíqí rènzhēn de xiǎngle bàntiān, ránhòu jí rènzhēn de xiě, nà zuòwén jí duǎn. Zhǐyǒu sān jù huà: Wǒ yǒu liǎng gè yuànwàng, dì-yī gè shì, māma tiāntiān xiàomīmī de kànzhe wǒ shuō: "Nǐ zhēn cōng·míng," dì-èr gè shì, lǎoshī tiāntiān xiàomīmī de kànzhe wǒ shuō: "Nǐ yīdiǎnr yě bù bèn. "

Yúshì, jiùshì zhè piān zuòwén, shēnshēn de dǎdòngle tā de lǎoshī, nà wèi māma shì de lǎoshī bùjǐn gěile tā zuì gāo fēn, zài bān·shàng dài gǎnqíng de lǎngdúle zhè piān zuòwén, hái yībǐ-yīhuà de pīdào: Nǐ hěn cōng·míng, nǐ de zuòwén xiě de fēicháng gǎnrén, qǐng fàngxīn, māma kěndìng huì géwài xǐhuan nǐ de, lǎoshī kěndìng huì géwài xǐhuan nǐ de, dàjiā kěndìng huì géwài xǐhuan nǐ de.

Pěngzhe zuòwénběn, tā xiào le, bèngbèng-tiàotiào de huí jiā le, xiàng zhī xǐ·què. Dàn tā bìng méi·yǒu bǎ zuòwénběn nágěi māma kàn, tā shì zài děngdài, děngdàizhe yī gè měihǎo de shíkè.

Nàge shíkè zhōngyú dào le, shì māma de shēng·rì——yī gè yángguāng cànlàn de xīngqītiān: Nà tiān, tā qǐ de tèbié zǎo, bǎ zuòwénběn zhuāng zài yī gè qīnshǒu zuò de měilì de dà xìnfēng·lǐ, děngzhe māma xǐng·lái. Mā ma gānggāng zhēng yǎn xǐng·lái, tā jiù xiàomīmī de zǒudào māma gēn·qián shuō: "māma, jīntiān shì nín de shēng·rì, wǒ yào//sònggěi nín yī jiàn lǐwù. "

Guǒrán, kànzhe zhè piān zuòwén, māma tiántián de yǒngchūle liǎng háng rèlèi, yī bǎ lǒuzhù xiǎonánháir, lǒude hěn jǐn hěn jǐn.

Shìde, zhìlì kěyǐ shòu sǔn, dàn ài yǒngyuǎn bù huì.

——Jiéxuǎn zì Zhāng Yùtíng《Yī gè Měilì de Gùshì》

作品 52 号

小学的时候,有一次我们去海边远足,妈妈没有做便饭,给了我十块钱买午餐。好像走了很久,很久,终于到海边了,大家坐下来便吃饭,荒凉的海边没有商店,我一个人跑到防风林外面去,级任老师要大家把吃剩的饭菜分给我一点儿。有两三个男生留下一点儿给我,还有一个女生,她的米饭拌了酱油,很香。我吃完的时候,她笑眯眯地看着我,短头发,脸圆圆的。

她的名字叫翁香玉。

每天放学的时候,她走的是经过我们家的一条小路,带着一位比她小的男孩儿,可能是弟弟。小路边是一条清澈见底的小溪，两旁竹阴覆盖，我总是远远地跟在她后面，夏日的午后特别炎热，走到半路她会停下来，拿手帕在溪水里浸湿，为小男孩儿擦脸。我也在后面停下来，把肮脏的手帕弄湿了擦脸，再一路远远跟着她回家。

后来我们家搬到镇上去了，过几年我也上了中学。有一天放学回家，在火车上，看见斜对面一位短头发、圆圆脸的女孩儿，一身素净的白衣黑裙。我想她一定不认识我了。火车很快到站了，我随着人群挤向门口，她也走近了，叫我的名字。这是她第一次和我说话。

她笑眯眯的，和我一起走过月台。以后就没有再见过 // 她了。

这篇文章收在我出版的《少年心事》这本书里。

书出版后半年，有一天我忽然收到出版社转来的一封信，信封上是陌生的字迹，但清楚地写着我的本名。

信里面说她看到了这篇文章心里非常激动，没想到在离开家乡，漂泊异地这么久之后，会看见自己仍然在一个人的记忆里，她自己也深深记得这其中的每一幕，只是没想到越过遥远的时空，竟然另一个人也深深记得。

——节选自苦伶《永远的记忆》

Zuòpǐn 52 Hào

Xiǎoxué de shíhou, yǒu yī cì wǒmen qù hǎibiān yuǎnzú, māma méi · yǒu zuò biànfàn, gěile wǒ shí kuài qián mǎi wǔcān. Hǎoxiàng zǒule hěn jiǔ, hěn jiǔ, zhōngyú dào hǎibiān le, dàjiā zuò xià · lái biàn chīfàn, huāngliáng de hǎibiān méi · yǒu shāngdiàn, wǒ yī gè rén pǎodào fángfēnglín wài · miàn qù, jírèn lǎoshī yào dàjiā bǎ chīshèng de fàncài fēngěi wǒ yīdiǎn. Yǒu liǎng-sān gè nánshēng liú · xià yīdiǎnr gěi wǒ, hái yǒu yī gè nǚshēng, tā de mǐfàn bànle jiàngyóu, hěn xiāng. Wǒ chīwán de shíhou, tā xiàomīmī de kànzhe wǒ, duǎn tóufa, liǎn yuányuán de.

Tā de míngzi jiào Wēng Xiāngyù.

Měi tiān fàngxué de shíhou, tā zǒu de shì jīngguò wǒmen jiā de yī tiáo xiǎolù, dàizhe yī wèi bǐ tā xiǎo de nánháir, kěnéng shì dìdi. Xiǎolù biān shì yī tiáo qīngchè jiàn dǐ de xiǎoxī, liǎngpáng zhúyīn fùgài, wǒ zǒngshì yuǎnyuǎn de gēn zài hòu · miàn. Xiàrì de wǔhòu tèbié yánrè, zǒudào bànlù tā huì tíng xià · lái, ná shǒupà zài xīshuǐ · lǐ jìnshī, wèi xiǎonánháir cā liǎn. Wǒ yě zài hòu · miàn tíng xià · lái, bǎ āngzāng de shǒupà nòngshīle cā liǎn, zài yīlù yuǎnyuǎn gēnzhe tā huíjiā.

Hòulái wǒmen jiā bāndào zhèn · shàng qù le, guò jǐ nián wǒ yě shàngle zhōngxué. Yǒu yī tiān fàngxué huíjiā, zài huǒchē · shàng, kàn · jiàn xiéduìmiàn yī wèi duǎn tóufa, yuányuán liǎn de nǚháir, yī shēn sùjìng de bái yī hēi qún. Wǒ xiǎng tā yīdìng bù rènshi wǒ le. Huǒchē hěn kuài dào zhàn le, wǒ suízhe rénqún jǐ xiàng ménkǒu, tā yě zǒujìnle, jiào wǒ de míngzi. Zhè shì tā dì-yī cì hé wǒ shuōhuà.

Tā xiàomīmī de, hé wǒ yīqǐ zǒuguò yuètái. Yǐhòu jiù méi · yǒu zài jiànguo//

tā le.

　　Zhè piān wénzhāng shōu zài wǒ chūbǎn de《Shàonián Xīnshì》zhè běn shū·lǐ.

　　Shū chūbǎn hòu bàn nián, yǒu yī tiān wǒ hūrán shōudào chūbǎnshè zhuǎnlái de yī fēng xìn, xìnfēng·shàng shì mòshēng de zìjì, dàn qīngchu de xiězhe wǒ de běnmíng.

　　Xìn lǐ·miàn shuō tā kàndàole zhè piān wénzhāng xīn·lǐ fēicháng jīdòng, méi xiǎngdào zài líkāi jiāxiāng, piāobó yìdì zhème jiǔ zhīhòu, huì kàn·jiàn zìjǐ réngrán zài yī gè rén de jìyì·lǐ, tā zìjǐ yě shēnshēn jì·dé zhè qízhōng de měi yī mù, zhǐshì méi xiǎngdào yuèguò yáoyuǎn de shíkōng, jìngrán lìng yī gè rén yě shēnshēn jì·dé.

　　　　　　　　　　——Jiéxuǎn zì Kǔ Líng《Yǒngyuǎn de Jìyì》

作品 53 号

　　在繁华的巴黎大街的路旁，站着一个衣衫褴褛、头发斑白、双目失明的老人。他不像其他乞丐那样伸手向过路行人乞讨，而是在身旁立一块木牌，上面写着："我什么也看不见！"街上过往的行人很多，看了木牌上的字都无动于衷，有的还淡淡一笑，便姗姗而去了。

　　这天中午，法国著名诗人让·彼浩勒也经过这里。他看看木牌上的字，问盲老人："老人家，今天上午有人给你钱吗？"

　　盲老人叹息着回答："我，我什么也没有得到。"说着，脸上的神情非常悲伤。

　　让·彼浩勒听了，拿起笔悄悄地在那行字的前面添上了"春天到了，可是"几个字，就匆匆地离开了。

　　晚上，让·彼浩勒又经过这里，问那个盲老人下午的情况。盲老人笑着回答说："先生，不知为什么，下午给我钱的人多极了！"让·彼浩勒听了，摸着胡子满意地笑了。

　　"春天到了，可是我什么也看不见！"这富有诗意的语言，产生这么大的作用，就在于它有非常浓厚的感情色彩。是的，春天是美好的，那蓝天白云，那绿树红花，那莺歌燕舞，那流水人家，怎么不叫人陶醉呢？但这良辰美景，对于一个双目失明的人来说，只是一片漆黑。当人们想到这个盲老人，一生中竟连万紫千红的春天//都不曾看到，怎能不对他产生同情之心呢？

　　　　　　　　——节选自小学《语文》第六册中《语言的魅力》

Zuòpǐn 53 Hào

　　Zài fánhuá de Bālí dàjiē de lùpáng, zhànzhe yī gè yīshān lánlǚ、tóufa bānbái、shuāngmù shīmíng de lǎorén. Tā bù xiàng qítā qǐgài nàyàng shēnshǒu xiàng guòlù xíngrén qǐtǎo, ér shì zài shēnpáng lì yī kuài mùpái, shàng·miàn xiězhe: "Wǒ shénme yě kàn·bùjiàn!" Jiē·shàng guòwǎng de xíngrén hěn duō, kànle mùpái·shàng de zì dōu wúdòngyúzhōng, yǒude hái dàndàn yī xiào, biàn shānshān ér qù le.

Zhè tiān zhōngwǔ, Fǎguó zhùmíng shīrén Ràng Bǐhàolè yě jīngguò zhè·lǐ. Tā kànkan mùpái·shàng de zì, wèn máng lǎorén: "Lǎo·rén·jiā, jīntiān shàngwǔ yǒu rén gěi nǐ qián ma?"

Máng lǎorén tànxīzhe huídá: "Wǒ, wǒ shénme yě méi·yǒu dédào." Shuōzhe, liǎn·shàng de shénqíng fēicháng bēishāng.

Ràng Bǐhàolè tīng le, náqǐ bǐ qiāoqiāo de zài nà háng zì de qián·miàn tiān·shàngle "chūntiān dào le, kěshì" jǐ gè zì, jiù cōngcōng de líkāi le.

Wǎnshàng, Ràng Bǐhàolè yòu jīngguò zhè·lǐ, wèn nàge máng lǎorén xiàwǔ de qíngkuàng. Máng lǎorén xiàozhe huídá shuō: "Xiānsheng, bù zhī wèishénme, xiàwǔ gěi wǒ qián de rén duō jí le!" Ràng Bǐhàolè tīng le, mōzhe húzi mǎnyì de xiào le.

"Chūntiān dào le, kěshì wǒ shénme yě kàn·bù jiàn!" Zhè fùyǒu shīyì de yǔyán, chǎnshēng zhème dà de zuòyòng, jiù zàiyú tā yǒu fēicháng nónghòu de gǎnqíng sècǎi. Shìde, chūntiān shì měihǎo de, nà lántiān báiyún, nà lǜshù hónghuā, nà yīnggē-yànwǔ, nà liúshuǐ rénjiā, zěnme bù jiào rén táozuì ne? Dàn zhè liángchén měijǐng, duìyú yī gè shuāngmù shīmíng de rén lái shuō, zhǐshì yī piàn qīhēi. Dāng rénmen xiǎngdào zhègè máng lǎorén, yīshēng zhōng jìng lián wànzǐ-qiānhóng de chūntiān//dōu bùcéng kàndào, zěn néng bù duì tā chǎnshēng tóngqíng zhī xīn ne?

——Jiéxuǎn zì Xiǎoxué《Yǔwén》dì-liù cè zhōng《Yǔyán de Mèilì》

作品 54 号

有一次,苏东坡的朋友张鹗拿着一张宣纸来求他写一幅字,而且希望他写一点儿关于养生方面的内容。苏东坡思索了一会儿,点点头说:"我得到了一个养生长寿古方,药只有四味,今天就赠给你吧。"于是,东坡的狼毫在纸上挥洒起来,上面写着:"一曰无事以当贵,二曰早寝以当富,三曰安步以当车,四曰晚食以当肉。"

这哪里有药?张鹗一脸茫然地问。苏东坡笑着解释说,养生长寿的要诀,全在这四句里面。

所谓"无事以当贵",是指人不要把功名利禄、荣辱过失考虑得太多,如能在情志上潇洒大度,随遇而安,无事以求,这比富贵更能使人终其天年。

"早寝以当富",指吃好穿好、财货充足,并非就能使你长寿。对老年人来说,养成良好的起居习惯,尤其是早睡早起,比获得任何财富更加宝贵。

"安步以当车",指人不要过于讲求安逸、肢体不劳,而应多以步行来替代骑马乘车,多运动才可以强健体魄,通畅气血。

"晚食以当肉",意思是人应该用已饥方食、未饱先止代替对美味佳肴的贪吃无厌。他进一步解释,饿了以后才进食,虽然是粗茶淡饭,但其香甜可口会胜过山珍;如果饱了还要勉强吃,即使美味佳肴摆在眼前也难以 // 下咽。

苏东坡的四味"长寿药",实际上是强调了情志、睡眠、运动、饮食四个方面对养生长寿的重要性,这种养生观点即使在今天仍然值得借鉴。

——节选自蒲昭和《赠你四味长寿药》

Zuòpǐn 54 Hào

Yǒu yī cì, Sū Dōngpō de péngyou Zhāng È názhe yī zhāng xuānzhǐ lái qiú tā xiě yī fú zì, érqiě xīwàng tā xiě yīdiǎnr guānyú yǎngshēng fāngmiàn de nèiróng. Sū Dōngpō sīsuǒle yīhuìr, diǎndiǎn tóu shuō: "Wǒ dédàole yī gè yǎngshēng chángshòu gǔfāng, yào zhǐyǒu sì wèi, jīntiān jiù zènggěi nǐ ba." Yúshì, Dōngpō de lánháo zài zhǐ·shàng huīsǎ qǐ·lái, shàng·miàn xiězhe: "Yī yuē wú shì yǐ dàng guì, èr yuē zǎo qǐn yǐ dàng fù, sān yuē ān bù yǐ dàng chē, sì yuē wǎn shí yǐ dàng ròu."

Zhè nǎ·lǐ yǒu yào? Zhāng È yīliǎn mángrán de wèn. Sū Dōngpō xiàozhe jiěshì shuō, yǎngshēng chángshòu de yàojué, quán zài zhè sì jù lǐ·miàn.

Suǒwèi "wú shì yǐ dàng guì", shì zhǐ rén bùyào bǎ gōngmíng lìlù, róngrǔ guòshī kǎolù de tài duō, rú néng zài qíngzhì·shàng xiāosǎ dàdù, suíyù'ér'ān, wú shì yǐ qiú, zhè bǐ fùguì gèng néng shǐ rén zhōng qí tiānnián.

"Zǎo qǐn yǐ dàng fù", zhǐ chīhǎo chuānhǎo, cáihuò chōngzú, bìngfēi jiù néng shǐ nǐ chángshòu. Duì lǎoniánrén lái shuō, yǎngchéng liánghǎo de qǐjū xíguàn, yóuqí shì zǎo shuì zǎo qǐ, bǐ huòdé rènhé cáifù gèngjiā fùguì.

"Ān bù yǐ dàng chē", zhǐ rén bùyào guòyú jiǎngqiú ānyì, zhītǐ bù láo, ér yīng duō yǐ bùxíng lái tìdài qímǎ chéngchē, duō yùndòng cái kěyǐ qiángjiàn tǐpò, tōngchàng qìxuè.

"Wǎn shí yǐ dàng ròu", yìsi shì rén yīnggāi yòng yǐ jī fāng shí, wèi bǎo xiān zhǐ dàitì duì měiwèi jiāyáo de tānchī wú yàn. Tā jìnyī bù jiěshì, èle yǐhòu cái jìnshí, suīrán shì cūchá-dànfàn, dàn qí xiāngtián kěkǒu huì shèngguò shānzhēn; rúguǒ bǎole háiyào miǎnqiǎng chī, jíshǐ měiwèi jiāyáo bǎi zài yǎnqián yě nányǐ//xiàyàn.

Sū Dōngpō de sì wèi "chángshòuyào", shíjì·shàng shì qiángdiàole qíngzhì、shuìmián、yùndòng、yǐnshí sì gè fāngmiàn duì yǎngshēng chángshòu de zhòngyàoxìng, zhè zhǒng yǎngshēng guāndiǎn jíshǐ zài jīntiān réngrán zhí·dé jièjiàn.

——Jiéxuǎn zì Pú Zhāohé《Zèng Nǐ Sì Wèi Chángshòuyào》

作品 55 号

人活着,最要紧的是寻觅到那片代表着生命绿色和人类希望的丛林,然后选一高高的枝头站在那里观览人生,消化痛苦,孕育歌声,愉悦世界!

这可真是一种潇洒的人生态度,这可真是一种心境爽朗的情感风貌。

站在历史的枝头微笑,可以减免许多烦恼。在那里,你可以从众生相所包含的甜酸苦辣、百味人生中寻找你自己；你境遇中的那点儿苦痛，也许相比之下，再也难以占据一席之地；你会较容易地获得从不悦中解脱灵魂的力量，使之不致变得灰色。

人站得高些，不但能有幸早些领略到希望的曙光，还能有幸发现生命的立体的诗篇。每一个人的人生，都是这诗篇中的一个词、一个句子或者一个标点。你可能没有成为一个美丽的词，一个引人注目的句子，一个惊叹号，但你依然是这生命的立体诗篇中的一个音节、一个停顿、一个必不可少的组成部分。这足以使你放弃前嫌，萌生为人类孕育新的歌声的兴致，为世界带来更多的诗意。

最可怕的人生见解，是把多维的生存图景看成平面。因为那平面上刻下的大多是凝固了的历史——过去的遗迹；但活着的人们，活得却是充满着新生智慧的，由 // 不断逝去的"现在"组成的未来。人生不能像某些鱼类躺着游，人生也不能像某些兽类爬着走，而应该站着向前行，这才是人类应有的生存姿态。

——节选自[美]本杰明·拉什《站在历史的枝头微笑》

Zuòpǐn 55 Hào

Rén huózhe, zuì yàojǐn de shì xúnmì dào nà piàn dàibiǎozhe shēngmìng lǜsè hé rénlèi xīwàng de cónglín, ránhòu xuǎn yī gāogāo de zhītóu zhàn zài nà·lǐ guānlǎn rénshēng, xiāohuà tòngkǔ, yùnyù gēshēng, yúyuè shìjiè!

Zhè kě zhēn shì yī zhǒng xiāosǎ de rénshēng tài·dù, zhè kě zhēn shì yī zhǒng xīnjìng shuǎnglǎng de qínggǎn fēngmào.

Zhàn zài lìshǐ de zhītóu wēixiào, kěyǐ jiǎnmiǎn xǔduō fánnǎo. Zài nà·lǐ, nǐ kěyǐ cóng zhòngshēngxiàng suǒ bāohán de tián-suān-kǔ-là, bǎiwèi rénshēng zhōng xúnzhǎo nǐ zìjǐ, nǐ jìngyù zhōng de nà diǎnr kǔtòng, yěxǔ xiāngbǐ zhīxià, zài yě nányǐ zhànjù yī xí zhī dì, nǐ huì jiào róng·yì de huòdé cóng bùyuè zhōng jiětuō línghún de lì·liàng, shǐ zhī bùzhì biànde huīsè.

Rén zhàn de gāo xiē, bùdàn néng yǒuxìng zǎo xiē lǐnglüè dào xīwàng de shǔguāng, hái néng yǒuxìng fāxiàn shēngmìng de lìtǐ de shīpiān. Měi yī gè rén de rénshēng, dōu shì zhè shīpiān zhōng de yī gè cí, yī gè jùzi huòzhě yī gè biāodiǎn. Nǐ kěnéng méi·yǒu chéngwéi yī gè měilì de cí, yī gè yǐnrén-zhùmù de jùzi, yī gè jīngtànhào, dàn nǐ yīrán shì zhè shēngmìng de lìtǐ shīpiān zhōng de yī gè yīnjié, yī gè tíngdùn, yī gè bìbùkěshǎo de zǔchéng bùfen. Zhè zúyǐ shǐ nǐ fàngqì qiánxián, méngshēng wèi rénlèi yùnyù xīn de gēshēng de xìngzhì, wèi shìjiè dài·lái gèng duō de shīyì.

Zuì kěpà de rénshēng jiànjiě, shì bǎ duōwéi de shēngcún tújǐng kànchéng píngmiàn. Yīn·wèi nà píngmiàn·shàng kèxià de dàduō shì nínggùle de lìshǐ—— guòqù de yíjì; dàn huózhe de rénmen, huó de què shì chōngmǎnzhe xīnshēng zhìhuì de, yóu//bùduàn shìqù de "xiànzài" zǔchéng de wèilái. Rénshēng bùnéng xiàngmǒu xiē yúlèi tǎngzhe yóu, rénshēng yě bùnéng xiàng mǒu xiē shòulèi pázhe zǒu, ér

yīnggāi zhànzhe xiàngqián xíng, zhè cái shì rénlèi yīngyǒu de shēngcún zītài.
　　——Jiéxuǎn zì［Měi］Běnjiémíng Lāshí《Zhàn Zài Lìshǐ de Zhītóu Wēixiào》

作品 56 号

　　中国的第一大岛、台湾省的主岛台湾，位于中国大陆架的东南方，地处东海和南海之间，隔着台湾海峡和大陆相望。天气晴朗的时候，站在福建沿海较高的地方，就可以隐隐约约地望见岛上的高山和云朵。

　　台湾岛形状狭长，从东到西，最宽处只有一百四十多公里；由南至北，最长的地方约有三百九十多公里。地形像一个纺织用的梭子。

　　台湾岛上的山脉纵贯南北，中间的中央山脉犹如全岛的脊梁。西部为海拔近四千米的玉山山脉，是中国东部的最高峰。全岛约有三分之一的地方是平地，其余为山地。岛内有缎带般的瀑布，蓝宝石似的湖泊，四季常青的森林和果园，自然景色十分优美。西南部的阿里山和日月潭，台北市郊的大屯山风景区，都是闻名世界的游览胜地。

　　台湾岛地处热带和温带之间，四面环海，雨水充足，气温受到海洋的调剂，冬暖夏凉，四季如春，这给水稻和果木生长提供了优越的条件。水稻、甘蔗、樟脑是台湾的"三宝"。岛上还盛产鲜果和鱼虾。

　　台湾岛还是一个闻名世界的"蝴蝶王国"。岛上的蝴蝶共有四百多个品种，其中有不少是世界稀有的珍贵品种。岛上还有不少鸟语花香的蝴 // 蝶谷，岛上居民利用蝴蝶制作的标本和艺术品，远销许多国家。

　　　　　　　　　　　　　　　——节选自《中国的宝岛——台湾》

Zuòpǐn 56 Hào

　　Zhōngguó de dì-yī dàdǎo、Táiwān shěng de zhǔdǎo Táiwān, wèiyú Zhōngguó dàlùjià de dōngnánfāng, dìchǔ Dōng Hǎi hé Nán Hǎi zhījiān, gézhe Táiwān Hǎixiá hé Dàlù xiāngwàng. Tiānqì qínglǎng de shíhou, zhàn zài Fújiàn yánhǎi jiào gāo de dìfang, jiù kěyǐ yǐnyǐn-yuēyuē de wàng·jiàn dǎo·shàng de gāoshān hé yúnduǒ.

　　Táiwān Dǎo xíngzhuàng xiácháng, cóng dōng dào xī, zuì kuān chù zhǐyǒu yībǎi sìshí duō gōnglǐ; yóu nán zhì běi zuì cháng de dìfang yuē yǒu sānbǎi jiǔshí duō gōnglǐ. Dìxíng xiàng yī gè fǎngzhī yòng de suōzi.

　　Táiwān Dǎo·shàng de shānmài zòngguàn nánběi, zhōngjiān de zhōngyāng shānmài yóurú quándǎo de jǐliang. Xībù wéi hǎibá jìn sìqiān mǐ de Yù Shān shānmài, shì Zhōngguó dōngbù de zuì gāo fēng. Quándǎo yuē yǒu sān fēn zhī yī de dìfang shì píngdì, qíyú wéi shāndì. Dǎonèi yǒu duàndài bān de pùbù, lánbǎoshí shìde húpō, sìjì chángqīng de sēnlín hé guǒyuán, zìrán jǐngsè shífēn yōuměi. Xīnánbù de Alǐ Shān hé Rìyuè Tán, Táiběi shìjiāo de Dàtúnshān fēngjǐngqū, dōu shì wénmíng shìjiè de yóulǎn shèngdì.

Táiwān Dǎo dìchǔ rèdài hé wēndài zhījiān, sìmiàn huán hǎi, yǔshuǐ chōngzú, qìwēn shòudào hǎiyáng de tiáojì, dōng nuǎn xià liáng, sìjì rú chūn, zhè gěi shuǐdào hé guǒmù shēngzhǎng tígōngle yōuyuè de tiáojiàn. Shuǐdào、gānzhe、zhāngnǎo shì Táiwān de "sān bǎo". Dǎo • shàng hái shèngchǎn xiāngguǒ hé yúxiā.

Táiwān Dǎo háishì yī gè wénmíng shìjiè de "húdié wángguó". Dǎo • shàng de húdié gòng yǒu sìbǎi duō gè pǐnzhǒng, qízhōng yǒu bùshǎo shì shìjiè xīyǒu de zhēnguì pǐnzhǒng. Dǎo • shàng háiyǒu bùshǎo niǎoyǔ-huāxiāng de hú//dié gǔ, dǎo • shàng jūmín lìyòng húdié zhìzuò de biāoběn hé yìshùpǐn, yuǎnxiāo xǔduō guójiā.

——Jiéxuǎn zì《Zhōngguó de Bǎodǎo——Táiwān》

作品 57 号

对于中国的牛，我有着一种特别尊敬的感情。

留给我印象最深的，要算在田垄上的一次"相遇"。

一群朋友郊游，我领头在狭窄的阡陌上走，怎料迎面来了几头耕牛，狭道容不下人和牛，终有一方要让路。它们还没有走近，我们已经预计斗不过畜牲，恐怕难免踩到田地泥水里．弄得鞋袜又泥又湿了。正踟蹰的时候，带头的一头牛，在离我们不远的地方停下来，抬起头看看，稍迟疑一下，就自动走下田去。一队耕牛，全跟着它离开阡陌，从我们身边经过。

我们都呆了，回过头来，看着深褐色的牛队，在路的尽头消失，忽然觉得自己受了很大的恩惠。

中国的牛，永远沉默地为人做着沉重的工作。在大地上，在晨光或烈日下，它拖着沉重的犁，低头一步又一步，拖出了身后一列又一列松土，好让人们下种。等到满地金黄或农闲时候，它可能还得担当搬运负重的工作；或终日绕着石磨，朝同一方向，走不计程的路。

在它沉默的劳动中，人便得到应得的收成。

那时候，也许，它可以松一肩重担，站在树下，吃几口嫩草。偶尔摇摇尾巴，摆摆耳朵，赶走飞附身上的苍蝇，已经算是它最闲适的生活了。

中国的牛，没有成群奔跑的习 // 惯，永远沉沉实实的，默默地工作，平心静气。这就是中国的牛！

——节选自小思《中国的牛》

Zuòpǐn 57 Hào

Duìyú Zhōngguó de niú, wǒ yǒu zhe yī zhǒng tèbié de zūnjìng gǎnqíng.

Liúgěi wǒ yìnxiàng zuì shēn de, yào suàn zài tián lǒng • shàng de yī cì "xiāngyù".

Yī qún péngyou jiāoyóu, wǒ lǐngtóu zài xiázhǎi de qiānmò • shàng zǒu, zěnliào yíngmiàn láile jǐ tóu gēngniú, xiádào róng • bùxià rén hé niú, zhōng yǒu yīfāng yào rànglù. Tāmen hái méi • yǒu zǒujìn, wǒmen yǐ • jīng yùjì dòu • bù • guò chùsheng, kǒngpà nánmiǎn cǎidào tiándì níshuǐ • lǐ, nòng de xiéwà yòu shì ní yòu shì shuǐ le. Zhèng chíchú de shíhou, dàitóu de yī tóu niú, zài lí wǒmen bùyuǎn de dìfang tíng xià • lái, táiqǐ tóu kànkan, shāo chíyí yīxià, jiù zìdòng zǒu • xià tián qù. Yī duì gēngniú, quán gēnzhe tā líkāi qiānmò, cóng wǒmen shēnbiān jīngguò.

Wǒmen dōu dāi le, huíguo tóu • lái, kànzhe shēnhèsè de niúduì, zài lù de jìntóu xiāoshī, hūrán jué • dé zìjǐ shòule hěn dà de ēnhuì.

Zhōngguó de niú, yǒngyuǎn chénmò de wèi rén zuòzhe chénzhòng de gōngzuò. Zài dàdì • shàng, zài chéngguāng huò lièrì • xià, tā tuōzhe chénzhòng de lí, dītóu yī bù yòu yī bù, tuōchūle shēnhòu yī liè yòu yī liè sōngtǔ, hǎo ràng rénmen xià zhǒng. Děngdào mǎndì jīnhuáng huò nóngxián shíhou, tā kěnéng háiděi dāndāng bānyùn fùzhòng de gōngzuò; huò zhōngrì ràozhe shímò, cháo tóng yī fāngxiàng, zǒu bù jìchéng de lù.

Zài tā chénmò de láodòng zhōng, rén biàn dédào yīng dé de shōucheng.

Nà shíhou, yě xǔ, tā kěyǐ sōng yī jiān zhòngdàn, zhàn zài shù • xià, chī jǐ kǒu nèn cǎo. Ou'ěr yáoyao wěiba, bǎibai ěrduo, gǎnzǒu fēifù shēn • shàng de cāngying, yǐ • jīng suàn shì tā zuì xiánshì de shēnghuó le.

Zhōngguó de niú, méi • yǒu chéngqún bēnpǎo de xí//guàn, yǒngyuǎn chénchén-shíshí de mòmò de gōng zuò, píngxīn-jìngqì. Zhè jiùshì Zhōngguó de niú!

——Jiéxuǎn zì Xiǎo Sī《Zhōngguó de Niú》

作品 58 号

不管我的梦想能否成为事实,说出来总是好玩儿的:

春天,我将要住在杭州。二十年前,旧历的二月初,在西湖我看见了嫩柳与菜花,碧浪与翠竹。由我看到的那点儿春光,已经可以断定,杭州的春天必定会教人整天生活在诗与图画之中。所以,春天我的家应当是在杭州。

夏天,我想青城山应当算作最理想的地方。在那里,我虽然只住过十天,可是它的幽静已拴住了我的心灵。在我所看见过的山水中,只有这里没有使我失望。到处都是绿,目之所及,那片淡而光润的绿色都在轻轻地颤动,仿佛要流入空中与心中似的。这个绿色会像音乐,涤清了心中的万虑。

秋天一定要住北平。天堂是什么样子,我不知道,但是从我的生活经验去判断,北平之秋便是天堂。论天气,不冷不热。论吃的,苹果、梨、柿子、枣儿、葡萄,每样都有若干种。论花草,菊花种类之多,花式之奇,可以甲天下。西山有红叶可见,北海可以划船——虽然荷花已残,荷叶可还有一片清香。衣食住行,在北平的秋天,是没有一项不使人满意的。

冬天,我还没有打好主意,成都或者相当得合适,虽然并不怎样和暖,可是为了水仙,素心腊梅,各色的茶花,仿佛就受一点儿寒//冷,也颇值得去了。昆明的花也多,而且天气比成都好，可是旧书铺与精美而便宜的小吃远不及成都那么多。好吧，就暂这么规定：冬天不住成都便住昆明吧。

在抗战中，我没能发国难财。我想，抗战胜利以后，我必能阔起来。那时候，假若飞机减价，一二百元就能买一架的话，我就自备一架，择黄道吉日慢慢地飞行。

——节选自老舍《住的梦》

Zuòpǐn 58 Hào

Bùguǎn wǒ de mèngxiǎng néngfǒu chéngwéi shìshí, shuō chū • lái zǒngshì hǎowánr de：

Chūntiān, wǒ jiāngyào zhùzài Hángzhōu . Èrshí nián qián, jiùlì de èryuèchū, zài Xīhú wǒ kànjiàn le nènliǔ yǔ càihuā, bìlàng yǔ cuìzhú . Yóu wǒ kàn dào de nàdiǎnr chūn guāng, yǐ jīng kěyǐ duàndìng, Hángzhōu de chūntiān bìdìng huì jiào rén zhěngtiān shēng huó zài shī yǔ túhuà zhīzhōng . Suǒyǐ, chūntiān wǒ de jiā yīngdāng shì zài Hángzhōu .

Xiàtiān, wǒ xiǎng Qīngchéng Shān yīngdāng suànzuò zuì lǐxiǎng de dìfang . Zài nà • lǐ, wǒ suīrán zhǐ zhùguo shítiān, kěshì tā de yōujìng yǐ shuān zhù le wǒ de xīnlíng . Zài wǒ suǒ kàn • jiànguo de shānshuǐ zhōng, zhǐyǒu zhè • lǐ méi • yǒu shǐwǒ shīwàng . Dàochù dōushì lǜ, mùzhīsuǒjí, nà piàn dàn ér guāngrùn de lǜsè dōu zài qīngqīng de chàndòng, fǎngfú yào liú rù kōngzhōng yǔ xīnzhōng shìde . zhè ge lǜsè huì xiàng yīnyuè, díqīng le xīnzhōng de wànlǜ .

Qiūtiān yīdìng yào zhù Běipíng . Tiāntáng shì shénme yàngzi, wǒ bù zhī • dào, dànshì cóng wǒ de shēnghuó jīngyàn qù pànduàn, Běipíng zhī qiū biàn shì tiāntáng . Lùn tiānqì, bù lěng bù rè . Lùn chīde, pīngguǒ、lí、shìzi、zǎor、pú • táo, měi yàng dōu yǒu ruògān zhǒng . Lùn huācǎo, júhuā zhǒnglèi zhī duō, huā shì zhī qí, kěyǐ jiǎ tiānxià . Xīshān yǒu hóngyè kě jiàn, Běihǎi kěyǐ huáchuán——suīrán héhuā yǐ cán, héyè kě háiyǒu yī piàn qīngxiāng . Yī-shí-zhù-xíng, zài Běipíng de qiūtiān, shì méi • yǒu yī xiàng bù shǐ rén mǎnyì de .

Dōngtiān, wǒ hái méi • yǒu dǎ hǎo zhǔyi, Chéngdū huòzhě xiāngdāng de héshì, suīrán bìng bù zěnyàng hénuǎn, kěshì wèi le shuǐxiān, sùxīn làméi, gè sè de cháhuā, fǎngfó jiù shòu yīdiǎnr hán//lěng, yě pō zhídé qù le . Kūnmíng de huā yě duō, érqiě tiānqì bǐ Chéngdōu hǎo, kěshì jiù shūpù yǔ jīngměi ér piányi de xiǎochī yuǎn • bùjí Chéngdū nàme duō . Hǎo ba, jiù zàn zhème guīdìng：Dōng Tiān bù zhù Chéngdū biàn zhù Kūnmíng ba.

Zài kàngzhàn zhōng, wǒ méi néng fā guónàn cái . Wǒ xiǎng, kàngzhàn shènglì yǐhòu, wǒ bì néng kuò qǐ • lái . Nà shíhou, jiǎruò fēijī jiǎnjià, yī-èrbǎi yuán jiù néng mǎi yījià de huà, wǒ jiù zìbèi yījià, zé huángdào-jírì mànmàn de fēixíng.

——Jiéxuǎn zì Lǎo Shě《Zhù de mèng》

作品 59 号

我不由得停住了脚步。

从未见过开得这样盛的藤萝,只见一片辉煌的淡紫色,像一条瀑布,从空中垂下,不见其发端,也不见其终极,只是深深浅浅的紫,仿佛在流动,在欢笑,在不停地生长。紫色的大条幅上,泛着点点银光,就像迸溅的水花。仔细看时,才知那是每一朵紫花中的最浅淡的部分,在和阳光互相挑逗。

这里除了光彩,还有淡淡的芳香。香气似乎也是浅紫色的,梦幻一般轻轻地笼罩着我。忽然记起十多年前,家门外也曾有过一大株紫藤萝,它依傍一株枯槐爬得很高,但花朵从来都稀落,东一穗西一串伶仃地挂在树梢,好像在察颜观色,试探什么。后来索性连那稀零的花串也没有了。园中别的紫藤花架也都拆掉,改种了果树。那时的说法是,花和生活腐化有什么必然关系。我曾遗憾地想:这里再看不见藤萝花了。

过了这么多年,藤萝又开花了,而且开得这样盛,这样密,紫色的瀑布遮住了粗壮的盘虬卧龙般的枝干,不断地流着,流着,流向人的心底。

花和人都会遇到各种各样的不幸,但是生命的长河是无止境的。我抚摸了一下那小小的紫色的花舱,那里满装了生命的酒酿,它张满了帆,在这 // 闪光的花的河流上航行。它是万花中的一朵,也正是由每一个一朵,组成了万花灿烂的流动的瀑布。

在这浅紫色的光辉和浅紫色的芳香中,我不觉加快了脚步。

——节选自宗璞《紫藤萝瀑布》

Zuòpǐn 59 Hào

Wǒ bùyóude tíngzhùle jiǎobù.

Cóngwèi jiànguo kāide zhèyàng shèng deténgluó, zhǐ jiàn yī piàn huīhuáng de dàn zǐsè, xiàng yī tiáo pùbù, cóng kōngzhōng chuíxià, bù jiàn qí fāduān, yě bù jiàn qí zhōngjí, zhǐshì shēnshēn-qiǎnqiǎn de zǐ, fǎngfú zài liúdòng, zài huānxiào, zài bùtíng de shēngzhǎng. Zǐsè de dà tiáofú • shàng, fànzhe diǎndiǎn yínguāng, jiù xiàng bèngjiàn de shuǐhuā. Zǐxì kàn shí, cái zhī nà shì měi yī duǒ zǐhuā zhōng de zuì qiǎndàn de bùfen, zài hé yángguāng hùxiāng tiǎodòu.

Zhè • lǐ chúle guāngcǎi, háiyǒu dàndàn de fāngxiāng. Xiāngqì sìhū yě shì qiǎn zǐsè de, mènghuàn yībān qīngqīng de lǒngzhàozhe wǒ. Hūrán jìqǐ shí duō nián qián, jiā mén wài yě céng yǒuguo yī dà zhū zǐténgluó, tā yībàng yī zhū kū huái pá de hěn gāo, dàn huāduǒ cónglái dōu xīluò, dōng yī suì xī yī chuàn língdīng de guà zài shùshāo, hǎoxiàng zài cháyán-guānsè, shìtàn shénme. Hòulái suǒxìng lián nà xīlíng de huāchuàn yě méi • yǒu le. Yuán zhōng biéde zǐténg huājià yě dōu chāidiào, gǎizhòngle guǒshù. Nàshí de shuōfǎ shì, huā hé shēnghuó fǔhuà yǒu shénme bìrán guānxi. Wǒ céng yíhàn de xiǎng: Zhè • lǐ zài kàn • bùjiàn téngluóhuā le.

Guòle zhème duō nián, téngluó yòu kāihuā le, érqiě kāi de zhèyàng shèng,

zhèyàng mì, zǐsè de pùbù zhēzhùle cūzhuàng de pánqiú wòlóng bān de zhīgàn,
bùduàn de liúzhe, liúzhe, liúxiàng rén de xīndǐ.

Huā hé rén dōu huì yùdào gèzhǒng-gèyàng de bùxìng, dànshì shēngmìng de
chánghé shì wú zhǐjìng de. Wǒ fǔmōle yīxià nà xiǎoxiǎo de zǐsè de huācāng, nà·lǐ
mǎn zhuāngle shēngmìng de jiǔniàng, tā zhāngmǎnle fān, zài zhè//shǎnguāng de
huā de héliú·shàng hángxíng. Tā shì wàn huā zhōng de yī duǒ, yě zhèngshì yóu
měi yī gè yī duǒ, zǔchéngle wàn huā cànlàn de liúdòng de pùbù.

Zài zhè qiǎn zǐsè de guānghuī hé qiǎn zǐsè de fāngxiāng zhōng, wǒ bùjué
jiākuàile jiǎobù.

——Jiéxuǎn zì Zōng Pú《Zǐténgluó Pùbù》

作品 60 号

在一次名人访问中,被问及上个世纪最重要的发明是什么时,有人说是电脑,有人
说是汽车,等等。但新加坡的一位知名人士却说是冷气机。他解释,如果没有冷气,热
带地区如东南亚国家,就不可能有很高的生产力,就不可能达到今天的生活水准。他的
回答实事求是,有理有据。

看了上述报道,我突发奇想:为什么没有记者问:"二十世纪最糟糕的发明是什么?"
其实二〇〇二年十月中旬,英国的一家报纸就评出了"人类最糟糕的发明"。获此"殊
荣"的,就是人们每天大量使用的塑料袋。

诞生于上个世纪三十年代的塑料袋,其家族包括用塑料制成的快餐饭盒、包装纸、
餐用杯盘、饮料瓶、酸奶杯、雪糕杯等等。这些废弃物形成的垃圾,数量多、体积大、重量
轻、不降解,给治理工作带来很多技术难题和社会问题。

比如,散落在田间、路边及草丛中的塑料餐盒,一旦被牲畜吞食,就会危及健康甚至
导致死亡。填埋废弃塑料袋、塑料餐盒的土地,不能生长庄稼和树木,造成土地板结,而
焚烧处理这些塑料垃圾,则会释放出多种化学有毒气体,其中一种称为二噁英的化合
物,毒性极大。

此外,在生产塑料袋、塑料餐盒的 // 过程中使用的氟利昂,对人体免疫系统和生态
环境造成的破坏也极为严重。

——节选自林光如《最糟糕的发明》

Zuòpǐn 60 Hào

Zài yī cì míngrén fǎngwèn zhōng, bèi wèn jí shàng gè shìjì zuì zhòngyào de
fāmíng shì shénme shí, yǒu rén shuō shì diànnǎo, yǒu rén shuō shì qìchē,
děngděng. Dàn Xīnjiāpō de yī wèi zhīmíng rénshì què shuō shì lěngqìjī. Tā jiěshì,
rúguǒ méi·yǒu lěngqì, rèdài dìqū rú Dōngnányà guójiā, jiù bù kěnéng yǒu hěn gāo
de shēngchǎnlì, jiù bù kěnéng dádào jīntiān de shēnghuó shuǐzhǔn. Tā de huídá
shíshì-qiúshì, yǒulǐ-yǒujù.

Kànle shàngshù bàodào, wǒ tūfā qí xiǎng: Wèi shénme méi·yǒu jìzhě wèn: "Èrshí shìjì zuì zāogāo de fāmíng shì shénme?" Qíshí èr líng líng èr nián shíyuè zhōngxún, Yīngguó de yī jiā bàozhǐ jiù píngchūle "rénlèi zuì zāogāo de fāmíng". Huò cǐ "shūróng" de, jiùshì rénmen měi tiān dàliàng shǐyòng de sùliàodài.

Dànshēng yú shàng gè shìjì sānshí niándài de sùliàodài, qí jiāzú bāokuò yòng sùliào zhìchéng de kuàicān fànhé, bāozhuāngzhǐ, cān yòng bēi pán, yǐnliàopíng, suānnǎibēi, xuěgāobēi, děngděng. Zhèxiē fèiqìwù xíngchéng de lājī, shùliàng duō, tǐjī dà, zhòngliàng qīng, bù jiàngjiě, gěi zhìlǐ gōngzuò dàilái hěn duō jìshù nántí hé shèhuì wèntí.

Bǐrú, sànluò zài tiánjiān, lùbiān jí cǎocóng zhōng de sùliào cānhé, yīdàn bèi shēngchù tūnshí, jiù huì wēi jí jiànkāng shènzhì dǎozhì sǐwáng. Tiánmái fèiqì sùliàodài, sùliào cānhé de tǔdì, bùnéng shēngzhǎng zhuāngjia hé shùmù, zàochéng tǔdì bǎnjié. Ér fénshāo chǔlǐ zhèxiē sùliào lājī, zé huì shìfàng chū duō zhǒng huàxué yǒudú qìtǐ, qízhōng yī zhǒng chēngwéi èr'èyīng de huàhéwù, dúxìng jí dà.

Cǐwài, zài shēngchǎn sùliàodài, sùliào cānhé de//guòchéng zhōng shǐyòng de fúlì'áng, duì réntǐ miǎnyì xìtǒng hé shēngtài huánjìng zàochéng de pòhuài yě jíwéi yánzhòng.

——Jiéxuǎn zì Lín Guāngrú《Zuì Zāogāo de Fāmíng》

第四节　命题说话

一、测试内容

普通话水平测试第四题是命题说话，应试人从试卷给定的两个话题中选定一个，围绕话题连续说一段话，限时 3 分钟，共 40 分。这道题既不是背诵文章，也不是即兴作文，它考查的是应试人在无文字凭借的情况下说普通话的能力和水平，重点测查语音标准程度，词汇、语法规范程度和自然流畅程度。

二、应试须知

测试时，应试人答题是没有交流对象的，完全是单方面的言语行为。应试人在缺少言语反馈的情况下，往往会出现各种不适应的状况，导致语言失去生活状态中的自然与流畅。因此，应试人只有熟悉测试的基本特点和具体要求，有充分的准备，才能发挥正常水平，取得理想的成绩。

（1）必须说满 3 分钟，缺时会扣分。命题说话要求的"限时"跟前三题的含义不同。前三题的"限时"是"不得超过"的意思，这道题的"限时"是"不得少于"的意思。应试人说到 3 分钟还没有结束，系统会自动停止答题并提交试卷，应试人不会因此被扣分。因此,应试人可以不必考虑答题时间,只需调整状态、放松心情,答到自动提交为止。

(2) 语音标准程度仍然很重要。本题是对应试人语言应用能力的综合考察,一方面包括了对应试人审题、构思、语言组织、表达技巧等能力的考察,另一方面也是对前三题出现的所有语音现象的二次审查,如声、韵、调、轻声、儿化、变调、轻重格式、句调、停连、自然流畅程度乃至词汇、语法等要素都涵盖其中。本题的语音标准程度分值共25分,分六档,最多可以扣14分。

(3) 词汇、语法要符合普通话标准,答题时出现方言词汇、语法或者不规范的词汇、语法,会被扣分。测试时,因为全程是无文字凭借的口语表达状态,偶尔出现词不达意或语句前后衔接不严密的情况,只要不影响语意的表达一般不会被扣分。但明显的词汇、语法错误是要扣分的,带有方言性质的词汇和语法表达一定会被扣分。本题的词汇、语法规范程度,共10分,分三档,最多可以扣4分。

(4) 自然流畅程度也是命题说话项考查的重点之一。应试人答题时应轻松自如、自然流畅,不能用“读”“念”或“诵”的方式答题,例如背自己事先准备好的稿子,大段朗读或背诵现成的文学作品,讲述耳熟能详的故事等。无论是背稿子还是读背他人的作品,都不会是正常的口语说话状态,都会在自然流畅程度上失分。本题自然流畅程度,共5分,分三档,最多可以扣3分。另外,实行计算机辅助测试后,命题说话有单独的“朗读文本”扣分项。

(5) 实行计算机辅助测试后,命题说话还设置了单独的“离题”和“无效话语”扣分项。因此测试时,应试人应围绕选定的话题说话,内容要充实,不说空话、套话,尽量做到叙述层次清晰,结构相对完整。“离题”最多扣6分;“无效话语”累计占时扣分。有效话语不满30秒,本题不得分。无效话语包括与测试话题毫不相关的话语,多次简单重复相同的语句,以及背诵他人文本代替说话。

三、话题内容

命题说话总共30个话题。分别是:

1. 我的愿望(或理想)

2. 我的学习生活

3. 我尊敬的人

4. 我喜爱的动物(或植物)

5. 童年的记忆

6. 我喜爱的职业

7. 难忘的旅行

8. 我的朋友

9. 我喜爱的文学(或其他)艺术形式

10. 谈谈卫生与健康

11. 我的业余生活

12. 我喜欢的季节(或天气)

13. 学习普通话的体会

14. 谈谈服饰

15. 我的假日生活

16. 我的成长之路

17. 谈谈科技发展与社会生活

18. 我知道的风俗

19. 我和体育

20. 我的家乡(或熟悉的地方)

21. 谈谈美食

22. 我喜欢的节日

23. 我所在的集体(学校、机关、公司等)

24. 谈谈社会公德(或职业道德)

25. 谈谈个人修养

26. 我喜欢的明星(或其他知名人士)

27. 我喜爱的书刊

28. 谈谈对环境保护的认识

29. 我向往的地方

30. 购物(消费)的感受

四、答题要领

有学者通过测试样本做了本题测试失分的成因分析,发现命题说话的"自然流畅程度低""读稿背稿"和"缺时"是该题的主要失分点,许多语音面貌尚好的应试人答题时语言组织"自我设限"而导致不流畅、缺时,甚至出现无效语料。"自我设限"是指应试人在普通话水平测试命题说话中,思维对试题信息的处理不恰当而导致语言表达时内容狭窄、逻辑混乱甚至错误、书面语过多的现象。比如把"我尊敬的人"理解为"我最尊敬的人",很开放的题目被应试人自我窄化了。这一现象严重影响应试人命题说话的测试成绩。

我们通过案例研究,认为做好"命题说话"这道题要注意以下几点:

首先,把握命题说话的测试目的,坚持使用普通话口语语体答题。命题说话的测试目的是测查应试人在无文字凭借的情况下说普通话的水平,重点测查语音标准程度、词汇语法规范程度和自然流畅程度。这个测试目的规定了普通话水平测试命题说话的答题形式是"无文字凭借"的"说普通话"。"无文字凭借"主要是指应试人不能读稿背稿,"说普通话"是指务必使用普通话口语语体进行答题,不能通篇使用书面语语体答题。所以应试人一定要坚持使用普通话的口语语体"说话",而不能用书面语语体"读话",任何形式的"读话"都会扣分。比如"谈谈美食"这个题目,如果说成"……酸辣土豆丝需要土豆两个,青椒一个,葱姜末少许,红辣椒若干,先将土豆和青椒切丝备用,然后架锅点火,给锅内倒入少许油,烧至八成热放入红辣椒爆香,再放入土豆丝翻炒,待颜色稍变即可放入青椒丝翻炒,再依次放入醋、盐少许……"就会显得书面语过多,口语化程度不够，如果改成"……酸辣土豆丝做起来其实挺容易的，把土豆削了皮、洗干净，切成丝儿，再配个青椒，弄点儿葱姜末儿，用红辣椒炒熟，再倒点儿醋、放点儿盐就能出锅了，吃起来呀是又脆又酸又辣……"就不会出现测试员误会应试人"说着说着就开始背稿了"的情况，也就不会因为"读稿背稿"被扣分了。

其次，消除思维定式，正确理解每个话题。比如"我喜爱的职业"，应试人不要把题目理解成"我的梦想"或者"我的理想职业"，只要谈一谈自己从小到大都喜欢过什么职业，包括现在喜欢什么职业，然后再说说原因就可以了。基本的答题思路和内容应该是这样的："我喜爱的职业有很多，小的时候喜欢演员，觉得演员长得都漂亮，当了演员就能穿各种好看的衣服，让很多人认识自己……上了初中，我又喜欢上了美容美发师这个职业，因为那时候流行一种头型叫'招手停'，同学们都留那种头，那种头做一个挺贵的呢，做美发师就能赚很多钱……到了高中，我开始喜欢售货员这个职业了，觉得他们特别能说，不论什么商品，他们都能说得头头是道的……上了大学，慢慢地，我开始喜欢老师这个职业了……"

再次，宽开头，按顺序说。我们发现命题说话30个题目可以依照其语法结构划分为3类（甚至更加简化，分为2类）：

第一类是"××的××"类。包括"我的愿望（或理想）""我的学习生活""我尊敬的人""我喜爱的动物（或植物）""童年的记忆""我喜爱的职业""难忘的旅行""我的朋友""我喜爱的文学（或其他）艺术形式""我的业余生活""我喜欢的季节（或天气）""学习普通话的体会""我的假日生活""我的成长之路""我知道的风俗""我的家乡（或熟悉的地方）""我喜欢的节日""我所在的集体（学校、机关、公司等）""我喜欢的明星（或其他知名人士）""我喜爱的书刊""我向往的地方""购物（消费）的感受"。

第二类是"谈谈××"类。包括"谈谈卫生与健康""谈谈服饰""谈谈科技发展与社会生活""谈谈美食""谈谈社会公德（或职业道德）""谈谈个人修养""谈谈对环境保护的认识"。

第三类是"我和××"类。2004年的普通话测试命题说话题目里只有"我和体育"一道题属于这一类，与这道题极为相似的1994年的普通话测试题"我喜爱的体育运动"则属于"××的××"类。其实，将"我和体育"这道题按照"我喜爱的体育运动"的题目作答，也不属于跑题，故此我们认为可以进一步简化为2类题目，即"××的××"类和"谈谈××"类。

一般情况下，考生在3句话内就能进入"宽开头，按顺序说"的答题"轨迹"中。例如第一类题目，具体步骤如下：

第一步，宽开头，消除"最"字思维。例如，"我的愿望（或理想）""我尊敬的人""我喜爱的动物（或植物）""我喜爱的职业""我喜爱的文学（或其他）艺术形式""我喜欢的季节（或天气）"都没有"最"字，都可以用"我××的××有很多……"或者"我的××是丰富多彩的/令人回味的/五彩缤纷的/多姿多彩的……"来展开话题。

第二步，将说话内容迅速放进一个序列中（可以是时间空间的序列，也可以是其他的序列），即按顺序说。例如，"我喜欢的节日"可以按照时间序列展开，"我喜欢的节日有很多。（宽开头）就从春节说起吧。（按顺序说）春节……然后是元宵节，元宵节……"；也可以按照空间序列展开，"我喜欢的节日有很多。（宽开头）中国的外国的都有。（按顺序说)中国的有春节、元宵节、端午节、重阳节、中秋节……外国的有圣诞节、愚人节、感恩节……先说说春节吧……";还可以按照不同的民族展开,"我喜欢的节日有很多。(宽开头)有汉族的春节、元宵节、清明节、端午节……还有傣族的泼水节、回族维吾尔族的开斋节、古尔邦节……(按顺序说)先说说这个古尔邦节吧……"这样就能避免"没话说"和"说着说着就跑题了"的现象。

再如第二类题目,以"说到××这个话题,我想说的话有很多"开头即可。这句话说完,就可以进入预先设计好的序列当中了。例如,"谈谈美食",可以这样说:"说到美食,可以说的话有很多。(宽开头)先说说陕西的美食吧,我们陕西的美食有麻酱凉皮、肉夹馍、灌汤包子、砂锅饺子……(可以从吃美食说到做美食)。(按顺序说)再说说四川的美食吧,四川的美食有我们熟悉的各种火锅、各种麻辣口味的炒菜……(从吃到做),我先说说这个揪面片怎么做啊……"这样答题,可以让命题说话的内容丰富起来,答起题来也就容易多了。再例如,"谈谈科技发展与社会生活"可以这样说:"说到科技发展与社会生活这个话题,我要说的话有很多。(宽开头)先说说科技发展吧。(按顺序说,话题关键词顺序)记得小时候(按时间顺序说),我们都没有手机,联系起来特别不方便,要通知事情得去家里找人……后来有了传呼机……现在人人都有手机,有些人甚至有好几部手机……"

因此,我们认为只要应试人加强训练,消除思维定式,合理组织语言、拓宽语言表达的思路,就不会出现"自我设限"的情况,更没必要"读稿背稿",一定能在命题说话部分取得令人满意的成绩。

五、思路启发

1. 我的愿望(或理想)

(1) 我的愿望/理想有很多,比如……

(2) 分述每一个愿望/理想。

(3) 可以讲述几个跟自己愿望/理想相关的故事。

2. 我的学习生活

(1) 人的一生,离不开学习,我的学习生活是丰富多彩的……

(2) 以时间为序(幼儿园、小学、中学、大学)或以学科为序(语文、数学、外语……)展开话题。

(3) 讲3~4个自己学习经历中的故事。

3. 我尊敬的人

(1) 我尊敬的人有很多,有我的爸爸、妈妈、老师、警察叔叔……

(2) 简要说明为什么尊敬他们。

(3) 讲3~4个自己与他们之间的故事。

4. 我喜欢的动物(或植物)

(1) 我喜欢的动物/植物有很多,有……

(2) 描述我喜欢的动物/植物。

(3) 讲3~4个自己与它们之间的故事。

5．童年的记忆

(1) 童年的记忆充满了酸甜苦辣,我记得……

(2) 从童年生活的各个方面展开话题。

(3) 讲自己童年的故事,3～4 个即可。

6．我喜爱的职业

(1) 我喜爱的职业有很多,有教师、警察、医生……

(2) 可以从职业特点入手展开话题。

(3) 讲 3～4 个故事来说明自己为什么喜欢这些职业。

7．难忘的旅行

(1) 说起我难忘的旅行,有很多次……

(2) 按照旅行目的地的不同来展开话题。

(3) 讲 3～4 个自己旅行中发生的故事。

8．我的朋友

(1) 我的朋友有很多,有张三、李四、王五……

(2) 从每个人的特点入手展开话题。

(3) 讲自己和每个朋友发生的愉快或不愉快的故事。

9．我喜爱的文学(或其他)艺术形式

(1) 我喜欢的文学/艺术形式有很多……

(2) 按照自己喜欢的文学/艺术形式类型展开话题。

(3) 把自己的故事带入话题中,与文学/艺术形式相关即可。比如:为了练书法,购买文房四宝时发生的故事;为了练声乐,购买乐器时发生的故事;看小说后做梦了,梦见自己成了小说中的人物。

10．谈谈卫生与健康

(1) 谈到这个话题,我想说的事情有很多……

(2) 以涉及卫生与健康问题的故事为线索展开话题。

(3) 讲 3～4 个和卫生与健康相关的故事并加以评论,可以是公开报道的新闻故事,也可以是个人经历的故事,跟卫生与健康相关即可。

11．我的业余生活

(1) 我的业余生活是丰富多彩的……

(2) 以生活中的个人爱好或者生活琐事为线索展开话题。

(3) 讲 3～4 个自己业余生活中发生的故事。

12．我喜欢的季节(或天气)

(1) 一年四季(所有的天气)我都喜欢……

(2) 以季节(天气)特点为线索展开话题。

(3) 讲 3～4 个故事来说明我为什么喜欢这个季节(这样的天气)。

13．学习普通话的体会

(1) 说到学习普通话的体会,我想要说的内容有很多……

（2）按照学习的过程展开话题。

（3）学习普通话的每个阶段，都会有 1～2 个有趣的故事，分享一下即可。

14. 谈谈服饰

（1）说到服饰这个话题，我想说的内容有很多……

（2）以服装款式、民族特色等为线索展开话题。

（3）讲 3～4 个故事来说说自己喜欢的服饰。

15. 我的假日生活

（1）我的假日生活是丰富多彩的……

（2）以假日生活中的衣食住行为线索展开话题。

（3）讲 3～4 个发生在自己假日生活中的有趣的故事即可。

（4）可参考"我的业余生活"。

16. 我的成长之路

（1）我的成长之路有幸福也有苦涩……

（2）参照"童年的记忆"展开话题。

（3）参照"我的朋友""我喜爱的职业""我的业余生活"等话题讲几个故事，与"我的成长之路"相关即可。

17. 谈谈科技发展与社会生活

（1）说到科技发展与社会生活，我想说的话题有很多……

（2）我先说说科技发展对我们的影响……我再说说我们的社会生活有了哪些改变……

（3）参照"我的假日生活""我的业余生活""难忘的旅行"等讲几个故事，与"科技发展""社会生活"相关即可。

（4）注意说话过程中，时常点题。

18. 我知道的风俗

（1）我知道的风俗有很多……

（2）结合"我喜欢的节日"展开话题。

（3）参照"我的假日生活""我的业余生活"讲 3～4 个故事，与风俗相关即可。

19. 我和体育

（1）说起我和体育的故事，那简直是太多了……

（2）以熟悉的体育项目为序展开话题。

（3）讲 3～4 个自己的故事，与体育相关即可。

20. 我的家乡（或熟悉的地方）

（1）我的家乡（或熟悉的地方）有很多……×××是我出生的地方，算我的第一家乡，×××是我上学的地方，可以说是我的第二家乡，×××是我现在工作的地方，算是我的第三家乡……

（2）参照"难忘的旅行"讲几个故事即可。

21. 谈谈美食

（1）说到美食这个话题，我想说的内容有很多……

（2）以知道的美食为序展开话题。

（3）讲 3～4 个自己和美食的故事即可。

22. 我喜欢的节日

（1）我喜欢的节日有很多……

（2）以节日特点为序展开话题。

（3）参照"我知道的风俗""我的假日生活"等讲几个与节日相关的故事即可。

23. 我所在的集体（学校、机关、公司等）

（1）从小到大，我的集体生活可是丰富多彩的……

（2）按照自己经历过的集体生活为序展开话题。

（3）讲 3～4 个自己经历的集体生活中的故事即可。

24. 谈谈社会公德（或职业道德）

（1）说到社会公德/职业道德，我想说的内容有很多……

（2）以发生在身边的与社会公德/职业道德相关的故事为序展开话题。

（3）参照"谈谈卫生与健康"讲几个与"社会公德/职业道德"相关的故事。

25. 谈谈个人修养

（1）说到个人修养，我想说的内容很多……

（2）以日常生活衣食住行中体现的个人修养为序展开话题。

（3）讲 3～4 个关于个人修养的故事，可以是自己的，也可以是别人的。

26. 我喜欢的明星（或其他知名人士）

（1）我喜欢的明星（或其他知名人士）有很多……

（2）参照"我的朋友""我尊敬的人"讲几个故事即可。

27. 我喜爱的书刊

（1）我喜爱的书刊有很多……

（2）参照"我喜爱的文学（或其他）艺术形式"讲几个自己与书刊的故事。

28. 谈谈对环境保护的认识

（1）说到对环境保护的认识，我想说的内容有很多……

（2）以涉及"环境保护"的故事为序展开话题。

（3）先叙述 3～4 个与"环境保护"相关的故事，再加以评论即可。

29. 我向往的地方

（1）我向往的地方有很多……

（2）按照地点为序展开话题；

（3）参照"我的家乡（或熟悉的地方）""难忘的旅行"讲几个切题的故事即可。

30. 购物（消费）的感受

（1）说起购物（消费）的感受，我想说的内容有很多……

（2）以购物（消费）的经历经验为线索展开话题；

（3）讲 3～4 个购物（消费）的故事，可以是自己的，也可以是别人的。

第五章
普通话水平测试模拟试题

　　根据《普通话水平测试实施纲要》要求的试题类型及考查范围,本章设置了十套模拟测试卷,以满足应试人的备考需求。

模拟测试试卷（一）

一、读单音节字词(100 个音节,共 10 分,限时 3.5 分钟)

目	肾	好	字	眯	黏	丢	喊	胚	出
瘰	炯	波	粪	袁	贬	起	摁	脸	设
丹	谎	睡	河	境	窟	外	壤	商	程
末	该	辞	囊	跟	较	恐	泰	艘	池
侵	闯	您	呆	饱	浑	滚	伶	欢	琼
霸	至	垮	瞪	铬	摘	测	鸟	君	江
拿	生	儿	孙	虚	彭	掐	嘴	瓮	裙
翔	座	后	凤	拔	谬	涌	要	廖	帐
叹	绞	种	唰	腥	泛	屈	袄	踱	迁
王	蒜	粤	兜	现	扯	宫	喂	从	眨

二、读多音节词语(100 个音节,共 20 分,限时 2.5 分钟)

规律	小孩儿	落魄	佛典	村子	汽油	无穷
品位	人群	血管	人才	家庭	美味	述职
大堂	爱人	温度	抢险	按照	高兴	碎步儿
操劳	命运	何况	进化论	良好	飞行	凤凰
牙签	四川	飘动	电视机	正确	总结	白鹅
男人	英雄	加强	参差	完全	一会儿	军队
长城	妥当	大娘	横扫	遵循	有的放矢	

三、朗读短文（400 个音节，共 30 分，限时 4 分钟）

十年，在历史上不过是一瞬间。只要稍加注意，人们就会发现：在这一瞬间里，各种事物都悄悄经历了自己的千变万化。

这次重新访日，我处处感到亲切和熟悉，也在许多方面发觉了日本的变化。就拿奈良的一个角落来说吧，我重游了为之感受很深的唐招提寺，在寺内各处匆匆走了一遍，庭院依旧，但意想不到还看到了一些新的东西。其中之一，就是近几年从中国移植来的"友谊之莲"。

在存放鉴真遗像的那个院子里，几株中国莲昂然挺立，翠绿的宽大荷叶正迎风而舞，显得十分愉快。开花的季节已过，荷花朵朵已变为莲蓬累累。莲子的颜色正在由青转紫，看来已经成熟了。

我禁不住想："因"已转化为"果"。

中国的莲花开在日本，日本的樱花开在中国，这不是偶然。我希望这样一种盛况延续不衰。可能有人不欣赏花，但决不会有人欣赏落在自己面前的炮弹。

在这些日子里，我看到了不少多年不见的老朋友，又结识了一些新朋友。大家喜欢涉及的话题之一，就是古长安和古奈良。那还用得着问吗，朋友们缅怀过去，正是瞩望未来。瞩目于未来的人们必将获得未来。

我不例外，也希望一个美好的未来。

为 // 了中日人民之间的友谊……

四、命题说话（请在下列话题中任选一个，共 40 分，限时 3 分钟）

1. 学习普通话的体会
2. 我的业余生活

模拟测试试卷（二）

一、读单音节字词（100 个音节，共 10 分，限时 3.5 分钟）

笛	能	瓦	合	坠	盎	管	肉	花	捏
今	队	姜	辖	融	寸	轩	封	磁	宗
雯	猛	熊	云	馁	客	由	躺	破	娆
思	棍	抓	摸	扯	熏	彬	蜡	傻	源
兰	奕	署	杯	锁	绵	炯	凑	足	光
眉	尺	神	停	二	攥	董	缺	续	疮
物	处	区	手	菊	表	酒	凝	约	莱
里	枫	亲	征	喊	严	桥	甩	书	憋

套　剖　碎　方　均　凌　潘　戳　跑　翁
毅　题　残　却　魂　丧　票　米　看　氯

二、读多音节词语(100个音节,共20分,限时2.5分钟)

守则	传播	应用	前头	埋怨	银河系	语法
底层	然而	流浪	当铺	理想	重力	冰棍儿
着火	加强	疲倦	照相	荒谬	顽强	男孩儿
民国	实践	穷困	饼子	佛法	眼圈儿	团委
月老	薄膜	柔弱	虐待	灭亡	人群	那些
现代化	月食	雌雄	化学	增强	觉醒	顺势
打鸣儿	眼睛	平均	地区	全体	狐假虎威	

三、朗读短文(400个音节,共30分,限时4分钟)

　　一位访美中国女作家,在纽约遇到一位卖花的老太太。老太太穿着破旧,身体虚弱,但脸上的神情却是那样祥和兴奋。女作家挑了一朵花说:"看起来,你很高兴。"老太太面带微笑地说:"是的,一切都这么美好,我为什么不高兴呢?""对烦恼,你倒真能看得开。"女作家又说了一句。没料到,老太太的回答更令女作家大吃一惊:"耶稣在星期五被钉上十字架时,是全世界最糟糕的一天,可三天后就是复活节。所以,当我遇到不幸时,就会等待三天,这样一切就恢复正常了。"

　　"等待三天",多么富于哲理的话语,多么乐观的生活方式。它把烦恼和痛苦抛下,全力去收获快乐。

　　沈从文在"文革"期间,陷入了非人的境地。可他毫不在意,他在咸宁时给他的表侄、画家黄永玉写信说:"这里的荷花真好,你若来……"身陷苦难却仍为荷花的盛开欣喜赞叹不已,这是一种趋于澄明的境界,一种旷达洒脱的胸襟,一种面临磨难坦荡从容的气度,一种对生活童子般的热爱和对美好事物无限向往的生命情感。

　　由此可见,影响一个人快乐的,有时并不是困境及磨难,而是一个人的心态。如果把自己浸泡在积极、乐观、向上的心态中,快乐必然会//占据你的每一天。

　　……

四、命题说话(请在下列话题中任选一个,共40分,限时3分钟)

1. 我尊敬的人
2. 谈谈对环境保护的认识

模拟测试试卷（三）

一、读单音节字词（100 个音节，共 10 分，限时 3.5 分钟）

乌	爹	齿	惨	翁	次	逼	隋	京	跑
剩	擦	淳	牙	卷	酷	获	坤	网	面
悬	晕	恒	俊	白	羊	去	虫	目	札
厅	烦	夏	机	赚	拙	雀	崴	逛	意
类	滴	择	绒	疯	凹	楷	说	懒	飘
放	些	劈	性	陆	膜	趁	准	鬓	寸
某	琼	沈	蔑	雄	嫩	强	裸	德	通
昂	与	垂	子	决	人	瑟	被	柳	袜
壤	酸	对	银	淮	草	秦	指	搏	腻
段	二	滇	会	酒	农	刊	天	庞	寡

二、读多音节词语（100 个音节，共 20 分，限时 2.5 分钟）

收成	抽空儿	写作	全体	墨水儿	奇怪	石子儿
资料	莲蓬	恩情	状态	媒人	食品	文章
恰好	玩笑	别开生面	亏损	模特儿	规定	衰落
窘迫	私自	种族	发表	挫败	寻找	宗旨
送信儿	分发	民主	铁皮	上市	抢答	革命
检验	诱饵	材料	合群儿	老人	红包	佛法
病人	党委	太阳	夸张	东欧	一心一意	

三、朗读短文（400 个音节，共 30 分，限时 4 分钟）

　　中国西部我们通常是指黄河与秦岭相连一线以西,包括西北和西南的十二个省、市、自治区。这块广袤的土地面积为五百四十六万平方公里,占国土总面积的百分之五十七;人口二点八亿,占全国总人口的百分之二十三。

　　西部是华夏文明的源头。华夏祖先的脚步是顺着水边走的:长江上游出土过元谋人牙齿化石,距今约一百七十万年;黄河中游出土过蓝田人头盖骨,距今约七十万年。这两处古人类都比距今约五十万年的北京猿人资格更老。

　　西部地区是华夏文明的重要发源地。秦皇汉武以后,东西方文化在这里交汇融合,从而有了丝绸之路的驼铃声声,佛院深寺的暮鼓晨钟。敦煌莫高窟是世界文化史上的一个奇迹,它在继承汉晋艺术传统的基础上,形成了自己兼收并蓄的恢宏气度,展现出精美绝伦的艺术形式和博大精深的文化内涵。秦始皇兵马俑、西夏王陵、楼兰古国、布达拉宫、三星堆、大足石刻等历史文化遗产,同样为世界所瞩目,成为中华文化重要的象征。

西部地区又是少数民族及其文化的集萃地,几乎包括了我国所有的少数民族。在一些偏远的少数民族地区,仍保留//了一些久远时代的艺术品种……

四、命题说话(请在下列话题中任选一个,共 40 分,限时 3 分钟)

1. 我的学习生活
2. 童年的记忆

模拟测试试卷(四)

一、读单音节字词(100 个音节,共 10 分,限时 3.5 分钟)

吹	稍	其	冲	顿	先	城	帖	冰	海
死	秦	炕	站	鳟	萨	许	皇	度	前
您	具	悬	池	宗	亚	靠	雄	所	聊
派	蛮	孔	昂	奖	刚	节	穿	助	酷
国	隋	内	鹏	鲤	坏	皿	确	鬼	缔
欧	摸	阀	登	穷	筛	波	又	钓	挖
润	尿	石	闹	万	此	遇	翁	惹	抱
辖	风	子	闯	听	黑	零	捐	急	养
妈	缩	岳	偷	则	笨	云	张	均	窜
甲	雇	愁	揉	篇	芬	绿	捉	倾	密

二、读多音节词语(100 个音节,共 20 分,限时 2.5 分钟)

认识	延安	推倒	沉默	未曾	操作	大爷
正视	瓦特	火锅儿	耳朵	主任	抉择	窘迫
奇怪	低潮	群体	面容	阻塞	出发点	滑动
安定	被窝儿	设备	佛教	下乡	频繁	快门
环球	妇女	蜜枣儿	景观	或者	稳当	公司
一下子	杂费	笔友	谬误	虐待	小丑儿	复辟
恰好	刷新	状况	冤案	上班	筚路蓝缕	

三、朗读短文(400 个音节,共 30 分,限时 4 分钟)

一个大问题一直盘踞在我脑袋里:

世界杯怎么会有如此巨大的吸引力?除去足球本身的魅力之外,还有什么超乎其上而更伟大的东西？

近来观看世界杯，忽然从中得到了答案：是由于一种无上崇高的精神情感——国家荣誉感！

地球上的人都会有国家的概念，但未必时时都有国家的感情。往往人到异国，思念家乡，心怀故国，这国家概念就变得有血有肉，爱国之情来得非常具体。而现代社会，科技昌达，信息快捷，事事上网，世界真是太小太小，国家的界限似乎也不那么清晰了。再说足球正在快速世界化，平日里各国球员频繁转会，往来随意，致使越来越多的国家联赛都具有国际的因素。球员们不论国籍，只效力于自己的俱乐部，他们比赛时的激情中完全没有爱国主义的因子。

然而，到了世界杯大赛，天下大变。各国球员都回国效力，穿上与光荣的国旗同样色彩的服装。在每一场比赛前，还高唱国歌以宣誓对自己祖国的挚爱与忠诚。一种血缘情感开始在全身的血管里燃烧起来，而且立刻热血沸腾。

在历史时代，国家间经常发生对抗，好男儿戎装卫国。国家的荣誉往往需要以自己的生命去//换取。……

四、命题说话(请在下列话题中任选一个，共 40 分，限时 3 分钟)

1. 我喜欢的节日
2. 谈谈美食

模拟测试试卷(五)

一、读单音节字词(100 个音节，共 10 分，限时 3.5 分钟)

蹦	想	攻	捞	凑	匹	娟	看	蹲	吕
痕	您	敲	渠	偏	封	攥	诸	苍	号
啥	蹿	问	飞	郭	奎	鼠	踹	课	阁
鉴	网	淡	方	拢	倔	猛	二	军	对
烂	饿	阮	下	苏	瞥	币	时	窘	丢
同	寻	贝	太	自	琴	入	瓶	朵	条
渣	坏	棕	划	状	插	友	龄	涨	跨
磨	囊	招	魅	曳	恩	讯	赛	憋	阅
炊	人	吃	涮	丝	破	轨	戏	谎	财
高	掐	曼	槐	仍	劈	我	永	帼	抻

二、读多音节词语(100 个音节，共 20 分，限时 2.5 分钟)

奶酪　　棉球儿　　雄伟　　儿童　　群众　　水压　　吵架

了解	木头	新娘	航行	富翁	节目	上层
武器	中学生	数词	况且	针鼻儿	虐待	烦恼
追求	佛教	饺子	原则	能量	农村	履行
精髓	概括	转圈儿	配套	琉璃	探索	创业
门口儿	全体	春色	运动	神经质	昂首	虽然
毁灭	黑暗	挖掘	戏票	贫穷	好高骛远	

三、朗读短文(400 个音节,共 30 分,限时 4 分钟)

泰山极顶看日出,历来被描绘成十分壮观的奇景。有人说:登泰山而看不到日出,就像一出大戏没有戏眼,味儿终究有点寡淡。

我去爬山那天,正赶上个难得的好天,万里长空,云彩丝儿都不见。素常,烟雾腾腾的山头,显得眉目分明。同伴们都欣喜地说:"明天早晨准可以看见日出了。"我也是抱着这种想头,爬上山去。

一路从山脚往上爬,细看山景,我觉得挂在眼前的不是五岳独尊的泰山,却像一幅规模惊人的青绿山水画,从下面倒展开来。在画卷中最先露出的是山根底那座明朝建筑岱宗坊,慢慢地便现出王母池、斗母宫、经石峪。山是一层比一层深,一叠比一叠奇,层层叠叠,不知还会有多深多奇。万山丛中,时而点染着极其工细的人物。王母池旁的吕祖殿里有不少尊明塑,塑着吕洞宾等一些人,姿态神情是那样有生气,你看了,不禁会脱口赞叹说:"活啦。"

画卷继续展开,绿阴森森的柏洞露面不太久,便来到对松山。两面奇峰对峙着,满山峰都是奇形怪状的老松,年纪怕都有上千岁了,颜色竟那么浓,浓得好像要流下来似的。来到这儿,你不妨权当一次画里的写意人物,坐在路旁的对松亭里,看看山色,听听流 // 水和松涛。

……

四、命题说话(请在下列话题中任选一个,共 40 分,限时 3 分钟)

1. 我喜欢的明星(或其他知名人士)
2. 谈谈个人修养

模拟测试试卷(六)

一、读单音节字词(100 个音节,共 10 分,限时 3.5 分钟)

敏	退	陪	在	鹿	妞	戒	拧	棒	双
莫	杯	您	逗	瓮	初	用	魁	糟	念
邵	黑	笑	筐	顽	畔	肿	天	者	君

程	俺	仿	压	栋	凭	拐	批	额	拟
叼	四	元	剑	好	犬	梭	海	苯	豪
吨	唱	辞	略	周	逃	族	必	滤	阮
去	咧	乔	世	另	征	份	仍	腔	太
爪	樽	眠	波	很	船	窘	川	促	损
儿	寡	切	闻	享	茶	下	米	嵩	日
索	蟹	云	登	块	柑	法	缺	愁	修

二、读多音节词语(100 个音节,共 20 分,限时 2.5 分钟)

恰好	口哨儿	核算	丰富	疟疾	标识	加工
破败	开朗	寻找	恩情	从而	生产线	无穷
谬误	群体	话说	佛学	碎步儿	匪徒	筷子
观光	弱点	于是	渗透	妇女	主角儿	红色
老爷	带领	上层	拼搏	夸张	客人	黑板
操纵	老娘	侵占	近视镜	持久	做客	钢铁
饭盒儿	英雄	数量	选举	创作	一日千里	

三、朗读短文(400 个音节,共 30 分,限时 4 分钟)

　　爸不懂得怎样表达爱,使我们一家人融洽相处的是我妈。他只是每天上班下班,而妈则把我们做过的错事开列清单,然后由他来责骂我们。

　　有一次我偷了一块糖果,他要我把它送回去,告诉卖糖的说是我偷来的,说我愿意替他拆箱卸货作为赔偿。但妈妈却明白我只是个孩子。

　　我在运动场打秋千跌断了腿,在前往医院途中一直抱着我的,是我妈。爸把汽车停在急诊室门口,他们叫他驶开,说那空位是留给紧急车辆停放的。爸听了便叫嚷道:"你以为这是什么车? 旅游车?"

　　在我生日会上,爸总是显得有些不大相称。他只是忙于吹气球,布置餐桌,做杂务。把插着蜡烛的蛋糕推过来让我吹的,是我妈。

　　我翻阅照相册时,人们总是问:"你爸爸是什么样子的?"天晓得! 他老是忙着替别人拍照。妈和我笑容可掬地一起拍的照片,多得不可胜数。

　　我记得妈有一次叫他教我骑自行车。我叫他别放手,但他却说是应该放手的时候了。我摔倒之后,妈跑过来扶我,爸却挥手要她走开。我当时生气极了,决心要给他点儿颜色看。于是我马上爬上自行车,而且自己骑给他看。他只是微笑。

　　我念大学时,所有的家信都是妈写的。他//除了寄支票外……

四、命题说话(请在下列话题中任选一个,共 40 分,限时 3 分钟)

1. 我喜爱的职业

2. 我的愿望(或理想)

模拟测试试卷（七）

一、读单音节字词（100 个音节，共 10 分，限时 3.5 分钟）

崔	发	搂	涛	常	剖	馁	丙	缪	全
云	菜	会	黄	般	牌	泵	北	强	减
紫	类	醉	加	万	热	写	流	迟	鸟
谷	刘	瓮	倔	渡	窘	柴	季	英	戳
绒	舱	过	耳	综	厢	欧	墓	粉	轨
醒	踏	破	寡	您	死	屈	衮	安	与
名	桑	你	盒	啥	质	爽	貂	问	胸
奔	侵	外	群	篓	元	眯	拉	谷	湍
餐	年	塞	岭	息	物	恺	法	客	丫
信	皱	彭	付	扰	征	魂	等	宅	恐

二、读多音节词语（100 个音节，共 20 分，限时 2.5 分钟）

其次	状况	轻音乐	红娘	作恶	一髻儿	展览
宣传	底下	疯狂	大爷	军事	滋味儿	功能
保护	虽然	太阳	审美	放下	解脱	舅母
悠然	追逐	虐待	责怪	人体	循环	一圈儿
从而	往常	男女	戏说	佛教	厚重	旁边
好人	干净	下面	飞跃	穷苦	力气	传统
夸大	程序	美人儿	频率	绯红	维生素	恰当

三、朗读短文（400 个音节，共 30 分，限时 4 分钟）

　　生命在海洋里诞生绝不是偶然的，海洋的物理和化学性质，使它成为孕育原始生命的摇篮。

　　我们知道，水是生物的重要组成部分，许多动物组织的含水量在百分之八十以上，而一些海洋生物的含水量高达百分之九十五。水是新陈代谢的重要媒介，没有它，体内的一系列生理和生物化学反应就无法进行，生命也就停止。因此，在短时期内动物缺水要比缺少食物更加危险。水对今天的生命是如此重要，它对脆弱的原始生命，更是举足轻重了。生命在海洋里诞生，就不会有缺水之忧。

　　水是一种良好的溶剂。海洋中含有许多生命所必需的无机盐，如氯化钠、氯化钾、碳酸盐、磷酸盐，还有溶解氧，原始生命可以毫不费力地从中吸取它所需要的元素。

　　水具有很高的热容量，加之海洋浩大，任凭夏季烈日曝晒，冬季寒风扫荡，它的温度变化却比较小。因此,巨大的海洋就像是天然的"温箱",是孕育原始生命的温床。

　　阳光虽然为生命所必需,但是阳光中的紫外线却有扼杀原始生命的危险。水能有效地吸收紫外线,因而又为原始生命提供了天然的"屏障"。

　　这一切都是原始生命得以产生和发展的必要条件。//……

四、命题说话(请在下列话题中任选一个,共 40 分,限时 3 分钟)

　　1. 我喜爱的书刊
　　2. 谈谈美食

模拟测试试卷(八)

一、读单音节字词(100 个音节,共 10 分,限时 3.5 分钟)

丢	吞	垒	元	尺	生	朋	掐	您	诸
瞧	宫	颜	富	耳	变	商	怀	仓	角
爪	宗	叮	合	郁	胸	札	睿	智	操
婆	死	仅	吴	境	紫	舌	晓	髓	密
鉴	溃	狷	另	洪	蜂	铁	沉	水	成
党	怕	搓	训	北	晕	艾	润	筐	缺
欧	房	盒	潘	钩	人	氖	早	溶	攒
臭	押	奴	汉	拟	恩	狼	砖	贼	莫
辣	亡	揣	掏	扮	闷	胆	曰	胱	窘
卧	流	瓮	取	篾	搜	汽	寡	吕	疑

二、读多音节词语(100 个音节,共 20 分,限时 2.5 分钟)

窗户	贵族	在乎	平底儿鞋	虐待	加号	匪徒
赠予	穷人	听曲儿	婚姻	上面	包装	裤子
海关	谬论	宣扬	作品	小说儿	探索	然而
懊悔	耳膜	夸张	词汇	利用	时日	预防
男女	喜庆	波涛	木头	侦查	文学	外面
拳头	照片	野生	风采	黄色	痛快	军刀
手套儿	吹牛	晚安	分配	群众	阻拦	抓阄儿

三、朗读短文(400 个音节,共 30 分,限时 4 分钟)

　　我为什么非要教书不可?是因为我喜欢当教师的时间安排表和生活节奏。七、八、九三个月给我提供了进行回顾、研究、写作的良机,并将三者有机融合,而善于回顾、研究和总结正是优秀教师素质中不可缺少的成分。

干这行给了我多种多样的"甘泉"去品尝，找优秀的书籍去研读，到"象牙塔"和实际世界里去发现。教学工作给我提供了继续学习的时间保证，以及多种途径、机遇和挑战。

然而，我爱这一行的真正原因，是爱我的学生。学生们在我的眼前成长、变化。当教师意味着亲历"创造"过程的发生——恰似亲手赋予一团泥土以生命，没有什么比目睹它开始呼吸更激动人心的了。

权利我也有了：我有权利去启发诱导，去激发智慧的火花，去问费心思考的问题，去赞扬回答的尝试，去推荐书籍，去指点迷津。还有什么别的权利能与之相比呢？

而且，教书还给我金钱和权利之外的东西，那就是爱心。不仅有对学生的爱，对书籍的爱，对知识的爱，还有教师才能感受到的对"特别"学生的爱。这些学生，有如冥顽不灵的泥块，由于接受了老师的炽爱才勃发了生机。

所以，我爱教书，还因为，在那些勃发生机的"特∥别"学生身上……

四、命题说话（请在下列话题中任选一个，共 40 分，限时 3 分钟）

1. 谈谈个人修养
2. 我和体育

模拟测试试卷（九）

一、读单音节字词（100 个音节，共 10 分，限时 3.5 分钟）

此	摸	硫	辨	歇	砂	秦	跌	填	慌
抖	僧	卷	恩	甘	辰	罚	搓	吊	起
修	仰	凝	瞥	鉴	丢	碎	瞒	质	派
淳	酚	军	扑	尺	炒	旬	藏	甲	力
波	恳	元	勉	增	涛	补	二	挂	薛
总	听	饿	挥	被	两	凑	则	滚	今
雄	霜	寸	握	冬	汗	伪	蕊	何	勤
跑	内	荣	蜜	宅	吕	窗	拐	程	斯
狗	鸟	歪	鄙	昂	考	渣	狱	猪	却
耍	穷	桑	媒	烁	款	领	屠	讽	押

二、读多音节词语（100 个音节，共 20 分，限时 2.5 分钟）

宣扬	树蛙	状况	损耗	盆子	参差	电视台
效果	脆弱	羊群	转圈儿	所以	谬误	张罗

征战	音乐	脑海	针尖儿	窘迫	嘉宾	痛苦
抓捕	纽扣	上去	配偶	都市	富翁	大娘
运输	鬼怪	叫好儿	仍然	日子	温泉	棒槌
相信	从而	鼻子	化学	尊重	恰当	怀抱
唱歌儿	雌雄	铁锹	灭亡	根据地	政治	佛寺

三、朗读短文（400 个音节，共 30 分，限时 4 分钟）

记得我十三岁时，和母亲住在法国东南部的耐斯城。母亲没有丈夫，也没有亲戚，够清苦的，但她经常能拿出令人吃惊的东西，摆在我面前。她从来不吃肉，一再说自己是素食者。然而有一天，我发现母亲正仔细地用一小块碎面包擦那给我煎牛排用的油锅。我明白了她称自己为素食者的真正原因。

我十六岁时，母亲成了耐斯市美蒙旅馆的女经理。这时，她更忙碌了。一天，她瘫在椅子上，脸色苍白，嘴唇发灰。马上找来医生，做出诊断：她摄取了过多的胰岛素。直到这时我才知道母亲多年一直对我隐瞒的疾痛——糖尿病。

她的头歪向枕头一边，痛苦地用手抓挠胸口。床架上方，则挂着一枚我一九三二年赢得耐斯市少年乒乓球冠军的银质奖章。

啊，是对我的美好前途的憧憬支撑着她活下去，为了给她那荒唐的梦至少加一点真实的色彩，我只能继续努力，与时间竞争，直至一九三八年我被征入空军。巴黎很快失陷，我辗转调到英国皇家空军。刚到英国就接到了母亲的来信。这些信是由在瑞士的一个朋友秘密地转到伦敦，送到我手中的。

现在我要回家了，胸前佩带着醒目的绿黑两色的解放十字绶//带……

四、命题说话（请在下列话题中任选一个，共 40 分，限时 3 分钟）

1. 学习普通话的体会
2. 我的朋友

模拟测试试卷（十）

一、读单音节字词（100 个音节，共 10 分，限时 3.5 分钟）

凶	套	滚	跳	垒	横	况	渴	仓	仅
熏	巅	广	塞	爹	魏	岩	盎	踹	嘴
娃	选	身	纸	翠	影	敲	走	月	反
睿	版	眸	度	腮	船	丢	窘	颇	荆
惹	须	绕	刷	统	物	纱	握	迷	币
混	农	氯	贼	塌	下	皱	房	枪	磁

书	才	挪	两	法	门	笨	霖	埋	肌
泡	震	而	且	潭	弃	坏	恩	彻	共
绝	碰	斩	封	牙	吃	款	倍	吃	怒
成	丝	权	稍	云	禾	春	拐	怜	摸

二、读多音节词语(100 个音节,共 20 分,限时 2.5 分钟)

穷人	小本儿	疲老	摄影	群众	专车	红娘
润滑	层级	差别	辩证	石头	捣毁	佛学
速度	民间	亏损	上面	夸张	恰当	名堂
亚军	合群儿	调养	多寡	打算	安培	扭转
个头	母体	创造性	飞舞	波长	局部	参与
做活儿	偶然	耳垂儿	愿意	身高	豆子	侵略
富翁	创造者	佛学	利用	哀怨	与日俱增	

三、朗读短文(400 个音节,共 30 分,限时 4 分钟)

　　自从传言有人在萨文河畔散步时无意发现了金子后,这里便常有来自四面八方的淘金者。他们都想成为富翁,于是寻遍了整个河床,还在河床上挖出很多大坑,希望借助它们找到更多的金子。的确,有一些人找到了,但另外一些人因为一无所得而只好扫兴归去。

　　也有不甘心落空的,便驻扎在这里,继续寻找。彼得·弗雷特就是其中一员。他在河床附近买了一块没人要的土地,一个人默默地工作。他为了找金子,已把所有的钱都押在这块土地上。他埋头苦干了几个月,直到土地全变成了坑坑洼洼,他失望了——他翻遍了整块土地,但连一丁点儿金子都没看见。

　　六个月后,他连买面包的钱都没有了。于是他准备离开这儿到别处去谋生。

　　就在他即将离去的前一个晚上,天下起了倾盆大雨,并且一下就是三天三夜。雨终于停了,彼得走出小木屋,发现眼前的土地看上去好像和以前不一样:坑坑洼洼已被大水冲刷平整,松软的土地上长出一层绿茸茸的小草。

　　"这里没找到金子,"彼得忽有所悟地说,"但这土地很肥沃,我可以用来种花,并且拿到镇上去卖给那些富人,他们一定会买些花装扮他们华丽的客厅。//如果真是这样的话,那么我一定会赚许多钱,有朝一日我也会成为富人……"

四、命题说话(请在下列话题中任选一个,共 40 分,限时 3 分钟)

　　1. 谈谈科技发展与社会生活
　　2. 我知道的风俗

参考文献

[1] 国家语言文字工作委员会普通话培训测试中心.普通话水平测试实施纲要[M].北京:商务印书馆,2004.

[2] 黄伯荣,廖序东.现代汉语:增订六版[M].北京:高等教育出版社,2017.

[3] 胡裕树.现代汉语:重订本[M].上海:上海教育出版社,2019.

[4] 游汝杰.汉语方言学教程:第二版[M].上海:上海教育出版社,2016.

[5] 邢捍国.实用普通话水平测试与口才提高:第三版[M].广州:暨南大学出版社,2012.

[6] 曾志华,吴洁茹,熊征宇,潘洁.普通话训练教程[M].北京:中国传媒大学出版社,2012.

[7] 唐余俊.普通话水平测试(PSC)应试指导[M].广州:暨南大学出版社,2010.

[8] 尹建国.普通话培训与测试[M].北京:北京师范大学出版社,2010.

[9] 罗常培,王均.普通语音学纲要:修订本[M].北京:商务印书馆,2002.

[10] 林焘,王理嘉.语音学教程:增订版[M].北京:北京大学出版社,2013.

[11] 国家语言文字工作委员会汉字处.现代汉语常用字表[M].北京:语文出版社,1988.

[12] 刘克芹.普通话训练教程[M].北京:经济科学出版社,2010.

[13] 吴洁敏.新编普通话教程:第三版[M].杭州:浙江大学出版社,2003.

[14] 王薇.普通话教程[M].北京:航空工业出版社,2008.

[15] 袁家骅,等.汉语方言概要:第二版[M].北京:语文出版社,2001.

[16] 宋欣桥.普通话水平测试员实用手册:增订本[M].北京:商务印书馆,2004.

[17] 朱晓农.语音学[M].北京:商务印书馆,2010.

[18] 孙立新.陕西人学习普通话教程[M].北京:东方出版社,2001.

[19] 彭红.普通话水平测试教程:第二版[M].上海:华东师范大学出版社,2012.

[20] 陈萍.普通话教程[M].北京:中国人民大学出版社,2015.

[21] 张庆庆.普通话水平测试应试指南:第二版[M].广州:暨南大学出版社,2014.

[22] 王俊.普通话水平测试与培训教程[M].南昌:江西高校出版社,2016.

[23] 王辉.普通话水平测试阐要[M].北京:商务印书馆,2013.

[24] 宋欣桥.普通话语音训练教程[M].北京:商务印书馆,2004.

[25]《普通话训练与测试专用教材》编委会.普通话训练与测试专用教材[M].北

京：中国传媒大学出版社，2014.

［26］贾毅，钟妍，叔翼健.普通话语音与科学发声训练教程［M］.北京：中国传媒大学出版社，2015.

［27］孙兴民.普通话教程［M］.北京：中国传媒大学出版社，2013.

［28］李秀然.普通话口语训练教程［M］.北京：中国传媒大学出版社，2013.

［29］黄伯荣，李炜.现代汉语［M］.北京：北京大学出版社，2012.

［30］邵新芬.修炼普通话好声音：普通话教程［M］.北京：中国传媒大学出版社，2013.

［31］林鸿.普通话语音与发声：第四版［M］.杭州：浙江大学出版社，2014.

［32］程俊.怎样提高普通话水平测试中"说话"项的应试成绩［J］.成都大学学报，2007(2).

［33］王勇卫.浅谈普通话水平测试说话项的应对［J］.泉州师范学院学报，2006(3).